法国大革命批判辞典

2

人物卷

〔法〕弗朗索瓦·孚雷　莫娜·奥祖夫　主编

申华明　译　　刘北成　校

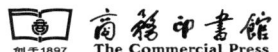

François Furet
Mona Ozouf
et collaborateurs
DICTIONNAIRE CRITIQUE DE LA RÉVOLUTION FRANÇAISE
ACTEURS

©Editions Flammarion, Paris, initially published in 1988,
New revised and enlarged edition in 2007
根据 Flammarion 出版社 2007 年版翻译

《法国大革命批判辞典》中文版

编委会

刘北成　庞冠群　申华明

张　智　黄艳红　洪庆明

说　明

本册据弗拉马里翁（Flammarion）出版社 2007 年出版的《法国大革命批判辞典》（修订版）第二卷《人物卷》翻译。修订版经重新审读和校对，文献目录也大幅更新，并增添了帕特里斯·格尼费撰写的词条"布里索"和莫娜·奥祖夫撰写的词条"圣茹斯特"。

"参见条目"中黑体标注者为本卷中的词条，其余则见于本《辞典》其他各卷，即《事件卷》《制度卷》《观念卷》《阐释卷》。

中文版编委会
2021 年

一部"革命政治的表象史"

（代译序）

法国大革命，若从1789年算起，已经230多年了，但是它的影响至今不灭。

大革命为什么重要？以色列史学家阿隆·康菲诺对此作了一个解释。他把法国大革命称作一个"根基性过去"（foundational past）："根基性过去是指代表一个时代的事件，因为它体现了一种历史创新，成为道德和历史尺度，成为衡量一切人类事物的尺度。根基性要素不是事件的一种内在品质，而是存在于人们主观性之中的一种历史建构。"在他看来，法国大革命正是上述意义上的历史创新事件。具体而言，"《人权宣言》和恐怖重新定义了政治和道德。大革命催生了从1789年起决定现代欧洲和世界历史的思想和实践：自由主义、社会主义、女权主义、人权、总动员以及革命观念本身。大革命是关于民主和国家恐怖的第一次现代经验，因此被视为衡量现代历史的新标准。对于英国评论者埃德蒙·柏克来说，它是一个不惜任何代价都要避免的模式，但对于列宁来说，它是一个值得效仿的典范。"①

康菲诺的论断言简意赅，颇有见地。大革命作为现代性的雅努斯门槛，以《人权宣言》和恐怖两副面孔示人，不仅粗暴地截断了过去与现代，而且预示了"现代"或"现代化"的张力和冲突，开启了现代世界的路线竞争。

在西方乃至更广大的世界，从柏克－潘恩论战开始，有关大革命的争论从未停止。一代代的研究者和论战参与者，自觉不自觉地代入 89 年或 93 年乃至帝国的党派。这里不仅有语境和代际的差异，也有物质和精神利益的关联。正如法国历史学家弗朗索瓦·孚雷曾总结的："其他任何历史争论都没有如同每一代人都会发生的关于法国大革命的争论那样激烈和尖锐。"实际上，大革命不仅是一个历史事件，而且一直以历史话语的形式参与现实生活。现实与大革命形成互文关系。每一代人需要用大革命叙事和阐释来提供实践和思想的依据，大革命的历史话语成为现实的建构因素。而每一代人的大革命话语也是当时的现实映像，每一代人基于当代记忆和想象的历史话语来重构大革命。当然，大革命的历史话语积累了丰富厚重的思想遗产。

按照莫娜·奥祖夫的说法，法国经历了"旧制度与大革命的百年战争"，到 19 世纪末大致尘埃落定。艰难出世的第三共和国终于向第一共和国遥遥致敬。后来有"老虎总理"之称的共和

---

① Alon Confino, "Introduction. Edge of the past" in id., *Foundational Pasts: The Holocaust as Historical Understanding*, New York: Cambridge University Press, 2012, pp.5-6。康菲诺认为，法国大革命和大屠杀是近现代的两个根基性过去。他赞同孚雷的大革命结束论，理由是大屠杀的重要性在逐渐取代大革命。

派政治家乔治·克列孟梭宣布：大革命是一个整体（bloc），必须完整地接受大革命的一切，包括恐怖。这个基调当然不能结束争论。大革命史学作为一门专业学科，就是在第三共和国的实证主义和共和主义的氛围中诞生的。20世纪前期和中期，以巴黎（索邦）大学法国革命史研究所为中心的专业研究深受马克思主义的影响，自马迪厄、勒费弗尔到索布尔形成了学院派正统。学院派目光向下，开掘社会经济分析，将视野扩大到农村、无套裤汉以及民众心态，但他们对雅各宾派有明显的偏爱。本书第5卷有关于学院派的详尽评述，尽管是通过孚雷的批判目光，但仍可窥见一斑。

1989年，正值法国大革命二百周年之际。此前，索布尔的继承人米歇尔·伏维尔受法国政府委托协调法国和国际的相关学术活动，但是以孚雷为代表的修正派也开辟了另外的学术天地。1988年出版的《法国大革命批判辞典》就是修正派的集体之作。

《批判辞典》的主编和主要撰稿人是弗朗索瓦·孚雷和莫娜·奥祖夫。孚雷（François Furet，1927—1997）属于年鉴学派的第三代。年鉴学派第一代（吕西安·费弗尔和马克·布洛赫）和第二代（布罗代尔）以及第三代多数历史学家（如雅克·勒高夫）关注跨学科研究，偏爱总体史、社会史以及心态史，不愿触及大革命这样的"事件史"和政治史课题。孚雷是一个例外。他曾加入法共，匈牙利事件后退党。他从进入学界就热衷研究大革命，先后发表《法国革命史》（两卷，与里歇合著，1965年）、《思考法国大革命》（1978年）和《马克思与法国大革命》（合著，1988年）。他从马克思主义的社会史研究起步，但转而反对学院派的"雅各宾史学"和马克思主义社会史研究取向,主张回归19世纪托克维尔和基内的思路,强调大革命发生和整个进程的复杂性和偶然性。他先后主持法国社会科学高等研究院和雷蒙·阿隆研究所,建立了修正派的道统。奥祖夫(Mona Ozouf, 1931—)是孚雷学术小圈子中的密友。她以《革命节日》(1976年)这部创新之作开启了对大革命的政治文化研究,也得到一些年鉴学派学者的认可。他们二人代表了年鉴学派第三代中的政治史回归倾向和政治文化分析取向。

《法国大革命批判辞典》并非人们常见的辞典。我们可对比一下1989年出版的《法国大革命历史辞典》。二者都是规模宏大的集体作品。《历史辞典》由学院派已故掌门人索布尔启动,由伏维尔主持完成,编写者64人,均为大学及其附属研究所的法国革命史专业学者。全书1132页,按照法文字母顺序排列,收录1000多个词条,并附有大事年表,可谓关于法国大革命的一部百科全书。与之相比,《批判辞典》的体量大体相似,全书1122页,却只有99个词条,每个词条是一篇长文。编写者只有24人。孚雷、奥祖夫和里歇三人撰写了其中的53篇。① 所有作者都就职于法国大学体系之外的机构:法国社会科学高等研究院、法国国家科研中心或国外大学。(这里需要说明一下,法国社会科学高等研究院是布罗代尔在大学之外组建的研究机构。)其中一些作者并非法国革命史专业研究者,而是政治学或政治哲学学者或社会学者。全书按照专题分为5卷,不是按照社会理论概念

---

① 第二版增补了6条,总计105条。新增条目是雾月十八日、圣多明各革命、布里索、圣茹斯特、公共教育和绝对君主制。其中圣多明各革命由新邀的意大利学者撰写。

分类（如政治、经济、宗教等），而是对一般历史现象加以分类（事件、人物、制度、观念和阐释者）。有评论者认为，这两部辞典属于两种历史书写体系，前者提供实证基础上的史实，后者则偏重阐释、比较和话语分析。后者许多词条明显利用了学院派的研究成果。当然，奥祖夫等人也显示了坚实的档案研究功底。

在孚雷看来，对大革命不论诅咒还是歌颂，都属于"纪念史学"，大革命依然是一种身份话语，在这个意义上，大革命依然没有结束。但是，时代已经变了，从第三共和国到第五共和国，大革命的基本原则得到了充分落实。我们可以告别革命，亦即，不再代入大革命的角色，可以用一种批判的态度反思法国大革命。借助恢复被学院派史学霸权所遮蔽的19世纪的思想资源，我们可以重新获得评判大革命的勇气和能力。[①] 该辞典的"批判"主旨也正在于此。

在方法论上，辞典的作者们剑走偏锋，拒斥学院派的社会经济解释，认为后者使用的概念（如封建制）需要还原到历史语境中。《批判辞典》完全自限于政治史，但是也开出一条政治文化研究的新路。有评论者指出："辞典作者的主要方法论标准，是对'革命者对自己行动的表述'的研究。……不仅仅是在19世纪历史学家的指令下重写法国大革命，批判史学还在特别关注'法国大革命关于自身的话语'的基础上，对'观念在法国大革命中的作用'进行了初步评估（转引奥祖夫的话）。一些词条对法国大革命中文本的分析以及对话语融贯性的恢复解释了这些作用。这里看到

---

① 参见傅勒（即孚雷）的《思考法国大革命》，生活·读书·新知三联书店，2005年。

的远不是一个虚无缥缈的思想故事。因此,《批判辞典》最具原创性的贡献在于一部'革命政治的表象史'。这是一个已经部分完成但仍有待完成的历史,这可能解释了表面上并不完整系统的词条选择,但我们已经可以特别欣赏到关于革命概念的精彩系列,要么是高度象征性的(如奥祖夫关于自由、平等、博爱、再生、革命的词条),要么是相当重要的关于新政治艺术的(如贝克关于主权的词条)。"①

大革命二百周年的纪念活动确实呈现出一派纪念的气氛,但无论法国国内还是国外,重心在《人权宣言》。法国政府给先贤祠增补了3人,包括启蒙哲人、吉伦特派成员孔多塞,立宪派主教、鼓吹废奴主义的格雷古瓦教士和数学家蒙日。修正派史学也赢得了媒体。"我赢了",孚雷的这句玩笑话也并非虚夸。伏维尔在中国出席史学界的纪念活动时,甚至听到"我们都是热月党人"这种令他难以置信的表达。放眼当时全球的"山崩地裂"(霍布斯鲍姆的比喻),修正派的胜利其实不过是时代潮流转向和国际学术进展的一个表征而已。

近年来,无论修正派还是学院派都已回归平静的学术研究。有关大革命的争论似乎止于青萍之末,不再掀起惊涛骇浪。大革命是否真的成为了过去?近日有新闻说,法国现任总统马克龙悄悄地把三色国旗上的蓝色改回象征法国大革命的海军蓝。在发生《查理周刊》袭击、出版《21世纪资本论》的国度,这会是什么预兆吗?

* * * * * *

---

① 法国政治观念史学者雅克·吉约蒙的书评。

法国大革命在现代中国的历史话语中占据重要地位。各个时代各个流派代表学者以《法国革命史》为名的经典史著大多译成了中文。孚雷也曾撰写过《法国革命史》，提出著名的侧滑论，但很快就放弃了。因此，《法国大革命批判辞典》可以作为修正派的代表作，进入法国大革命史学的谱系。也许它是大革命史系列的一个压轴之作，至少目前看是如此。这一学术价值判断是我们选择翻译这部著作的一个学术动机。

刘北成

2021 年 11 月 21 日

目　录

巴贝夫（Babeuf） ········· 1
巴纳夫（Barnave） ········· 14
波拿巴（Bonaparte） ········ 31
布里索（Brissot） ·········· 54
卡诺（Carnot） ············ 76
孔多塞（Condorcet） ········ 88
丹东（Danton） ············ 102
拉法耶特（La Fayette） ······ 119
路易十六（Louis XVI） ······ 135
马拉（Marat） ············· 152
玛丽-安托瓦内特（Marie-Antoinette） ······ 165
米拉波（Mirabeau） ········· 186
内克（Necker） ············ 199
罗伯斯庇尔（Robespierre） ··· 215
圣茹斯特（Saint-Just） ······ 240
西耶斯（Sieyès） ··········· 261
流亡者（Emigrés） ·········· 277

忿激派（Enragés） ·········· 298
斐扬派（Feuillants） ·········· 307
吉伦特派（Girondins） ·········· 319
埃贝尔派（或科特利埃派）（Hébertistes（ou Cordeliers）） ···· 338
王政派（Monarchiens） ·········· 350
山岳派（Montagnards） ·········· 366
无套裤汉（Sans-culottes） ·········· 388
热月党（Thermidoriens） ·········· 399

巴贝夫
Babeuf

在关于法国大革命的历史编纂学中，巴贝夫（Babeuf）的地位远远大于其实际的历史角色。他并非任何革命议会的成员；他没有在任何改变事件进展的重大"日子"中起过任何作用；他很晚才在历史舞台上亮相。督政府统治时期，他密谋以人民的名义推翻于共和三年成立的资产阶级政权。这只是一个短命的计划：由于走漏了风声，密谋遭到镇压，公众对此冷眼旁观，巴贝夫作为主谋被判处死刑，第二年，即1797年5月被推上断头台。

人民运动是法国大革命的精髓，但巴贝夫之所以被史学家视为人民运动的伟大英雄之一，并非因为这次失败，也不是因为他的牺牲使得这次失败更为沉重和悲壮，而是因为他流产的密谋不仅重新聚集了一批新罗伯斯庇尔主义者，其中还有一些最早期的怀有共产主义理想的积极分子，同时，这一密谋也在共和二年的人民运动最后的浪潮中展露了一种对私有财产的激进批判和一种前所未有的政治组织模式。这就形成了以巴贝夫为中心的微小的历史事件与他留给19世纪和20世纪的重要思想之间的巨大反差。他在法国大革命中的重要性在于，他预示着另一场革命的到来。

巴贝夫的同党之一、在1797年审判中幸存下来的意大利人菲利普·邦纳罗蒂（Philippe Buonarroti），在复辟时期撰写了《为平等而密谋，又称巴贝夫密谋》（Conspiration pour l'égalité, dite de Babeuf）。这位来自托斯卡纳的知识分子以这本重要的著作奠定了未来关于巴贝夫的阐释的基调，并在巴贝夫的基础上，创建了巴贝夫主义传统。1845年，马克思在《神圣家族》（La Sainte Famille）中以下列经典文字将巴贝夫描述为自己的先驱："1789年在社会小组（Cercle social）① 中开始、中途以勒克莱尔（Leclerc）和雅克·鲁（Jacques Roux）为主要代表、最后以巴贝夫密谋的失败而暂时遭到失败的革命运动产生了共产主义的思想。1830年革命以后，在法国，这种思想又为巴贝夫的友人邦纳罗蒂所倡导。经过深入细致的研讨，这种思想就成为现代世界的观念。"有了这段话作为墓志铭，20世纪的共产主义历史学家对巴贝夫表示敬仰也就丝毫不令人吃惊了。

由此，巴贝夫身上背负了两种截然不同的命运，这取决于将其视为革命积极分子还是政治作家。

1760年，巴贝夫出生于皮卡第的一个贫困家庭，由于写得一手好字，他很小就能靠给别人抄写过活。1780年他父亲去世后，巴贝夫成为一家之主，两年后结婚，与许多18世纪末的《爱弥儿》（Emile）的读者一样，很快他就成为了一位温柔又体贴的父亲。凭借自己旺

---

① Cercle social，现通译为社会俱乐部，又名真理之友会（Amis de la Vérité）。——译者（本卷页下注均为译者注。余不另注）

盛的精力，自学成才的他逐渐摆脱贫困，成为皮卡第小城鲁瓦的一位土地赋税簿籍特派员。他所掌管的是缴纳给该地区各种庄园的税簿，因而他可以近距离了解旧制度下农村的司法和社会问题。他向阿拉斯学院递交过一篇论文，之后在1785年和1788年间，他与学院秘书斐迪南·杜布瓦·德·福瑟（Ferdinand Dubois de Fosseux）一直保持通信，后者是一位身份显赫、知识渊博、对农业充满热情的公证人。从他们的通信中，我们可以了解到巴贝夫当时的一些思想：他对一切都充满好奇，并且不断地受到德·福瑟的鼓励，对农业问题尤其感兴趣。巴贝夫的所有思想并不特别新颖，受时代所限，充满了改革派的乐观主义和对"社会幸福"思想的关注。毫无疑问的是，巴贝夫培养了自己对激进变革的兴趣，考虑到他的青年经历和职业，这种兴趣并非主要源于书本。

后来法国大革命爆发，但直到督政府执政之前，他始终没能扮演一个引人注目的角色。不过这也并不令人吃惊，因为制宪议会时期，占据主导地位的是旧制度的精英们。巴贝夫满怀激情地目睹了1789年夏天发生的诸多事件，并且为八月四日之夜① 贡献了微薄之力，他欢欣鼓舞地放弃了自己的管理员职业，投入到废除封建制度的运动中去。我们在他当时的信件中可以发现一句后来备受饶勒斯（Jaurès）称赞的金句，即关于7月最初的民众暴力行为以及巴黎高等法院参事富隆（Foullon）及其女婿、巴黎检察官贝尔蒂埃·德·索维尼（Bertier de Sauvigny）被杀事件的精

---

① 八月四日之夜：1789年8月4日晚，法国革命议员们投票决定废除旧制度的大部分特权和封建权益。

彩评论:"那些主人们,没有治理我们,而是把我们变成了野蛮人,因为他们自己就是野蛮人。他们正在收获,未来还将收获自己种下的东西。"

10月份回到鲁瓦的巴贝夫把对写作的热情投入到当地的革命中去,他在当地的角色类似于身在巴黎的马拉,即与贵族及其在议会中的同谋(包括拉法耶特和巴纳夫)相对立的小人物、穷人和"消极"公民的毫不妥协的捍卫者。他先后两次入狱,然后被释放,很自然地,从1792年起,他从无套裤汉积极分子摇身成为无套裤汉行政官:他先任职于索姆省议会,后任职于蒙迪迪耶区(Montdidier)政府。在政府工作期间他伪造了一份书面文件(让一个无套裤汉从一份国家财产拍卖契约中获益),1793年2月他为了躲避二十年监禁而逃到巴黎。朋友们把他安插在后勤部门,但同年秋天,来自皮卡第的敌人还是找到了他,最终他再次入狱六个月,直到1794年7月罗伯斯庇尔倒台几天前,他才被临时释放。简言之,他的生活就是典型的在革命政府中度过的平等派分子的生活,也与众多其他无套裤汉颇为类似,只不过他的生活还不断贯穿着各种刑事处罚,阻碍他的前进。

是否因为这个原因,巴贝夫才如此热烈地欢迎热月政变的到来和恐怖统治的结束?这段特殊的插曲与他前后的政治生涯并不相符,或许这反映出在罗伯斯庇尔倒台之后的几个月里,从对断头台的恐惧中解放出来的公众舆论所产生的无可抵挡的压力。但巴贝夫至少保持了一贯的过度简化的作风,他在谴责"刽子手马克西米里安(Maximilien l'Exterminateur)"时也颇为极端,甚至在卡里耶受审之时写了一篇小文章,声称罗伯斯庇尔实施恐怖统治的目的是为了减少法国人的数量，从而更好地保障粮食供给。

但同年秋天，他的态度却一百八十度大转弯，他创办的报纸《人民保民官（或护民官）》（*Le Tribun du peuple*）重拾1793年的平等主义论调，谴责资产阶级热月党派。很快他就重新成为罗伯斯庇尔主义者，1795年2月，他甚至因为"煽动叛乱、谋杀和解散国家代表机构"而再次入狱。在狱中（最初被关押在巴黎，后被转移到勒普莱西和阿拉斯的监狱），他认识了热尔曼（Germain）、博德松（Bodson）、德邦（Debon）、邦纳罗蒂等新老"恐怖分子"，由此形成了未来的平等派密谋的核心。邦纳罗蒂出身意大利比萨的大家族，1793年入法国籍，是一位深受启蒙运动哲学影响的知识分子，也是忠实的罗伯斯庇尔主义者（和未来阐释巴贝夫主义的历史学家），在整理这个团体的理论方面，他起到了至关重要的作用。10月份再次出狱时（王党发动葡月暴动之后，所有共和党人都得到赦免），巴贝夫更名为格拉古·巴贝夫①（Gracchus Babeuf），这个来自于古罗马的新名字能够使人想起土地分割和财产平均分配。这成为了他的报纸和政治行动的一面新旗帜。

1795年末到1796年初的冬天，他的政治行动与那些怀念1793年的人一拍即合，这些埃贝尔（Hébert）、马拉、罗伯斯庇尔的曾经的追随者因处境艰难而和解，他们在寻求一个反抗督政府的民众平台。这些曾经的活动分子聚集在因任职于公安委员会

---

① 格拉古（Gracchus），古罗马政治家，平民派领袖，曾发起一场旨在将贵族和大地主多得的地产分给平民的改革。

（Comité de sûreté générale）而为人所知的前国民公会议员阿马尔（Amar）周围，或者以某些俱乐部为活动场所，其中最活跃的是先贤祠俱乐部（le club du Panthéon），受热尔曼、邦纳罗蒂和达尔泰（Darthé，这个英雄时代里最极端的恐怖分子之一）的影响，该俱乐部逐渐变得激进。随着这些团体和人物的不断联合，一种想法在当年秋天诞生了，那就是必须采取直接的秘密行动，来打破人民的麻木状态。1796年2月督政府关闭了先贤祠俱乐部之后，谋反者们成立了一个秘密的救国督政府，成员有7位，其中有巴贝夫、德邦（著有一部已失传的关于财产权不公的作品）这样的共产主义分子，也有不知为何进入这个悲剧小团体的文雅时论家西尔万·马雷夏尔（Sylvain Maréchal），由他执笔撰写了《平等派宣言》（*Manifeste des Egaux*）；还有曾叱咤风云的新罗伯斯庇尔主义者，一个是安托内尔（Antonelle），旧制度时期的侯爵，以其智识而知名，后来加入雅各宾派，不信仰宗教，曾担任立法议会议员和革命法院陪审员，另一个是菲利克斯·勒佩蒂埃（Félix Le Peletier），1793年遇刺身亡的路易-米歇尔·勒佩蒂埃（Louis-Michel Le Peletier）的弟弟，也是一位富裕的银行家，或许也是整个团体的主要出资人；另外还有达尔泰以及刚刚从罗伯斯庇尔主义转向巴贝夫主义的邦纳罗蒂。这个秘密督政府安排了起义当天的响应者，巴黎每个区一个宣传员，在军队里则是每个营队中一个军事代表。在外省，它指望的是一些怀旧的国民公会议员。它的旗帜和纲领是1793年宪法（第二部宪法，即山岳派起草的宪法）以及人民主权的主张。密谋中的其他内容仅限于谋反者自己知晓。

但是另一个真正的督政府已经知道了这起密谋。巴拉斯（Barras）从告密者和老朋友那里了解到了一切。但他按兵不动，因为葡月暴动之后，相比在芽月起义和牧月起义中被镇压的无套裤汉，他更害怕王党。另外他也是一位擅长观望的专家。与其相反，卡诺（Carnot）收买了密谋者之一格里塞尔（Grisel），获知了密谋的细节；这位曾经的救国委员会成员大力追捕平等派，以弥补自己的过去；借助于勒图尔纳（Letourneur）和拉勒韦利埃（La Réveillière）的支持以及勒贝尔（Reubell）的默许，卡诺很快就成为督政府中抓捕恐怖分子和"铲平者"的主持人。在他的影响下，一些经历过共和三年的资产阶级相信巴贝夫的密谋非常可怕。

花月21日（1796年5月11日），密谋者们被警察逮捕。除了一些前国民议会议员的名字以外，例如在路易十六瓦伦出逃事件中扮演重要角色的德鲁埃（Drouet）、罗贝尔·兰代（Robert Lindet）、瓦蒂埃（Vadier）和阿马尔，公众舆论对于这帮刚刚被抓的"家伙"一无所知。公众将这起事件视为新一批恐怖分子的倒台，雅各宾派的最后反扑。实际的"平等派分子"不太有名，被人们对1793年的记忆彻底遮蔽了。然而，在旺多姆审判中，尽管有证据，但65名被告坚决否认这起密谋，只有巴贝夫和达尔泰被判并执行死刑，7人被判流放（包括邦纳罗蒂），其他所有人都无罪释放，从这项判决中，我们可以发现前制宪议会成员之间的团结。

从巴贝夫密谋的灰烬中诞生了巴贝夫主义的历史，而从无数政治斗争中幸存下来的邦纳罗蒂在1828年发表的作品堪称巴贝夫主义的纪念碑。

这本书写于大革命诸多事件三十多年后，它有着任何证词都会有的问题，尤其是那些事后很久出现的证词。这位意大利老斗士的叙述及分析的准确程度如何？他难道没有试图阐述自己而非巴贝夫的思想？不容否认的是，如果我们像某些意大利历史学家一样，假设共和四年邦纳罗蒂在巴黎监狱中提出了相关学说，那么他所陈述的主要事实，哪怕是在四分之一个世纪以后，也是非常可信的。他之后的巴贝夫主义很大程度上是集体创造的结果，该学说的各个方面的归属问题仍悬而未决。

从更广泛的角度来说，问题在于确定该学说中哪些成分属于共和二年以来雅各宾派或"共和派"的传统，哪些成分是思想史和政治传统上所没有的全新内容。对于这一关键点，就算一些对革命平等主义报以同样钦佩之情的历史学家也有着相反的论点。马迪厄（Mathiez）曾强调巴贝夫主义运动在社会号召（主要是资产阶级）和思想上表现出来的新罗伯斯庇尔主义特征。第二次世界大战之后的历史学家则持相反观点，例如乔治·勒费弗尔（Georges Lefebvre）强调的是巴贝夫及其战友特有的共产主义信念，这与他们的新罗伯斯庇尔主义团体同盟形成了对比。莫里斯·多芒热（Maurice Dommanget）和苏联历史学家 V. M. 达林（V.M.Daline）的作品也是如此。不同的历史学家引用的都是令人信服的文献，但他们的论点却彼此相左。

"密谋"的共同基础就是备受赞扬的平等思想，它是法国大革命的意义所在，因为这是自然规律，是人的第一需求。但历史却充满了不平等，其进程也与这种思想，或者说这种迫切需求背道而驰。在革命思想趋势之中，我们也可以发现卢梭的重大影响（《平等派宣言》中写道：如果需要，就让所有艺术凋零，只要留给我们真正的平等），这当然是从两部作品（《论科学与艺术》（Discours sur les sciences et les arts）、《论人类不平等的起源和基础》（Discours sur l'origine et les fondements de l'inégalité parmi les hommes））中简化出来的卢梭思想，甚至（如果可能的话）比《社会契约论》（Du contrat social）中的卢梭思想还要简单。对于巴贝夫和他的朋友而言，就是要在社会中找到自然状态中的平等。这其实是西尔万·马雷夏尔在1794年春所写的《平等派宣言》的核心思想，在秘密督政府最初的一次会议上，这个文件被接纳成为密谋者的纲领："［……］正如我们生来就是平等的，我们要求从今以后，活着平等，死也平等；我们宁死也要真正的平等：这就是我们所需要的。"

　　法国大革命意识到了自己的目标，但是却并没有将其实现。我们在邦纳罗蒂的书中可以找到有关失败原因的历史探讨，但是其基本思想已经散见于1795年的文献中，而且成为把巴贝夫主义者和新罗伯斯庇尔主义者团结在一起的基础。邦纳罗蒂认为，实际上，大革命从一开始就被贵族引入歧途，邦纳罗蒂把他们说成是英国政治经济学和自私的个人主义的信奉者。但是1793年宪法（吉伦特派失败后采用的第二部宪法）和罗伯斯庇尔革命政府将权力交还给了人民，恢复了平等。遗憾的是好景不长，因为热月政变之后，他们的敌人重新掌权。巴贝夫主义由此成为对1789年大革命和热月政变持批判立场的罗伯斯庇尔主义法国大革命史学的早期尝试，一种注定具有光明前景的历史解释。但是按照《平等派宣言》的说法，巴贝夫主义在共和四年不过是一份革命行动的日程表："法国大革命不过是另一次更为伟大、更为庄严的革命的先驱，而那也将是最后一次革命。"

那将是什么样的革命？什么能够把平等变成"现实"？消灭私有财产。从这个角度来看，巴贝夫的贡献似乎是决定性的。他在1789年以前的信件就已经证明他对建立在财产平均分配基础上的社会重构整体方案充满兴趣。这位鲁瓦的研究封建制度的专家①（feudiste）并非思想大家，终其一生，他也只是一位空想家，而非哲学家。这是一位情感丰富而天真的自学成才者，他非常仰慕卢梭和马布利神甫（Mably）。他提出了为穷人的利益而平分大农场的想法，并在1787年与斐迪南·杜布瓦·德·福瑟的通信中，满怀激情地评论了一部关于消灭贫困的方法的著作。他于1789年出版的《永久地籍簿》（Cadastre perpétuel）围绕的也是同样的问题。在大革命期间，他所提及的不再仅仅是让人联想起个人之间土地平均分配的"土地法"，还有排除一切私有制的土地公社，以及在公社劳动的所有公民之间平均分配产品。这种平均分配的农业共产主义在18世纪的乌托邦文学期刊中并不罕见。但在巴贝夫主义中，它还有着新的特征，那就是构思了一项革命纲领。毋庸置疑，这标志着共产主义进入了公众生活之中。

这起"密谋"的最后一个独特之处与其对政治的设想有关；

---

① 研究封建制度的专家（Feudiste）：是旧制度末期封建领主所雇佣的一些人，专从一些古旧的封建文契寻找剥削农民的"法律根据"，以便重新严正主张那些被遗忘已久，甚至若干世纪没有行使过的"权利"。

其设想更多地来自雅各宾主义，而非启蒙哲学。1794年到1795年间，巴贝夫和朋友们把恢复1793年山岳派宪法作为召集队伍的口号。他们非常赞赏这部宪法所包含的实施直接民主的内容（将法律提交给初级议会（les assemblées primaires）来批准），不过他们私下也对这部宪法保障私有财产提出批评。但是在赞扬统一不可分割的人民意志的背后，我们也能发现类似于雅各宾党人的，甚至当时最激进的对专政的辩护，即主权意志的真正阐释者、最纯粹的革命者、平等派所实行的专政。和雅各宾党人一样，为了改变社会，并确保其严格的平等性，巴贝夫赋予政治领域过多权力。在邦纳罗蒂的叙述中，对财富的分配应当在很长一段时间内，在秘密督政府任命的行政官员的监督下进行。因此政治意志论（le volontarisme politique）的革命传统也随着平等派的密谋而得以光大；从这个角度来看，有一点非常重要，那就是大部分巴贝夫主义文献中都放弃了"自由"这个术语，转而使用"平等"。

另外，我们可以在他的具体筹划中找到密谋成功之后接下来要做的事情。巴贝夫的设想借鉴了马拉以及埃贝尔派的政治行动：只有少数秘密造反者组成军事组织，并且决定在一个临时期限之内克服艰难险阻，以人民的名义、为人民的利益建立专政，才能解放被奴役和欺骗的人民（具体来说是被另一个阴谋，即富人的阴谋所欺骗）。毫无疑问，这种观点揭示出在共和四年的大背景下，密谋者们没有能力打破人民群众的麻木状态，恢复重大革命日子的气氛。但这种观点绝对不仅仅是他们孤立无援状态的反映；它是认为政治意志可以做到一切的那种革命信仰的极端体现。雅各宾式极端主义的最后一波浪潮(或许也是这一时期平等热情的唯一一次聚合)创造了对 19 世纪和 20 世纪极为重要的革命暴动理论。《维也纳条约》之后欧洲秘密社团历史在这里可以找到源头,从民粹主义(le populisme)到布尔什维克主义(le bolchevisme)的俄国革命传统也可以追溯至此。

弗朗索瓦·孚雷

延伸阅读

Textes choisis, introd. et notes par Claude Mazauric, Paris, Editions sociales, 1965.

Correspondance de Babeuf avec l'académie d'Arras(1785-1788), éd. établie par Marcel Reinhard, Paris, Presses universitaires de France, 1961.

ANDREWS, Richard M. «Réflexions sur la conjuration des Egaux», *Annales ESC*, janv.-fév.1974.

Babeuf et les problèmes du babouvisme, Colloque international de Stockholm, 21 août 1960, avant-propos d'Albert Soboul, Paris, Editions sociales, 1963.

BUONARROTI, Filippo Michele(Philipe). *Conspiration de l'Egalité dite de Babeuf, suivie du procès auquel elle donna lieu, et des pièces justificatives, etc.* rééd., 2 vol. en 1, préface de Georges Lefebvre, Paris, Editions sociales, 1957.

DALINE, Victor M. *Gracchus Babeuf à la veille et pendant la grande Révolution française*(1785-1794), Moscou, 1963, en russe; trad. fr. par Jean Champenois, Moscou, Editions du Progrès, 1976.

DOMMANGET, Maurice. *Babeuf et la conjuration des Egaux*, Paris, pamphlet de la série «Histoire des doctrines socialistes-les idées et les faits», 1922.

DOMMANGET, Maurice. *Sur Babeuf et la conjuration des Egaux*, Paris, F. Maspero, 1970.

GALANTE GARRONE, Alessandro. *Buonarroti e Babeuf*, Turin, F. de Silva,

1948.

LEGRAND, Robert. *Babeuf et ses compagnons de route*, Paris, Clavreuil, 1981.

参见条目

卡诺（Carnot）

平等（Égalité）

最高限价（Maximum）

罗伯斯庇尔（Robespierre）

卢梭（Rousseau）

巴纳夫
Barnave

与司汤达一样，巴纳夫（Barnave）也出生在格勒诺布尔（Grenoble），但早了一代，他原本也有可能像司汤达一样成为一位感性和理性兼具的作家。总而言之，他是司汤达会钦佩的一个年轻人：举止得体、天赋异禀、和蔼亲切，同时优雅的外表下隐藏着对世事的洞察。他的父亲是多菲内省（le Dauphiné）高等法院的律师，母亲是名门闺秀，他在新教显贵的环境中被精心抚养长大，1781年20岁时在律师公会学习。但他的行业远远无法满足其好奇心，他的野心也远超过一份职业。他认真研读古典作品、18世纪英国和法国的哲学著作，他年轻时期的笔记证明他既能享受想象的快乐，也懂得品尝理性思考之趣。他有惊人的天赋，并且已经取得了成功，未来肯定一片光明，但他所渴望的却是别的事情，有时他渴望成为名人（文坛或政坛，他并不在乎），有时他发誓不让自己在这个华而不实的时代中被任何人愚弄。

但恰恰是这个时代向他张开了双臂。

在多菲内，法国大革命提前一年展开了。1788年5月，拉摩仰（Lamoignon）和布里耶纳（Brienne）颁布打击高等法院反对派的敕令，引起了抗议。6月7日是格勒诺布尔的集市日，民众掀掉路上的铺路石，爬上屋顶，用铺路石和瓦片砸向国王的部队。巴纳夫在匆忙之间写出了《1788年5月10日凭借武力在格勒诺布尔高等法院登记的敕令的精神》（*Esprit des édits enregistrés militairement au parlement de Grenoble le 10 mai 1788*），投入了斗争之中。他抨击国王的大臣，呼吁国王重新召开三级会议（les États généraux）。多菲内省没有坐等路易十六的批准就把各个等级聚集在一起，6月14日，非法的三级会议在格勒诺布尔召开，它召集了多菲内的各个社会等级，打破窠臼，明确提出第三等级的议员数量要与僧侣和贵族代表之和相等。7月21日，三个等级在维齐尔（Vizille）聚集，共同决定并要求召开三级会议、确立第三等级的权利、恢复国家的统一。穆尼埃（Mounier）起草了决议文本，巴纳夫在其领导下，表现得非常活跃、慷慨激昂、令人瞩目。8月国王让步，接下来就是选出前往凡尔赛的代表。1789年初，继穆尼埃之后，巴纳夫在罗曼（Romans）被选为格勒诺布尔第三等级的代表，赴凡尔赛参加三级会议。

在凡尔赛，从最初关于权力分配的讨论开始，他就成为了备受瞩目的人之一。他的精彩表现让他成为议会中最优秀的演说家之一。几乎所有的人都事先写好演讲稿，而他却能够即兴发挥同时丝毫不失理性。他的演讲充满智慧，长于论证，但缺少米拉波（Mirabeau）的那种直觉，也没有那么才华横溢，用米拉波的话说就是"他没有灵性"；但是这位格勒诺布尔的议员并不像米拉波这位前辈一样有陈年丑闻压身，他的演讲有一种与时代相符的

38

清新魅力，一种几近单纯的腔调，就像这个年轻人在私人日记中所展现出的自己一样。巴纳夫欠稳重，但他有自己的风格。

很快他就与穆尼埃分道扬镳。6月17日，他投票支持第三等级提出的更名为"国民议会"的提案。1789年间，他参加了"爱国党"阵营的所有战斗。他成为了公众人物之一，成为体现大革命的无处不在、备受欢迎的英雄。毋庸置疑，这是他生命中最美好的时期，因为他在28岁就拥有了荣誉，经历了重要的历史，不安于现状的灵魂得到了极大的满足。7月23日，即富隆和贝尔蒂埃·德·索维尼被巴黎民众杀害的第二天，他发表了一番令人不快但并非不可原谅的言论，因为他描述的不仅是自己的慷慨激昂，也是当时的社会。拉利－托伦达尔试图通过描述谋杀的可怖场景引发同事们的同情心，而巴纳夫说道："先生们，有人希望我们对昨天洒在巴黎的鲜血报以同情，可这血是否真的那么纯洁？"这句不中听的话有煽动群众之嫌，却表达出已经在人们脑中扎根的想法，并且把大革命的暴力归咎于旧制度的暴力。

这句话至少让我们对巴纳夫的革命热情有所了解，他和穆尼埃的决裂同样也是佐证，二者的冲突在7月份就已出现，8月底、9月初关于宪法和国王否决权的争论让他们彻底分道扬镳。巴纳夫在国民议会中结识了一些新朋友，年龄与他相仿，同样也是爱国者，但他们都出身贵族：巴黎高等法院前参事阿德里安·杜波尔（Adrien Duport）和在美洲战争中晋升的陆军上校亚历山大·德·拉梅特（Alexandre de Lameth）。这个富家子弟三人组很快就被人称为"三巨头"，体现了献身革命的一代人的团结，成为了在法兰西王国旧等级社会废墟上冉冉升起的新社会的完美象征。他们不遗余力地支持城乡普通百姓去摧毁旧制度。阿德里安·杜波尔是著名的1789年8月11日法令①的起草人。但是当大革命得以展开,并且是以尽可能激进的方式展开之后,他们企图控制其进程,因为他们认为自己最有资格对其进行引导。他们试图完成这个不可能的或者说操之过急的任务,最后和其他人一样以失败告终。没有了他们,大革命依然继续。

在这种情况之下,巴纳夫的政治生活在1790年改变了方向。此时他要面对的敌人逐渐发生了变化,贵族产生的危害让位于民主要求不断扩大所带来的危险。只有逐日考察国民议会中的争论才能追溯这种错综复杂的演变。3月,在涉足殖民地贸易的拉梅特兄弟的影响下,巴纳夫要求维持"(美洲殖民地)岛屿"的现状,这就使他这位人权代言人甚至陷入被视为种植园主同党的风险。5月,他攻击米拉波在战争与和平的决定权上向国王做出让步,这让他重新受到左派的欢迎。10月,他获得的荣誉达到顶点,不到30岁的他被选举为制宪议会主席,但关于殖民地的争论再次出现,巴纳夫也再次为白人殖民者辩护,没有考虑黑白混血自由人及黑人奴隶的利益。他不仅被擅长揭露所有人的马拉所批判,也遭到了布里索的一份"公开信"的揭露,后者不能原谅他在殖民地问题上对原则的背叛。1791年初,通过一些关于教士宣誓和移民权的"艰难"演讲,他再次收复失地,但是他对大革命的澎湃激情——这也是他在1789年获得成功的秘诀——早已不在。

1791年4月2日米拉波的去世让他及其盟友站在了第一线。

---

① 1789年8月4日之夜的决议通过之后,最终文件由阿德里安·杜波尔起草,8月11日晚投票并公布。

制宪议会的领导者们不能就他们所要建立的立宪君主制的原则达成一致,这是法国大革命早期的特点之一。米拉波和"三巨头"互相厌恶,但他们各自又都很讨厌议会的第三个中心角色拉法耶特。换言之,米拉波和巴纳夫及其盟友们有着同样的目标:1789年的原则、一个强有力但受制于议会的王权、一个已经与贵族阶层决裂的国王、一个足以聚集整个中产阶级的纳税选举制。这就是米拉波从1790年中一直到死都在秘密建议路易十六接受的内容。1791年夏,巴纳夫、杜波尔和亚历山大·德·拉梅特接过米拉波的火把,秘密地向国王提出相同建议。强大的对手去世了,他们天真地认为自己的目标很快就要实现。殊不知米拉波因为早死而避免厄运,他们却要付出沉重代价。

瓦伦事件揭示了这种新局面。国王在这个洛林村庄被捕,然后被押送回巴黎。议会指派三名成员(拉图尔-莫布尔(La Tour-Maubourg)、佩蒂翁(Pétion)和巴纳夫)前去迎接这个灰心丧气的队伍。国王和王后在武装民众的包围下,被押回杜依勒里宫,旅程中巴纳夫与其共同乘坐皇家四轮马车,我们可以想象这场著名人民代表与落难夫妇之间的会面是多么诡异而漫长。我们无需杜撰巴纳夫爱上王后这种故事,但一方面他确实被王后的不幸所打动,另一方面他的思想也发生了动摇。前一个月,他两次在议会被击败,第一次是关于赋予黑白混血自由民的政治权利(依旧是他长期无法摆脱的殖民地问题),第二次是关于制宪议会成员不能再次入选下届议会的问题。一夜之间法国就要失去它所有的政治领袖。如果立宪君主制再没有了国王,那该怎么办?

于是,为了拯救宪法和公共秩序,必须要拯救国王。这是巴纳夫的最后一场伟大的政治斗争。巴黎群情激愤，众多俱乐部示威要求审判路易十六，7月15日在议会上，孔多塞表示拥护共和制："我们要结束革命，还是重新开始新的革命？［……］对于那些想要走得更远的人，除了废除私有制的法律，新的8月4日之夜还有什么可以做的？"因此，1791年夏，巴纳夫及其盟友拥护国王恢复王位（不惜制造国王系被人"劫持"的遁词），他们为了捍卫公共秩序而压制巴黎的俱乐部，并使宪法经过修订、投票通过并盖章发布。但是他表面上的胜利只是仓促的修补，其实已经四面树敌：他支持7月17日镇压群众在马尔斯校场的请愿活动，这让他彻底失去了民众支持；他把雅各宾派拱手让给了罗伯斯庇尔，而另外成立了敌对的福扬俱乐部（Feuillants）；他在国王和王后那里并没有取得比米拉波和拉法耶特更多的信任：这对夫妇对发生过的事情耿耿于怀。他最终当了一个夏天的议会领导人，之后无法再次当选。他失败的主要原因在于那个夏天的法国依旧还是1789年的法国，"有产者联合起来"在当时尚未成为可以聚集资产阶级抵抗底层民众威胁的口号。在议会中，王党乐于看到罗伯斯庇尔用怀疑去攻击巴纳夫。中庸之道（juste milieu）在当时行不通。

　　从离开议会到圣诞节的三个月里，巴纳夫这位前制宪议会成员重新成为普通公民，他与皇后有过一次悲壮而可笑的通信，他要求皇后把古老的君主制改造成为一种革命体制，但是皇后却一如既往，只信任她的心腹费逊伯爵（Hans Alex von Fersen）、梅尔西·阿尔让多伯爵（Mercy-Argenteau）和她的哥哥奥地利国王。他足够明智，没有督促皇室发动战争，但他已经没有任何影响力。年底,他回到格勒诺布尔,并且一直待在那里,具体原因没有出现在他的通信中,但是我们可以猜测是由于他所受的指控和打击、巴黎的世态变化,以及对自我反思的渴望。他在那里工作、阅读、经营自己的产业、指挥家族所在的圣埃格莱夫(Saint-Egrève)的国家卫队。但是8月10日之后,人们在杜伊勒里宫中缴获的文件里发现了一份名为"与亚历山大·拉梅特和巴纳夫先生协商后的内阁方案"(Projet du Comité des ministres, concerté avec MM. Alexandre Lameth et Barnave)的材料,对立法议会(Assemblée législative)而言,这已经足够在15日对他发出逮捕令了。

三天后,巴纳夫被捕,他剩下的日子都在监狱中度过。巴纳夫首先被关押在多菲内,他在那里继续工作和写作了一年多,渴盼着被人遗忘;但是1793年11月初,他被转移到巴黎,27日被革命法庭迅速审判,29日被推上断头台。

巴纳夫死时留下了一定数量的文件、笔记、信件和一部著作的大纲。1843年,这些资料在法国贵族院议员和法兰西学院成员贝朗热·德·拉德罗姆(Bérenger de la Drôme)的关照下以四卷本的形式出版。这些资料后来被巴纳夫的妹妹捐献给格勒诺布尔市立图书馆,现在仍然可以查阅。由此专家们得以对1843年版本的编辑方式提出批评,实际上,贝朗热·德·拉德罗姆进行了增添和删减。此后,1960年,费尔南·鲁德(Fernand Rude)出版了巴纳夫所写的一小部分关于古代以来的欧洲史概观的文献,标题(并非巴纳夫本人所拟)为《法国革命引论》(Introduction à la Révolution française）。一份巴纳夫的"政治全集"的科学出版物正在编辑中，其中第一卷已经于 1988 年 9 月出版。

这本《法国革命引论》最令人震惊的一点在于，尽管巴纳夫本人在大革命中扮演着重要的角色，但对于他刚刚经历的革命，他在描写时却采用了一种极其超然、高屋建瓴的态度。如果我们考虑这些文字在当时的写作背景，这一点就更令人惊叹。当时的作者已经遭到大革命的否定，被抛弃、面临威胁，并且已经锒铛入狱。与孔多塞（Condorcet）的《人类精神进步史表纲要》（*Esquisse d'un tableau historique des progrès de l'esprit humain*）一样，《法国革命引论》的作者处于死亡边缘，对自己的命运没有任何幻想。这两本书都是仓促撰写，且最终并未完成的作品；尤其是巴纳夫的作品，简洁至极，没有题目，没有章节标题，没有文体修饰，较之真正的书，只能算是书的框架。但是两位作者之间形成巨大对比的是他们的口吻。孔多塞描绘了一幅人类精神进步的壁画，倾注了他对人类能力的乐观主义，然而巴纳夫记述了不知不觉中支配了法国大革命的人类的规律，仿佛他自己没有在其中扮演任何角色。孔多塞依旧是他一直以来的自己，但巴纳夫却以一种贵族式的冷漠审视着曾经的自己。

还有另一种方式可以解释巴纳夫这种两重性。法国大革命是以自然权利的名义进行的，1789 年的人们想要在抽象理性的基础上建立一个新社会。三年后，成为阶下囚的巴纳夫要在历史逻辑中寻找根源。巴纳夫遗稿的原创性就在于用历史规律取代了自然权利；这种具有先见之明的思想转换意味着巴纳夫已经有一种结束革命的愿景，尽管法国大革命还远未停止其进程。或许这是这位前制宪议会议员的一种从思想上完成 1791 年夏天未竟事业的方式,那就是以符合其性质的方式结束大革命,即以"中产阶级"的胜利结束。但是这种方式与法国大革命中其他重要人物思考自身角色的方式截然不同,从而为阐释大革命带来了一种全新的转变。巴纳夫由于政治生涯的失败而早逝,但他留下的手稿却使他的精神影响了 19 世纪和 20 世纪。

我们只需翻开饶勒斯的《社会主义的法国革命史》(*Histoire socialiste de la Révolution française*)就能理解这一点。这位社会主义运动领导人在斐扬派领导人所写的《法国革命引论》中看到的已经不再是《箴言报》(*Moniteur*)中那些受时代所限的关于国家主权和代议制政府的演讲;他所看到的已经是一番历史论述,甚至近似于他自己撰写的历史,因为他在这本书中看到了一种直达马克思的阐释类型。因为巴纳夫把法国大革命同经济生产及流动资产的发展联系了起来,饶勒斯由此发现了马克思主义的一个谱系;巴纳夫就像是一个未完成的马克思,资产阶级革命中的马克思。这种想法并不荒谬,它揭示出二者思想上的前后联系(虽然马克思并没有读过巴纳夫的著作);但它的处理方式过于粗糙,导致饶勒斯之后的太多评论家从马克思的角度去阅读这本被视为马克思主义历史观前奏的《法国革命引论》。然而,了解一位作家的更好方法是去分析他之前的思想,而不是他之后的。巴纳夫在学习积累过程中有过大量广泛的阅读,这并不神秘,因为他在文稿中留下了证据,例如法国哲人,主要是孟德斯鸠的作品,还有以亚当·斯密为首的著名的苏格兰启蒙运动学者的作品。巧合的是,半个世纪之后的马克思同样经常阅读这些人的著作。

正是通过研读他最钦佩的学者孟德斯鸠的著作，巴纳夫形成了相对主义的历史观，而且得出一个结论：研究权力的来源、产生权力的条件、为权力提供基础的力量要比考察权力的正当性问题更重要。正是通过研读苏格兰哲学，他形成了一种欧洲史观，认为欧洲史的决定因素是人与自然的关系，以及人口增长、工艺进步以及贸易积累，其发展顶点就是这个富裕而闻名、资本占主导的现代社会，即苏格兰学者所称的商业社会，在这样的社会中，民主的权力取代了贵族阶层的权力。这个图式的整体结构表明了巴纳夫与卢梭的思想已经大相径庭。他在笔记中推崇观察和经验主义，批评卢梭的抽象观念、自然状态、理性主义的傲慢。这些主题在他1791年夏天的某些演讲中可以找到，这有点类似于对1789年的反思。他的历史观的确用一种哲学取代了另一种，但他也放弃了以理性为指导，在透明的意志和行动的基础上重新构建社会的雄心壮志；他认为革命所能起到的作用不过是让政治根据社会问题进行调整。如果让思维服从经验，而不是企图创造经验，人就可以成为理智的观察者，而不是仅凭良知的参与者。

人类社会的历史因此也就是由社会状态和政治状态之间，以及权力基础和权力性质之间的辩证关系所组成。巴纳夫保留了亚里士多德关于君主制、贵族制和民主制的分类，但是他把这种分类放在了社会历史演进的背景之下：君主制依赖于强有力的军队，贵族制依赖于土地所有制，民主制依靠的是公众舆论。最初人们生活在民主制下；没有财产概念的人们活得独立而平等，巴纳夫把卢梭的自然状态转变成了初级社会。然后人类定居下来，地产概念出现，人口不断增长，这就在不同的情况下产生了贵族统治或单一首领统治,即君主制。最后,工艺的进步、动产财富的累计、公众舆论的发展催生了处于更高级别的民主制。

巴纳夫对人类历史的概括方法并不是机械僵化的。他也为其他因果关系留下了空间,例如疆域或气候(这些仍可追溯到孟德斯鸠)。他也允许一些特殊的因素发挥作用,这些因素能够阻碍一般的因果关系,导致不同政体的混杂。例如,商业精神从根本上有助于民众解放和民主,但是在某些共和国得到进一步发展,却导致某些人富可敌国;结果就是这些共和国(巴纳夫想到的是联省共和国①(Provinces-Unies))逐渐被资产阶级贵族所统治,当然这个阶层不同于地产贵族。另一个例子是在一个扩张主义共和国中,一方面商业精神是国家存在的原因,另一方面又会有一支强大的军队,军队是一种对外的政治需要,但是却会危及内部的稳定,这两者之间存在冲突(古代的迦太基帝国和现代的威尼斯共和国就是例证)。

很容易理解的是,巴纳夫这本书的核心内容针对的是法国社会的演变,即先是从封建制度到绝对君主制,然后从绝对君主制到大革命。封建体制的主要特点是有军事权和宗教权的封疆贵族进行统治,他们控制了权力的三个基础,即土地、军队和舆论。初期的民主力量只能通过赋税来支持君王,对抗贵族统治;但很快流动资产的积累就使其强大起来,虽然它还不能自己进行统治,但是已经可以让君王占得上风,绝对君主制的时期到来了。

---

① 一般指荷兰共和国,是16—18世纪存在于现在的荷兰及比利时北部地区的一个国家。

绝对君主制体现了贵族政治和民主政治之间的平衡状态。国王借助人民的财富，运用公众力量打破了贵族的权力。因此他自己的权力在创造财富这个方面并没有基础，因为确切来说，他是在土地和资本这两股敌对力量互相抵消的情况下崛起的。绝对君主制所依赖的是军队。在绝对君主制诞生的时期，"政府刚刚摆脱封建制度，正走向另一种尚未发达的形式，贵族阶级的暴政已经结束，但君王尚未专政，民众尚不自由；王权占据主导，但依旧忌惮贵族的势力，并受制于公众舆论，它是人民政权的前奏"。这一精彩的界定不仅是马克思历史观的前奏，也是奥古斯汀·梯也里（Augustin Thierry）和基佐（Guizot）的思想序曲，我们可以从巴纳夫的论述中发现君主制的过渡性和脆弱性：政府不稳定，未来有着各种可能性，从专制主义到人民政权，还有斐扬派议员（巴纳夫）视为理想类型的"自由而有限的"君主制。归根结底，不同于贵族政治或民主政治这两种相对稳定的政体，它是一种始终摇摆于这两者主要原则之间的政府。巴纳夫正是在这一点上与他的导师孟德斯鸠产生了分歧，后者欣赏的是沿袭了封建历史的法国君主制："在我看来，孟德斯鸠先生所提倡的是一种不稳定的政府，是两种更明确的政府性质中的过渡阶段。他描绘的就是他写作时所看到的一些欧洲国家的状态，并没有考虑这种情况是否持久，因为它的舆论基础已经不存在了，很快君主制就需要寻找其他限制和载体了。孟德斯鸠的君主制的发展方向要么是军事独裁，要么是有组织的君主制。"

"有组织的君主制"是英式君主制吗？不是。1789年夏天，在关于新的公共政权的组织形式的辩论中，巴纳夫曾击败了王政

48

派,那么1792年的巴纳夫就更不会赞同这种主张。因为英国是没有军队的岛国和贸易王国,下议院无需害怕贵族组成的上议院,但是在法国正相反,上议院控制着人民和国王。另外英国的民主革命比法国早了一个世纪,因此它的革命具有宗教性,而非哲学性。在法国,这场革命姗姗来迟,但必要性绝不亚于英国革命,它的前期铺垫包括贵族政治的衰弱、绝对主义出现、贸易财富的累积、人民的出场以及启蒙运动的展开。美洲的独立战争是法国革命开始的序曲。很快,1789年,国王的愚蠢、宫廷的盲目、内克的优柔寡断,致使所有权力都交给了人民。总的来说,巴纳夫认为革命是不可避免的,但是在手稿的最后,他假设了事情如果按照其他方式,并且或许是更好的方式发生的可能性:"[……]本应该由政府来做的事,最终由他人完成,并且是反对政府的。市镇厌倦了无所作为,并感受到公众舆论的支持,它们组织起来并宣称自己代表国家。从此以后,它们是唯一的力量;从此以后,革命的前途几乎已成定论。"

我们需要思考为何是"几乎"?在贝朗热的版本中,有一百多页是对欧洲历史的哲学思考,之后是一些对当代时事的分析,巴纳夫总结了制宪议会的工作,并试图理解立法议会哪里出现了问题。他非常重视"制宪议会议员不能再次入选下届议会"这项条款,虽然他持反对意见,但该条款于1791年在罗伯斯庇尔的推动下经投票通过。这项法令是消极倦怠、自私自利和阴谋算计的结果,它通过之后,立法议会很快就沦为一帮被巴黎俱乐部玩弄于股掌之中的空想主义乌合之众。

巴纳夫之所以如此强调这个不能再次入选的条款,是因为他拒绝认为自己曾经起到重要作用的制宪议会的成果是行不通的。他熟悉那些针对该成果的反对和批评，从他的文字中，我们可以发现他甚至赞同某些批评，因为他欣赏激励这些人的精神，换言之，就是按照孟德斯鸠的忠告，创建自由的、不同权力互相制约平衡的制度的愿望。1791年修订过的1789年宪法能实现这种平衡吗？巴纳夫在文字中再次提起1789年9月那场关于英国模式在革命背景下的法国是否行得通的辩论，从某种意义上，这也是他与同胞穆尼埃继续那场中断的谈话的方式。不能，他的答案是否定的，不可能在1789年夏天重新创建一个上议院，这肯定不可避免地导致人们对贵族统治复辟的恐惧。在他看来，其他两个批评更加合理：第一，行政机构没有被赋予足够的权力；第二，有产者在国民议会中的比例太低，虽然1791年夏天修订宪法时人们对此做出了努力。

但斐扬派前议员（巴纳夫）反驳道，在这种情况下，问题更多的是在于立法机构整体态度的转变，而不是它们所通过的条款。"这一点和其他方面一样，"他写道，"人们绝对把革命状态的影响与宪法的影响弄混淆了。"一方面，一直受到巴黎俱乐部怀疑的国王从未能行使赋予他的权力。另一方面，许多贵族已经逃亡或背弃了新政体，而有产者从未能够形成一道有力的统一阵线，以抵抗不断蛊惑民心的政客。

因此，通过对当时法国状况的分析，巴纳夫为他的历史哲学贡献了一个新的范畴，即"革命状态"，这是两种政体之间的转变模式，过去与未来之间的危险过渡，在此期间的人类对事态进展的控制比平时还要弱。1791年统治法国的政体没有时间打下根基，它不得不面对贵族有产阶级的抵抗和越来越多的煽动者。它的宪法虽然在诞生时被打上了狂暴的烙印，但并不糟糕，遗憾的是它从未被实施过。起草宪法的人几乎被同时赶出了权力机构，给新人让位，这是一群没有执政经验的理论家，任由巴黎那些蛊惑人心的政客摆布。因此，"革命状态"占据上风，"立宪状态"只能退让，与此同时，立法议会通过战争为第二次革命创造了条件。巴纳夫在1792年6月左右写道："回到家乡之后，我扪心自问，如果从来都不曾离开，是否会更好一些？"但是这种忧伤的想法很快被关于必须进步的思考所克服："然而，只要稍微思考一下，我们就可以说服自己，不管发生什么，我们都不能停止做一个自由人，我们所摧毁的主要恶习永远不应重现。人们需要承受多少不幸，才能忘记这样的益处！"

　　对于这个死于32岁的年轻人而言，这种思想是非常好的墓志铭，他在生命中的最后一年里就像古代的英雄，在监狱中思考着事物的力量，而不是人类的卑鄙。在这以悲剧结束的坚忍的一年中，诞生了对欧洲历史的思考，让人对于他没有完成的著作更感惋惜，而不是他未竟的事业。圣伯夫（Sainte-Beuve）一如既往，是第一个理解这一点的人。且听他描述拿破仑·波拿巴如何纪念巴纳夫："执政官（拿破仑）下令把巴纳夫的雕像挪放到参议院主楼梯的维尼奥雕像旁，如果巴纳夫还活着，执政官会让他登上权力顶峰。他在法兰西第一帝国时期会成为巴纳夫伯爵。他可以骄傲地老去，感受生命火焰慢慢熄灭，眼中光芒渐渐消失。"

弗朗索瓦·孚雷

延伸阅读

Œuvres, publiées par Alphonse-Marc-Marcellin-Thomas Bérenger de la Drôme, 4 vol., Paris, 1843. Le premier volume comprend l'*Introduction à la Révolution française*.

Sur les papiers de Barnave, conservés à la bibliothèque de Grenoble (U5216) et la manière dont l'édition Bérenger de la Drôme a été faite, voir François VERMALE, «Manuscrits et éditions des oeuvres de Barnave», *Annales historiques de la Révolution française*, XV, 1938, p. 75–77.

Introduction à la Révolution française, éd. et préface de Fernand Rude, *Cahier des Annales*, n° 15, Paris, Armand Colin, 1960.

De la Révolution et de la Constitution, texte établi et annoté par Patrice Gueniffey, préface de François Furet, Grenoble, Presses universitaires de Grenoble, 1988.

Marie-Antoinette et Barnave, correspondance secrète (juillet 1791–janvier 1792), éd. établie par Alma Söderhjelm, Paris, Armand Colin, 1934.

(Voir aussi Michon ci-dessous.)

BRADBY, Eliza Dorothy. *The Life of Barnave*, 2 vol., Oxford, Clarendon Press, 1915.

CHEVALLIER, Jean-Jacques, *Barnave ou les Deux Faces de la Révolution 1761–1793*, Paris, Payot, 1936.

CHILL, Emanel. *Power, Property and History: Barnave's Introduction to the French Revolution and Other Writings*, New York, Harper and Row, 1971. Comprend la traduction anglaise de l'*Introduction* et de quelques-unes des notes de Barnave, avec une substantielle de 74 pages: «Barnave as philosophical historian».

MICHON, Georges. *Essai sur l'histoire du parti feuillant. Adrien Duport* (thèse pour le doctorat ès lettres); 2e vol.: *Correspondance inédite de Barnave en 1792*; 2 vol., Paris, Payot, 1924.

SAINTE-BEUVE, Charles-Augustin. «œuvres de Barnave», *Causeries du lundi*, t.2, Paris, 1850.

参见条目

贵族（Aristocratie）

革命议会（Assemblées révolutionnaires）

波拿巴（Bonaparte）

布里索（Brissot）

孔多塞（Condorcet）

民主（Démocratie）

封建制度（Féodalité）

斐扬派（Feuillants）

拉法耶特（La Fayette）

马拉（Marat）

玛丽－安托瓦内特（Marie-Antoinette）

米拉波（Mirabeau）

孟德斯鸠（Montesquieu）

圣多明各革命（Révolution à Saint-Domingue）

卢梭（Rousseau）

瓦伦（Varennes）

波拿巴
Bonaparte

法国大革命不喜欢老年人,连最伟大的、或许也是唯一的英雄拿破仑·波拿巴(Napoléon Bonaparte)也未能幸免。美国革命为那些老年人提供了舞台,他们扮演重要角色,深受公民尊敬,成为国父;但法国大革命却好似一出以青年才俊为主角的戏剧,它的主角们年纪轻轻就丢掉性命,另一些人幸存,而把胜利者变成庸俗的有产者。但它也曾在数年之中拥有过自己的华盛顿,那就是 30 岁的拿破仑。十年之后,他成了皇帝,又过了几年,这位皇帝战败、被俘。就连他也没能够长时间掌控历史进程。称帝之时,他的权力背弃了他的原则,然后他开启了不同于法国大革命的另一进程,战争的偶然性重新成为主导。这位皇帝想让自己的统治系于君主制法则,这却让他的统治既失去了魅力,也失去了必要性。

为了理解他或者清楚地认识他,我们可以从"是什么让这个科西嘉人、意大利人、外国人、复辟时期老贵妇口中的'布奥拿巴'(Buonaparte①)在法国历史上占据如此重要的地位?"这个问题

---

① 拿破仑的名字的意大利语写法是 Napoleone Buonaparte。

出发,即为何法国大革命选择了他。大革命赋予了他匪夷所思的权力,不仅让他代表了新的国家(在他之前,米拉波、罗伯斯庇尔等人也有过这种权力),还让大革命最终得以完成。拿破仑对这一点理解得很透彻,他在圣赫勒拿岛常常谈到这种权力来源,甚至达到了痴迷的地步,他并非想将自己的权力来源当作一种死后宣传的工具(但它后来确实成了这种工具),而是需要让人记住他这一生之中,最异乎寻常之处是可以解释的。

他的出生时间刚好比1789年法国大革命爆发早了20年,但他的出生地是一个刚刚归属法国但实际上并不想被纳入法国版图的偏远岛屿。他是夏尔·波拿巴(Charles Bonaparte)和莱提西娅·拉莫利诺(Laetitia Ramolino)的第二个儿子,这对夫妇生了12个孩子,其中8个幸存下来,包括5个男孩和3个女孩。这个科西嘉家庭像部落一样以父权为中心,和所有岛上居民一样讲科西嘉语。他们出身落魄的科西嘉"贵族",靠着葡萄园和棕榈树勉强维持生活。这个家庭的一家之主做出明智决定,投靠法国,抛弃了他的朋友保利(Paoli)和独立事业。因此他也成为了1776年敕令的受益人之一,这些敕令规定贫穷贵族的子嗣可以在皇家军事学院免费接受教育。两个最年长的儿子获得了奖学金,从此他们可以期待那份许多同胞从事的职业,离开海洋与丛林包围的农村,到欧洲大陆成为公职人员。拿破仑在布里埃纳军校学习(1779—1784年),他在那里接受了良好的教育,但后来司汤达对这所学校的政府属性感到惋惜:"如果在与政府无关的学校中接受教育,他可能会学习休谟和孟德斯鸠;他可能会理解公众舆论对政府施加的力量"(《拿破仑传》(Vie de Napoléon),第一章)。或许如此。拿破仑在布里埃纳军校学习了法语,但并未完全丢掉意大利口音。他还学习了历史和数学,他用前者填补寄居他乡的孤独生活,同时展现出后者方面的天赋。1784 年,他被军事学院录取,1785 年,他以在 58 人的班级中排名第 42 的成绩毕业,然后被分配到拉费尔(La Fère)军团担任炮兵少尉。塞居尔(Ségur)、泰纳(Taine)等学者认为,以下评论出自他的历史老师:"这个年轻人有着科西嘉人的性格和民族意识,如果环境允许,他的前途远大。"

他青年时期和最初的驻地所处的"环境"就是大厦将倾的旧制度。拿破仑对那个时代的生活和激情依旧无动于衷,学校教育的影响常常是滞后的。他有科西嘉人的性格:传统、多疑敏感、有些孤僻、没有社交经验。他也有科西嘉人的民族意识:他把科西嘉岛当作自己的视野范围,甚至加入了父亲所背弃的保利阵营。由于长期在科西嘉岛逗留,他的卫戍勤务一再中断。他与法国的真正交集尚未开始,甚至到许久之后,他才参与到法国大革命之中。他与 1789 年失势的一方没有任何联系,但他对胜利的一方也没有表现出热情。他大部分时间都待在科西嘉岛。布列纳(Bourrienne)是拿破仑在布里埃纳军校的同学,若他的话可信,那么 1792 年春末,拿破仑曾极为鄙视路易十六未向 6 月 20 日暴动开火。这是我们所掌握的拿破仑在 1789 年到 1793 年间所做的极少评论之一。晚些时候(9 月 20 日),当大炮的轰鸣在瓦尔密(Valmy)响起时,他又再次等待着返回科西嘉的船。奇怪的是,1793 年 4 月保利领导的起义所获得的胜利却打断了拿破仑与科西嘉之间强有力的联系。波拿巴家族被列为亲法派，遭到放逐；一位美丽的寡妇作为一家之主，带着漂亮的女儿和雄心勃勃的儿子，拿着武器和行李，在马赛上岸。

拿破仑当时**已经**24岁（三年之后，人们会说：他**只有**27岁！）；他是炮兵部队上尉，但尚且一事无成。与他生活中所有其他事情一样，他与新法兰西的结缘发生在偶然之间，但那个时代所挑选的都是真正支持大革命的人，那些破釜沉舟的人，这与他那些温和派的朋友刚好相反，1793年夏，拿破仑不仅加入了山岳派，还成为了罗伯斯庇尔主义者。8月，他起草了一份时事小册子，反对把内战带到法国南部的联邦派。文章内容没有什么新意，是一篇对话，对话者包括一个军人、一个尼姆人、一个马赛批发商和一个蒙彼利埃制造商，他们讨论的是马赛联邦派叛乱，军人则为"公共安全"事业辩护。这是一篇非常重要的材料，因为它标志着这位科西嘉炮兵上尉进入了大革命历史之中。从此，拿破仑以雅各宾派的身份登上法国历史舞台。

在这恐怖的几个月之中，这位年轻军官最喜欢的是什么？很可能是与他的脾性和爱好最符合的东西，譬如媲美古代的政府活力，权力的无限权威，还有唯才是举，军人以胜利为荣以及在充满着贵族和偏见的行业中得到平等对待的许诺。当时指挥夺取马赛的是他的科西嘉同胞萨利切蒂（Saliceti），因此拿破仑为山岳派专政服务也符合自己的偏好和利益。法国军队依据拿破仑的建议从英国人手中夺回土伦（Toulon）之后，拿破仑也因此晋升为准将；1794年2月，在针对奥地利人的进攻中，他被任命为意大利军团炮兵指挥。

热月党人确信拿破仑是一位罗伯斯庇尔派将军,将其暂时排挤在一旁,甚至把他关了几周监狱。但是在种种表象之下,热月党人还在推动大革命的发展,并在1795年葡月13日(10月5日)为拿破仑提供了一个千载难逢的回归机遇。这是继土伦战役之后,他与革命法兰西结缘的第二个重要事件。让拿破仑重披战袍的是共和国的坚定捍卫者巴拉斯,拿破仑以他的名义下令向那些带领暴动民众反对国民公会的年轻王政派分子开火。但这一幕还有比较文雅的一面。作为巴拉斯的亲信,拿破仑在其庇护下,成为了巴黎新上流社会中的一个小人物。

这个上流社会是革命"长青藤"和金钱精英的混合体,前者在革命中幸存下来,为的是庆祝后者的回归。权力和金融形成的现代联盟取代了罗伯斯庇尔式的美德共和国空想。利益与享乐相结合的时代来临了,它处于巴拉斯的指挥之下;这位旧制度时期的子爵、前恐怖分子如今被堪比晚期罗马帝国的朝臣簇拥着。年轻的拿破仑将军身处这种环境中,他的外表看起来非常特别:瘦弱,沉默寡言,两只大眼睛占据了年轻面庞的大部分,披肩的长发像狗耳朵一样垂在头两侧。他和约瑟芬(Joséphine de Beauharnais)的婚姻故事可以令我们充分理解上流社会对他的羁绊。这个故事讲起来就像一出闹剧。巴拉斯把这个曾和自己上床的家道中落的半上流社会的女人介绍给拿破仑。结婚之后,拿破仑以为自己娶了一个富有的贵族继承人。不过这个故事无需被说得如此可怕也依然不失真实。拿破仑对约瑟芬有着炽热的情感,德·博阿尔内这个贵族姓氏为这种感情添砖加瓦,但这份感情的维系靠的并不是向上爬的粗俗野心,而是他可以借此抹去童年所遭受的羞辱。这位小个子科西嘉贵族对资产阶级很苛刻，他自己也永远不会成为这个阶级的一员，但他分享了资产阶级最深层的集体情感，也就是他们对贵族的爱恨交织。这种法兰西式追求平等的热情乃是旧制度无意之中留下的遗产；只有得到了凌驾于他人、"同等人"之上的优越感，并且优越感得到承认和保障时，这种热情才会暂时平息。之后的司汤达与拿破仑一样，认为这是一种"虚荣"。小个子波拿巴迎娶了博阿尔内家族的女人，并由此而真正归化了法国。

然而拿破仑的虚荣来自不属于资产阶级的想象，至少不单单属于资产阶级，在他加冕的那天，他在巴黎圣母院中回头对哥哥说了一句令人动容的话："约瑟夫！多希望父亲可以看到我们！"这也可以是巴尔扎克笔下某个人物所说的话。但拿破仑引以为傲的成功不是金钱，甚至也不是权力，而是查理大帝的帝国或者恺撒的胜利。1796年的波拿巴从众多革命前辈（米拉波、拉法耶特、布里索、丹东、罗伯斯庇尔以及许多其他人）身上继承了掌控大革命的野心。但从一开始，与这些人相比，这位怀有梦想而又非常理智的地中海人就有一个优势：当大革命的政治纲领已经山穷水尽之时，他才由外而内进入这个领域，大革命被迫接受他的安排。和其他人一样，他是一个维护平等的人，但是他利用自己的聪明才智，为这个民族的荣誉增添了无比的辉煌。

从春到秋的几个月之内，他在意大利脱颖而出，成为未来法国政坛的主宰，这是他发迹的第三个重要事件。从1794年的战争开始，意大利曾是他的梦想；某种程度上，意大利是他的祖国，他说着它的语言，这是他通过胜利把两个祖国合并在一起的完美战场,他的计划已经筹备良久:首先快速进攻,把皮埃蒙特人与奥地利人分隔开;强迫都灵王国签订合约,甚至与法国人结盟,然后把奥地利人赶出伦巴第。两周之内,计划的第一部分已经实现,第二部分遇到了一些困难,因为5月中旬,波拿巴攻下米兰时,奥地利军队依旧完好无损,给法军带来不少阻碍,这种情况一直持续到11月。但这位法军司令官展示出高超的战术技巧,他命令部队快速移动,协同进攻;他没有让任何人去赞颂自己。没有人比他更清楚地认识到公共舆论的统治已经取代了名门血统的统治。在自己的胜利公告中,拿破仑展示出了真正的宣传天赋。

拿破仑尚未成为法国国王,但从5月开始,他已经成了意大利这个可怜的、战败的、经历过掠夺和勒索的国家的国王,他对意大利进行重新改造,仿佛这个国家是他继承的遗产一样。他住在米兰的蒙特贝洛城堡(Montebello)里,更像是一位君主,而非共和国的将军,他身处礼仪严格的宫廷之中,享受着至高无上的权威。撒谎成性的约瑟芬有许多情人,她在其中一位的陪同下,与拿破仑重聚。拿破仑的兄弟姐妹们已经先于约瑟芬跑来,用他的胜利做交易,渴望着荣誉和利益,放肆地攫取一切。他的新贵生活的这一面就如同巴尔扎克所描写的一样,没有止境。他容忍甚至鼓励这些利欲熏心的活动,只要它们是沾他的光。这些都是他的辉煌所带来的额外利益、为他效劳的人所获得的奖励。但是他已经属于另一个阶层:最负盛名的将军们心甘情愿臣服于他;他可以与督政府平起平坐,利用自己对公共舆论的影响力,强迫督政府接受自己的观点;接待共和国最著名的思想家和科学家。他对自己生活的设想了然于心,而且非常确定能够将其实现,按照他后来说过的一句名言,那就是"命运无法抵挡我的意志",这也可以作为现代幸福的一种定义。

他在蒙特贝洛所说的话被许多认真的见证人所记录,其中最有趣的是这句独白:"迄今为止,我所做的什么都不算。我的职业生涯才刚刚开始。你们以为我征服意大利是为了给督政府中那些律师们、卡诺们、巴拉斯们挣得声誉吗?你们以为这也是为了建立一个共和国吗?多荒唐的想法!一个三千万人的共和国!靠我们的风俗和恶习!这可能吗?法国人痴迷的是一个不切实际的空想,但是它和许多其他事物一样,也会消失。他们需要荣耀和对虚荣的满足。但他们对自由一无所知。"这番声明不仅仅是他野心的坦白,这在当时已非常明显。这些话里还有他在18世纪著作中读到的关于大国不可能成立共和国的内容,对热月党统治的社会的悲观评判更是巩固了这种观点。他认为,当时人们的表现恰恰与共和国道德相反,他们痴迷于对利益和享乐的自私追求,他们最大的爱好就是"虚荣":个人虚荣要求的是一些无意义的东西,亦即,平等社会所追求的社会地位和名誉的细微区分;集体虚荣渴望的是国家荣誉和新法国的伟大。只要政府能满足这些感受需求,它就和法国人民一样,无需考虑自由的问题。这种权力观念很早就已经形成,意大利军队总司令(拿破仑)因此能够让自己的计划去迎合国家的喜好,让国家为自己服务。这种策略非常简单,几乎过于简化,但却非常巧妙。这是一种应对建立在利益而非道德基础上的革命独裁的方案。

波拿巴与权力之间还隔着一个漫长的埃及远征,但他非常精明地处理了这个问题,静静等待着即将到来的一切。1797年果月

18日（果月政变），意大利军队拯救了督政府，但军队首脑（拿破仑）明智地派遣奥热罗（Augereau）去执行政变，避免了为一个失信的政府服务以及再次卷入政变后的恐怖之中。如此年轻的他却表现出了在革命斗争中摸爬滚打的资深政客的谨慎。接下来的埃及远征让人逐渐忘记了他的参与。这次远征没有经过深思熟虑，其过程却波澜壮阔，它唯一的用处就是巩固拿破仑的荣誉。拿破仑将金字塔纳入自己的战利品之中，但1799年8月22日，他却偷偷抛弃军队，返回法国。10月9日，当他在弗雷瑞斯（Fréjus）登陆时，时机终于成熟，公众对他热烈欢迎，甚至连政客都将权力拱手相让，当然有他们自己的条件，但却没有实现这些条件的手段。巴黎的剧院甚至中断了演出，宣布拿破仑的回归。10月27日，蓬塔利耶（Pontarlier）市政府向督政官们通报："波拿巴到达的消息让共和党人激动不已，甚至有不少人流下泪水。"

拿破仑在弗雷瑞斯的登陆打破了巴黎政治活动的所有计划，因为他打出了一张王牌，一张西耶斯没有预想到的王牌：英雄的声望。从回到法国的那一刻起，波拿巴就成了同伴们的领头人，因为在那群名流显贵之中，他就是"人民"。雾月政变（18-Brumaire）经过了深思熟虑，执行时却经历了恐慌，但它已经提前得到了国民的祝福。

拿破仑生命中最幸福的一段时期开始了，因为这是他与法国大革命的蜜月期。共和国仍继续存在。拿破仑将军坐上了第一把交椅，成为第一执政官，这也是公众舆论所期望的。1799年11月，少年司汤达离开故乡格勒诺布尔，来到巴黎。政变的第二天，他在内穆尔（Nemours）得知该消息："我们在晚上得知了（政变的）消息，我还不太懂这种大事的意义，但我很高兴年轻的波拿巴将军成为了法国皇帝。"大革命时期的法国确实臣服于这位新统治者的魅力之下，这位统治者是法国的儿子，他也将法国从复辟的危险中拯救出来。共和国英雄的身份是波拿巴最具国王风范之处。法国终于找到了自己从1789年开始就一直摸索探寻的共和君主制。

33岁的"公民执政官"在生理上也处于最富魅力的阶段，他的面色不像意大利战争期间担任将军时那样蜡黄，身体也不像称帝之后那样发福。对他的赞颂和对政府工作的狂热是他日常生活中的两大爱好，他甚至还花些时间去参加娱乐消遣活动。如同未来的阿布朗泰斯公爵夫人、朱诺（Jean-Andoche Junot）的妻子所讲述的，这就是拿破仑在马尔默桑宫（la Malmaison）度过的美好时光。波拿巴还没有自己的宫廷，周围都是副官和将军朋友，他凌驾于众人之上，但没有和他们分开。约瑟芬终于明白自己抽中了上上签，他们二人都在独特的命运驱使下，成为了新社会机遇和运气的象征。这两个生活在大革命边缘的人，一个是来自马提尼克岛的交际花，一个是来自科西嘉的矮个子士兵，最终成了法国的主人。公众在自己选择的领导者身上所发现的风格和习惯符合共和式朴素和平民政府的所有特征。第一执政官没有波旁家族的任何愚蠢习惯，他吃饭迅速，喜欢单调的服装和老旧的帽子，他不在宫廷仪式上浪费时间；他辛勤工作，善于做决定。

这些是他极其聪明地创造出的公众形象，但也符合当时的真实情况。执政官拿破仑把共和国英雄和资产阶级国王的优点与自己性格中独裁和不可控的部分融合在了一起。他也非常了解让自己获得权力的客观条件,以及自己独裁的平民特性:"我并非以将军的身份进行统治,因为国家认为我有政府所需要的平民特质;如果它不这么想,政府就维持不下去。作为军队将军的我接受法兰西科学院成员的位置时,我很清楚自己做的事;我确信即使最不起眼的鼓手也能理解我。从几百年的野蛮历史中无法推演出如今的时代。我们是被启蒙思想、财产权和贸易汇聚在一起的三千万人。与这巨大的人群相比,三十万或四十万军人根本不值一提"(1802年,在参政院的讲话)。启蒙思想、财产权、贸易:这可能源自内克、西耶斯或邦雅曼·贡斯当(Benjamin Constant)所提出的民族(la nation)概念,这是他们从18世纪哲人们那里学习到的,但他们无法处理此概念所带来的潜在的不稳定和国内斗争。拿破仑也把自己视为这种传统的继承人和象征、国家长期寻找的担保人,他身上也有很重要的资产阶级的一面,使他适合于这个角色。他相信财产不可侵犯、婚姻和家庭观念、妇女在家庭中的地位、街头的秩序、向有天赋者开放的职业。一方面,他使所有这些归根结底来自于1789年的平凡遗产都打上了自己耀眼天赋的烙印;另一方面,他又给这些遗产裹上了一层科西嘉式的夸张色彩,使得现代法国的诞生有了一种家长制特征。与此同时,他用两种方式回应了国家的愿望。大革命的高潮刚刚过去,法国人不会轻易接受一个没有国家光环的领导者,但他们对无数革命事件感到筋疲力尽,对自己所获得的东西也充满警惕,他们希望加强对财产权和秩序的保障。革命性和保守性兼具的农村的和小资产阶级为主的民众迎来了波拿巴的《民法典》(*Code civil*)。他在参政院对这份1800年11月制定的方案立刻表示赞同:"我们已经写完了大革命的传奇。现在我们必须开始书写它的历史,从原则的实施中,去寻找什么是真实和可能的,抛弃那些思辨的和假设的东西。如今要走另一条路,就意味着要做哲人,而非统治。"

在拿破仑看来,作为用来巩固大革命成果的舆论专政,执政府也是大革命历史的"开始"。大革命的"传奇"是由知识分子撰写的,在拿破仑之前,是他们一直在引领革命,并发挥了革命的"思辨"一面。毫无疑问,拿破仑的脑中有罗伯斯庇尔及其美德共和国,但他也吸取从制宪会议到法兰西科学院的其他领导人的思想,例如他在雾月政变中的临时同盟西耶斯,"完美宪法"的捍卫者。开启大革命的真正历史,就是用实践理性去探讨以前的形而上学家们所涉及的问题,在经验和现实的基础上最终建立现代国家。这是执政府的另一面,波拿巴借此改造了开明专制模式,来适应新的后革命社会。早在1790年,米拉波就在与宫廷的密函中企图向可怜的路易十六灌输这种思想,但他失败了。他曾向国王写道:为什么您害怕接受新的事物状态?与其怀念那些不断阻碍您的权威的贵族社会及其贵族阶层、议会和特权团体,您必须意识到它们已经消失,您需要成为国家的首脑,让君主制在新社会中扎根。

旧制度的君王没有采用,甚至不想听到这条建议,但新的君主却拥有将其落实的所有资质:他的脾气比路易十六专横千百倍,他管理的是前所未有的由平等个体组成的社会,面对政府时,它比旧社会更加没有抵抗力。与1790年相比,他还有一个优势,那就是革命浪潮已经退去多年,在它消退的过程中,人们可以看到绝对权力的观念丝毫未改变，它继承自历代法国国王，被拿来为民主服务。人民主权，取代了君主主权，但主权的范围依旧没有限制，其性质也决定其无法分割。因此执政君主制（la monarchie consulaire）包含了三个要素，这三个要素融合在一起，使它成为历史上最强大的政权。第一个要素是它统治的是孤立的个体，后者被剥夺集会权，但平等权受到保障。第二个要素是它的权威来自人民，摆脱了上帝的监督，这曾经是国王权力所受的制约之一。第三个要素是它的部分权力不知不觉中来自于专制主义传统。为何"不知不觉中"？因为法国一直深深地以为自己打破了与过去的联系，尽管战争、逃亡贵族、路易十六的兄弟们都在提醒着与过去的联系。但第一执政官自己却非常了解这一点，他曾经多次说过自己的某一部分权力来自于法国历史和这个国家的某些习惯。

就是在这些基础之上，拿破仑要建立自己最持久的成就，即创建现代法国国家。《民法典》与大部分司法统一和立法工作在他上台之前就已开始，就算没有他，最终也可以完成，方式也并无不同。但国家行政机构的新轮廓却打上了他的印记。他大量从传统中汲取灵感，例如政治领域中实施的笛卡尔理性主义、开明专制主义、君主专制政权进行的漫长的集权化、旧制度时期政府与团体之间无数冲突中诞生的裁判惯例，以及风俗与时代精神的潮流等。但另外他还给新体制打上自己科西嘉人和军人的烙印，使秩序和权威凌驾于所有人类需求之上，同时又使之完全契合于他的主要爱好，那就是大权独揽。

行政体系是政府的神经系统。它应该独自运行，就像一个庞大的人员调节系统和井然有序的身体器官,把中央意志传达到最边缘地区:"我让我的所有部门都变得非常便利,只要拥有必要的忠诚、热情、活力、勤奋,所有人都可以在其中任职[……]。各行政区的组织、效用和结果都令人赞叹,众人皆知。四千多万人在同样的时刻受到同样的鼓励。在地方工作中心的帮助下,边缘地带和中心地区保持着同样的行动节奏。"因此中央集权不仅可以使理性权力实现统一,无所不在,还可以使政府依赖自己的公务人员,他们的仅有优点即"勤奋"和"忠诚"。每位省长在自己的省内都是一个"小皇帝",但这种权力与他们的功绩和人格无关:他只是中央权力的代表而已。

虽然拿破仑时不时会把"公共安全"当作论点提出来,并表示针对公民的政府独裁压制了部分民主自由,但其产生的原因是战争环境。他的话很难令人信服,因为这些理念都打上了他的教育和性格的烙印。这种体制的长处也是它的弱点,那就是拿破仑自己。为了让行政体系运转正常,他倾尽了自己魅力十足又务实的天赋。他能够在短时间内快速掌握不同内容,喜欢不同情况为政府人员提供的各种经验,他了解细节和决策具体实施的重要性,醉心于了解一切从而掌控一切,如同在战场上一样。夏多布里昂(Chateaubriand)后来写道:"皇帝什么事都要插手;他从未停止思考,想法层出不穷。他生性急躁,走起路来并非闲庭信步,而是昂首挺胸,大步前冲,扑向世界,让它经受一阵阵震动。"但这种精力甚至也包含着腐化的根源,对绝对权威的野心也可能导致权威堕落为暴政。这种腐化、堕落很快就能在第一执政官身上观察到。没有任何人能够以足够快的速度去执行他的命令,没有任何人完全服从过他。在一个溜须拍马成为传统的国家里,容易不断招致阿谀奉承的性格很快就会受其腐蚀,并遭到破坏。因此,除了著名的有魅力的微笑,拿破仑还表现出对反驳意见的不耐烦,他的情绪阴暗而激烈,他的易怒和骂人时的粗俗早已被人诟病。从非常法国式的辩证法来看,一方面,他把国家的抽象主权神化了,另一方面,他让自己成为主权的化身,也就将国家主权弱化了。拿破仑就是民主政府中的路易十六。

但是他充满占有欲的爱好从来没有使他盲目到混淆私生活与公共生活的地步。除去他的性格以外,不可思议的仕途上升过程足以使他倾向于把所获得的一切,包括共和国在内,都视为自己的家产。但无论如何,他是大革命的继承人,因为他所创建的与地方政权相对立的行政国家的基础是法律的普适性。随着时间的推移,他的专断行为不断增多,重新建立了政府授予头衔的贵族阶级,他掌控国家的权力完全来自于一个事实,即他是人民主权的代表,可以制定和实施人人都需要遵守的法律。从这层含义来看,他象征着政治代议制度的最后危机,而政治代议制恰恰是大革命的主要特征。他成为了唯一的代表,解决了这场危机,他严格筛选法兰西显贵名单以削弱普选制的影响,分散各议会的责任以控制立法权。但他和行政机构(不过是他权力的延伸)依旧是新国家的象征,这个国家以平等公民的一致赞同为基础,代表了普遍利益。

通过这种与国家一体的公共形象,他就能够重新确立秩序,甚至使那些被大革命分裂的法国人重新和好。前立宪派、前吉伦特派、前恐怖分子,当然还有热月党人都在他的行政机构里工作,担任政府参政员、法官、省长、军队特派员，或者在政府部门的无数其他岗位服务。甚至连逃亡贵族也回到法国，许多人重新回到他们的祖先扬名立万的两个职业中，两个不断扩大、民主化但同样拥有无与伦比之光芒的职业：政府部门和军队。没有人需要去教他们怎么做一个谄媚的朝臣。执政府就像一个有众多席位的壮观集市，波拿巴在全国范围内扮演的是法国国王在宫廷中的角色，颁发奖励、荣誉和职位。他所拥有的资源超过任何一位国王，因为他是现代政府的奠基人。他不仅需要满足"虚荣"，也要满足众多行政机构和庞大军队的需求。他比以往任何一位国王都更加寄希望于全民对"位置"的狂热。这种贵族价值观的民主变形是这位科西嘉小贵族最后的秘诀；它以自己的方式，把大革命想要废除的贵族遗产重新整合进国民之中。它让过去的历史服务于这位现代政治的英雄。

最后还有一项成就能让他的工作根深蒂固：他把自己的成功与教会联系在了一起。1801年拿破仑和教皇签订的《教务协议》(*Concordat*)有着自己天才的印记，他聪明地利用传统的恢复和一种资产阶级宗教哲学所造成的格局，使二者之间的处境得以缓和。至于被法国大革命粗暴地剥夺了历史和财产的天主教会，拿破仑并没有归还其财产，这些财产如今已属于新的主人，他重新恢复的是天主教会的统一和地位，作为交换，教会要比以往君主制时期更加严格地服从民政当局。与拿破仑做交易的教会已经不再是旧制度时期与贵族社会有着千丝万缕联系的强大势力，所以拿破仑能够通过恢复它的地位来提供公益服务，但并不归还它以前的权力，其实这是他巩固自己权力的一种方式。这是他在科学院的那些朋友们所不理解的,他们就像在督政府统治时期一样,反对教会,批评拿破仑签订《教务协议》。但拿破仑是不加掩饰的政治实用主义者,主张摆脱无用的大革命遗产。不过,他关于天主教的思考也有来自伏尔泰而非马基雅维利(Machiavel)的法国式资产阶级哲学智慧,并且在19世纪继续为保守政策提供依据:"如果你剥夺了人民的信仰,你拥有的就只有大道劫匪。"

这就是拿破仑·波拿巴,第一执政官,法国大革命的儿子和国王;他是革命事件的产物,法国人将其视为国家遗产,并渴望平静地从中获益。他让自己成为了独裁者,在王位之上巩固了平等。想要了解把拿破仑和法国人民紧密联系在一起的政治化学反应,那就应考察雾月政变之后的几年。另外,当他把与欧洲达成的胜利和平献给法国人民时,例如1802年与英国签订的《亚眠和约》,他在公众舆论中似乎拥有了某种无可动摇的至高权力。

但是这个为法国带来《民法典》的人也最不可能成为资产阶级的统治者。虽然他没有以将军的身份统治法国,但他确实是以此身份征服了舆论。他的独裁诞生于战争,但对战争的掌控却也仅仅持续了几个月而已。

于是重要的问题来了,那就是他的独裁能否持久?这个政权的根基深厚,它的建立也轻而易举,这样看来答案似乎是肯定的。另外,1789年以后,并非从内部被推翻的法国政权也只有法兰西第一和第二帝国。第一帝国诞生于1803年重新开始的战争,十几年之后毁灭于战争的失败,从这个事实来看,历史学家认为既成事实不可避免,拿破仑的命运与无尽的战争是联系在一起的,他总有一天会输。

在这种联系之中,我们必须承认大革命的重要作用。战争是大革命及其与欧洲冲突的遗产,这场冲突开始于1792—1793年间,它在利益、希望和激情的影响下,持续了十年。共和一年的义勇军和后来的"大征兵"(levée en masse)再次点燃了革命情绪,从这一时期开始,受到威胁的共和国的英雄守卫者们确保了军队的架构,无论热月政变或雾月政变都没有对这个共和国机构造成严重干扰。果月政变时士兵之所以介入,是为了把共和国从王政派的阴谋中拯救出来。国内其他重大分裂都没有威胁到军队的未来。军队和未来是一体的,它是培养未来领导者和奖励天才的苗圃。但它不仅仅是这些,它还代表了从无套裤党到士兵的新国家的形象。

法国的救世主义不仅把大革命,而且从一开始也把军队作为载体,并且随着国内民众热情的消退反而不断深化。在热月政变和共和三年葡月暴动之后,统治共和国的弑君者团体越来越依赖战争,因为通过战争可以解除巴黎郊区的武装;想要结束无套裤党的恐怖统治,只能继续与其他欧洲君主国作战。然而,毫无疑问的是法国民众对《亚眠和约》持欢迎态度,但这种态度却是某种误解的结果:他们认为《吕内维尔条约》和《亚眠和约》所带来的和平是一种胜利,是欧洲和英国对这个"伟大的国家"及其普世使命的承认。但事实并非如此。

12月(《亚眠和约》于3月签订),拿破仑得知阿尔图瓦伯爵(comte d'Artois,即查理十世)"以英国不再承认的君主国的一个头衔"参加了军团阅兵的消息后,委派塔列朗(Talleyrand)

向伦敦方面表示:"为了我们的尊严,我甚至敢说为了英国政府的荣誉,应该把这些王子驱逐出英国;即使英国想要热情接待他们,他们也不能持有英国再也不承认的君主国的头衔;否则就是对法国人民的永远的羞辱;欧洲已经迎来了平静的时代。"但这种"平静"并没有到来,战争刚刚重新开始,英国就以波旁家族的名义雇人刺杀巴黎的篡位者。因此在当甘公爵(duc d'Enghien)被处死的早晨,拿破仑宣布:"如果英国不同意像路易十四遣返斯图亚特家族一样遣返波旁家族,我绝不同意与其保持和平,因为身在英国的他们对法国永远是种危险。"就在处死当甘公爵的1804年3月21日,执政府大张旗鼓地加入了弑君者的阵营。拿破仑所说的关于王朝的话(归根结底,想杀死他的人也是同样的言语)不过是表达民众信念的另一种方式而已,这种信念认为共和国和国王之间永远不会有和平。

没完没了的对抗旧制度的战争让拿破仑登上了王位(1804年),也把共和国元首制变成了与其性格和命运紧密相连的个人统治。从1804年加冕开始,当他对大革命的控制体制变成了君主制时,这就显然不再是目的与手段的问题了。当他成为世袭君主时,他对革命法兰西的依赖程度降到了最低,但对命运的依赖却达到前所未有的地步。在革命浪潮逐渐退去时,他的政策就成了最大的问题。国内政策表明在行使绝对权力的过程中,他醉心于控制一切、决定一切,这让他专断的性格逐渐走向极端,他高估了自己的运气和势力,一个连路易十四都不曾幻想过的警察暴政逐渐形成。然而,相较于警察,拿破仑的荣耀对法国人更具约束力,他们也没有备选的政治未来。波旁家族会让贵族卷土重来,共和国可能会带来恐怖统治或社会混乱。法兰西第一帝国的命运取决于外部因素，也就是命运的神秘意图和战争胜负的偶然性。

　　作为国家特殊时刻的偶然却又势不可挡的继承人，他想要什么？去定义他拥有什么似乎更加容易，这可以解释他与每个单独的对手之间巨大的优势差别。他是一个集权而高效的现代国家的主人，他可以在最大限度内调动所有资源；他是一个建立在公民平等基础上的社会的领导者，军队和政府人员来自社会各个阶层。简而言之，他没有任何技术秘密（这些秘密属于英国），但他有一个社会秘密：一个因革命爆发而解放，被他的开明专制所改革的18世纪的国家和军队。但是最重要的秘密是他的行动天赋和他的运气，没有更确切的词汇的话，那就只能这么称呼。如果大革命从未明确其战争目标（丹东、卡诺、西耶斯都有各自的目标），他就更无法做到。他研究过战争，经历过战争，从战争中获得新生，他从未停止过在战争中改变人生；他注定永远无法实现和平，也无法输掉一场重要的战争，他在历史舞台上不断加大赌注。从某种意义上来讲，查理大帝一样的波拿巴与执政官波拿巴没有不同，都是一个痴迷于生命中的独特冒险的人。虽然他的军队越来越专业，虽然他迎娶了哈布斯堡家族的公主，虽然他梦想建立一个庞大的帝国，他依然是运气的玩物。1814年就在他缴械投降的那一刻，他的儿子，也是他的继承人，随他一起从世界舞台消失。最终，只有他重新改造的法国行政体系依旧稳固，或者说是必然的产物，这是他生命中作为资产阶级的成就。其他都只是一个无可比拟的艺术家的即兴创作，它重新塑造了欧洲的历史，但最终留给法国的还是1789年时的边界。

但是他最后的,也是他一生中最疯狂的冒险表明,就连法兰西第一帝国这个没有传统、依赖于战争胜利的政体也可以复辟,就像1814年波旁王朝复辟一样。百日王朝就像一个无与伦比的剧场:正统的君主政权刚刚复辟,就轮到了篡位者卷土重来,仿佛区区几年的胜利就足以推翻统治了几百年的王室家族。1815年3月从胡安湾(le Golfe-Juan)①到杜伊勒里宫的胜利进军重现的与其说是拿破仑和帝国,不如说是"小伍长"(le Petit Caporal)②和大革命。它凝聚了一种混合了雅各宾式平等和三色旗荣耀的人民情感,还夹杂了革命记忆和国民的怀恋,这些在19世纪的法国政治史中一直挥之不去。这位皇帝最后一次在世界舞台上出现让法国付出了沉重代价。他的挣扎没有任何希望,他找回了一些年轻时的声望和意大利方面军的精神,但很快就在滑铁卢被打碎。最终,英国人把他放逐到世界的另一个尽头,为他量身打造了最后的监狱,让自由事业与他的痛苦结合在一起。其余的事情就由极端王党人、无双议会(chambre introuvable)和白色恐怖来完成了。战败的拿破仑在圣赫勒拿岛上向亲信口述《回忆录》(*Mémorial*)时,重新成为了一场辉煌的革命的士兵。他在国家集体记忆中树立了一座丰碑,让自己成为被崇拜的对象。

一个男人与一个民族的相遇是如此短暂,又如此漫长,令人难以忘记,它将持续几乎一个世纪。夏多布里昂是最深入的观察者,没有什么比他在奥尔良王朝时期所写的内容更适合给拿破仑

---

① 拿破仑逃离厄尔巴岛后,在此处登陆,建立百日王朝。
② 小伍长是拿破仑一世的绰号。

当作墓志铭:"一种日常的经验使人看出来,法国人的本能适合掌权;他们并不喜欢自由;他们崇拜的只是平等。因此,平等和专制有些暗中联系。在这两方面,拿破仑在法国人心中自有根源,因为法国人在军事上倾向于强权,在民主上热爱平等。登上宝座之后,拿破仑让人民与他一起就座;作为无产的国王,他在前厅侮辱各国君王与贵族;他让各个阶层平等,但不是降低而是提高它们:降低也许会减轻平民的嫉妒,但是提高更迎合他们的自尊心。波拿巴使我们优越于其他欧洲人,因此法国人的虚荣心膨胀了起来。拿破仑有名望,另一个原因还在于他晚年的痛苦。他去世后,人们日渐了解他在圣赫勒拿岛所受的苦难,便动了恻隐之心。人们忘记了他的暴政,却想起他起先战胜敌人,接着招致敌人入侵法国,又为保护我们而抗击敌人;我们想象,他会为我们洗却今日的羞耻:他的苦难使他恢复了声望;他的不幸成全了他的光荣。"

弗朗索瓦·孚雷

延伸阅读

BAINVILLE, Jacques. *Napoléon*, Fayard, 1931.

BERGERON, Louis. *L'Episode napoléonien. Aspects intérieurs, 1799-1815, t.4 de la Nouvelle Histoire de la France contemporaine*, Paris, Le Seuil, 1972.

CHATEAUBRIAND, François-René, vicomte DE. *Mémoires d'outre-tombe*, 2e et 3e partie, éd. du centenaire établie par Maurice Levaillant, 4 vol., Paris, Flammarion, 1948-1949.

FAURE, Elie. *Napoléon*, Paris, Crès, 1921.
LEFEBVRE, Georges. *Napoléon*, Paris, Presses universitaires de France, 1947.
MASSON, Frédéric. *Napoléon et sa famille*, 9 vol., Paris, 1897-1907.
SOREL, Albert. *L'Europe et la Révolution française*, 8 vol., Paris, 1885-1904.
STENDHAL（Henri BEYLE, dit）. *Vie de Napoléon*, Paris, 1825.

参见条目

军队（Armée）

意大利战争（Campagne d'Italie）

卡诺（Carnot）

中央集权（Centralisation）

民法典（Code civil）

政变（Coups d'Etat）

雾月政变（Dix-Huit Brumaire）

米拉波（Mirabeau）

西耶斯（Sieyès）

布里索
Brissot

布里索，无论作为一个人还是一个政客，都很难加以定义。大革命时期很少有公众人物像他一样，从同时代的人或历史学家那里得到的评论反差巨大。罗兰夫人（Mme Roland）对人有些挑剔，却很欣赏布里索，认为他是"男人中的佼佼者：温柔的丈夫、体贴的父亲、忠诚的朋友"，但巴纳夫却形容他"内心冰冷、精于计算"，像狂热的宗教信徒一样执着于哲学，时刻准备用辱骂去攻击那些无法被论据说服的人。这两个角度并非水火不容：罗兰夫人所回忆的只是一个活生生的人，巴纳夫所想起的是一个打败自己的顽强对手。就像拉马丁（Lamartine）所理解的，布里索是一个"复杂的人"，在公共生活中他令人讨厌，他的党派精神压制了自己的真诚底色，但与此同时，他拥有着伟大的个人品德，艰难生活中的不测风云永远无法将他彻底打垮。

如果我们回顾布里索的政策，这种对比同样非常强烈。他一直难以忘记自己在1789年以前所支持的原则，例如共和理想或者废除奴隶制，但实现这些原则的方法却非常曲折。1789年，出于对民众暴力的担忧，他曾批评对人权的表述过于抽象，他支持投票通过戒严法,反对直接民主的支持者。他后来甚至批评雅各宾派企图自称爱国主义的唯一核心,但他在瓦伦出逃事件后却依靠不同派别和俱乐部登上权力顶峰,后来在倒台之前,他又有过一次新的政治转变。他所经历的这条从激进到温和的政治路线没有任何特别之处,大革命中的所有人物都走过这条路,并迷失其中。但他所选择的路线的特别之处在于他的政治行动总是十分轻率地押上一些赌注,不考虑具体情况和后果。布里索缺乏战略智慧,在他曾经参与的革命进展中,他从来没有能够找到正确道路(从1791年6月瓦伦事件到1792年春对奥地利宣战或8月10日起义)。布里索始终坚持某些原则,并勇敢地去捍卫,但他的政策不够坚定,太过武断,从这个角度来看,他和罗伯斯庇尔刚好相反:对后者而言,始终诉诸原则只不过是一种修辞手法而已,他支持包括对立面在内的一切,但自始至终是为了适应革命正统的不断变化。

历史没有忽略这位政客的草率、错误和诡计,但在很长时间里,都对他青睐有加,赋予他一些优雅、朝气及其"党派"的"浪漫主义"。但是这颗吉伦特省的星星逐渐黯淡,夏尔·诺迪埃(Charles Nodier)口中的"正直、学识丰富、对信念充满信仰的人",如今更多地被描述为一个失败的性格乖戾的哲学家,一个被大革命仓促之间塑造成政治冒险家并且铁了心要为过去的失败和屈辱复仇的文人阴谋家。

1789年,35岁的布里索,沙特尔(Chartres)一位小饭馆老板的儿子,在自己选择的行业所带来的成就中无法获得自豪感,于是开始了文坛征途。无奈文坛人才济济,他所收获的只有闭门羹和冷漠，他创作了大量作品结果却使他负债累累。这个渴望快速踏上光荣之路的年轻人逐渐沦落到文学界最底层。在撰写后来让他一鸣惊人的哲学论文的同时，他只能靠为报纸撰稿和推销小册子为生。后来他前往伦敦碰运气，最后却效仿了雇用他的那些骗子们的高明手法。他想要成立一个俱乐部，作为整个欧洲的哲学家们的联络点，但这主要是为了从一个富人那里骗取几千利弗尔，以维持自己家人的生活。布里索后来承认："我生命中的这一时期留下的回忆最让我伤心；我能发现的只有隐藏在富裕、危险关系和并不高尚的计谋之下的悲惨。"

布里索被债主到处追赶，后来又涉嫌贩卖诋毁王后的小册子，1784年，他被关进巴士底狱，在那里待了几周。回想起来，这段不幸遭遇本可以给他一个非常有利的爱国头衔，但结果却成了一个备受争议的话题。布里索是否真的如对手在他整个政治生涯中不停暗示的那样，为了被释放，不惜向警察告密？虽然有种种迹象，但是没有任何一种令人信服。即便布里索的罪行被证实，也不应过分夸大这件事的严重性。一方面，在布里索成长的地下文学小圈子里，小册子作者和警察之间的两面派做法和互相勾结颇为常见；另一方面，这些可能存在的妥协对于理解这位未来吉伦特派领导者的作用没有什么帮助。某些历史学家非常重视这件事，这不难理解。布里索属于君主立宪派之后掌权的第二代革命者，历史学家很乐于以其性格的软弱和过去贫贱的生活来解释他们的暴力和无聊行为，他们本可以抓住大革命给予的千载难逢的机会，向曾经残酷对待过他们的社会复仇。但这样的解释不足以服人。1789年的人与1791年或1792年的人一样暴力，后者中的大部分都并非来自旧社会底层的贫民。按其中一位学者的说法，占据立法议会和制宪议会席位的是"法定第三等级"，对于大部分老实本分的资产阶级而言，在平常时期，他们或许会过着一种单调的生活，不是照顾生意，就是阅读普鲁塔克（Plutarque）的作品。

或许布里索来自于较低的社会阶层，他对"总是捉襟见肘"的生活怀有某种怨恨，身为哲学家的他不得不"常常为了每天的生活而写作"。但是，到了1789年，这些穷困的时光都成了历史。从巴士底狱释放之后（1784年），布里索在政界获得了一席之地。在"导师"和朋友克拉维埃（Clavière）的支持下，他参与了旧制度最动荡的最后几年间的所有斗争。他在卡龙（Calonne）任财政总监时，支持政府，但到了布里埃纳时期，改变立场，反对政府，这次是为了奥尔良公爵；他曾经在证券交易所与博马舍（Beaumarchais）发生冲突，博马舍捍卫的是一帮与克拉维埃有竞争的投机者的利益。他积极宣传以支持年轻的美利坚合众国，并努力投身废除奴隶贩卖的斗争，这为他赢得了声誉。1789年春，布里索已经成为重要的政论家，虽然他依旧身无分文，但已经名声在外。

布里索之所以依旧被自己的过去所禁锢，并不是因为困难生活所导致的不幸，而是因为与其他众多革命者不同，他在政治舞台上并非初来乍到。布里索带着自己所坚守的原则，走进了这个新时期，他周围有朋友、熟人和萍水相逢之人，这些人都将在他未来的政治生涯中起到决定性作用。这些关系中最重要的就是18世纪80年代初与克拉维埃结下的友谊。克拉维埃是他的患难之友，布里索不停地努力，为这个来自日内瓦的流亡者开辟了一条他注定要走上的财务大臣之路。这两个人分享的不仅有利益和抱负，还有道德观念和政治原则，他们很快就成为某个模糊团体的核心。金融投机很快就将彼得曼（Bidermann）和巴茨男爵（le baron de Batz）吸引到他的小圈子里，1787 年贝尔加斯（Bergasse）和拉法耶特为了巩固法美联盟而成立了协会①。1788 年"黑人之友社"（Société des Amis des Noirs）的成立让孔多塞和许多未来的吉伦特派成员加入到这个核心之中。布里索通过朗特纳新（Lanthenas），结识了罗兰夫妇以及他们的朋友博斯克（Bosc）、加朗-库隆（Garran-Coulon）和邦卡尔·德·伊撒尔（Bancal des Issarts），对园艺的共同爱好以及对共和美德的敬仰把他们聚集在一起。与丹东派不同的是，这个团体在 1789 年之前就已经存在，它不是大革命的产物。聚集成员的纽带首先是同气相求，共同的价值观和经验巩固了这一性质，而且在任何情况下，它都不属于那种在需要做决定性选择时无法取得一致的政治纲领。这个团体中没有任何布里索或吉伦特派的政治信条，但是成员之间的团结却可以解释为何这个团体的统一性可以经历考验，甚至阻止了他们因为政治与巴茨和拉法耶特决裂，这种决裂本来是不可避免的。

1788 年，布里索动身前往美国，他有两个目的，一个是为可能在那里安家做准备，另一个是为克拉维埃筹备的公债投机寻找关系。三级议会召开的消息打乱了他的计划，也让他决定尽快返回法国，1789 年 1 月底他终于回到祖国。在美国的短暂停留给他

---

① 即高卢-美国协会（Société gallo-américaine）。

留下了深刻影响。从某种意义上来说，回到法国时，他把一部分自己留在了大西洋彼岸。他的亲美态度由来已久，在18世纪80年代初发表的一些作品中就可以找到一些表述，这给他带来了声誉，但同时也成了他始终没能挣脱的枷锁，不过他也没有想要从中摆脱出来。

从三级会议选举开始，人们就可以看到布里索的身影，但他并没有被选上，这主要是因为他为了吸引选举者注意而发表的作品，而非克拉维埃的敌人的反对。在这份《1789年三级会议国民议员行为纲要》（*Plan de conduite pour les députés du peuple aux Etats-généraux de 1789*）中，他拒绝赋予三级会议为法国确立宪法的权力，并要求议员们提及制宪权（pouvoir constituant）即可，以便于为将来取代三级会议的真正的国民公会打下基础。大部分时候，布里索对第三等级与特权等级之间的斗争不感兴趣，但他也表态赞同推迟立宪问题，并支持贝尔加斯提出的规定国王与不同等级分享权力的草案。布里索之所以被选举者抛弃，并不是因为他观点不明确，而是因为与正在进行的重要讨论相比，他处于一种尴尬的境地（同样落选的孔多塞也是一样），他打着来自美国的激进原则的旗号，却保持着"温和"立场。

这次失败使布里索离开了原来的职位，但他依旧在巴黎公社内任职，同时把精力放在他的《法兰西爱国者报》（*Le Patriote français*）上，1789年7月28日，第一期报纸出版。在接下来的两年里，他在报纸上同时领导了一次服务于克拉维埃政治野心的争论和一次关于共和主义的思考，这些独特的活动能够让我们更好地理解旧制度和大革命是如何在布里索身上结合在一起的。

1791年7月5日，他发表了一篇阐释自己原则的长文。他写道："我想通过共和国建立一个政府，它所有的机构都是：1. 被授权的或代议制的；2. 由人民从人民中选出的；3. 临时的或可撤换的。"当时有一种流行的说法，有人断定大国不可能选择共和政体，并援引了古代城邦国家作为例证，国土面积的增加和国家的繁荣催生了更多不同的利益，削弱了公民之间的联系，最后总是会导致"政治死亡"：首先是无政府状态，然后以僭主政治告终。布里索把现代共和主义定义为一种完全代议制的体系，其中的一切机构都必须经过民众选举，但所有权力都是通过委派方式执行。这样，他就在排除了世袭制的立宪派信念和直接民主制的支持者之间划清了界限。他想借此打破共和制与纯粹民主制之间的混淆，因为这种混淆导致当时的人们抛弃了前者。就像他在1786—1787年间发表的关于美国的早期作品中所强调的，代议制能够让现代人享受到自由，虽然这可能导致公民不能直接接触权力以及在权限上会不平等。

在代议制的必要性方面，布里索从未让步过。1789年和1790年担任巴黎公社委员会成员时，他对某些行政区想直接行使最高权力的要求发起了猛烈攻击。但是布里索对代议制的忠诚捍卫并没有使他进入1789年建立的代议制拥护者阵营中。

制宪议会把国家（民族）视为平等个体的集合，把代议制看作一个负责宣告共同意志（volonté commune）的审议机构。取消选区对代表的强制委托权（le mandat impératif）之后，它与代议制的传统信条决裂了。制宪议会依赖的已经不再是真实存在的多种利益，而是公民角色的共同特质，因此代议制的目标已不再是让针锋相对的利益方彼此妥协，而是确定统一国家的不可分割的利益。具体说来，彻底排除公共领域的利益会让代议制的创立看起来像实际上并不存在的"卢梭主义"民众的替代品：议会什么都不"代表"，相反，它会赋予国家生命，以国家的名义发声。在这种代议制的绝对形态下，选举的目的已经不再是授权并控制这种代理形式的使用，而是要使民选代表组成的议会等同于国家。换句话说，合法性的问题已经压过了保障自由的问题，因为议会把合法条件聚集在一起就可以让自己获得一种，如同某位立宪派所说的，"快速高效地表达公共意愿的能力"。

当巴纳夫根据这些原则想使雅各宾派接受一份承认国民议会拥有"**始终可以确定宪法基本规则**"的权力的讲话时，布里索提出反驳，任何机构，不管其合法性如何，都不能窃取属于国家（民族）自身的某项权力的执行权，也不能事先禁止国家（民族）在自认为恰当的时刻改变其机构制度的形态。1791年8月，布里索曾表示："一个管理良好的政府应该拥有一个制定法律的机构，由一个或多个人来代表国家执行这些法律；还应该有一个机构（通过定期召开制宪议会）来反对任何政府成员的篡权，并将其约束在义务范围之内。" 制宪议会承认了制宪权高于制宪机构，但是并没有真正接受所有的后果。因此它非常谨慎地推迟和摒弃了拉法耶特与蒙莫朗西（Montmorency）提出的把复审权写入《人权宣言》中的主张，因为它担心这会导致无政府状态；同时它还通过一项违反普遍意志（volonté générale）的措施，拒绝承认法律和权利之间有可能存在冲突。布里索确信不疑的内容却恰恰相反。他既不相信代表意志所必须的正当性，也不相信议员"能够代表一切，无可取代"，如同拉博-圣艾蒂安（Rabaut-Saint-Etienne）在1789年9月所声称的一样。

拒绝把国家（民族）等同于其代表，拒绝把政权的合法性及其行为的积极性混为一谈，认为"任何阶级和任何公民"都有权利揭露与基本法相悖的法律，这些都是布里索的共和主义的核心内容。这些原则揭示出他的思想一方面很大程度上继承了重农主义者的政治理性主义（继杜尔哥（Turgot）之后，孔多塞曾试图阐释理性主义的民主可能性），一方面来自他在美国的经历。

布里索借鉴孔多塞的思想，对法律做了理性的定义，认为法律是"自然法原则的理性所推导出的真理"。这就使得布里索与孔多塞一样，绝不"迷信"法国大革命特有的法律。这种理性主义取消了意志在法律制定过程中的一切影响，更将这些法律视为既有权利的简单推理，它会导致法律有效性与立法机构合法性的分离。如果自由与其说是为了造成服从，不如说是存在于基于理性而制定的法律之中，那么最高权力（主权）的归属也就不那么重要了。在任何情况下，包括在共和国里，合法性问题都不能把自由问题彻底掩盖。在一个符合各项原则的政体中，行使公共权力的任何一部分都必须依靠选举，但选举的合法性并不能推定其结果合法。定期选举产生的合法政权也可能犯错，也可能腐败或堕落，所以在其决议出台之前，绝对不能事先推定其为积极正面的。选举提供的是部分保障，如同布里索在1784年所写的，它不能阻止公民"保留对政治错误［……］进行审查的权利和力量"。

对法律进行核查的思想是"吉伦特派"共和主义思想最典型

的特征。它的根源在于很大程度上对最高权力（主权）问题的漠视，如同我们的共和主义者从最不标准但最受赞颂的《宾夕法尼亚宪法》中所学到的，自由不是为了创建某种人民权力机构（虽然它以积极有效著称），而应该是为了保护人民不受其侵害（哪怕它是民选机构）。在布里索看来，拥有单一议会和集体负责制行政机构、没有权力机构的《宾夕法尼亚宪法》构建了"人类所能想象的最完美的民主体制"，监察会拥有人民承认的"通过传唤、质询、警告等方式要求纠正其认为的宪法错误"的权利，它能够防止意志的专制行为。

因此，布里索为一切能够扩大公共事务讨论范围、突破代议制限制的思想进行辩护（这也是他思想中最有趣的部分），目的是为了让社会整体，同时也是权力的分配者，成为针对政治权力的信息提供者、对话者和审查者。在这一方面，布里索的思考与革命者极不完善的政治民主概念形成了鲜明对比，1791年勒霞不列（Le Chapelier）的演讲对后者作出了精彩的阐释。对和平民主的幻想之所以得到广泛认同，是因为整个民主都被限制在代议制的公共范围之内，布里索对此表示反对，他多次呼吁"在自由的人民之中，辩论永远不会结束；自由通过辩论而存在，沉默就预示着自由的消亡"，自由的人民不能将下列内容作为准则："你们想要优秀的法律吗？不要对你们的立法者进行任何干扰，也丝毫不要阻碍政治运动的发展。"

他是请愿权和结社权（哪怕他的政治对手也会从中获益）的坚定支持者。制宪议会虽然承认这些权利，但并没有表现出太多热情，而且制宪议会对公共舆论有一种本能的不信任：与

"专制"制度作斗争时，公共舆论或许是有用的，但当代议制议会理应代表国家意志时，公共舆论却甚至可能是危险的。他同样宣扬在选举中对候选人资格进行立法，虽然没有取得成功，但其目的是通过宣传竞争，在立法机构召开集会之前开展政治辩论，加强选举人和被选举人之间的联系，并为这种联系赋予某种政治内容。迫使候选人公开发言、阐述自己的观点和计划、做出获得多数选票所必须的承诺，这意味着让代议制具有代表性（représentativité），正是代议制自身原则使它缺少了这种代表性。

但是布里索赋予社会自我表达的手段，并不是为了迫使议会处于无力境地，而是让代议制的运行合理化。扩大辩论范围的最终目的不是让代议制和民主形成对立，而是为了形成一种对话，收集各个领域的有用意见和学识，让政府根据源自社会的舆论来调整自己的管理。

这也正是为何布里索如此热衷于对人民及其领导者进行调停，阻止二者直接对抗，促进开明决议的制定。这主要的角色应当由新闻出版业来扮演，它自己就可以立刻让全体公民产生联系，同时使他们免于大型集会的任何不便。作为不可能实现的直接民主的替代品，自由的新闻出版业可以成为统治者和被统治者之间的特殊桥梁，向后者传达前者的决议，并让前者了解来自社会的意见。如果新闻出版业能够收集和比较舆论观点，那么它也可以对其进行明确分析。布里索赋予它很高的地位，因为它把话语权给了人民，但没有给普通民众阶层，而是给了精英阶层，他们负责用理性过滤民众的思想。布里索的共和主义很大程度上植根于这种"代议制民主"思想，它可以通过民主让代议制变得温和，通过人民的开明监护人来实现民主，从而消除民主和代议制二者对自由产生的威胁。

布里索并不认为只有代议制能够代表整体利益，他和孔多塞一样，想要推动理性决议的形成，但他的手段不同。我们不应当误解布里索的意图，对"居安思危"与"变动不居"的推崇并不是为了使舆论分裂合理化，而是通过持续的辩论，使整体舆论实现统一。在关于媒体的内容中，他写道：舆论"同时从各种立场、各种党派中涌现出来，通过坦率公开的反对而自我完善和自我净化，通过对比来让杂质下沉，让理性这种清澈液体上升"。"代议制民主"号召所有公民根据自己的能力参与制定公共决议，它的确立能够赋予法律足够的可靠度，巩固每个人服从法律的动机，用以审慎同意为基础的统治取代以武力为手段对意志的盲从。

在大国采用共和主义思想会遇到一个巨大障碍，即必须"放弃一个强有力的政府［行政机构］"。从孟德斯鸠到卢梭，这个世纪中的哲学家都曾教导人们共和国只在小国才可行，在小国之中，公民之间的距离接近，个人利益并不突出，不需要确立强有力的行政机构来保证对法律的服从。1790年的共和主义者欲以选举产生的议会代替君主制，该议会要依赖其它机构，没有政治特权、财政手段，不能使用公共力量，但他们遭到了强烈的反对。问题在于要找到另一种原则，以确保实现政府无力提供的社会团结统一。让政治秩序理性化的方案能够让权力机构彻底成为服务于社会理性的工具，杜尔哥在1775年的《市政方案》（*Plan de municipalités*）中已经概述过这一方案的前景，但它并不是所提问题的解决方法,因为它的前提条件是个体能够理性地自我约束,这是不使用武力强制的条件下,确保社会调控的唯一方法。

理性的共和主义是一个死胡同,布里索一直在提醒操之过急的共和主义者:"我赞美共和政府",他在1790年9月写道,"但我不认为法国人目前配得上这种神圣的体制。征服自由不算什么,懂得保护自由才是一切。然而,没有良好的民风就无法将其保存,我们的民风尚不足以支撑共和自由之重。"与自己把代议制理解为美德缺失替代品的分析相反,他用一个经典的答案解决一个同样经典的问题:民风,即共和国的准则(在他人生的尽头、共和国大厦即将竣工之时,他在关于公民(homo civicus)的最老套的论述中重新提到这一点)。毫无疑问,在美国的经历影响了布里索这一方面的思维,尤其是1787年,准君主制的联邦行政政府成立,在他看来,这证实了共和制在大国必然衰落的最悲观的预言。了解到美国发生的事情之后,布里索在1787年与克拉维埃合著的书中分析了当时美利坚联邦所经历的危机之严重程度。在他看来,如同巩固统一的支持者所认为的,这次危机的原因不在于十三个州之间过于松散的联系,而在于国家道德处境的严重改变。他谴责发展迅猛的商业思想和使用纸币的坏处,二者创造了对造假的需求,加剧了严重的社会不平等,激化了公民之间的关系。他完全忽略任何政治因素,而要求美国人提防商业,忠于农业,简言之,如果他们想要保留共和体制,就要维护他们的民风;他甚至还很严肃地对以物易物大加赞扬。

布里索是关于美国神秘性的最热忱的宣传者之一,他认为那里到处都是民风淳朴的农民,道德基础非常坚实,导致有人相信在很长一段时间里，对于行政管理而言，只需要"少数执法者和罪犯惩处者"。不过，他并不是唯一赞同这种幻想的人。必须要马布利式的明智和悲观主义才能猜测到在这种神话背后是一些没有理性头脑、热烈追求财富和荣誉的人。然而，布里索曾经在美国旅行过，但与几个月后去美国的夏多布里昂不同，他抵达费城之后，幻想并没有破灭。看到真实场景之后，他有着真正的信徒的信念，对这个社会呈现出的非同寻常的景象满怀敬仰，如同克雷夫科尔（Crèvecœur）所保证的，在这个社会中，人们可以"经历漫长生活中的各种事件［……］而且在很长一段时间里不需要求助法律"。

当然，1789年的法国与布里索敬仰的宾夕法尼亚清教徒社区没有任何共同之处，因为清教徒道德准则的内化程度非常深，几乎可以不需要任何明显的约束体制。布里索并没有试图把法国人转变成贵格会信徒，但是与孔多塞一样，他相信公民身份可以成为足够促进社会团结的准则，从本质上实现统一的重要元素，而且统一的途径是意志的普遍结合，不再是王权或国家主权的统一原则。如果吉伦特派共和思想中有统一性的话，它就存在于这种空想之中，"天国政府"的到来依靠的是个体的理性行为，按照福谢（Fauchet）的一句名言，对这种政府来说，"自由的最大化"意味着"权力的最小化"。

布里索的共和主义，更广义地说，吉伦特派的共和主义，既现代又古老，它试图以美德为基础协调不同利益，却忽略了当时最重要的东西，没有在大革命的政治文化中打下根基，这与它自己的典型特征（主权服从理性、公意批评专制）如出一辙。对法律进行审查的思想在不同的环境中有不同的表现，美国的问题在于保护人民已经拥有但受到权力威胁的权利和自由，法国的问题在于通过公共权力，确立这些权利和自由，通过法律去定义其内容。保护既有权利不受公意侵害是一种荒谬的想法，权利不可能脱离制定权利的法律。最终，对自由的保障完全取决于负责创造权利的最高权力机构的合法性。

如果不是形势发生变化，布里索或许会继续向人们讲述毫无用处的共和主义课程。国王的出逃使他登上了政治舞台。消息一出，他立刻投入到废除王权的运动中，与孔多塞、潘恩以及科特利埃俱乐部的老对手一起努力掀起一场要求共和的人民运动，而在不久之前，他还在质疑共和体制是否适合法国。这场少数人发起的运动很快就在马尔斯校场被镇压，但它造成了雅各宾派的分裂，使布里索与罗伯斯庇尔一起成了一个他几乎从未来过的俱乐部的难以置信的领导者。他之所以能够承担起在1789年未能得到的角色，主要原因不是瓦伦事件，而是导致制宪会议成员被排挤出立法议会的法令。9月，首都的选举人选择了布里索，但并不是因为他的共和信念，而是因为他是雅各宾派的候选人。在没有更好的人选、没有更可信的候选人的情况下，他和孔多塞掌管了大权。不能再次当选的规定为这两人展开了一次出乎意料的历程，罗伯斯庇尔有理由宣称是他"把布里索和孔多塞献给了法国"。

布里索人生中最重要，也是最有名的时期就此开始，在短短几周之内，共和主义"哲学家"就成了一个党派的首领和战争的鼓吹者。

立法议会的最初两个月呈现出一种奇怪的景象：议会的大多数以"立宪派"著称，但他们推进了大革命，采用了少数派雅各宾派提出的反对逃亡贵族和叛逆教士的措施，同时还与国王形成对抗，打破制宪议会三巨头在审查宪法时确立的脆弱的平衡。布里索是少数派议员中最受瞩目的，虽然不受欢迎，但他和朋友们懂得控制真正权力所在的委员会。他还拥有其他王牌：以前在巴黎政坛了解到的秘密让他在这个新人组成的议会中具有一定的优势；随着夏季斗争逐渐结束，斐扬派势力进一步衰弱，面对这些人，他有革命舆论的两大杠杆——雅各宾派和媒体——作为支撑，他通过这二者来对议会施加影响。

大部分历史学家都同意这一点：1792年4月20日，法国并不是在外部威胁下向"波西米亚和匈牙利国王"宣战，而是向欧洲发起了一场革命者想要的战争。当时法国受到侵略的风险为零或几乎不存在。尽管嘴上说得冠冕堂皇，但欧洲列强们更倾向于警惕地观望，而非向深陷水火的法国君主伸出援手。这一点无人不知，就连为了保证王室不受侵犯而以外国入侵作为要挟的斐扬派也了解这一点。布里索曾经（1791年7月10日）嘲笑过那些害怕可能威胁法国的"鬼影"的人。在一些幻想和错误信念的指引下，他描绘了一幅由于竞争而衰弱的欧洲景象，他认为大部分国家的国王都是蠢货，把国家搞得病入膏肓，人民对法国大革命的热情也削弱了这些国家的稳定。即便不考虑这些原因，欧洲对法国的放弃态度也再明显不过了。虽然瑞典国王自吹自擂，但1791年秋季，好战分子们并没有什么敌人。他们（以布里索为首）必须动用自己的聪明才智和出色口才，才能让人相信看起来渐行渐远的危险是真实存在的,每个不起眼的威胁都会被保证立刻消除。从 1791 年的 10 月到 12 月,布里索对议会和雅各宾派做了无数次演讲:在必要的情况下,法国必须要求清除在边境集结的逃亡贵族;他保证列强不会武力干涉,但如果他们胆敢这么做,就必须立刻还击,以儆效尤。反击还是进攻?很长一段时间里,目标都不确定,布里索采用模糊战术,让战争成为政治讨论中的核心主题,并创造出必要的舆论运动来引诱议会。

此时,布里索既不想把大革命引入一场真正的战争中,也不想输出自己的原则:天然边界、创建联邦共和国都是 8 月 10 日革命以后才出现的口号,当这些成为所有革命领导者的口号时,他也将其采纳。1791 年 10 月,虽然他的报纸显示列强开始装备武器,而且他在议会讲坛上(10 月 20 日)发起了好战宣传,但他在给定居美国的妻舅的信中提到侵略风险并不存在。他还说道:"所以我们对外界无须有任何畏惧。这可以鼓励我们在这里购置产业、定居",具体来说,朗特纳新发现了估价为 40 万利弗尔的默特梅尔修道院(abbaye de Mortemer),布里索和朋友们可以在那里实现他们的一项旧规划,在那里建造一个由有文化的农民组成的社区。这些措辞有某种含义,而且即使用指券来计算,40 万利弗尔也不是小数目,因此,布里索完全不想让法国和自己的宝贵计划去冒与欧洲开战的风险,毕竟欧洲曾助法国一臂之力,打击逃亡贵族及收留他们的普鲁士人。他只想**威胁**欧洲。好战宣传的意图是针对国内。敌人不在维也纳,也不在科布伦茨,而在杜伊勒里宫;应当平息的纠纷不在莱茵河畔,而在巴黎。

逃亡贵族和国王先后被视为目标,国王也被指控为实现自己的秘密企图而操纵逃亡贵族，这么做是为了迫使国王发表声明，表明自己从未接受过1789年革命。布里索错误地确信路易十六不能接受一场波及自己的亲人、贵族、通过婚姻和1756年条约与自己联系在一起的国家的战争。战争的昂贵代价能够证明他依旧是旧制度的国王，一个与国家（民族）无关的个体，把他保留在宪法之内，他就会像毒药一样将其破坏。因此，布里索想要把国王与国家分开，实现瓦伦事件后失败的事情，即建立一个共和国。路易十六否决针对逃亡贵族的政令让他非常高兴。《法兰西爱国者报》立刻掀起一场号召人民的运动，类似于一场可以控制的无暴力的请愿反抗，这非常符合布里索的特点。

12月14日，路易十六由反对转为支持战争，由此战争变得不可避免。布里索再次处于一个奇怪的同盟的中心，这个同盟的成员追求的是相互抵牾的目标：国王夫妇期待着战争失败，从而恢复自己的特权；将军们期待着一场胜利，从而获得声誉和财力来镇压首都的"叛乱分子"；布里索表示自己相信这场战争将会揭露"一些重大的背叛"，但却没有想到自己会成为首批受害者之一。

布里索确信从今以后，一切都会朝着权力顶峰迈进，于是他抛弃了雅各宾派。这是个致命错误。他对俱乐部中那些"高声喊叫的怪人"彻底失去信任，重新回到了议会中，与议会委员会以及各色人等来往，那里就像是真正的充满幕后阴谋、不当交易以及分分合合的联盟的政治圣殿，但悲惨的是他没能衡量位于圣奥诺雷街的雅各宾俱乐部所赋予的合法性的力量。12月中旬左右，长期被孤立的罗伯斯庇尔开始重新崛起，他揭露了好战者联盟，指控"布里索派"渴望成立内阁。这位不可腐蚀者（罗伯斯庇尔）用布里索及其朋友的自相矛盾的目标（罢黜国王，但却要成为他的大臣）开始了复仇。巴黎议员（布里索）迅速回击，质问什么样神秘的理由能够禁止法国拥有爱国的大臣，但他必须开始为自己辩护了。与指控他的人不同，他没有明白升任大臣意味着脱离人民，同时还幻想着能够引导国王和大革命。其他人（米拉波、三巨头）已经为他提供了教训。但与前人不同，布里索不想拯救王权，而是将其彻底打垮，当他把合法权力的绳索掌握在自己手中时，他是否设想过自己能够控制朝着共和国的转变？同样，这也意味着放弃合法性。1792年1月2日，布里索因为那些针对像他这样的"人民捍卫者"的指控而大发雷霆。面对他的斥责，罗伯斯庇尔的回击方式也预示着二人决斗的结局："您要知道，我并不是人民捍卫者；我是人民的一部分，我从来都是如此，我也只想如此；我鄙视任何企图想要占有更多身份的人。"

从1792年3月10日到24日，从指控德莱萨尔（Delessart）到任命"布里索派"内阁，布里索达到了自己人生的顶峰，但也落入了致命的陷阱：按照自己的意愿成立了一个内阁之后，他的命运与国王联系在了一起，一场军事胜利将会巩固他的权威，但对失败的指责将会落到吉伦特派内阁成员及其保护者身上。

4月29日，随着法国部队的溃败，吉伦特派陷入困境，开始了漫长的斗争，努力重新挽回已经失控的局面，但无论是6月12日部长免职之后，还是9月屠杀及其在国民公会中胜利再次当选之后，他们都没能抓住任何一个近在咫尺的机会。相反，他们坚持某种充满了可悲的矛盾的政策，为筹备暴动提供帮助，试图召回被辞退的部长；他们想要建立共和国，同时又揭发"支持处死国王"的乱党；他们鼓励遵守法律，同时又如同7月25日的布里索一样，鼓吹一些与一年之后雅各宾派执政时几乎一样的紧急措施。

布里索的政治角色在这一时期戛然而止。他曾经热切渴望的共和国已经到来，但他却无法从中辨认出自己希望的目标。布里索也隐身于他的党派之后，他的历史与吉伦特派的历史融为一体。他在政治上的死亡可以追溯到1792年10月12日雅各宾派决定开除他的那天。随后那份解释俱乐部决议的通报开启了一种宣告美好未来的文体：以人民的名义，开除某个被列入大革命失败者行列中的叛徒，这将消灭反革命九头怪兽的最后化身。以那些诉讼人为首的许多人很快就步了他的后尘，但布里索开创了这种审判类型，他被指控"在爱国主义的外表之下"，隐藏了"阴险而扭曲的行为"，其秘密企图就是重新拾起"王党"、斐扬派及"温和派"没有成功的事业：重新确立专制统治，无论它属于国王、贵族还是寡头统治。得知这份文件的布里索很可能没有预感到铡刀将给他的脖子带来"清凉的舒适感受"。就在同一天（10月15日），佩蒂翁再次当选巴黎市长，吉伦特派依旧相信自己能够胜利。但这只不过是苟延残喘。1793年10月，当富基埃－丹维尔（Fouquier-Tinville）在审判庭上宣读罪状时，布里索再次听到了公诉状中的指控，雅各宾派的通报只是他的罪状的序言。

帕特里斯·格尼费（Patrice Gueniffey）

延伸阅读

布里索的作品没有合集版本。
除了《法兰西爱国者报》(*Le Patriote français*)外,我们还可以引用:
Mémoires(1754-1793), C. Perroud [éd.], Paris, s.d., 2 volumes.
Correspondance et Papiers, C. Perroud [éd.], Paris, 1912.
Plan de conduite pour les Députés du Peuple aux Etats généraux de 1789, s.l.n.d.
［avril 1789］.
Nouveau Voyage dans les Etats-Unis de l'Amérique Septentrionale, fait en 1788, Paris, 1791, 3 volumes. (Le tome III est la réédition de E. Clavière et J.-P. Brissot, *De la France et des Etats-Unis, ou de l'importance de la Révolution d'Amérique pour le bonheur de la France...*, Londres, 1787.)
Discours sur les conventions, prononcé à la Société des amis de la Constitution..., le 8 août 1791, [Paris], s.d.
A tous les républicains de France, sur la Société des Jacobins de Paris, Paris, ［octobre］ 1792.

关于布里索:

DARNTON, Robert. «Bohème littéraire et Révolution»: Jacques Pierre Brissot de Warville espion de police, *Bohème littéraire et Révolution. Le monde des livres au XVIIIe siècle*, traduction française, Paris, Gallimard-Le Seuil, coll. «Hautes-Etudes», 1983, p. 43-69.

DUMONT, Etienne. *Souvenirs sur Mirabeau et sur les deux premières Assemblées législatives*, Paris, 1832.

FURET, François et Ozouf, Mona. *La Gironde et les Girondins*, Paris, Payot, 1991.

KATES, Gary. *The Cercle Social, the Girondins and the French Revolution*, Princeton, Princeton University Press, 1985.

MAZZANTI Pepe, Fernanda. «Brissot prerivoluzionario: sovranità popolare e potere costituente», *Il pensiero politico*, anno XX (1987), p. 200-226.

PORTES, Jacques. «Jacques Pierre Brissot et les Etats-Unis», in *La France et l'Amérique: deux révolutions*, E. Marienstrat éd., Paris, Éditions de la

Sorbonne, 1990, p. 53-69.

SYDENHAM, Michael John. *The Girondins*, Londres, Athlone Press, 1961.

参见条目

巴纳夫（Barnave）

俱乐部及民众社团（Clubs et Sociétés populaires）

孔多塞（Condorcet）

民主（Démocratie）

斐扬派（Feuillants）

自然疆界（Frontières naturelles）

吉伦特派（Girondins）

拉法耶特（La Fayette）

自由（Liberté）

重农学派（Physiocrates）

共和国（République）

美国革命（Révolution américaine）

罗伯斯庇尔（Robespierre）

卢梭（Rousseau）

选举（Suffrage）

瓦伦（Varennes）

卡诺
Carnot

拉扎尔·卡诺（Lazare Carnot）的早年历史在被法国大革命所吞噬的一代人中具有典型性。他生于1753年，父亲是第戎（Dijon）附近的一名公证员。他在梅济耶尔（Mézières）皇家工程学院的成绩出类拔萃。身为军事工程师的他对数学和机械充满兴趣，在履行工作职责方面，也非常严肃认真，但是他对工作并未表现出过多的热情，很快黯淡的前景也让他颇为失望：1776年和1781年的改革为平民军官的晋升设置了障碍，最终促使他脱离了这份枯燥且并无荣誉可言的职业。

来自外省、过于乡土气的他无法与巴黎沙龙分享对美国革命的热情，但他完全认同当时社会对文学和名人的兴趣。在大革命前夕，他已有了一些名气，这得益于他的科学研究、入选阿拉斯科学院和第戎科学院，以及为赞颂酒神巴克斯（Bacchus）而写的一些小诗，阿拉斯的罗萨迪协会（la société des Rosati）的尊贵成员们，包括罗伯斯庇尔在内，偶尔也会参加这些诗朗诵。他同样积极参与了当时军队中颇为盛行的战略讨论，由于他毫不畏惧地为沃邦（Vauban）及其防御战术，或者蒙塔朗贝尔（Montalembert

的"垂直防御工事"奇想辩护，导致他获得了"奇怪的厚古者"的名声。

尽管这些事情均有益处，但卡诺错过了参加三级会议的机会：他当时由于一桩桃色丑闻而入狱。很快被释放之后，他向不同的权力机构提出申诉，把自己描绘成政府专制和军队等级制的双重受害者，但过于激愤的口吻使他离权力通道越来越远，而与此同时他的不少同事已经开始飞黄腾达。

让他重新回归政坛的是他的婚姻（1791年5月）。他的妻子是同为工程军官的弟弟（克劳德－马利·卡诺（Claude-Marie Carnot））的妻妹，出身于加莱海峡省（Pas-de-Calais）的一个显贵家庭，婚后，卡诺成为了这个家族的一员。很快他就成为艾尔俱乐部（le club d'Aire）主席，这次他下定决心要在这个"行业"里出人头地。1791年9月，卡诺兄弟二人被选为立法议会议员。

在这届议会，以及1792年他再次入选议员的国民公会中，卡诺非常精明地选择了一条左右逢源的政治路线。刚到巴黎时，他拥护的是1791年宪法和国王，到了1792年春，他与吉伦特派走得越来越近。8月10日吉伦特派掌权之后，他坐在了山岳派的席位上，但却从未加入雅各宾俱乐部。谁掌权他就支持谁，他对哗众取宠的煽动民众的行为以及平民主义有着出自本能的不信任，他对那些鼓动雅各宾派极端分子的精英们也充满敌意。从1792年底开始，他激烈反对战争部部长巴什（Pache）以及他所庇护的埃贝尔派。这条独特的政治路径逐渐令他沾染了各种政治派别的色彩，也使他获得了善变的名声。这个名声是他应得的，但并没有考虑到他性格中的一个重要方面：他口才平庸，不善于耍政治手腕，不懂得如何在公共场合中引人注目。相反，独自在办公室或战场上，他所向披靡。他更适合做一位"高级官吏"而非政客：他对既成事实和合法权力非常忠诚，在需要做出可能危害到自己的处境或未来的决定时又过于谨慎，但在执行不是他自己制定的政策时，他绝对是不二人选。

立法议会时期，卡诺一直被弟弟的光环所笼罩，但国民公会召开之后，他脱颖而出。他先后在比利牛斯山和北部地区执行多次军队联络任务，起草了关于兼并比利时及特派员外省派遣的报告，这些精彩的报告令他颇受关注，他的高效率和讨厌极端派的立场也为众人所知。也正因此，1793年8月4日他被召入救国委员会。当时在外执行任务的他急忙赶回巴黎，从11日开始就任。7月份美因茨（Mayence）和瓦朗谢纳（Valenciennes）要塞失守，军事情况日益恶化，这也是选择这位无可争议的军事问题专家的原因。在巴雷尔（Barère）的力争下，卡诺和他的同乡兼同事普里厄（Prieur）被选为理事会成员。巴雷尔的动机有政治企图：他想恢复理事会内部的政治平衡。因为6月10日丹东派被排挤出理事会，7月27日罗伯斯庇尔被提名进入理事会；巴雷尔希望选拔两位政治上相对中立的议员，重新强化自己的影响力，对抗三位罗伯斯庇尔派成员一枝独秀的局面。

与理事会的其他"专家"一样，卡诺的特殊能力使他从罗伯斯庇尔的调查中幸存，后者在军事方面所知甚少，但是他没能避免圣茹斯特和比约-瓦雷纳（Billaud-Varenne）的干扰，他们在军事领域的野心更大。另外，卡诺不得不与战争部的埃贝尔派分子打交道，被迫与其分享权力，冲突自然也是频发。我们甚至可以认为他对埃贝尔派的痛恨极可能决定了他在理事会内部的地位。没有罗伯斯庇尔派三巨头的支持,他不可能在布绍特及其同党的频繁攻击下幸免。1793年9月恐怖统治开始后,一起针对卡诺及其支持者(亲人、朋友或旧制度时期的军官)的批判运动揭开了序幕。在攻击之下,卡诺不得不屈服,被迫同意撤销其众多支持者的职位。最后的结果就是他加入了罗伯斯庇尔的阵营,支持其在恐怖统治中走向集权统治的每一步。罗伯斯庇尔这位雅各宾派领袖追求的是一个政治目标,而卡诺所追求的则更加普通:消灭敌人、巩固自己的权力。

有人会问卡诺对于恐怖统治时期的政策要承担什么样的责任,但这个问题会让人产生误解。卡诺是一个高效的管理者、一个没有特定思想的官员,对他而言,对埃贝尔派分子判刑与1792年揭发俱乐部及分部预备暴动的活动没有什么区别。他为恐怖统治效力,但他也曾为君主制服务,后来他也为督政府、执政府、第一次复辟的波旁王朝、百日王朝等效力,他只有在感觉自己的能力被低估时才会反抗。作为政府的捍卫者,他支持任何巩固政府、消灭敌人的政策。无论是签署"处死旺代乱党"的政令,还是镇压里昂和土伦的反抗,他都没有什么特别的顾虑和不安,如果说清洗埃贝尔派还能让他无比快乐,可他也会签发逮捕丹东的命令。

1794年4月,卡诺达到了自己的目的,他掌管了几乎所有的军事事务。4月1日,他向国民公会呈交了将执行委员会拆分成12个委员会的法令,其中有6个委员会归他管辖。卡诺终于可以考虑在北方发起他思考已久的大规模进攻。

在追求政治目标的同时,卡诺在其他领域也取得了令人震惊的成果，其中最重要的就是重新组织军队。旧军团和义勇军部队组成的旧体系也造成了巨大的混乱，虽然卡诺没能克服"混合编制原则"并创建一个将新兵编入现有部队的新体系，但他创建了11支联合军部队，由统一的指挥系统进行指挥，大大缓解了混乱局面。这些部队沿着国境线分布，1794年初开始执行任务。他同样强调严格的纪律，宣扬他以前并不认同的绝对服从，并坚决阻止士兵逃跑，减少因此造成的损失。

1794年1月30日，他在《下次战役的作战体系概论》(Système général des opérations de la campagne prochaine)中介绍了这支新的军队的使用方法，系统地提出了大规模作战的原则，强调了部队所必需的快速移动能力和积极的士气。卡诺再一次否认了他年轻时对沃邦及其"文明"战争的崇拜，此后他教导军队要"憎恨和蔑视"敌人，"只要家乡还笼罩在恐惧之下"，就要"把他们杀得片甲不留"。1794年4月，他表达了自己的惊讶之情："为什么逃跑的敌人没有被剁成碎片？［……］只有死人才不会再回来。"这种对毁灭性战争、对最狭隘的民族主义的大肆宣扬，也正是19世纪出现卡诺崇拜的一个原因。

为了在1794年春季继续作战，卡诺计划使用他两年前就制定好的方案：快速行军，穿过比利时，攻下奥斯坦德，切断英国与欧洲大陆的一切联系。最终这个计划之所以只被实施了一部分，主要是政治原因，而非战略因素。罗伯斯庇尔对于卡诺在军事上不断加强控制颇感焦虑，在圣茹斯特的坚定支持下，他赢得他人同意，将摩泽尔河和阿登山区的军队集中到莱茵河畔，但卡诺的方案想要成功，恰恰需要这些军队。因此，北部和东部的进攻作战约束了卡诺的权力,也限制了他在自己的军队获得胜利时独占军。

但卡诺并没有取得这场胜利,他的对手茹尔丹(Jourdan)和圣茹斯特在弗勒侣斯(Fleurus)获得了胜利(1794年6月26日),而卡诺却把所有的希望放在了庇什格律(Pichegru)身上。这些势力争斗反映出委员会内部的纠葛。弗勒侣斯的胜利只能让内部气氛雪上加霜,圣茹斯特趁机指责卡诺没有能力、没有爱国之心。在失去战争指挥权的威胁之下,卡诺选择了阵营,就像他在1793年9月反对埃贝尔派时一样,他在热月政变的准备过程中扮演了一个非常低调,但又很可能至关重要的角色。

1794年10月6日从救国委员会辞职之后,卡诺于11月5日再次入选,直至1795年3月5日被革职。他继续推行自己的军事政策,试图巩固前一年夏天取得的胜利,但与此同时,他的外交政策却开始发生变化,为和平谈判做准备。但周围的环境对他已经几乎无法容忍,于是3月5日,他被驱逐出委员会。热月政变以后,卡诺不得不为自己过去的行为辩解。他之所以支持被控告的巴雷尔、科洛和比约等前同事,是为了把他们与为恐怖措施负责的"大多数"罗伯斯庇尔派(奇怪的是只剩下三个成员)区分开;他坚持表示委员会的其他成员为军事情况的改善做出巨大贡献。因此委员会的所有积极成就都应归功于幸存者,所有的负面行为都应该怪到死者头上。但是他对巴雷尔和比约的辩护给人留下了深刻印象,所以牧月起义(1795年5月)时,暴动者试图贿赂他,虽然他小心翼翼地拒绝了这些钱,但依旧陷入危险之中,仅靠"军事胜利的组织者"的名声救了他。

卡诺小心翼翼地短暂沉寂一段时间后,在选举人大会接近尾声时(1795年10月)再次出现,这或许是为了提醒选举人不要忘记他自己以前的功绩。但选举人对这位痛改前非的恐怖分子没有表现出什么热情,只有萨尔特省(Sarthe)把他列入了主选名单,其他十二个省把他放在替补名单中。

卡诺的政治生涯的一个新阶段从此开始。1795年11月4日,在拒绝了战争部部长这个职位后,他被选入督政府,一同入选的还有前工程军官、唯一的盟友勒图尔纳,以及巴拉斯、勒贝尔和拉雷韦里埃-勒卜(La Réveillière-Lépeaux)。这些人私底下是邻居,公共场合是伙伴,但他们的性格和政治背景都大相径庭,很快他们就开始猛烈地互相诋毁。巴拉斯"贪图钱财",勒贝尔有"病态的自尊",卡诺则希望作为大革命的功臣而与家人过上平静安逸的生活。当时的他以为自己已经抵达政治生涯的顶点,对自己在军事领域的权威颇有信心,但他没有意识到的是虽然新军队的主要功劳都来自于他,但却慢慢超出不断分裂、不太可靠的文官政府的掌控范围。虽然这支军队在共和二年拯救了法国,但对权力机构而言,从那以后,它就获得了一种危险的自治权。在共和三年芽月和共和四年葡月,先后扑灭平民骚乱和王党暴动的就是这支军队。文官政府依旧对军队负责,但军队在政治生活中的影响越来越大。

卡诺很快就得吸取这个悲惨的教训。1792—1794年间走马灯一样的将军调动已经结束;每支部队的司令部会毫不犹豫地忽略接到的命令,或者越过平民权力机构,签订停战或休战协定,茹尔丹和庇什格律与奥地利是这么做的,奥什(Hoche)与旺代乱党也是这么做的。针对莱茵河和意大利的进攻计划基本上已经由将军们随意处置。莱茵河上的进攻迟缓,转胜为败;在意大利,波拿巴在捷报频频的鼓舞下继续前进,远超出卡诺所设想的方案。波拿巴对自己信心十足,拒绝与凯莱尔曼(Kellermann)分享指挥权,并与意大利各城邦进行谈判,督政府别无他法,只能让步。1796年底,卡诺决定与奥地利进行和谈,但是1797年2月,波拿巴在巴拉斯和勒贝尔的支持下,"暗中破坏"了谈判,再次转为进攻,这次进军方向是罗马。最终,1797年4月,波拿巴与奥地利签订了《莱奥本条约》,督政府只能接受既成事实。

军队与文官政府的决裂很大程度上由于督政府无力镇压雅各宾派或王政派的政变企图,不能做出果断的决策而使政治形势恢复正常。五位督政官之间的冲突不断增加,每个人都在策划阴谋,以保护自己不受其他人阴谋之害。

自从卡诺入选督政府以后,他的亲朋重新回到政府部门。在内阁之中,这位新督政官可以信赖贝内泽什(Bénézech)和费普(Faipoult),这两位都是工程军官,另外还有1796年4月被任命为公安部部长的科雄(Cochon)。与科雄结成联盟之后,卡诺表现出自己选了一条温和派道路。作为督政府内部少数派,他拒绝了重新聚集在先贤祠俱乐部的新雅各宾派的示好拉拢,抛弃了那些要求实施1793年6月宪法的人。但是巴贝夫密谋事件揭示出卡诺向保守派转变的幅度之大。

巴贝夫主义的宣传在军队和宪兵团中尤其活跃,它让人想起

109 1793年《杜歇老爹报》①（le Père Duchesne）对军队思想的慢慢渗透。卡诺是一位笃信才能至上的政府官员，他向来憎恶传播平民主义、平等主义、反精英思想，暴力统治和反议会制的最高纲领主义运动（mouvement maxinaliste）。瓦蒂埃、阿马尔、德鲁埃曾经是埃贝尔派的导师，此时依旧是新"无政府主义者"的幕后黑手。

除了巴贝夫事件，卡诺和科雄同样以清除雅各宾主义最后据点为目标。1796年5月，一个告密者向督政府及时揭发了一起即将发生的阴谋，先贤祠俱乐部被关闭；9月，格勒内尔军营的大搜捕②揭开了大规模镇压和清洗的序幕。在这股政治风向转变的后续阶段里，卡诺扮演了最重要的角色，甚至不惜与公开的王党勾结，例如他所信赖的被称为"白色雅各宾党人"的维约将军（Willot），他借由此人在南部进行了残酷镇压。

在对雅各宾党人进行最后的围追堵截之时，卡诺在1796年5月10日的一次演讲中表示要阻止1793年的"无政府状态"的回归，巩固共和三年的宪法。通过号召公民以一份能够最终结束六年政治动乱的法案为中心团结起来，他希望能够召集合法的大多数，对抗"例外主义"和"公共安全"的支持者。这项战略没有任何基础和未来。卡诺所渴望的这个核心，不就是一个狭隘的督政府

---

① 《杜歇老爹报》是埃贝尔于1700年11月创办的报纸，他以"杜歇老爷"（也译为杜申老爷）的笔名写了不少政治讽刺作品，深受下层民众欢迎。

② 巴贝夫分子于果月23—24日（9月9—10日）夜间去格勒内尔兵营，企图争取士兵的支持。他们的计划被卡诺获悉，谋反者在骑兵的袭击下死伤甚众，大批被捕者被押送军事法庭审判。

亲信的利益圈子吗？打击雅各宾党人，不就是落入了王政派的圈套了吗？他们对选举人的影响力在1795年10月的选举中已经得到了证明。无论如何，卡诺在巴贝夫密谋及后续事件中都维护了克里希俱乐部（le Club de Clichy）的利益。共和五年芽月（1797年4月）的部分选举证明了核心内部无法达成一致。王政派在选举大会中获得胜利，导致立法两院对督政府本身的存在都构成了直接威胁。

勒图尔纳被抽签驱逐出督政府后，卡诺处于前所未有的孤立，他果断加入王政派阵营，反对想要废除芽月选举结果的勒贝尔。做出这种表态之后，他含蓄地允许立法两院可以选出一个王政派督政官，把国家的政治命运交给了一个由君主主义者和温和派组成的奇怪联盟。他力排众议，获得胜利，1797年5月26日，巴特勒米（Barthélemy）当选督政官。

从这一刻开始，他的同事们开始做好战斗准备。卡诺想要留在自己位置上，但没有为危机承担责任，整个1797年夏天，他都自杀性地按兵不动。他拒绝听从朋友们劝他先发制人的建议；他揭发君主主义政党，徒劳地向对手示好（1797年8月10日）；7月份奥什命令军队进入保护首都的"禁城"时，他保持消极被动。他按兵不动，意味着巴拉斯和勒贝尔要采取行动。1797年9月4日，波拿巴所派遣的奥热罗发动政变，巴特勒米被逮捕，但卡诺及时得到消息而得以逃脱。

雾月政变后，卡诺被赦免，回到法国。1800年短暂担任公安部部长之后，他成为法案评议委员会成员，但他对第一帝国的反对立场导致他回到了科研工作上,他在流亡期间重拾对科学的热情。他曾有条件地支持第一次复辟王朝,此后他热情地欢迎拿破仑的归来,接受了内政大臣的职位,他认为自己可以重新发挥重要作用。在这个位置上,他捍卫了一项新雅各宾派措施,在23年之后,重新上演了一出"祖国有难"的戏码。拿破仑的退位突然打破了他的梦想。他曾竭尽所能阻止路易十八复辟。他在入选的政府委员会中,主张以罗马王①的名义进行抵抗。其他人任由卡诺沉浸在幻想中,直到彻底的无条件投降之后,他才终于明白自己被狡猾的富歇(Fouché)欺骗了。

这一次,卡诺的政治生涯的大幕即将真正落下,为了满足自己的野心、骄傲和自负,他随时可以为任何政府服务,但由于强硬的性格以及政治敏感度的缺乏,他没能把握自己的命运,为法兰西第一帝国服务,虽然帝国能够提供各种挂名肥差。实际上,与职位相比,卡诺所追求的更多的是最高职责,他曾坚定地拒绝了并不看重他的拿破仑所提供的次要官职。直到拿破仑从埃尔巴岛回到法国之后,卡诺才对帝国给予支持,他认为拿破仑最终能够信赖自己这位共和二年的拯救者、"军事胜利的组织者"。重新掌权的幻想蒙蔽了卡诺的双眼,他没能预料到未来的结果。波旁王朝第二次复辟之后,他被迫离开法国,永远在外流亡。

帕特里斯·格尼费

---

① "罗马王"是拿破仑二世出生后的封号,他是拿破仑一世与第二位皇后玛丽·路易莎之子。

延伸阅读

Correspondance générale, publiée par Etienne Charavay, 3 vol., Paris, 1892-1897.
CHARNAY, Jean-Pierre. *Lazare Carnot. Révolution et mathématiques*, 2 vol., Paris, L'Heure, coll. «Classiques de la stratégie», 1894（contient un choix de textes de Carnot）.
REINHARD, *Marcel. Le Grand Carnot, 1753-1823*, 2 vol., Paris, Hachette, 1950-1952.

参见条目

军队（Armée）

巴贝夫（Babeuf）

波拿巴（Bonaparte）

意大利战争（Campagne d'Italie）

救国委员会（Comité de salut public）

丹东（Danton）

自然疆界（Frontières naturelles）

埃贝尔派（Hébertistes）

罗伯斯庇尔（Robespierre）

圣茹斯特（Saint-Just）

孔多塞
Condorcet

如同圣贝夫所述，孔多塞侯爵（le marquis de Condorcet）是1789年时旧制度最令人瞩目的装饰物之一。作为启蒙哲人的主要继承人、法兰西学院士的尊贵成员，他象征着启蒙思想对这种机构的操控，集中体现了在这个开明君主政体中，文人学者意欲引导公共舆论、在国王面前以国家的名义发言的要求。作为著名的数学家、皇家科学院常任秘书、法国甚至欧洲的制度化科学的主要发言人，他代表了组织化科学和改革型政府二者的价值和利益的趋同。通过制定科学原则及应用数学分析方法来实现社会和政治生活的合理化、把等级社会转变为法律面前权利平等的公民国家、通过开明的行政管理和公共理性协商来拯救君主制政权：这就是他的理想，这就是他在旧制度时期为之努力奋斗的纲领。他曾经计算过法国政治稳定的概率，以及通过君主制机构来进行循序渐进的社会改革的可能性和机遇。但三级会议的召开却让他的打算彻底失败，这也是这位政治理性主义者、最后的启蒙哲人所遭遇的众多失败之一，他发现自己意外地卷入一场革命喧嚣之中。

第一次失败：1789年革命。孔多塞不希望召开三级会议。相反，他确信高等法院的这种要求虽然打着自由的旗号，但其实是反动的、无政府主义纲领的一部分，其目的是为了破坏政府实施的行政和税务改革政策，破坏政府拟设立省议会制度以使国家新生的方案。虽然孔多塞不赞同第一次显贵会议对省议会方案的更改，但1788年夏，他依旧相信，布里耶纳会实施一些和平、理性的改变，而召开早已废弃的三级会议只会导致没有理性可言的无止境的争论，以及不断地从历史文献中寻找依据的等级团体要求所引发的冲突。在关于召开三级会议的重要争论中，他的贡献在于其所写的一定数量的小册子，他在这些作品中提出论据，反对召开三级会议；另外还有篇幅较长的《论省议会的构成与职能》(*Essai sur la constitution et les fonctions des assemblées provinciales*)。这本艰深的论著研究了省议会等级制度的组织形式的技术复杂性和政治后果，省议会代表的是有产公民的理性利益，它有可能是"公民自己选择的代表"所组成的全国统一议会的基础。

在所有这些争论中，孔多塞忠实于他的政治导师杜尔哥的启发，后者所著的《论市政行政会议》(*Mémoire sur les municipalités*)提出了一项完整的规划：不分社会等级和地位，创建土地所有者组成的议会，并通过它以理性的方式代表社会利益，让君主制行政体系重新恢复生机。另外，孔多塞最重要的科学论著、被他自己视为知识领域杰作的《有关多数票法所做决策的概率的应用分析》(*Essai sur l'application de l'analyse à la probabilité des décisions rendues à la pluralité des voix*)（1785年出版）所涉及的就是代议制问题（杜尔哥的规划的核心）。

这部著作旨在以更普遍的方式证明杜尔哥和孔多塞二者共同的议题，该议题认为伦理学和政治学能够拥有与自然科学一样的精细度和准确度。孔多塞用拉普拉斯（Laplace）刚刚提出的数学概率理论与自己在大卫·休谟作品中发现的关于宗教信仰的分析相结合，进一步阐述了这种思想。孔多塞认为，既然概率计算是估测我们的想法和期待（始终是大概的）的可靠性的有效方法，那么把这种计算应用到政治和社会事务中或许可以催生一种理性行为科学，人类生活和行动的偶然事件最终也应遵循数学法则。

《分析》这本论著还特别想要解决代议制的根本问题：什么样的理由可以让公民接受不是由全民直接投票、一致通过的决议，或者有时似乎与自己的个人观点和利益相冲突的决议？孔多塞认为可以用一种数学保障来解决这个问题："这种决议的极高概率是唯一公平合理的理由，据此可以要求他人以同样的方式服从。"必须要强调这种解决方法的条件，因为它们在孔多塞的思想里非常关键。由于他认为政治是一种理性事物，而非由主观意志决定，集体决议不应该表达一些随意的偏好，而是应该体现投票者对于提交给他们的提案的真实性的判断。只有在被大多数人宣布有效的提案比被有限人数认为有效的提案更加真实的情况下，多数票才正当合理。所以代议制的问题不再是代表机构的决议**如何**才能符合普遍意志（卢梭认为这一问题是无法解决的），而是**如何**确保代表机构表达的是公共理性。孔多塞以数学的方式证明，在社会大多数投票者至少能够理智地从具有合理能力的精英中选出自己的代表时，这样一种保障（即代表机构采取的决议的真实性有足够高的概率）是可以实现的，但是有两个条件：有具体的集体决议制定程序规则；必需的多数票根据所讨论问题的重要性而有不同变化。他为省议会的组织形式（以及后来他为自己的宪法草案）所提出的许多复杂方法都受他在这本年轻时所完成的著作中提出的数学推理的支配。

1788年末，在《论省议会的构成与职能》发表之时，孔多塞的思想已经落后于诸多事件。君主制的转变不会通过行政理性，而会通过政治意志的冲突进行。满怀恐惧的孔多塞发表了许多小册子向公众解释人权和理性政治原则，试图避免这种迫在眉睫的灾难。虽然他参与起草了芒特（Mantes）和巴黎两地贵族的自由主义陈情书，但他并没有被自己所属的贵族等级选为议员。其他人主导了三级会议向代表公民国家的统一议会的不可能的转变。孔多塞这位代议制理论家一直到1789年7月新巴黎市政府成立时才被选入市政府。

第二次失败：8月10日革命。孔多塞在巴黎市政府中扮演重要角色，大革命在10月处于混乱边缘时，他努力维持秩序和平静。在市政府之外，他和西耶斯成为1789俱乐部的主要发起人，这个成立于1790年年初的俱乐部的目的是通过提出和传播理性的社会科学之真理（"所有其他人都为之努力的科学"），以限制雅各宾派更为激进的影响。俱乐部吸收了旧制度的自由主义精英，包括那些接受了1789年原则但想要通过自己的开明引导而使大革命有秩序地结束的人。

1791年，瓦伦出逃事件让孔多塞确信国王的继续存在会滋养而非避免混乱和无序，他戏剧性地与自由主义精英集团中的友人决裂，并表态支持共和制。他与吉伦特派中的新盟友一起进入立法议会。他与这些人一起推动法国向奥地利宣战；他认为这是消除为反革命分子提供希望、支持国王抵制宪法的外部威胁的唯一方法。他与这些人一起将民众暴动视为对君主制的一种威胁，并强迫议会采取更有力的行动来反对国王。但这一策略却反过来伤到了他和朋友们：暴动不仅针对顽固的国王，而且针对分裂的、优柔寡断的议会。8月9日，孔多塞以国民议会的名义起草一份面向法国人民的、关于行使最高权力的权利和代议制政府原则的致辞。这份关于民众有义务在代议制宪法下遵守法律的哲学演讲还没在报纸上登出来，巴黎人民就已经直接掌握了最高权力。理性政治的辩护人再一次晚了一步，没能扭转革命意志。

立法议会的失败所波及的还有1792年4月孔多塞以立法议会公共教育委员会的名义提出的草案。这份草案忠于杜尔哥和重农主义者的启发，为现代的、开明的、个人主义的社会提出了一份公共教育计划，这项计划与古代共和国公民美德的仰慕者所捍卫的集体教育大相径庭。在他设想的循序渐进的自由社会中，个体在行使自然权利时是自由的、平等的，但是要从职业和行业上进行功能区分，从财富和能力上进行社会区分，从公共责任的贡献和执行上进行政治区分。这样一种社会要通过创造教育等级制度来进行完善，这种制度由知识分子独立引导和监督，他们应是"启蒙运动"的守护者，保障公共自由。孔多塞表示开明的人民就是自由的人民，因为"真理是权力和行使权力者共同的敌人；真理传播得越广，那些行使权力者就越无法骗人；真理的力量越强大，社会就越不需要被管理"。公共教育能够传播启蒙思想；权力趋向于消失；社会和政治行为能够表达自由人在代议制政府体系中的清醒的选择。简而言之，既理性又民主的政治所需要的条件能够聚集在一起。

1792年4月，关于孔多塞的公共教育草案的讨论被延期，立法议会从未认真研究过他的报告。虽然一个新的委员会向国民公会递交了一份建立在孔多塞基础上的草案，以求公开讨论，但有人攻击孔多塞草案的基本概念，认为它违背了共和国的公平和美德，有人认为草案企图用学者贵族专制偷偷取代神职人员的制度专制。直到恐怖统治结束，热月党人重新恢复启蒙运动的话语，与孔多塞撰写草案时的主要灵感来源重新建立联系时，国民公会才采纳孔多塞制定的这种混合了个人主义、自由主义和科学精英主义的方案，并使其成为共和三年的公共教育制度的基础。

第三次失败：1793年6月2日革命。对孔多塞而言，国民公会面对的根本问题是：必须拯救被1792年8月10日起义置于危险境地的代议制原则和合宪性原则。他正是为了捍卫这些原则才与吉伦特派一起针对路易十六审判进行斗争。他主张，审判国王应体现法律的权威，而不是肯定革命意志。他正是为了让大革命在符合这些原则的条件下结束，才以国民公会宪法委员会的名义起草了人们所说的吉伦特派宪法。事实上，这一宪法的制定是为了解决8月10日革命提出的主要问题。怎么做才能让代表机构对国家意志负责，同时又不让部分民众篡夺以所有人的名义发言的权力？

孔多塞提出的解决方法主要是给予初级议会更重要的政治角色。在他的宪法框架中，初级议会能够选举国民议会和内阁；它可以接受或拒绝宪法修正案；它能够对其他经过全民公决的问题作出裁决；它也有权要求立法行为或召开制宪会议。为了保证初级议会的决议能够表达所有人民的理性意志，问题必须按照逻辑简化为一系列明确的提案，并进行"是"或"否"投票，而且要以同样的方式提交给每个初级议会，在没有事先讨论的情况下进行投票。孔多塞认为，有了这些程序，短期的会议可能聚集平和又勤劳的公民，不给少数极端分子当下篡夺控制权的任何机会。

在所有这些规划中，孔多塞最大的担忧（以及他的吉伦特派盟友最深层的顾虑）是如何消除他所认为的威胁代议制政府的最急迫的危险：巴黎人民所要求的通过暴动直接行使主权的权力。为了避免这种危险，必须制定一种机制，既可以让抗议合法，又能够通过为公民提供"在合法、和平的形式下进行抗议的便利"而预防革命暴动。只要公民要求当地初级议会召开会议来裁定是否有必要让立法议会来讨论某个问题，这一进程就可以启动。初级议会可以要求召开行政区内的所有初级议会，后者可以要求召开省内的所有初级议会，省内的初级议会可以要求立法议会来决定它是否同意讨论相关问题。如果立法议会拒绝，它的决议会自动传达至共和国境内的所有初级议会，以求批准；如果投票结果是否决，立法机构就要被解散，需要进行新的选举。任何时候要求召开制宪会议也会启动同样的机制。所以只要形势和民意判断要求，宪法修改就有可能进行。"不同地域分区的主张有着同等效力，因为这些主张受同样的法律力量要求，需与全体人民商议。政治运动是没有任何借口的，因为运动只是部分对抗整体的表现，而整体的决议正是运动试图阻止或阻挠的。"所以在宪法中设置一条规定人民可以进行长期合法的革命的条款，暴动的问题就可以得到解决。

我们知道这个草案及其作者的命运。1793年2月，孔多塞将这些关于新宪法的建议写入一份又长又复杂的报告中，但这些建议却成为了吉伦特派和雅各宾派之间斗争的原因，一直到1793年6月2日人民起义让雅各宾派掌权。如同马拉所说的，新宪法来自于山岳派。很快，雅各宾派提交了自己的草案，匆忙之中就被议会通过。被控反对这些革命事件的孔多塞躲藏起来，以逃避牢狱之灾。他在逃亡前发表的最后一篇作品是《旨在将计算应用于政治学和伦理学的科学概观》（*Tableau général de la science qui a pour objet l'application du calcul aux sciences politiques et morales*），他试图通过这部作品普及数理社会学观念，但也只是徒劳，数理社会学既理性又民主，它的传播能够"摧毁言论胜过理智、激情胜过真理、愚昧胜过启蒙的帝国"。但是，与以前一样，理性政治再一次败给革命意志的要求。

孔多塞政治生涯的失败是革命话语内部、社会理性言论和公共力量的专断言论越来越不兼容的最好例证，前者的根源来自重农主义者和苏格兰理论家，后者的主要来源是卢梭重塑的古典共和主义以及绝对主权论。孔多塞的根本目的是以理性救赎权力；对他而言，与主权意志的所在相比，主权分解为开明社会的理性个体的自由选择更为重要。但在1789年以前，开明君主制的力量太弱，1789年之后主权国家又不够开明，都导致他的希望无法实现。无论是旧制度下还是大革命时期，这位哲学家兼数学家始终没能解决这个难题。

历史的安慰：进步观念。这位战败的哲学家的所有政治主张都遭遇失败，也无法将革命意志转变为开明精英阶层监督下的理性共识典范，于是他重新回到曾经深刻影响了自己的启蒙运动哲学上。很久以来，他都打算用历史证明人类能够通过理性的力量和发展理性社会科学来更加有效地掌控自己的命运。此后，撰写人类精神进步史年表弥补了他目前的失败，它能够确保一个理性的未来，引发关于"打破了所有锁链，躲过了偶然性的支配，避开了进步过程中的敌人，迈着坚定的步伐走在真理、美德和幸福道路上的人类"的思考。著名的《人类精神进步史表纲要》(*Esquisse d'un tableau historique des progrès de l'esprit humain*)只是一部阐述更加深入的作品的序言。1794年离开藏身之处前，孔多塞已经完成了一些重要的部分，后来他在巴黎市郊的平等镇（Bourg-Égalité）（以前的皇后镇（Bourg-la-Reine））被捕，两天后被发现死于牢房之中。

他在恐怖统治的顶峰时期默默地痛苦死去，但紧随而至的就是历史复活。热月政变之后，孔多塞成为了不同于罗伯斯庇尔但依旧具有革命性和共和主义的政治象征。他是宣称必须在法国建立共和国的首批革命领导人之一。但他的那种哲学性质的共和主义和美德统治的主张与暴行是截然对立的；他是一位支持社会进步的启蒙哲学家，提倡科学理性、个人权利和代议制政府。与恐怖统治所援引的古典共和政体相比，代议制政府是现代文明的进步。热月政变之后主要的自由共和主义报纸《旬报》(*La Décade*)开启了对孔多塞的崇拜（共和三年雪月10日（1794年12月30日）），并且详细描述了孔多塞的死亡。这个噩耗若是没有被那些"忙于使所有人屈服于铁棍之下的卑鄙又残暴的专制者"所压制的话,它会让整个欧洲为之震惊。1795年在孔多塞死后才被发表的《人类精神进步史表纲要》立刻被视为启蒙运动的哲学遗产和后热月党时期的重要著作。共和三年芽月13日(1795年4月2日),在以公共教育委员会的名义发声的多努(Daunou)的建议下,国民公会投票同意购买3000本《人类精神进步史表纲要》,并在整个法国境内发放。"这是一位不幸的哲学家献给你们共和国学校的经典著作。书中处处都把社会状态的改善作为人类精神最高尚的目标;你们这些学生,通过研究书中的自然和艺术历史,将会学习到如何珍惜自由,厌恶和征服所有专制。"

在此之后,还有更加持久的对孔多塞的致敬。公开从孔多塞的思想中获取灵感的《综合教育法》在共和三年雾月3日(1795年10月25日)被国民公会通过[1],设立了以国家研究院为最高级别的教育等级体系。国家研究院成为推崇孔多塞思想的观念学者的精神家园和主要机构。在他们的指导下,法兰西研究院的伦理学和政治学新门类成为了发展以感觉和思想分析为基础的理性社会科学的实验室;相关理论也从这里向法国和其他地方传播开去,尤其是在英国激进分子之间。

1803年拿破仑·波拿巴取消了伦理与政治科学类后,孔多塞的精神继续吸引共和派在位于奥特伊的孔多塞夫人的沙龙中集会。出现频率最高的成员之一邦雅曼·贡斯当不仅从关于教育和

---

[1] 该法令被称为多努教育法,被视为国民公会在教育方面的"唯一遗产"。它规定学校分为四级,即小学、中心学校、专门学校、国家科学与艺术研究院,最后一级类似1791年孔多塞提议开设的国家研究院,只是将当时划分的四类学科改为三类,即物理与数学类、伦理与政治科学类、文学与政治类。

人类可完善性的思想中获得灵感，更重要的是，他也通过分析现代人的自由与古代人的自由的深层区别而受益匪浅。在他陆续所写的《政治原则》（*Principes de politique*）中，贡斯当援引了孔多塞在《论公共教育》（*Mémoire sur l'instruction publique*）中的论证，试图证明古代人完全不了解现代公民自由，因为它建立于与古人公民概念完全不同的个人权利概念的基础上。从贡斯当开始，现代自由主义的发展很大程度上得益于孔多塞的自由和进步哲学。

这种哲学遗产也没有被其他试图引导大革命走向结束的知识分子所忽视。许多人试图把社会组织模式作为实证研究的对象，从中寻找一种解决方法，一种不同于以革命事件在欧洲社会中引发冲突的方法，对他们而言，孔多塞的哲学遗产成为了丰富的源泉。圣西门和孔德（Auguste Comte）二人都依靠孔多塞的名声，希望为实证主义社会科学打下基础。他们都声称自己重写了《人类精神进步史表纲要》，写作方式与历史进步的本质（他们认为这是孔多塞最重要的见解，也是科学政治的基础）更加一致。但实质上，他们归功于《纲要》的这种见解是一种严重的误解；他们费尽力气去重写，但却从根本上改变了孔多塞的思想。

孔多塞把进步观念视为一种能够把政治从历史中解放出来的保障；对圣西门和孔德而言，这种思想却成了让政治服从历史的保障。《纲要》的目的是为了说明"人类是如何在时间流逝和不断努力中，用新的真理丰富自己的思想，完善自己的智慧，拓宽自己的能力，并且为了自己的幸福和公共便利而去学习更好地利用这些能力"。孔多塞找到了理性政治的力量为了塑造开放的未来，服务于人类自由和幸福而不断增长的证据，这种理性政治建立在人权原则的基础上，人权原则是孔多塞眼中的社会科学最重要的真理。对他而言，历史的唯一规律就是理性和自由的进步规律。相反，圣西门和孔德认为人类进步要服从历史发展规律，人类对这些规律没有任何影响，科学政治（Politique scientifique）也只能勉强提供便利。在他们的构思中，孔多塞的进步哲学要根据博纳尔德（Bonald）和迈斯特（Maistre）制定的社会有机观念来重新塑造；孔多塞以略显武断的方式把人类思想进步的单线发展观分配到不同的时期，但这些时期已经被必然连续的封闭且等级化的社会体系所取代，社会体系交替之时就会产生不可避免的危机时期。因此，孔德的实证主义哲学预示着新的有机时代（Âge organique）[①]的崛起，科学将代表着新的精神力量，等级和服从观念必然会被反复灌输，成为新的实证主义信仰。这种观念几乎没有留给孔多塞提出的通过科学理性的进步，允许个体自由独立地行使权力的完整的公共教育体系任何余地。它同样也不允许认为概率计算能让个人和集体做出更理性选择的社会行为数理分析学的存在。被孔德所抛弃的孔多塞的社会数理分析（虽然拉普拉斯、泊松（Poisson）、凯特勒（Quételet）对该学说有所发展）很大程度上直到今天都一直被忽视。孔德用更系统的方式重写《纲要》，却提出另一种与被他尊为先驱者的哲学家完全相反的社

[①] 社会有机论是实证主义的理论之一，主张社会是一个与生物有机体存在诸多相似之处的有机实体，二者在生长过程、结构进化、功能进化、相互依赖等方面相似。

学概念。

最后，还应当提到孔多塞精神对后世影响的另一方面。1870年，茹费里（Jules Ferry）在研究适合于科学时代的新教育体系时收获了诸多掌声，他认为这一新体系"有着极为精确的理论和细节"，它的提出者"是一位先知、使徒、大师［……］是18世纪和人类应当引以为傲的最伟大的哲人之一［……］，他将共和主义信念同一种哲学信念以及无可比拟的智慧价值集于一身，奋力前行，直到牺牲：我想说的就是孔多塞"。这位哲学家成为第三共和国时期人类信念的有力象征，其中的共和主义、世俗精神和反教权主义都体现在茹费里的教育法中。的确，通过这项法律，世世代代的法国人成为了孔多塞的继承者。

基斯·迈克尔·贝克（Keith Michael Baker）

延伸阅读

Œuvres, éd. établie par François Arago et Arthur Condorcet-O'Conner, 12 vol., Paris, 1847-1849.

Essai sur l'application de l'analyse à la probabilité des décisions rendues à la pluralité des voix, Paris, 1785.

Condorcet. Mathématiques et société, éd. établie par Roshdi Rashed, Paris, Hermann, 1975.

BADINTER, Elisabeth et Robert. *Condorcet, un intellectuel en politique*, Paris, Fayard, 1988.

BAKER, Keith Michael. *Condorcet: From Natural Philosophy to Social Mathematics*, Chicago, University of Chicago Press, 1975; trad. de l'anglais par Michel Nobile, Paris, Hermann, 1988.

CAHEN, Léon. *Condorcet et la Révolution française*, Paris, 1904.

REICHARDT, Rolf. *Reform und Revolution bei Condorcet. Ein Beitrag zur späten Aufklärung in Frankreich*, Bonn, Ludwig Röhrscheid Verlag, 1973.

参见条目

宪法（Constitution）

吉伦特派（Girondins）

公共教育（Instruction publique）

启蒙（Lumières）

重农学派（Physiocrates）

共和国（République）

西耶斯（Sieyès）

主权（Souveraineté）

选举（Suffrage）

丹 东
Danton

与罗伯斯庇尔、马拉一样,丹东也是大革命的产物。他毫无先兆地从这伟大事件之中脱颖而出。虽然传记作家们努力从他的青年时期寻找一些预示性的特征,但人们很难从他们的描述中看到一个已与未来大革命的步调一致的青年丹东形象。丹东 1759 年生于奥布河畔阿尔西镇(Arcis-sur-Aube)的一个刚刚摆脱农民地位的小资产阶级律师家庭。他在奥拉托利会接受的教育情况时好时坏,后来在巴黎成为书记员,然后成为律师。大革命前夕,他是一名普通律师,没有他的对手所说的那么悲惨(为了突出他后来发财的突然性和不正当性)。或许在他的书房里会有《百科全书》(Encyclopédie),夹杂在普鲁塔克和贝卡里亚(Beccaria)的著作之间,但是这在当时几乎是不可避免的,不能证明他从狄德罗的作品中获取了精神营养。他的第一个案子是帮助一位牧羊人控告一位贵族,但是当时哪个开明的律师不想炫耀这样的案子呢?这所有一切都不足以解释他为何致力于大革命。

罗兰夫人非常憎恶丹东,但她对丹东"诞生于街区"的描述是恰当的。拉沃(Laveaux)的证词可以证明这一点,1789 年 7

月 13 日,他非常震惊地发现他的同僚,以前"温柔、谦虚、安静"的丹东站在一张桌子上煽动公民。这标志着丹东进入了政坛,他以街头煽动者的身份开始了大革命生涯。还是以煽动者的身份,他逐渐成为他所在的科特利埃区的领导者,积累了更多的经验。1790 年一整年,这个区都作为先锋发动了反对"市政专制"和网球场宣誓领导者之一巴伊的斗争。这场骚扰战为再三当选区主席的丹东带来了一张逮捕令,在斗争中丹东的演讲天赋愈发完美,后来被蒂博多(Thibaudeau)形容为"演讲效果不可思议"。他作为公众演说家的名气越来越大,被称为"街头的米拉波"。

和米拉波一样,丹东有一张"丑脸",一个非常戏剧化的性格。他被人称为阿特拉斯、赫拉克勒斯或独眼巨人,当时的人们找不出一个恰当的单词来描述他"健壮的体魄",他略带吹嘘地说这是大自然的赋予。他身上有许多矛盾之处,他"令人厌恶又可怕"的脸上却带着"非常快乐的神情"(罗兰夫人),他是杀手但却不凶残,他追求享受但不贪婪,他是恐怖分子但没有原则,他是暴发户但并不贪得无厌,他狂热又懒惰,高大却温和。如此多的对立之处也是丹东令人惊讶的地方。最后,他被深深卷入大革命的戏剧性的危机之中。他天生是那个时代的弄潮儿,大革命于他,不仅是使命,也塑造和定义了他。

和罗伯斯庇尔一样,丹东实际上也成为了大革命的一个化身。关于他的传奇很快流传开来,围绕着他的意识形态和政治争论铺天盖地,坚定的丹东主义者聚集在一起,致力于重新审查圣茹斯特和罗伯斯庇尔对丹东的裁决。这场裁决有审判,却没有辩护。丹东的支持者在其死后所做的重新辩护也是对策划者的控诉,并且不可避免地成了丹东和罗伯斯庇尔之间的对比。这场无数次重复的对比是大革命历史研究的传统主题。罗伯斯庇尔之于丹东,就像美德之于邪恶、廉洁之于贪财、勤劳之于懒惰、信念之于犬儒,这些都是罗伯斯庇尔主义者,或者像米什莱所说的"天主教罗伯斯庇尔主义者",的说法,他们乐于"把九月大屠杀烙印在不信教者的记忆上"。但是我们也可以用另一种方式对比这两个人:孱弱与强壮、多疑与慷慨、阴柔与阳刚(更确切些是女性与男性)、抽象与具体、书面与口头、僵化的体制与灵活的即兴,这是丹东主义者的说法。

马迪厄把丹东的传奇称为迟来的美化、一帮糟糕的学者在丹东墓前献花,或者第三共和国"那些共和派战友们"创造的形象。但是丹东的形象在浪漫主义时期已经很完整了。当米什莱在《法国革命史》的最初几页里提到丹东和德穆兰时,他说:"他们会跟随着我们,我们再也无法摆脱他们",因为"大革命的喜剧和悲剧都集于他们身上"。在写作研究的过程中,虽然米什莱发现光芒万丈的英雄们暂时陨落了,但他仍坚持把他们描述为大革命的化身,是大革命"真正务实的天才、最根本的动力和实质"。这种天才是什么?"行动,一位前人这么回答。还有什么?还是行动。始终是行动。"米什莱当然改写了丹东号召勇气的那句话:"我们必须大胆,更大胆,一直大胆(*De l'audace. Encore de l'audace. Toujours de l'audace*)",基内(Quinet)也把这句话视为"整个民族的箴言"(他从博多(Baudot)那里学习到了对"革命的主宰者"的仰慕)。

浪漫主义文学和戏剧也不能抵御丹东的诱惑。雨果想象了一个马拉、罗伯斯庇尔和丹东在科特利埃区的一个破酒吧中的对话，他让丹东说出了决定性的反驳："7月14日那天我在场，10月6日那天我在场，6月20日那天我在场，8月10日那天的责任我承担。" 毕希纳（Büchner）让丹东说："我在马尔斯校场向王室宣战。8月10日我打倒了君主，1月21日我杀了他，我把国王的头扔向其他国王，作为挑战。"对浪漫主义作家而言，丹东被死亡的悲剧阴影所笼罩，因"灵魂的突然冲动"而大声疾呼，他的力量既能造成也能概括大革命中前所未有的事件：这就是"重要日子"里的丹东。

　　这种形象是否真实？7月14日那天没有任何丹东的痕迹，攻占巴士底狱时没有任何人看到他。有人在**事发之前**，13日，看到他对科特利埃的人群讲话，**事发之后**的15日的深夜，他带领人群朝一座堡垒进军，去逮捕一位拉法耶特派官员，但后者很快就被释放。10月暴动的日子里同样不见他的踪影。但在**事发之前**，他起草了科特利埃的海报，号召巴黎人拿起武器，**事发之后**，他感谢路易十六回到子民之中。1791年4月18日（国王企图前往巴黎近郊的圣克鲁城堡的日子），丹东没有扮演任何角色，他再次出现在事发之后：他让雅各宾派吸取当天的教训。7月17日，他没有出现在马尔斯校场，但是**前一天晚上**，他和布里索出现在那里，向议会转交一封要求其接受国王让位的陈情书，这封陈情书带有一些奥尔良派的色彩；**事发第二天**，他发现逃离巴黎比较谨慎。1792年8月10日晚上，人们只看到他在自己的区和市政厅稍作巡视（后来圣茹斯特指控他："那个可怕的夜晚你并不在场")。**事发之前**,他已经教导来自各地的义勇军,并在自己的区总部通过了著名的宣言,号召废除积极公民和消极公民[①]之间的差别,在国家面临危险的基础上建立政治平等。但**事发之后**,他成为了司法部长,这个职位确立了他作为8月10日事件主谋的名声。至少在吉伦特派政府的眼中,他是这样的。丹东与起义委员会有着良好的关系,后者确认了他的代表地位,这就足以塑造他的起义者形象。孔多塞几乎要把这份荣誉奖励给他,他认为司法部必须有一位"能够通过自己的影响,在一场有效的、光荣的和必须的革命中遏制卑鄙手段的人"。就像德穆兰所说的,"在大炮的恩赐下",丹东确实成为了部长,只不过他只满足于远远地听到大炮的声音。所以让我们忘记浪漫主义的传说吧。丹东为那些他并没有参与的重要日子做了筹划和准备工作(他对革命法庭说:"我筹备了8月10日起义")。然而,这些重要的日子,尤其是8月10日,造就了他。正是这一天标志着丹东生命的分水岭:此前他不过是个街头煽动者,此后他是大革命的领导人。

杜撰者们把丹东描绘成一个领导者,他们想要让他受到独一无二的尊敬。如同马迪厄所述,实证主义流派决定"让这位科特利埃派的放肆的享乐主义者成为一位先驱",把丹东描述成狄德罗的继承人。在统治18世纪的三大主流哲学派别中,孔德讨厌伏尔泰(没有祭坛的王座)和卢梭(没有王座的祭坛)的哲学,对百科全书派充满尊敬,一方面是因为其解放的彻底性(没有王

[①] 1791年法国宪法在规定公民选举权与被选举权时提出了积极公民(citoyen actif)的概念。要求享有选举权与被选举权必须具备一定的财产条件。

座，没有祭坛），另一方面是因为其"相对主义"的态度。在实证主义的语言中，"相对"这个术语意味着"现在"不能被赋予绝对的价值，它必须以未来作为参考，才能拥有色彩和意义。虽然百科全书派哲学思想尚不成熟（因为神学思想虽然已经死亡，但实证主义信仰尚未诞生），它也产生了两个主要人物，一个是理论家孔多塞，另一个是实干家丹东。所以《实证哲学教程》（*Cours de philosophie positive*）的第三卷对大革命呈现"有机趋势"（tendance-organigue）的十个月有着罕见的赞扬，在这个上升阶段中，人们用大革命取代了王室，试图在抛弃神学的基础上建立自己的宗教，让国家围绕着公共安全团结起来，创建一个能够让秩序和自由相结合的文官政府。这个短暂时期的灵魂就是丹东，他明白对于过渡政府而言，必须要有过渡专政，"赤裸的专政"。然而随着倒退的罗伯斯庇尔的出现，革命大潮开始回落。

孔德所描绘的丹东形象很快被罗比内（Robinet）和拉菲特（Laffite）进一步美化，让我们先把这种不确定的圣徒传记性质的内容排除。丹东是共和派反对路易十六的斗争中的灵魂人物吗？答案并非确定无疑，丹东在雅各宾派中的宣言（关于"是个蠢货所以不能继续担任国王的王室成员"）以及他与布里索共同起草的针对马尔斯校场事件的请愿书都令人存有一丝怀疑（他的步伐是迈向共和国还是奥尔良公爵？），他在国王受审过程中的态度也无法让人打消这种疑虑。另外，他是否如同厌恶"最高主宰"概念（l'Etre suprême）的实证主义者所想的那样，更加倾向于理性崇拜呢？这更加难以确定。虽然我们可以想到他在革命法庭中的精彩回答（"我的家？明天归于虚无"），但我们无法忘记他关于教士（他们能够抚慰未接受过教育的民众）的伏尔泰式的言论，也无法回避他对罗伯斯庇尔的温和政策的支持。实证主义的丹东支持者认为这些都是形势使然。但具体来说，关于宗教问题和共和国问题，丹东所持有的只是那些适应形势的信念。

然而，实证主义者强有力的论据在于，丹东懂得"社会状况的过渡特征"，毫不妥协地认为革命形势非常特殊，必须采取特殊的措施。从这层含义来讲，丹东参与的真正的重要"日子"是1793年从比利时回国后的5月8日、9日至11日，他在这段期间呼吁议员亲自走遍巴黎各区，招募士兵。正是在这时，他支持了罗伯斯庇尔关于强势政府的要求。他不顾吉伦特派的观点，要求成立革命法庭，因为在其和普通司法机构之间，他"看不到折衷的办法"。他建议议员从内部选拔部长，国民公会对这一提议置若罔闻，其在4月6日设立的救国委员会应当"监督"行政议会的行为，而非取而代之。夏季，丹东再次做出尝试，他对一项允许救国委员会发布逮捕令的法律表示支持，并建议在宪法能够付诸实施之前，把救国委员会升格为临时政府。实证主义者承认并尊重这种忽略原则的做法中的"相对主义"态度。此外，丹东在疑似形容罗伯斯庇尔的一句话中对这种态度做出了完美定义："以几何学方式进行革命是不可能的。"

所以1793年丹东的政治纲领是基于与分权思想的决裂以及放弃制宪会议对行政机构的不信任态度。他所设想的是政府不仅仅是行政机构，同时也能够起到鼓励和引导的作用，政府中的部长从国民公会中选拔，做每项决定时，都要对国民公会负责。他还提出了一个创新之处：救国委员会的任期非常短（一个月），如此，在任的大多数与行政机构之间并无多少矛盾。有时从这项条款可以看出丹东是法式议会制度的真正创造者，政府来源于立法机构，但又与其区分开来，享有真正的权力。然而，奥古斯特·孔德仍然认为丹东开辟了可与"路易十一、黎塞留、克伦威尔甚至腓特烈二世相提并论"的独裁政权。从这个角度来看，丹东所犯的唯一真正的错误（饶勒斯也没有原谅这一错误）就是他没有将自己的观点贯彻到底，在个人独裁面前望而却步，拒绝加入救国委员会。

但这与其说是丹东本人的缺点，不如说是实证主义者编造出来的丹东形象的缺点，真实的丹东的行为远没有他们设想得前后一致。1793年的丹东顺势而为，忽视数量的合理性，为暴动寻找理由从不为难，他希望通过巩固政府权威，设立革命法庭，加强中央集权并依赖军事法庭来巩固大革命，但他很少想到去建立一些永久性的机构。然而，他对形而上学的拒绝并非来自于有条理的思想。在制宪议会初期，他曾经支持过完全相反的提议，尤其是部长不应当从议员中选出，即便在辞职的情况下也一样。丹东使用了暴力，但他从未将其上升为准则，也从未将专政理论化。简言之，他并不配被孔德列入"西方独裁者的光辉星群"。

孔德所使用的"独裁者"一词有着非常特殊的含义，那些想要美化丹东名声的人使用这个词就显得很愚蠢。共和派丹东主义者很快就将这个词抛弃，将孔德描绘的丹东贬低为机会主义者。在孔德所塑造的英雄形象中，共和派只保留了其中适应时代苦难的特质，即1870年法国受辱于普鲁士（普法战争失败）后，费尽千辛万苦，共和派终于建立起第三共和国。对以奥拉尔为主要人物的学院派丹东支持者而言,丹东成为了甘必大(Gambetta)的先驱。人们将他描绘为教育法律的提出者(依据是他曾经做过的关于免费但非义务教育的平淡演讲)。但他首先还是被视为落难祖国的保卫者,竭尽全力团结国家所有力量对抗敌人。19世纪80年代的历史研究只想保留1792年8月法国遭受侵略的悲惨时刻的丹东,他反对军队撤退到卢瓦尔河后方并征集了3万人,虽然当时他的头衔是司法部长,但他更像是国防部长;或者1793年春的丹东,他从比利时回到法国,加快征兵速度(这次是30万人);或者1793年夏的丹东,他将征兵人数提高到40万人,并赢得了革命军的投票。在这些重要的时刻,丹东的言论都起到了神奇的效果,他的激情富有感染力,"因为如果制定法律需要深思熟虑,那么打仗只能依靠激情";他在做出鼓动士气的比喻方面有着惊人的天赋;他对直陈式现在时的使用既特别又吸引人,这是一种描述奇迹时使用的时态,它能够通过语言的魔力把期冀的结果转变为既成的现实(tout s'émeut, tout s'ébranle, tout brûle de combattre,意为:一切都在动荡,一切都在沸腾,一切都渴望着战斗)。丹东甚至预言自己的语言感染力将会令后人震惊,它能够令"举世震撼",瞬间"燃起爱国热情"。奇怪的是,第三共和国课本中所传播的丹东形象或许是最接近真相的。丹东的口才之所以能够产生奇迹,是祖国之危难成就了他。

  这种简单化的英雄形象无法对抗罗伯斯庇尔派历史学家所发起的对丹东的审判。拉波纳海(Laponneraye)、比谢(Buchez)和雅克·鲁早就开始这么做了,他们所依赖的就是圣茹斯特根据罗伯斯庇尔提供的底本而制定的公诉状。但是这三个人却没有考虑到要填补控诉人留下的空白。这项工作留给了马迪厄，他如同富基埃-丹维尔的公诉人一样，以惊人的方式详细列举出种种指控。马迪厄不知疲倦地严格审查丹东的账目，核查他的日程安排，包括那些丹东"有意躲开"（如圣茹斯特所述）的时刻，清查他所有可疑的朋友，痛斥这个享乐酒色之徒，使后来的大革命史学研究无法找到更为丰富的证据，例如弗雷德里克·布吕什（Frédéric Bluche）就对其中一条论据加以延伸，他认为在丹东的案例中，革命法庭的极不公正实际上实现了某种公平正义。正是这种对丹东的激烈指责，给如今的历史研究留下了丹东的腐败问题，还留下了一个更重要的问题：在丹东的腐败和"失败主义"、腐败和宽容主张之间，是否有一种合理的关系？简言之，丹东的所有政策是否建立在他的腐败之上。

关于丹东的腐败问题，与他同时代的人没有任何怀疑。如今，就算排除掉明显不可靠的敌人证词（布里索、贝特朗·德·莫勒维尔（Bertrand de Moleville））或者马迪厄的假设（与卡米耶·德穆兰一样，对他们来说，根据一些"可靠的线索"就可以得出结论），人们也没什么怀疑。丹东不仅很快就还清了购买律师事务所欠下的债务，还购买了国家资产（使用现金，没有从12个月年金条款中获利），作为香槟区的农民，他的财产也在大革命期间不断增加。钱从何而来？是否如米拉波在信中所说的，来自宫廷（在所有文献中，这封信最具破坏性，因为米拉波对腐败略知一二，他没有做任何道德评判）？这并非不可能，因为丹东曾经肯定希望拯救路易十六。来自奥尔良公爵？也有可能，因为马尔斯校场请愿书提出通过"宪法途径"取代路易十六,为摄政开辟道路。来自涉嫌法属东印度公司事件的朋友的非法金融投机和诡计?或者丹东利用自身便利从政府机构中牟利?每次他必须要报账时,例如离开司法部或从比利时回国时,他的借口都很粗劣,他总是以特殊情况为借口,承认"没有任何合法的收据"。他在财务方面总是持放纵态度,他一直认为挥金如土能够促进大革命发展,他很可能觉得自己也应该享受政府的慷慨。所以他的动机似乎能够为人所接受,如果不是倾向罗伯斯庇尔的史学家把丹东的腐败理解为其内政外交政策之源,它也没什么历史价值。

人们普遍会把丹东的外交政策与法国的某些观点联系起来,即法国是一片介于莱茵河、阿尔卑斯山、比利牛斯山和大西洋之间的国土,它的人民渴望与大革命融为一体,摆脱国王的统治。这种"明确地令人可敬的"(饶勒斯认为)的信念存在于1792年9月28日的演讲之中:"我们有权对民众说:你们再也不会有国王了";同样还是这种信念引发了1793年1月31日关于兼并比利时的演讲:"担心共和国过分扩张疆界是杞人忧天。共和国的疆界是自然确定了的。"这种"明确性"(饶勒斯或许有些夸大,因为丹东曾经犹豫过发动战争是否必要)之所以变得模糊起来,是因为丹东没有预料到杜莫里兹(Dumouriez)的失败(他对杜莫里兹是最有信心的)或大革命无法承受自己军队的挫折。当他意识到这一点后,1793年4月(当时他是第一届救国委员会成员),他拒绝了干涉主义,让国民公会下定决心放弃宣传战并暗示可以进行和谈。这是否,如马迪厄所说,是他对胜利的绝望和思想上接受失败的信号?如果是,那么必须承认大胆的国防政策与和谈政策不相容,并否认政治现实主义总是要求政客寻求和平且绝对不能对此进行讨论。我们可以在丹东的政策中发现一些犹豫不决和矛盾之处(他曾经鼓动与英国发动战争,但又致力于两国的和好)。同样的犹豫和矛盾也存在于救国委员会的政策中。人们根本无法把腐败机构和叛徒挥霍的钱财与这些政策联系起来。被马迪厄指责过于天真的丹东支持者总是指出,丹东可能接受了钱财,但并没有明显改变他任何决策。关于这一点,他们至少是正确的,我们看不出来丹东为反革命提供过服务。

现在我们所面对的是最有意思的问题,也是审判丹东的根据所在,即对大革命的敌人"过于宽容"。这常常成为人们赞扬丹东的理由,但奇怪的是丹东支持者对此无法接受,他们认为这种赞美具有侮辱性,决心要让自己的英雄洗刷掉这种恶名。我们至少可以用两种方式来理解这种宽容:一种是将其视为丹东生命中最重要的片段(他无法摆脱每个革命者最后都转变为温和派的规律),或他曾经在短暂时间内属于某个可疑的"党团"的成员的证据,这个党派以德穆兰为发言人,但聚集的是一些卷入法属东印度公司丑闻中的腐败之人,例如沙博(Chabot)和巴西尔(Basire);另一种是将其视为与丹东人格紧密相连的特点。

有充足的证据能够支持丹东的宽容是形势使然这一论题。他已经是一位富裕的资产阶级,一位年轻姑娘的幸福丈夫。他热衷于拯救那些不可靠的受威胁的朋友,自己也希望得到片刻安宁。简言之,这位英雄已经疲惫不堪,因此他突然变得宽容起来;但丹东并非以"宽容者"著称,所以他的转变就更加令人震惊。他曾经创建了革命法庭,就像路易·勃朗后来所述,在历史的审判面前的他"双手沾满了九月的鲜血",在国民公会里也有人对他高喊着"九月,九月"。我们现在知道了丹东没有组织屠杀,那些污蔑他进行屠杀的描述与污蔑罗兰的描述一样都是约定俗成的("让我们为所有这些事件蒙上一层宗教的面纱吧"),后来他坚定地支持山岳派的理论,认为有组织的恐怖要比野蛮的恐怖的代价更少,残忍程度更低("让我们变得恐怖起来吧,这样才能避免民众变得可怕")。但是他没有做任何事情阻止杀戮,或许他认为已经发生的事情无法补救,这很可能是丹东的行为的真正原因。吉伦特派被赶出国民公会时,他的态度也是如此。这种对不可避免的事情的默许很难使丹东被描绘成一个始终不渝的"宽容派"。他自己曾经说过宁可"自由受损,也不要给敌人们最渺小的希望"。

但是我们也可以争论说恐怖统治只不过是丹东生命中的短暂插曲,相反,宽容是他的天性,早在宽容派意识到时机来临之前,他的政策就反映了这种倾向。为了支持这种观点,我们也可以列举出丹东在这些特殊形势下(他认为这些形势不可阻挡,所以向其屈服)所做出的宽容举动(他在九月屠杀中拯救了杜波尔),他也尝试了所有可能的调解途径,他在杜莫里兹身上体现出了这种意愿("我用尽了所有方法去使这个人重新接受正确的原则");在与吉伦特派和山岳派发生冲突时,他始终都试图以呼吁克制和协商而避免决裂,直到最后吉伦特派的怒火使他忍无可忍时才放弃这些主张。勒瓦瑟尔(Levasseur)认为丹东的决裂令山岳派大为震惊,因为他一直在努力使议会中的两派和解。丹东的宽容政策的其他证据还包括他关于如何对待教士的宣言,以及他决定不根据"坐在大厅中的哪一边"来委派议员执行任务。国民公会在1793年4月1日召开了一次戏剧性的会议,吉伦特派质疑丹东与杜莫里兹的联盟,丹东与吉伦特派彻底决裂,但对他而言,决裂并不意味着复仇。他拒绝了谷物交易所区(Halle-aux-Blés)希望罗兰被逮捕并受审的陈情书,并请求国民公会不要卷入"诽谤和错误"的大海之中。6月2日,国民公会发生巨变之后,丹东接受了山岳派对事件的解释,但是他提出了一项主张,给予那些"有可能迷失了自我的官员"24小时的特赦。无数类似的宣言可以使丹东被描绘为一个饶勒斯所写的"与其说在抓叛徒,不如说在获取武器"的人。在这里,我们可以发现他与德穆兰的区别:德穆兰把宽容当作对付埃贝尔派的武器,丹东却让文森(Vincent)和龙森(Ronsin)重获自由。

这只是一种更为灵活的政策吗?是的,但是它还包含了其他内容。丹东似乎无法像马拉或罗伯斯庇尔一样对"乱党"(fractions)和"阴谋"(conspirations)不作任何区别。"我要说,议会中所谓的阴谋并不存在。"还有"共和国中不能允许有任何乱党。"1792年9月,有人指控他独裁时,他对"模糊而不确定的指责"提出抗议,"提出指责的人(拉索尔斯(Lasource))应当负责"。丹东承认有许多个人密谋者,他很乐于看到他们的人头落地,另外还有一些特定的犯罪行为,但它们并不属于抽象的阴谋。最后,最关键的特征就是他乐于相信有些人希望生活在政治束缚之外,他拒绝把他们的传统习惯视为蓄意犯罪,单凭这一点就可以确定宽容是丹东人格的本质。丹东还不知疲倦地再三提到,有一些人"天生就没有流淌着革命的血液,不应该因为这样就被视为罪人"。

沉默的大多数人"热爱自由，但害怕暴风雨"。激烈的爱国者是否应该把"那些追求自由时没有那么彻底，但对自由的珍惜程度不亚于他们"的人从队伍中排除出去？是否因为温和派"经常批评他们认为的误入歧途或危险的力量"就要把他们视为敌人？无论是在1792年、1793年，还是在被标记为"宽容派"的短暂事件中，丹东的答案都没有任何疑虑。他的言论总是相同的：人民有权在生活的同时，不需要想到自己处于革命之中。

一个充满力量的人能够宽恕那些无力之人，这很令人动容。但是我们应当注意到，即便在他最热烈的演讲之中，宽容从来都占有一席之地。仇恨所产生的敏锐让圣茹斯特非常了解丹东："你在讲台上的所有开场白都如同雷霆一般，但你最后常常困在真相和谎言之间。"实际上，丹东的演讲很奇怪，常常是大胆与温和兼具。仅举一例，在关于杜莫里兹的背叛的演讲中，丹东首先并没有要求解散国民公会（温和），然后支持那些曾经没有勇气说出"应该杀死国王"的话的人不能合法代表国家（大胆）。他接着说："我们要求所有那些没有投票要求处死国王的人承认自己是懦夫"（大胆但无足轻重）。然后他希望国民公会"自我净化"（大胆），"以没有分裂为前提"（温和）。他最终的结论是："我们渴望表现出智慧与冷静（温和），但如果你们再敢蠢蠢欲动，你们就会被消灭（大胆）。"这种"拦住我不然我会做出一些后悔的事"的逻辑似乎从头到尾充斥在这种奇怪的断断续续、充满矛盾的演说中，就像一台二冲程发动机。

所以人们似乎想把丹东的宽容怪罪到这位巨人的内在缺陷上，圣茹斯特还说过："你身体的强壮似乎掩盖了建议的薄弱"。这种缺陷仿佛也可以解释他为何缺少毅力（索列尔（Albert Sorel）认为他缺少"盲目而持续的意志冲动"）、突然归隐到奥布河畔阿尔西的举动、辞去司法部长的职务、1793年夏天的消失不见，简言之就是所有他光芒黯淡的时期。但是还有一种更为积极的看待丹东的宽容的方式。首先，如同孔多塞注意到的，丹东完全做不到愤恨："丹东有一种普通人从来都没有的珍贵品质：他不憎恨也不惧怕智慧、天赋或美德。" 丹东不仅自身具有二重性，他还特别相信人有权过两种生活（他所描绘的杜莫里兹的形象先于饶勒斯，但二者异曲同工），一个人在私生活中的倾向与公共人物的独裁没有任何关系。丹东用自己的思想和生命去抗议雅各宾派对私生活与公共生活的同化，这一点他比米拉波和孔多塞做得都好。从这个意义上讲，他配得上自己的传奇。罗伯斯庇尔和圣茹斯特将其选为敌人也没有做错。

145

莫娜·奥祖夫

延伸阅读

Discours, choix de textes, éd. établie par Pierre-Jean Jouve et Frédéric Dilisheim, Fribourg, W. Egloff, 1944.

COMTE, Auguste. *Cours de philosophie positive*, t.4, Paris, 1830-1842.

DUBOST, Antonin. *Danton et la politique contemporaine*, Versailles, 1877.

MADELIN, Louis. *Danton*, Paris, 1914.

MIRKINE-GUETZEVTTCH, Boris. «Le parlementarisme de la Convention», *Revue du droit public et de la science politique*, 1935.

WENDEL, Hermann. *Danton*, Paris, Payot, 1932.

参见条目

救国委员会（Comité de salut public）
巴黎公社（Commune de Paris）
孔多塞（Condorcet）
自然疆界（Frontières naturelles）
革命事件（Journées révolutionnaires）
路易十六（Louis XVI）
启蒙（Lumières）
马拉（Marat）
米拉波（Mirabeau）
罗伯斯庇尔（Robespierre）
圣茹斯特（Saint-Just）
恐怖统治（Terreur）

拉法耶特
La Fayette

　　1830年7月29日，拉法耶特在欢呼声中被选为巴黎国民卫队司令。41年前，在1789年7月15日，他从一场胜利的起义中接受了同样的荣誉。当时他还不到32岁，如今他已经73岁。对于这位最后幸存的1789年的英雄之一，人们是否将其视为一种象征和希望的载体？我们可以不加任何修饰地对他的生平进行概括，他经历了世纪之交的政治动乱，但他始终忠于自由思想和君主立宪制，如今波旁王朝最后的皇帝被推翻，君主立宪制终于有可能成真。从参加美国革命到成为复辟王朝的反对派，他都象征了1789年的重要原则。"雅各宾主义的猎獗"迫使这位中庸派代表人物流亡在外，欧洲的君主政权将他投入监狱。雾月政变后他回到法国，从此保持沉默15年之久。1830年的人们赞美拉法耶特，把他当作1789年的遗产，同时又没有1793年或雾月政变的污点。这个被塑造出来的拉法耶特的形象简直是各种刻板印象的集合体：两个世界的英雄、1789年的胜利象征、奥尔姆茨的囚犯、沉默的第一帝国反对者。他的传奇仅限于大革命之前和之后的经历，丝毫不涉及这位将军和政客在1789—1792年这三年里全身心投入政治斗争的情况。如果想让他那无与伦比的声望重生，他的野心的失败或许应该被隐藏起来。

拉法耶特这个人物很少会获得赞赏。在米什莱看来，这是一个大革命所培养的"平庸偶像"，贫乏的天赋不足以承担他所获得的荣誉。很多同一时期的人也认同这一观点。雅各宾派指责拉法耶特推行专制统治时，布里索反驳说"克伦威尔有个性，拉法耶特没有"。国王出逃之后，丹东带着嘲讽的口吻质问拉法耶特是叛徒还是蠢货。米拉波更加简洁明了，有一次在宫廷中他曾做出评论，一针见血地指出拉法耶特"生性愚钝、怯懦、鼠目寸光"。米什莱通常认为他勇气十足，有骑士精神，但他的宽厚和自身的平庸导致他成为任人摆布的重要工具。斯塔尔夫人（Mme de Staël）则相反，她不同意人们"指责拉法耶特愚蠢无知"，她在拉法耶特身上看到的只是一个无论付出任何代价都对自己的信念无比忠诚的人。但他唯一的信念不就是自己在《回忆录》里所写的"对荣誉的热爱"和"受到民众的青睐"吗？斯塔尔夫人不得不指出，拉法耶特"在沙龙中取悦他人的欲望"，以及"对声望的热爱是他的灵魂激情之所在"。

除了备受争议的性格，拉法耶特也没有思想家的素质。他很少写作；只有1790年的《致国王的备忘录》（*Mémoire au roi*），1799年的标题很夸张但只有几页纸的《论1789年的民主与真正制宪派的共和主义》（*Sur la démocratie de 1789 et le républicanisme des vrais Constitutionnels*）以及后来为穆尼埃和德穆兰的作品、罗兰夫人的《回忆录》（*Mémoires*）及梯也尔的书所作的注释。连他自己的《回忆录》都只是一本混乱的汇编；他到处都在不断重述自己坚持的一些原则，没有任何值得注意的深入阐述。他唯一的"巨著"是1789年在制宪议会上宣读的《人权宣言》，但它很大程度上借鉴了1776年杰斐逊为弗吉尼亚州所撰写的宣言。

然而，拉法耶特的平庸并不能抹去他所代表的一切。他继承了显赫的姓氏和巨额的财富，他的父母早逝，为他留下了12万利弗尔的年金，他本可以做一个普通的贵族绅士，挥霍家财，度过平淡的军事生涯。1774年，17岁的他就是以这样的方式开始了生活。他与一位诺瓦耶家族的女儿结了婚，带着上尉的军衔加入龙骑兵，也常常出入宫廷，与皇后的亲信往来。但是他与妻子的通信却让人们了解到他完全是另外一种人，他拒绝传统和阶层强加给他的未来。虽然他影射的只是让自己不快乐的婚姻，却也不断抨击枯燥的军队生活和无聊的宫廷。

大西洋彼岸传来了他梦寐以求的辉煌事业的号召，他渴望从被迫接受的"没有荣誉的生活"中解脱出来，摆脱"那些反对他的思想方式的人"（1777年5月30日的信件）。从1776年7月开始，法国公众舆论开始支持美国起义者。拉法耶特也被舆论所吸引，但他不愿局限于这种沙龙中的热情，1777年5月，经历了一连串荒诞的意外事件之后，他启程前往美国。当他为了赢得荣誉而奔赴战场时，他的思想也打上了"美国精神"的印记，使他成为革命的捍卫者。这个享有威信的法国年轻贵族成了大革命前十年中自由和改革思想的主要代表人物。从他第一次奔赴美国开始（1777—1778年），他就对人权平等、美国公民表现出的公民精神充满热情，他如此写道："共和关系让我着迷。"他感觉自己身处一件超越了美洲界限的大事件之中。他曾多次给朋友写信说欧洲的未来在那里。

1782年回到法国之后,他或许利用了自己的声望,加速了刚刚在约克镇(Yorktown)大获全胜的共和原则的成功;或许他只不过扮演了"两个世界的英雄"这个众所期待的角色。无论如何,拉法耶特都在做出努力,他的不遗余力招致拉克雷泰勒(Lacretelle)的讽刺。他先后在普鲁士和法国旅行,为了新教徒的公民权利积极奔走。他成为共济会会员,也一度沉迷于流行的催眠术,1784年在美国停留期间,他为了推广"动物磁性说"(magnétisme animal)①而不断努力。他发表了许多反对奴隶制的演讲,并在卡宴(Cayenne)买了一座种植园,在那里进行奴隶解放试验。这种全心投入的热情并非仅仅为了可笑的虚荣心。或许他在努力维持自己在沙龙中的名望;在他的通信中,我们可以看到他如饥似渴地追求着要捍卫的事业:1785年,他为自己无法为爱尔兰和荷兰做任何事而感到遗憾;第二年,他向华盛顿请求,如果美国与西班牙开战,不要忘记他,他是这么写的:"去一次墨西哥城或新奥尔良会让我特别开心。"但是与同一世代的许多开明人士一样,他也通过传统途径以外的方式传播新思想。他做这些事情并不是为了钱。1786年,他对秘鲁的起义提出批评,并指出"这个国家的人民距离能够引导一场合理的革命的新思想太远"。他的全部信念最终都寄托于合理的革命中,他对这种信仰

---

① 动物磁性说首先由奥地利精神科医师弗朗兹·安东·麦斯麦(Franz Anton Mesmer)提出,他认为人体内有一种磁流,即动物磁流,体内过多过少都会导致精神病。

的坚持也超乎寻常，受到斯塔尔夫人的赞扬。

拉法耶特被召集参加显贵会议，他从中看到了这种"合理的革命"的曙光，并坚信会议的失败会使自己多次要求召开的三级会议的召开势在必行。他并没有满足于一些引起议论的演讲，他采取了具体行动，在"爱国党"的领导人中居于核心地位，参与发布命令和协调行动的三十人委员会（le Comité des trente）的工作。他与洛赞公爵（le duc de Lauzun）、博阿尔内（Beauharnais）、拉罗什富科（La Rochefoucauld）、米拉波以及许多其他自由主义贵族一起，站在斗争最前沿，面对着日渐衰弱的君主制，要求归还绝对主义王权从贵族身上剥夺的政治角色。

1788年伴随高等法院的动荡而来的暴力事件并没有让他害怕。1787年10月，向他的朋友华盛顿分析情况时，他很乐观，他注意到了司法权力组织与"普遍的自由"之间的反差，在他看来，前者是"东方式的"，后者则出现在法国社会的同阶层之内。他从中得出结论，"所有这些元素都会在没有大的混乱的情况下，渐渐把我们引向一种独立的代议制，使皇室权力逐渐减少"。在接下来的几年里，这种君主立宪制都是他的政治行动的参照物。然而，虽然他对这种1789年大部分人所认同的理想模式保持忠诚，但这既没有使他成为一个理论空谈者，也没有让他成为一个战略家；在需要选择方法的时候，他无法适应不断变化的政治环境，而且从最初几周开始，政治环境的变化就已经超出了他的评估能力。

勉强入选三级会议证明了拉法耶特的声望局限于巴黎，而且在不断下降。在里翁（Riom）司法总管辖区法院的显贵议会上，另外两位议员获得了比他更大的胜利：司法总管和议会主席朗加克伯爵（le comte de Langhac）在 397 票中获得了 382 票；拉克耶侯爵（le marquis de La Queille）获得了 393 票中的 212 票。拉法耶特在 393 张选票中仅获得 198 张，勉强超过绝对多数的要求。

152 他有一些敌人，凡尔赛的王室对他不太赏识，怀疑他过去所投入的事业是在煽动群众；在其他地方，他的声望过高，也令人不安。然而 1789 年 7 月，他从声望中得到了一些好处：13 日，制宪会议选他为副主席；15 日在巴黎，在朋友莫罗（Moreau）和圣梅里（Saint-Méry）的决定性帮助下，他在拥护声中被宣布为"资产阶级国民卫队"司令官。这次"当选"实际上巩固了他的声望，而其他任何投票都不能测量他的受欢迎程度。7 月 17 日，在市长巴伊的陪同下，拉法耶特在首都接待了前来"公开谢罪"（按照杰斐逊的话来讲）的路易十六。这天，他成了真正的巴黎之王！

但是几周以来，首都成了一座动荡不安的城市，平静的局面很难恢复，拉法耶特想要扮演的角色与他必须承担的职责之间的鸿沟越来越宽。各区的人们很快开始指责国民卫队的司令部想要镇压 7 月的人民运动，但其实司令部只是想暂时安抚那些"正派的人"。实际上，拉法耶特已经不得不多次在人群的威胁面前屈服，例如 7 月 22 日他的干涉就没能阻止富隆被施以私刑。相反，宫廷方面怀疑他为了让陷于困境的国王向自己求救，暗中鼓动持续混乱的秩序。

尽管有暴力活动和误解，拉法耶特的声望依旧非常显赫。例如当他拒绝市政府提供的津贴时，他就维持了自己的声誉，但这也招到布里索的攻击，后者在《法兰西爱国者报》中把这种拉法耶特面对公共钱财所表现出的慷慨说成是赢得民众青睐的蛊惑伎俩。尽管在首都掌管大权，但拉法耶特在凡尔赛并没有这么大影响力，他也很少出现在那里。1789年8月，他企图成为王政派和议会"左派"的中间调节者，因为这两者在国王否决权问题上有分歧。但会议没有结果，他的企图也失败了。人们指责他想搞两面派，他既想加强自己在议会和国王面前的影响力，又想维持巴黎对自己的信任。

对于拉法耶特和许多第一代革命者而言，1789年10月的几天让他们受到了名副其实的创伤，按照米什莱的观点，这一创伤创造了"一大批王党"。在戏剧性的几个小时里，拉法耶特的态度非常含糊，这也证明了他没有能力疏导民众的暴力。10月5日，或许他没有意识到已经开始的运动的不同寻常的严重性，在将近6个小时的时间里，他都在抵抗自己的国民卫队的要求，拒绝带领他们去凡尔赛。但是明白巴黎百姓会因这个决定而咒骂他后，他最终做出让步。到达凡尔赛宫后，国民卫队和暴动者成了伙伴，他并没有试图阻止袭击的发生，当天晚上他在整个城墙周围部署的薄弱兵力就可以证明这一点。但第二天，他出现在宫殿的阳台上，让众人为国王欢呼，从而拯救了国王和王后。对路易十六而言，这种情形简直是令人不堪的侮辱，巴黎的将军成了以后宫廷咒骂的对象。

对王政派而言，10月6日打破了他们想要看到大革命在国家与国王的联合中结束的希望，但拉法耶特不同，他并没有后退，或许是因为他没有完全估计到这一天所造成的后果和影响。他非常固执，也有人说坚韧不拔，他认为自己个人的野心和政治目标不能妥协。或许他甚至觉得一旦国王回到巴黎，受到自己部队的保护（卫队？），自己的机会其实增多了。在1789年末和1790年初的冬季期间，他批评了那些选择后退或流亡的人。因此他在给穆尼埃的信中写道："你的离开是个巨大的错误。"他不断向布耶侯爵反复讲述必须"重建行政机构""恢复强有力的措施"，从而结束"混乱局面"，确保"宪法自由"。与此同时，绝对不能质疑1789年的成就，他在给布耶的信中认为必须"按照大革命的意义对机构进行重建"，他还试图用以下这句话增加自己的说服力："国王对这一真理深信不疑。"但是路易十六并不听从拉法耶特的建议，一直在等待自己的时刻。

拉法耶特认为对因自己的信念所汇聚的制宪议会的重要人物而言，自己非常强大而且不可或缺。包括从米拉波到巴纳夫在内的所有人都有着共同的政治理想。他们的动力来自于个人的野心，企图成为困境中的君主必需的援手，但在这场激烈的竞争中，他们已经耗尽了成功的运气，不停地在势均力敌和双面骗局中摇摆不定，前者偶尔能使他们在危急时刻统一战线，而后者足以令他们战胜各自的竞争对手。因此，1789年底，拉法耶特拒绝了米拉波提出的结盟建议，事实上，这位口才出色的演说家（米拉波）想要消灭这个麻烦的对手。1790年春，拉法耶特公然脱离了"三巨头"正如鱼得水的雅各宾派，与西耶斯和巴伊成立了"1789俱乐部"。但他的固执以及使自己成为改良派领导者而付出的努力反而使自己渐渐被孤立。米拉波非常清楚拉法耶特的声望中的虚假部分。在1790年9月10日的密函中，他声称自己期待着拉法耶特因为政治估量失误而"给他自己造成致命重创"的那天。

根据他的传记作家所述，1790年7月14日，拉法耶特达到了"荣誉的顶峰"。我们也可以说从这一天开始，这位偶像开始走下坡路。在外省受到欢呼的他成了巴黎媒体的笑柄。卢斯塔洛（Loustalot）写道，"穿着各省制服的奴隶亲吻拉法耶特的手、大腿和靴子"。他还写道："如果有一场选举的话，人们可能会担心疯狂的民众会把卡里古拉授予自己的马的荣誉赐给拉法耶特的马。"

就在他的光荣之日的第二天，拉法耶特犯下了一个可能导致自己下台的难以挽回的错误，他想通过恐怖手段来获得社会稳定，而此前没有任何人能通过政治手段成功做到这一点。从1789年10月以来，大革命已经脱离了轨道，甚至似乎威胁到了社会秩序的基础。对于所有希望恢复政府权威的人而言，军队就体现了当时极端严重的局面。反叛不断爆发，俱乐部在卫戍部队中传播革命思想，士兵委员会反对等级制度和纪律约束，希望在军队中推行刚刚让世俗社会发生巨变的原则。1790年8月初，驻扎在南锡的多个军团发生哗变，要求发放拖欠的军饷和拥有监督司令部行政事务的权利。8月8日，拉法耶特得知这些新事件后，给布耶写信："亲爱的表兄，我认为我们应该给整个军队狠狠一击，以儆效尤，制止即将发生的全面溃乱。" 两位将军同心协力，命令国民卫队的可靠部队和前线部队朝着南锡汇合。8月31日，一场真正的战役结束后，秩序被以粗暴的方式重新恢复。多位属于沙托维约瑞士军团的反叛者被处死，其他人被军事法庭判处苦役。

他选择的方法的非政治性再明显不过。拉法耶特给了雅各宾派一个攻击自己的口实，他成了叛徒，然而在"秩序党"的眼中，此次行动的功劳都归了在1790年夏天崛起的德·布耶侯爵,与沉醉于自身实力的幻想中的巴黎将军(拉法耶特)相比,他是可信赖程度高得多的"依靠"。在接下来的几个月里,拉法耶特深陷于对这次不严谨的政治行动的辩驳之中,另外这次行动反映出的是他过时的、不可能实现的计划。他多次表示对国王夫妇的效忠,挥霍了自己的声望资本,给了雅各宾派口诛笔伐的可乘之机,而且他也没有说服国王在自己的拥护下支持大革命。

接下来的几个月里,数次事件表明拉法耶特的处境越来越困难。1791年初,他成了宫廷的目标,他们无法原谅他所领导的国民卫队在万塞纳骚乱(1791年2月28日)中的态度。后来,拉法耶特声称人群从圣安东万镇向万塞纳城堡进军是"有组织的",目的是为了迫使卫队离开巴黎,让国王的支持者有足够的时间夺取杜依勒里宫。回到首都之后,拉法耶特的部队粗暴地驱逐了"短刀骑士"(chevaliers du poignard,国王的支持者)。但是,雅各宾派则怀疑他与王室共同策划这起事件,为接下来镇压巴黎最反叛的区域寻找借口。

两个月后,雅各宾派再次对他发动攻击,怀疑他无端下令使用武力,允许皇室前往圣克鲁(1791年4月17日)庆祝复活节。在雅各宾派看来,最坏的可能就是拉法耶特参与了一次未遂的化妆出逃,最好的可能是他想要强调国王失去了自由。

这次事件的一些后续结果非常不幸,并被拉法耶特的敌人精心利用。市政府指责他对国王的顺从,所以他于4月21日辞职。当天晚上,国民卫队的60支营队中有23支要求他留下来。当他犹豫不决时,40支营队再次提出请求。于是拉法耶特做出让步,收回了辞呈。这是一次简单的任性而为吗？恐怕没这么确定，或许他想要考验部队对他的忠诚，有些部队在4月17日已经让他失望了。然而他撒下的陷阱突然收网。作为所有权威都来自于法律的将军，他收到了一份个人效忠誓约。实际上，数支营队之前已经向他发誓"绝对忠诚，永不反悔，绝对信任"。拉法耶特并没有否认这份表决，这意味着他也成了同谋之一。

当时敌人开始指责他计划做出无法挽回的选择，但是某些指控在此前就已存在。从1790年6月开始，米拉波就这样向国王描述拉法耶特："他会让自己成为最高统帅"，"接受既成事实的专制统治"；如果不压制他的野心，他会成为"最专制、最可怕的独裁者"。或许这些话中包含了米拉波的恶毒之心，但从1791年春季开始，它就不再是个人怨恨了。指控不断聚集，为雅各宾派的争论提供了内容，最终在1791年夏季的政权危机中得以证实。

拉法耶特需要在国民面前为国王作担保，但是，1791年6月21日路易十六出逃给了他一记响亮的耳光。在当时的情况下，他似乎被别人巧妙地蒙在鼓里，没有发现出逃的任何准备工作。其实，国王的亲信不可能信任他；另外，这是彻底毁掉他已经风雨飘摇的政治信誉的大好机会；最后，拉法耶特本可能赞同的最初方案被大幅更改，布耶掌管的军队力量遭到大幅缩减，结果为了重新收回国土，向奥地利军队求助就不可避免。这是拉法耶特不可能同意的。

6月21日，拉法耶特提出了一个想法，此想法立刻被议会采纳，那就是国王并非出逃，而是被绑架了。他接受了三巨头提出的结盟提议，这将解救他于水火，并导致丹东在雅各宾派中发起的针对他的攻击失败，虽然他自己的解释并不严密，后来还粗暴地拒绝现身为自己辩解。在某些俱乐部成员的敌意和怀疑之下，拉梅特仍然关闭了雅各宾俱乐部，这让马拉愤怒至极（6月28日）。拉法耶特抓住这个难得的机会，想要再次推行自己的"体制"。始终坚持两面做派的他羞辱了回到杜伊勒里宫中的国王，一方面他参与拟定了著名的7月15日宣布赦免的政令，想要让国王"东山再起"，另一方面又对其严密监控。

1791年7月17日的马尔斯校场枪杀事件是对雅各宾派和斐扬派分裂的回应，16日晚上的分裂让立宪派企图拯救自己的成果的努力灰飞烟灭。从结果来看，7月17日的枪杀事件是南锡事件的重复，虽然拉法耶特应承担的责任具有争议性。他当时在马尔斯校场，冲在队伍最前面，但是我们无法非常确定地把下令朝请愿者射击的责任推到他身上。重要的并非他是否应该为屠杀负责，而是有人把帽子扣到了他头上。德穆兰公开指责他是另一个查理九世[①]，雅各宾派发动运动攻击他。这一次，巴黎与它过分赞扬的将军彻底决裂了。拉法耶特的任期结束了，这仿佛是为他的倒台推波助澜。1791年9月，制宪议会解散；10月，他被迫放弃国民卫队的指挥权，司令部被重组。11月，他遭遇了彻底的失败：在与佩蒂翁进行角逐的市政选举中，他只获得了约11000张选票中的3000张。

---

① 查理九世在位期间，法国爆发宗教战争。1572年在母亲凯瑟琳·德·梅第奇的怂恿下，查理九世允许吉斯公爵策划了1572年8月24日的圣巴托罗缪之夜大屠杀。

被首都抛弃之后，又过了一年，他才彻底从政坛消失。但他已经不再是自己命运的主人。直到此刻，拉法耶特依旧笨拙而坚定地效忠于宪法。或许他的个人野心驱使他去承担最重要的责任，或许是首相的职位，但就像他自己所证明的，他已经做好准备，期待着国王明白只有在他的帮助下，王权才能与大革命和解。但敌对势力却把这位坚定的守法主义者描绘成了一个危险的叛乱分子。当他被任命为中部地区军队司令时，丹东在1791年12月14日声称要向雅各宾派揭露他的真面目："被任命为巴黎市长的愿望只是一个幌子；他如今正在扮演着他真正的角色。"随着战争的逼近以及对1790年的受害者（沙托维约的士兵）的纪念活动的筹备，对拉法耶特的指控越来越多。他的过去、他曾经担任过的职务、1790年和1791年间采取的镇压行动、圣克鲁事件后的表决等都加剧了人们对他实施独裁的怀疑。

1792年春，许多人都相信拉法耶特在等待着合适的机会发动内战。布里索在雅各宾派中被诬陷为拉法耶特同谋，1792年4月25日，他在雅各宾俱乐部中的一次演讲中提出了实质问题。他首先指出将他假定为叛徒毫不可信，扫除了对他勾结拉法耶特的污蔑。然后，在注意到有人不断要求对接下来的政变提高警惕时，他接着说："你们这些人以为拉法耶特是另一个克伦威尔，你们不了解拉法耶特，不了解你们的时代，也不了解法国人民。"牺牲一位无用的将军，让他受到民众的惩罚，难道这是在隐藏即将发生的政变的始作俑者吗？真正的威胁不是刀剑，而是言论："因为，先生们，那些演说家才是另一种敌人，对人民来说，他们更加危险。"但拉法耶特尽职地扮演着他人所期待的角色。在几乎七周的时间里,他的行为就像一位叛乱将军,给极端分子增添燃料,增加紧张局势,使政治危机达到顶点。拉法耶特不再是一个真实的存在,可以说他成了雅各宾派在演讲中讽刺的对象,成了阴谋存在的活生生的证据。

拉法耶特的最后行动发生在1792年6月16日,他分别给立法议会和国王寄了一封信。在给立法议会的信中,他重申自己对自由和宪法的忠诚,他催促立法机构使用合法手段打击他的敌人。不过,当他声称尊重议会代表,但"更尊重人民,人民的宪法代表了最高意志"时,我们可以从字里行间感受到他的威胁。给国王的信就没有如此谨慎。他再一次向国王提出自己的帮助,这一次,他明确指出要用自己的剑去"捍卫国王,保护他不受反动者的阴谋和叛乱者的野心的危害"。1792年6月20日暴动事件之后,6月28日,他采取行动,独自做出了最终选择:在未经允许的情况下,他来到立法议会的席位上,"请求"议会追究煽动6月20日暴动的始作俑者,采取措施镇压"雅各宾邪教组织"(当时雅各宾派的敌人都对其如此称呼),树立自己和国王的权威。同样在6月16日的信件中,他那谦卑的语调中也包含了威胁:"最后我胆敢向您请求[……]向军队保证宪法不会受到任何国内的损害。"拉蒙(Ramond)的干预使议会的大多数人同意了拉法耶特的观点,但拉蒙的演讲太过抒情,导致萨拉丁(Saladin)打断了他:"我想请问拉蒙阁下是否在做拉法耶特阁下的葬礼致辞!"

实际上,曾在暴动面前低头的立法机构已处于垂死边缘,它为这位落魄的将军鼓掌喝彩似乎是出于对他的恐惧。当天晚上,拉法耶特试图让国民卫队成为自己的同盟，但没有成功。不久之后，他前去觐见国王，但国王拒绝了他。第二天，当他回到军队时，他在巴黎城中的肖像被焚毁。

8月10日起义和王座倾覆之后，他最后一次试图重振自己的军队。8月18日，他被部队摒弃，针对他的拘捕令已经签发，他不得不在19日深夜逃亡。等待他的是在国外的五年牢狱；但是在漫长的赦免请求之后，他迎来了第二春："奥地利人逮捕他反而对他有利，他们恢复了他的名誉。"（米什莱）

帕特里斯·格尼费

延伸阅读

Mémoires, correspondance et manuscrits..., publiés par sa famille, 6 vol., Paris, 1837-1838.

BARDOUX, Agénor. *La Jeunesse de La Fayette, 1757-1792*, Paris, 1892.

BARDOUX, Agénor. *Les Dernières Années de La Fayette, 1792-1834*, Paris, 1893.

GOTTSCHALK, Louis R. *Lafayette Comes to America*, Chicago, University of Chicago Press, 1935.

GOTTSCHALK, Louis R. Lafayette. *Lafayette Joins the American Army*, Chicago, University of Chicago Press, 1937.

GOTTSCHALK, Louis R. *Lafayette and the Close of the American Revolution*, Chicago, University of Chicago Press, 1942.

GOTTSCHALK, Louis R. *Lafayette between the American and the French Revolution*（*1783-1789*）, Chicago, University of Chicago Press, s.d.

GOTTSCHALK, Louis R. et MADDOX, Margaret. *Lafayette in the French*

Revolution. 1. Through the October Days, Chicago et Londres, University of Chicago Press, 1969.

GOTTSCHALK, Louis R. et MADDOX, Margaret. Lafayette in the French Revolution. 2. From the October Days through the Federation, Chicago et Londres, University of Chicago Press, 1973.

参见条目

革命议会（Assemblées révolutionnaires）

布里索（Brissot）

丹东（Danton）

雾月政变（Dix-Huit Brumaire）

斐扬派（Feuillants）

雅各宾主义（Jacobinisme）

路易十六（Louis XVI）

米拉波（Mirabeau）

王政派（Monarchiens）

美国革命（Révolution américaine）

西耶斯（Sieyès）

路易十六
Louis XVI

路易十六生为法国国王,也因身为法国国王而死。但是在王位继承人和殉难君主之间,历史学家却很难确定在扫荡了旧制度和欧洲最古老的君主国的一系列大事件中这位法国最后一位绝对君主所扮演的角色。他们有时把他描述成开明有智慧的国王,认为他渴望通过引导必要的转变,维护世袭王朝;有时又把他描述成软弱、没有远见的君主,宫廷诡计的俘虏,有技巧但无法控制事件走向的领航员。如此互相矛盾的评价有其政治原因,因为不幸的路易十六刚好困在了旧制度与大革命的大规模争斗的最前沿。但国王的个性也有很大的不确定性。

这种不确定性很早就已经出现,虽然路易十六只留下了极少的书面文献,当时的人们对他的性格所做的无数评论却保留了下来。这是宫廷和朝臣的成果,但几乎所有的评论都很肤浅,常常满怀恶意,这是这类文献的性质所决定的。这位王太子和年轻国王为自己性格中所缺少的魅力和自信付出了代价,他所扮演的是为路易十四量身打造的、连他的祖父路易十五都不堪重负的角色。在他的统治过程中,他渐渐被王后的不得人心所困,诽谤文章将他描述成一个纵容妻子出轨的丈夫和可怜的配角。当时已经出现的"公共舆论"并没有比宫廷更充满善意，反而给国王带来了更为严重的打击：凡尔赛宫的恶意只是法国宫廷阶层的一部分，但巴黎的冷酷无情却摧毁了皇室的形象。从1789年开始，大革命就把这位曾经的绝对君主囚禁在了几乎绝对的孤独之中，他没有宫廷、没有朋友，被他的人民包围在巴黎中心，先被囚禁在杜依勒里宫，后被关押在圣殿塔监狱。米拉波在1790—1791年间成为路易十六的秘密顾问，他写给国王的秘密信件证明了国王在道德和政治上的孤立无援之境令人唏嘘，这些信函就像是在自言自语，或者大海上的漂流瓶，它们讲述的始终是写信人的信息，从来没有收信人的回复。最后的入狱、审判和处决都为这出王室悲剧增加了一些神秘色彩。路易十六在国民公会受审时就像一个普通人，面对断头台时却像一个英雄，他以国王的身份赴死，甚至没有为君主政体辩护。他死后出现的传记维护了他的名声，抹去了生前所受的侮辱，但这些传记并没有增加任何能够让我们了解曾经的他的新内容。所以历史学家应该尽可能根据史实去勾勒他的生平，把想象空间留给读者，让他们去评说。

未来的路易十六是王太子路易·斐迪南（Louis Ferdinand）的第三个儿子，路易十五的孙子。路易·斐迪南的第一位妻子是西班牙公主玛丽-泰蕾莎（Marie-Thérèse d'Espagne），20岁时死于难产，她的去世给他留下了难以抚慰的痛苦。他很快再婚，1747年迎娶了萨克森公主玛丽-约瑟芬（Marie-Josèphe de Saxe），虽然他不爱这位公主，但还是让她生了很多子女：第一个女儿夭折，随后是1751年出生的勃艮第公爵路易-约瑟夫（Louis-Joseph），1753年出生的阿基坦公爵马利-约瑟夫（Marie-Joseph）（次年夭折），然后是1754年出生的路易十六，当时他的头衔是贝里公爵。路易十六后来又有了两个弟弟，他们分别在大革命结束后的1814年和1830年统治法国，亦即，1755年出生的普罗旺斯伯爵路易·斯坦尼斯拉斯（Louis Stanislas）和1757年出生的亚多瓦伯爵夏尔·菲利普（Charles Philippe）。最后出生的是两个女儿：1759年出生的玛丽-阿代拉伊德·克洛蒂尔德（Marie-Adélaïde Clothilde）和1764年出生的伊丽莎白·菲莉皮娜·玛丽-埃莱娜（Elisabeth Philippine Marie-Hélène），这位伊丽莎白夫人后来和哥哥一起被囚禁在圣殿塔监狱。

　　这个庞大的家庭没有逃脱婴儿高死亡率的诅咒，贝里公爵成为王位继承人，就是因为他的兄长勃艮第公爵10岁（1761年）时夭折。他的王太子父亲死于1765年。于是未来的路易十六在11岁时就明白自己命定成为法国国王。

　　上帝之手所操纵的王位继承权的转移打破了上帝自己先前的计划，死亡带走了本应登上王位的孩子，受益的却是一个资质平平的男孩。勃艮第公爵是那么有诱惑力、魅力十足、受人喜爱，很早就表现出了威严和天生的国王风范，相比之下，贝里公爵自闭、孤独，毫无优雅可言。父母和祖父（他称其为国王爸爸）的忧伤没有让他获得额外的关爱。受宠的是他的弟弟普罗旺斯伯爵和亚多瓦伯爵。简言之，未来的路易十六在家庭中是不受欢迎的。

　　心理上的失落以外，"父亲的继承人"的身份可能也让年轻的贝里伯爵受了些罪，这导致他远离祖父，并由此逃避身为国王的职责。他的父亲一生都被隔离在政治事务之外，甚至不能学习政治。实际上，路易十五时期，皇室家庭在宫廷中上演了一出资产阶级戏剧。一方是国王和他的情妇德·蓬巴杜尔夫人（Mme de Pompadour），她主宰着凡尔赛宫，如果她的敌人的话可信，她甚至控制着王国的政治，她也是"哲学党"、舒瓦瑟尔公爵（Choiseul）和法奥联盟的庇护者。另一方是王后玛丽·莱辛兹卡（Marie Leszczyńska），她年龄较大，体弱多病，子女是她的精神和宗教的守护者，他们的极度忠诚令她非常坚强。

王太子（路易十六的父亲路易·斐迪南）选择站在母亲一边，他是"信仰党"的象征和希望，耶稣会士的支持者，舒瓦瑟尔公爵和对奥政策的顽强敌人。这个身材几近肥胖的男人被路易十五刻意隔离于国家事务之外，他惰于思考，以波旁家族的方式沉迷声色、执迷宗教。他从未忘记对父亲的尊敬；但他的存在就是对父亲的指责，也是父亲的潜在对手。他还没有登基就过早去世（比他父亲早九年），但他认真关注子女们的教育，让他们为未来做好准备，仿佛他知道法国的王位只会"跳过"一代人，而非两代。

1765年路易·斐迪南去世时，王室子女的家庭教师拉沃吉翁公爵（La Vauguyon）负责新王太子的教育，但学习大纲没有任何改动。教学大纲非常严肃，学生也很认真，但这还配不上为其平反的历史学家对其的过度赞扬。教学大纲方面没有太多创新，针对未来国王的教育而制定的课程和"对话录"的本质是宗教、道德及人文科学的混合，在费奈隆（Fénelon）的影响之下，教学大纲显得不太现实，严肃呆板的公爵老师也使得它略显浮夸。学生方面，他为老师所写的作业所透露出的只是顺从而乏味的思想，这和教给他的内容一样。作业的风格有时比较优雅，好于一贯的平庸格式。从这位未来的国王关于父系君主政权的辅导课以及对《忒勒马科斯》(*Télémaque*)或"圣经中的政治"的肤浅评论来看，他既没有学到如何理性思考，也没有学到如何治理国家。

他的婚姻是他青年时期的大事，也是他最大的失败。在舒瓦瑟尔公爵党的影响下，1768年他与玛丽－泰蕾莎（Marie-Thérèse）最小的女儿、奥地利公主、女大公玛丽－安托瓦内特（Marie-Antoinette）订婚。婚礼于1770年举行，王太子16岁，公主15岁。在七年之中（一直到1777年夏），王太子都无法与妻子行房。在这七年之中，凡尔赛的宫廷、巴黎、王国和外国宫廷都把他的阳痿视为一个国家问题，或者嘲讽的对象，二者并不相斥。路易十六成为国王时（1774年），他已经在这出欧洲滑稽剧中出尽了丑。

严格来说，他并非像弟弟普罗旺斯伯爵一样没有性能力，只是无法射精；不管怎样，他对爱情和女人并不太嗜好。人们猜测这种不正常现象除了危害到国家未来以外，还激发了贪淫好色的祖父的好奇心。在某种程度上，这种异常源自于悲观麻木且被杜巴丽夫人（Mme du Barry）所掌控的老国王对他的不认同。更确切地说，年轻的路易或许将父亲的遗嘱放在了心里。波旁家族最终会获得美德，但却无法从中聚集威信，因为这种美德是以滑稽可笑为开端的。1777年春，王后的兄长约瑟夫微服出行来到法国。与其进行一番谈话后，路易十六似乎才终于克服了无法行房的状态。8月，这件事经信函而传遍了欧洲宫廷，第二年王后的怀孕证实了这个消息。未来的奥地利国王在家庭内部解决了这件事（可能是通过一个小手术，不过并不确定），但却无法抹去公共舆论的记忆，国王夫妇更是无法忘记这段过往。

1774年5月10日，在位59年的路易十五去世后，尚处于青春期的年轻人登上王位，长期以来他习惯了孤独，拥有权力只会加剧这种状态。他性格中的"不可捉摸"也正来源于此，当时的人们已经注意到了这一特点，玛丽-安托瓦内特在给母亲的信中也有提及。

20岁成为法国国王时，路易十六还是个有些笨拙的年轻人，他的身体已经发胖，脸庞圆润，有着波旁家族的鼻子，眼睛近视但目光温和。米什莱强调这位王子继承了日耳曼人的特征（来自于他的母亲，萨克森选帝侯的女儿），他肥胖、迟钝、血液黏稠、吃喝超量。但这些特点也可以归结到他父亲（路易十五与玛丽·莱辛兹卡的儿子）身上。在关于这位年轻的国王的记录中，除了体态毫无优雅可言以外，占据主流的是他在与人交流，甚至作出回应方面有困难。没有谈话技巧和优雅仪态的他有判断力，但智力有限。这一方面的最好的文献是他所写的关于日常活动的日记，其中记载了打猎、饮食、会见、家庭事件等。这个日常生活记事本记录了最微小的情感和最不起眼的个人评论，我们可以从中发现他是一个感情波动不明显的人，一个因为缺少思维练习而迟钝的人。

相反，做体力活动时，路易十六则如同换了一个人！他把在与人来往或夫妻关系中节省下的精力用在了最爱的打猎上。他细心地照看着森林和野兽，对随行的仆人和猎狗都非常熟悉，每周都要花数小时去围猎野鹿。这是一项波旁家族传统的业余爱好。

打猎结束后，他筋疲力尽但颇感兴奋，也会在晚上听别人吹嘘他下午的丰功伟绩。天性孤独的他所喜爱的其他活动很特别但有些枯燥，例如手工劳动、修修补补、制锁等。路易十六下令在他的套房上面一层设立了一个锻造车间，资质平平的他会在里面制作钥匙和锁。在这个车间上面，他又加了一层作为观景台，用望远镜观察凡尔赛花园中发生的一切。有时，他会在宫殿的屋顶漫步，追逐野猫。

169

我们很容易就可以理解历史学家如何把这个平庸的普通人塑造成英雄或无能之人，烈士或罪人：这取决于他们所着重研究之处。这位性格简单的可敬之人无法适应其被责成扮演的角色以及等待他的历史命运，这既可能激起对命运不公的愤怒，也可能引发对国王的缺乏远见的控诉。就个人品质而言，路易十六并不是历史上最能象征大厦将倾的法兰西王朝的理想人选：他性格太过严肃，太忠于自己的义务，过分节俭和廉洁，在最后的时刻过于勇敢。但从他发自肺腑的对传统的坚持来看，这个从小生活在姑妈的庇护和信仰党的阴影下的年轻人可以作为这个既不适合他，也不符合时代要求的君主制度的象征。

依旧还是米什莱，他很清楚这一点，对他而言，君权神授的君主制度是典型的旧制度邪恶之处。米什莱懂得路易十六是一个糟糕的最终象征，他太过谨慎，太过贪恋家庭安逸，"国家性质"过于浓厚（从为了与英国作战而参与美国独立战争可以看出）。实际上，他为自己的祖父（那个腐化堕落的老国王、鹿苑和奥地利的热衷者）付出了代价。米什莱认为，法国君主制度的悲剧在路易十五时期就已开始，他的孙子登基时为时已晚，这种君主制度已彻底死去。

　　这种观察中还有一些更深层的东西，它可以解释路易十六真正的失败之处：他的失败不在于善变的内政外交政策，这些政策也有过辉煌时期；而是在于他无法让行将就木的旧体制重新散发持久的活力。与先人一样，新国王于1775年在兰斯接受加冕，但从此以后，真正的王冠属于公共舆论。得益于自己的年轻、良好的意愿、议会的回归和杜尔哥的辅佐，他也曾一度受到舆论拥护，但他的声望很快就被不受欢迎的宫廷和王后所取代。就在大革命之前，连他的美德都成了被攻击的目标：这位节俭的国王受到钻石项链事件的牵连，这位改革派的君主代表了陈旧过时，这位品德高尚的国王娶了一个荡妇。虽然玛丽-安托瓦内特教养不好，不受百姓爱戴，这位外国皇后也没有根基和依靠，是诽谤者的天赐猎物，但她的轻浮作风并非唯一原因。他缺少的是自己的威严。

　　这并非因为他的统治是一成不变的。其实正相反。时代的精神也让这个由省督和凡尔赛官僚掌管的古老君主政体（很明显是中央集权政府）表现出了现代的一面。但只有与社会以及公共舆论达成新契约的情况下，权力机构才能掌控王国的现代化进程中所取得的进步，这只能以路易十四式的君主专制的终结为途径。虽然路易十六继承的权力争议太大，导致他无法继续做专制君主，但他的能力也不足以引导王国走向其他道路。他在统治的头两年支持杜尔哥，之后在贵族的诡计之下将其抛弃。后来他很不情愿地任命了内克（新教徒银行家），他从未接受过后者的"英式"君主制思想。但由于他并不信任宫廷中的小集团（他的弟弟普罗旺斯伯爵的小阴谋,他的表哥奥尔良公爵的野心,王后的客人等等),而且他也不尊重没有公德心的贵族,所以在他眼里,除了人们教给他的、他自己也一直都了解的传统掌权方式以外,别无他途。

这种缺少专制权力或者强权的"君主专制制度"让路易十六的统治有些混乱,国王、王后、大臣、凡尔赛小集团、巴黎、公共舆论彼此互相影响。事态的最初进展还算顺利,美国战争也成为事态发展的关键所在,路易十六最开始对这场战争有所迟疑,但最后向韦尔热纳伯爵(le comte de Vergennes)做出让步。但这场战争加剧了体制危机,其中的赤字问题也只是冰山一角。1787年初路易十六的举动是典型的自身性格使然,而这一举动终于导致了革命性的危机:他召开显贵会议以征求意见,与臣民商议,这种程序虽然老旧,却合规合矩。1788年底的三级会议也是同样情形。君主政体恢复了存在于自身传统中的三级会议制度以试探舆论。但是它对其所做的改变恰恰使其成为了大革命的第一幕。

如果要为这种融合了路易十六及其顾问的天真和墨守陈规的机制举一个恰当的例子,三级会议再适合不过。这一制度非常古老,但从1614年以来就再也没有使用过,由于法国一直处于旧制度中,所以它的规则是不确定的。贵族和宫廷坚持王国的三个等级要分割为三个地点不同、单独召开的议会。第三等级,或者更普遍的说法是"开明"舆论(纯粹的舆论,时代精神)要求唯一的议会,并且非特权等级的议员数量在会议召开前加倍。路易十六的"决定",如果能称之为决定的话,沿袭了一贯的特点。他扔给内克——其回归公共事务是出于形势所迫而非个人意愿——的不仅有第三等级的数量加倍问题，还要组织在所有非教士和贵族的等级内部以普选方式进行真正的投票选举。至于两个特权等级，他下令要绝对严格地保证他们进行单独选举和分开审议，他彻底向第三等级让步，并取消了当时已经自诩"国民党"（le parti national）的人群的特权。这项充满矛盾、足够引发紧张局势的决定体现了路易十六的所有特征：他对贵族阶层非常不信任，所以赋予第三等级额外的力量，他甚至无法想象在贵族阶层之外的其他基础之上重建君主制。他努力巩固自己针对各个等级的权威，但恰恰相反，他给了未来的"国民"的一张王牌，即为其召开了第一次议会会议，又提供了两个单独的寡头集团作为替罪羊。

从这时开始，路易十六人生中最不幸的时期开始了，因为法国大革命反对的是旧制度，谴责并且不加区别地摧毁专制政体和贵族阶层，而国王就是在以此二者为支柱的政治传统中长大的，他也从未将这二者分开过。他以绝对权威的身份所做的最后一项公开举动就是在1789年6月23日来到议会，试图阻止第三等级议员为他们自己的利益争夺主权。这天他命人宣读的两份声明表明了自己能够背离传统的程度：最多是一个由三级会议控制的君主政体，而非一个新社会。这个纲领最初打开了通往未来的大门，但15年后，却关上了协商的大门。7月，路易十六已经战败；10月，他以立宪君主的身份成了巴黎的囚徒人质。议会打破了他的象征和权力之后，只留下了他这个人。在极少的公开露面中，他不得不用谎言来维持希望。

路易十六仇视革命的历史很难加以重新构建。7月17日，他不得不在巴黎民众面前鞠躬以示屈服，承认既成事实。他厌恶

8月4—11日的法令,因为它们摧毁了他所设想的唯一阶层;他在很长一段时间内都拒绝认可这些法令。10月6日早晨,他与王后一起直接面对民众的暴力,这令他恐惧不安。在距离议会一步之遥的杜伊勒里宫,他被拉法耶特的国民卫队和许多俱乐部积极分子监视着,甚至不能随意走动。这位爱好打猎的国王如今是瓮中之鳖。君主政体为自己一百年前在凡尔赛宫的不务正业付出了惨痛代价,它注定流亡在外,人民把它带回巴黎只是为了让它死去。最后,也是同样重要的一点,议会在秋天掠夺了教会的财产,并于1790年7月投票通过了《教士公民组织法》(*Constitution civile du clergé*),很快教士就必须向这部法令宣誓效忠。路易十六在政治传统和宗教信仰两方面受到重创,他的救赎自然也危机四伏。

173

王权与大革命之间的妥协是以米拉波为代表的革命领导者们所梦寐以求的,但从来没有人对此进行过认真的研究。通过阅读这位天才演说家写给宫廷的《密函》(*Notes secrètes*),我们可以清楚地发现这样的妥协应该是何种形式:从革命者角度来看,需要让外省与巴黎对抗,让国王拥有充分的行政权,从而使大革命变得温和;从国王角度来看,需要接受8月4日诞生的新社会,就像米拉波不断向国王解释的一样,与旧社会相比,接受新社会更能够行使强大的行政权,因为旧制度的机构已经被摧毁。

这项计划的第一部分从来没能落实过;制宪议会只能为旧制度的国王提供有限且没有实质内容的权力。米拉波的论据从哲学角度来看很深刻,但并没有立竿见影的效果。无论在任何情况下,它都不太可能被听取。无论路易十六或玛丽-安托瓦内特都无法想象自己的王权建立在贵族社会的废墟之上。另外，与国王相比，米拉波在毫无希望的情况下，付出了更多努力去说服王后（他说："国王只听一个人的，那就是王后"）。他开始认为王权遭遇的不幸增加了玛丽－安托瓦内特在家族圈内部的权势，这或许让杜伊勒里宫内的政策多了些坚决，但少了些冷静。

然而，如果我们认为这种政策纯粹只是与贵族阶级、逃亡贵族、边境反革命分子保持一致，那就错了。和过去一样，路易十六仍然不信任两个弟弟及其亲信；玛丽－安托瓦内特在1790—1791年间的信件的字里行间满是对逃亡贵族的政策的指责（虽然她曾经催促朋友们逃亡），王后对宫廷贵族的不信任从未改变，但整个巴黎都认为她与逃亡贵族沆瀣一气。对王权和贵族而言，大革命是一场共同的灾难，在国王夫妇身上，绝对主义传统却不为所动。暂时逃离法国的想法之所以在1790年底萌芽，并不是为了与逃亡者会合，相反是为了在欧洲外交调停的帮助下，期待着巴黎的革命热情慢慢耗尽，从而占得先机，重新获得权力。逃跑计划在春天成熟，这是因为4月18日，路易十六和每年一样要离开杜伊勒里宫，去圣克鲁过复活节，但却被阻止。他想重新获得的不仅是政治和宗教自由，还有自己的行动自由。

事与愿违，6月20日的瓦伦出逃以失败告终，也让我们看到国王被国民孤立的情形，他比以前更像囚犯了。这次出逃也开启了王室家族与温和派革命者之间新的秘密谈判，其中巴纳夫取代了米拉波，玛丽－安托瓦内特取代了路易十六。这次密谋和上次一样运气不好，以同样的原因失败。1791年9月，瓦伦出逃三个月后，路易十六正式接受宪法，但这只能说明国王的反复无常或口是心非，或者按照他的话说，他想争取时间，同时又不寻求外国入侵，否则就好比猛药治小病。实际上，以下是他刚在议会参加完愚蠢的仪式之后写给两个弟弟的内容，这两个人是彻头彻尾的好战分子，只想着用武力重新征服一切："这些外国军队（他影射的是假定能帮自己恢复权威的势力）将来不会留在法兰西王国。如果他们走了，反抗重新开始，我该如何统治？如果国民的精神没有改变，如何才能避免叛乱？"他的这种分析相较瓦伦出逃之前要更加现实，也再次表现出他的判断力："我知道在逃亡的臣民中，有人以民众思想发生重大改变而感到庆幸。长久以来，我以为改变即将发生，但今天，我醒悟了。国家热爱宪法，因为这个词只会让下层人民想起自己两年来所体会到的独立自主，让上层人民想到平等［……］。下层人民能够感到自己被重视，资产阶级在上面什么也看不到。自尊心能够得到满足，这种新的快乐让人忘记所有其他欢愉。"然后他继续引导："所以相比战争，我倾向于和平，因为我认为它既合乎道德，又更加有用。我与人民重新聚集在一起，因为这是引导他们的唯一方法，在两种体系之间，我更喜欢让我在人民和良心面前都不受谴责的那种［……］我同情贵族、教士、所有的大革命受害者；但当我的义务与他们的利益融为一体时，我所寄望于他们的只能是一些互相矛盾的观念吗？"

但这个非常聪明地采取观望立场的路易十六比以往任何时候都敌视流亡贵族，这些诡计多端的朝臣成为了吹牛皮的十字军，同时他手里还有最后一张王牌，即欧洲其他君主制国家对法国所施加的压力,它们甚至有可能与法国开战。玛丽-安托瓦内特也向欧洲王公们(尤其是通过马莱·杜·潘(Mallet du Pan))建议、请求(她首先请求的是她的皇帝哥哥),希望这种压力、这场潜在的战争能够仔细区分流亡贵族的动机和法国严峻的内部事务。同时她指出国王夫妇理解风险的规模,但她并没有考虑到不可避免的失败。路易十六无视顾问的建议,不顾提醒他注意自己的头衔的意义的巴纳夫(所有人中只有他!)的劝诫,在1791年12月变得更加好战。他想要这场战争,但他的敌人也想要,原因刚好相反。如同敌人所预料的,战争带走的是国王。他的表里不一有了新的名字,就是叛国。

从此时开始,路易十六的故事进入了最后阶段,在这一时期,他对所有事件都失去了影响力,但他在不幸之中,甚至在断头台上,都表现出那种沉着的勇气,这是他的性格特征之一,也是从对传统的坚信和宗教信仰中获取的。无论是6月20日面对暴动时,还是8月10日君主政体垮台的那天,亦或是被关押在圣殿塔监狱时,这种勇气都伴随着他,即便在圣殿塔监狱中,这位被罢黜的国王仍然是认真平静的王室一家之主。从路易十六的角度来看,对他的审判无需赘言,因为他一直保持沉默,拒绝讨论哪怕是最确凿的证据,例如铁柜[①]中的内容。除此以外,我认为还有两种解释,一种是宗教方面,另一种是政治方面。与他的王太子父亲、母亲、姑姑们一样,路易十六生命中的最后几个月在冥

---

① 指路易十六藏在杜勒伊宫墙壁中的保险柜,存放的是与米拉波等人的秘密通信,1792年11月20日被吉伦特派内务部长罗兰发现。

思和宗教带来的希望中度过，为他提供帮助的是他的捍卫者马勒塞布（Malesherbes）介绍的一位叛逆教士，埃奇沃思·德·费尔蒙神甫（Edgeworth de Firmont）。虽然死刑即将到来，但他已经属于另一个世界。

此外，他或许会对制宪议会及其审判者们说些什么？他不承认自己和他们有任何司法联系。他甚至不想知道自己是以旧法兰西的国王还是 1791 年宪法的国王的身份来接受审判；对他而言，国王的身份就足以代表法律和公正。临时组成法庭的他们篡夺了他的角色、他的王权、他的威严，现在他们想要处理掉这一切的证人。奇怪的是，圣茹斯特和罗伯斯庇尔和他思路一致，但方向正好相反。如果他们坚持没有审判、没有司法理由，直接处死路易十六，那么他那证据确凿的罪行就只是曾经当过国王。大革命把主权还给了人民，同时它也要处死那个从人民手中窃取权力如此之久的罪魁祸首。

因此，1 月 21 日的处决符合革命思维逻辑，路易十六以一种简单的英雄主义心态接受了它，将其视为一种牺牲。与"投票者"①所害怕的和与王政派所期待的相反，处决结束之后，公众舆论并未出现任何特别的不安或愤怒。3 月，旺代王政派发动叛乱，并把国王的名字写在旗帜之上，但叛乱并非源于对路易十六的忠诚。后来 19 世纪的保皇主义或正统主义传统也没能把 1793 年牺牲的国王塑造成一段受欢迎的传奇。与 17 世纪英国所发生的革命不同，法国大革命不仅处死了国王，也消灭了王权。

---

① votants，指投票支持处死路易十六的人。

但在米什莱看来，真正的问题或许在于 1 月 21 日之前，瓦伦出逃事件之前，1789 年之前，甚至路易十六登基之前，王权是否已经死亡。这也许是路易十六的统治几乎不可能实施，并以悲剧告终的原因。

弗朗索瓦·孚雷

延伸阅读

FAILLOUX, comte Alfred-Frédéric-Pierre DE. *Louis XVI*, Paris, 1840.
FAURE, Edgar. *La Disgrâce de Turgot*, Paris, Gallimard, 1961.
FAY, Bernard. *Louis XVI ou la Fin d'un monde*, Paris, Amiot-Dumont, 1955.
GIRAULT DE COURSAC, Pierrette. *L'Education d'un roi : Louis XVI*, Paris, Gallimard, 1972.
VERI, Joseph-Alphonse, abbé DE. *Journal*, publié par le baron Jehan de Witte, préface de Pierre de Nolhac, 2 vol., Paris, Jules Tallandier, 1928-1930.

参见条目

旧制度（Ancien Régime）
贵族（Aristocratie）
巴纳夫（Barnave）
教士公民组织法（Constitution civile du clergé）
流亡者（Émigrés）
三级会议（États généraux）
玛丽－安托瓦内特（Marie-Antoinette）
米拉波（Mirabeau）

内克（Necker）

国王审判（Procès du roi）

罗伯斯庇尔（Robespierre）

圣茹斯特（Saint-Just）

瓦伦（Varennes）

马拉
Marat

法国大革命的历史研究中有过丹东主义者，一直都有罗伯斯庇尔主义者，但几乎没有马拉主义者。在大革命人物长廊中，马拉所扮演的是一个狂热分子，他有着狂热分子的身体（"在描绘屠杀的画家眼中，马拉的头颅可能有着无可估计的重要性"，1792年9月在法国旅行的约翰·摩尔（John Moore）这么说过）、举止（戏剧般的躁动和表现欲）、言谈（号召暴动和屠杀）。卡米耶·德穆兰断定，马拉在大革命中的作用就是遏制一下民众的想象："在马拉所提出的内容之外，有的只能是狂热和荒谬。"

马拉独特的命运来自于一场死亡，这场死亡聚集了在集体记忆中占有一个永恒位置所需要的所有特点：一个有名的、丑陋的、生病的男人被年轻貌美的陌生女子所杀；一个要求砍掉他人脑袋却被称为"人民之友"的男人，如同奥古斯丁·罗伯斯庇尔所说的，那位女罪犯通过一封请愿书，在最有利的情况下"用反马拉的方式除掉马拉"；一个死在血泊里的嗜血之人，一幅异乎寻常的殉难刽子手的形象。

吉伦特派曾经在1793年4月对他提起诉讼，但在死之前，他已经得到了精彩的辩护。除了路易十六以外,马拉是大革命中另外一个绝无仅有的需要通过唱名表决来决定命运的人物,我们从而可以了解每位制宪议会成员的投票情况,以及他们的作为投票依据的解释说明。在9个小时的时间里,议员逐一登上演讲台,从颂扬其爱国美德到谴责其丧心病狂,展示了对于马拉的各种"看法",从此确定了后世所延续使用的各种观点。

这些观点的极端特征也令人震惊:夏多布里昂认为他是"十字路口的卡里古拉",雨果认为他是"废墟上的公务员",路易·勃朗认为他是"匈奴人的国王"。马拉自身的特性可以给人以灵感,创作出不同的漫画肖像。在诺迪埃(Nodier)看来,马拉是"唯一一个让[我]懂得了仇恨的人"。对马拉的所有阐释都自认能够解释这种特殊性。在对大革命持反对态度的历史研究者看来,马拉代表的是大革命自身特殊的疯狂;对于赞同大革命的历史研究者而言,马拉是大革命过程中的例外现象。因此,只要提到马拉,人们总会提出同样的两个问题:如果他是一个特殊人物,那他的特殊性从何而来?这种特殊性是否可以被视为整个大革命的象征?

至少有三种方式来解释马拉的特殊性:重症病人、主要的被迫害者、伟大的预言家。这是三种不同的形象,每一种都有自己的可理解性:第一种属于生物心理学范畴,第二种属于社会心理学范畴,第三种属于政治文化领域。

从疾病角度对马拉做阐释曾经是反大革命历史研究的幸运主题,他所患的皮肤炎为无数医学著作提供了素材,也解释了《马拉之死》这幅画中的浴缸和头巾。米什莱的作品中也可以找到这种解释,他很震惊地发现"奇怪的病症符合极端的情形",进而号召对恐怖统治进行病理分析。他的心愿得到了满足,以泰纳(Taine)为起点,人们开始把马拉谜一般的病痛与雅各宾派本身的弊端等同起来,把他的妄想等同于大革命的疯狂,把民众的狂热等同于人体的发烧。这种简便的思路想要把政治动乱简化为个体失常,从而同时解释马拉和大革命,但这种肤浅的论证太过夸张,最终无人相信。然而,人们也不太确定在不涉及疾病的情况下是否能够了解马拉。他的疾病可以被视为一种结果:就像他自己坦白的一样,身体的痛苦可能让他变得暴力。他被迫过着秘密生活,"藏身的地道啮噬了他的灵魂"(如同"慈悲"的丹东所暗示的),过度的政治工作让他付出了代价(如同擅长打自己患病这张牌的马拉所认定的),所以他的疾病也是对他一生的讽喻。他的文章中充满了病态的隐喻,对人类的悲观主义让他认为到处都是过度堕落、病入膏肓的法国人,自由来到他们面前也不知如何利用,一切都为这种解释提供了论据。但是让马拉感到痛苦的不是他的身体,而是他的生活,这就需要一种社会心理学的解释,而不是生理学的解释。

社会心理学的解释把马拉描述为一个受挫的知识分子,一个"在社会底层知识分子中"备受赞扬的革命者。正是在那个阶层中滋生了"雅各宾派消灭精神贵族阶层的决心"(达恩顿)。马拉的激烈态度表达的也正是作为贱民的处境。他是一个从小离家的孩子,没有国家的公民,没有证书的医生,得不到知识分子认可的学者,虽然他极力奉承各个科学院,想要得到它们的重视,敲开大门，但它们对他的作品要么不屑一顾，要么表示怀疑。然而，罗伯特·达恩顿（Robert Darnton）所描述的客观挫败是大可商榷的。戈特沙尔克（Gottschalk）曾证明，马拉在英国时，根本算不上贱民，而是一位"有着重要身份的绅士"。丹尼尔·罗什（Daniel Roche）确信，马拉的学术抱负绝非平庸有限，虽然伏尔泰有诸多挖苦，但狄德罗对马拉还是有所器重的，而且马拉至少受到一所科学院的褒奖，即鲁昂科学院。热拉尔·瓦尔特（Gérard Walter）强调，无论马拉的生活舒适还是痛苦，他作品中的颠覆性色调都没有改变。但归根到底这都不重要。就挫败感而言，没有什么比估测其"客观"动机更奇怪的了，因为夹杂着怨恨（ressentiment）的激情从来都无须获得合理的证明。对于所有曾经有过这种感受的人来说，大革命许下了一个前所未有的承诺：它能够为曾经遭受的甚或想象中的蔑视而复仇，从而为人道主义复仇。这也正是马拉欢迎大革命的原因，所以这也是理解马拉的一个关键所在，但这并非马拉的特殊之处。

那么马拉的特殊之处是否在于其预知大革命的未来的能力？这一点值得深入分析，因为预知未来的方式有很多种，但许多阐释者把各种可能的方式都归功于马拉。其中一种方式在大革命发生之前就预知了它的到来，从马拉在革命前写的作品中精心选择的引文可以支持这种论点；但另外一些引文却可以作为反例将其驳倒（仅举一例：在《奴隶制的锁链》（*Chaînes de l'esclavage*）的一句话中，马拉似乎预料到了国王的死："杀死君王的不过是一桩普通的谋杀"，这句话常常被单独提到，但是没人注意到接下来的那句话是："上帝禁止我缩小这种罪行所造成的恐怖。"）

182

另一种预测方式则是在大革命期间，发现了未来革命的端倪或发展。第二种包含了不同的变体，例如马克思主义阐释、左翼解释或保守主义解释。

马拉是社会主义的先驱吗？饶勒斯和马迪厄是这么认为的。为这种阐释提供支撑的是马拉对人权，"被篡改、损坏、删减甚至被后来的法令所消除的美好权利"的思考，对形式权利与实际权利之间的区别的先知先觉（明显地表现在他对消极公民的激烈辩护中，在他看来，消极公民被视为无用之人，这极不公平而且违背《人权宣言》）；此外，马拉还意识到了"财富对法律的影响"，预感到人民"打破贵族的枷锁之后，也可以打破财富的枷锁"。所有这些预言都解释了为何极端的科特利埃区在1790年1月马拉被控告之后给予他不变的支持，也为饶勒斯的论题提供了支撑，他认为"多亏了马拉，无产者在某种程度上有了自我意识，成为了一个阶级"。

"某种程度上"，这种谨慎被马迪厄所抛弃。饶勒斯把马拉对无产者的号召视为出于绝望之举，但马迪厄将其视为深思熟虑的自觉行为："马拉的一切努力都是为了激起无产者的阶级意识。"然而，马拉的作品中没有如此全面的主张。大革命之前的作品体现了他所处的思想环境的共同之处（其中包括对宗教的赞颂，将其视为道德和有限君主制的保障）；大革命时期的作品继续传播这些思想，至少一直持续到1791年中期。至迟到1793年3月，马拉仍将平分土地的法律视为一种"灾难性的学说"，提醒人们"他曾经无数次悲叹这种过度的平等原则会把我们引向致命的后果"。或许马拉为感叹"一无所有者对抗拥有一切者"奠定了基调，但只是诅咒,他没有构想出某种体制来拯救这些地球上的受苦之人。

把马拉描绘成预言者的第二种方式是把他塑造成左翼运动的先驱。人们在他的许多宣言中能够发现他敌视一切代表制度(但这种敌视源自于卢梭的作品以及马拉对英国政治的直接观察和反感);他对举手投票有着一贯偏好(甚至在国王审判中,要求每张选票都被记录在一个"特殊记录簿"上,由唱票人签字);他认为大革命没完没了,永远不会真正胜利;他相信革命者应当融入群众,就像鱼游于水一样;他倾向于让群众凌驾于"机构"之上。最后,在这种阐释方法的典型代表马森(Massin)看来,马拉对暴力问题做出了"正确"评价。马森甚至把这种"正确"视为马拉优于因遵守法律而受限制的罗伯斯庇尔之处。因此,马森认为马拉是法国工人运动传统的奠基人之一。

必须再次指出,这种逻辑有意简化了马拉的言论和角色。实际上其言行在很大程度上都取决于形势:"呼吁人民"这种做法应该会对代议制的反对者有诱惑力,但是遭到马拉的敌视,他认为让农民脱离自己的田地转变为政客是不合适的;这种论点出自于这位"草根"政治领导人物是颇为突兀的。另外,对于在他之外发展起来的人民运动,他有时更像是跟随者,而非领导者,例如1793年初,马拉忙于国王审判以及与吉伦特派的斗争,他很晚才意识到雅克·鲁对囤积居奇者的攻击的意义。简言之,这位先锋人物有时也会远远落在事件之后。

预言者马拉的第三幅肖像来自于反革命的文献。它们夸大了马拉自荐为独裁者的主张,这种主张在1790年写于英国的《向法国民族的呼吁》(*L'Appel à la nation*)中就可以察觉到,但在瓦伦出逃事件之后才开始明显起来。马迪厄也曾涉及这一论题，他试图表明马拉主张独裁，并非要延续革命，而是将其作为临时措施，只需维持一段时间来彻底摧毁战败的阶级。但马拉对独裁制的召唤很难说是一种预期，因为这里混合着个人的梦想和有关护民官①的古老看法，他认为护民官这种职业糅合了战时状态和正义的要求。同一时期的其他人常常感慨"如果我是立法者"，但马拉感慨的则是"如果我是人民的护民官"。在他的想象中，自己获得"公共力量的协助"，被赋予惩罚犯罪者的特权。然而对他而言，这种梦想只能视情况而定，而且忽隐忽现，在这里，马拉同样不加区别地把保守主义和激进主义混为一谈，所以他的特立独行也无法归因于任何一种理论。

无论如何，他不是在大革命中起了实际作用吗？即便不考虑他特别不幸的命运或特别超前的思想，我们或许依旧可以把马拉特殊的暴力倾向与他所经历的事件联系起来。然而，显而易见的是，他的暴力并没有体现在行动上，因为马拉在重要革命事件中的参与情况始终令人怀疑。他在1789年7月14日所扮演的角色只不过是后人对事实的锦上添花。他参与8月10日事件的唯一证据是一份8月9日所写的材料，在其中他建议将王室家庭作为人质。这份言论的影响很难断定，而且他以前就说过无数次。人们会自动把他与九月屠杀联系在一起，理由通常是他在8月19日发布指令："处死修道院的所有囚犯，尤其是瑞士人"，并且

---

① 古罗马政府设立的职业，护民官反对贵族滥用特权，捍卫人民基本权利，可以一票否决元老与执政官提出的侵犯市民权利的法案，以维持古罗马社会的民主价值观。

在9月3日鼓动外省效仿巴黎的通报上签名。正如卡隆（Caron）斩钉截铁地表示的，马拉的言论，无论事先还是事后的言论，都可以用来判定马拉对事件负责。相比之下，他参与罢黜吉伦特派的证据则更加确凿（米什莱和埃斯基罗斯（Esquiros）以及后来的奥拉尔都将马拉视为6月2日革命的组织者。米什莱写道："他既能赦免罪人，又能伸张正义。国王做的也不过如此"）。事实上，他确实做到了第一次废除十二人委员会，挫败了巴雷尔提出的妥协方案，推动了对罢黜名单的修改。但在最关键的一天，他没有出现在雅各宾俱乐部，反而现身于国民公会，发表了一些无关紧要的演说。在重要的革命事件时，马拉从来都不在现场。把这些重大日子说成是他的文字造成的结果，等于接受了他狂妄自大的逻辑。马拉想要成为用一支羽毛笔抵过千军万马的人，而且只需把话语写在纸上就好。他的核心信念就是，话语和行动是相同的，所以不让他说话，在他看来就是反对大革命。

这一点比他的思想或行动更能让我们理解他性格中的特殊之处。马拉曾经为自己塑造了一个拥有美好未来的角色（纠正和造就公共舆论的记者），甚至把报纸等同于自己，导致他在大革命期间的生活与报纸融为一体：报纸发行时他就出现在公共场合，报纸被禁时他就躲入地下。他为如同自己生命的《人民之友》（*Ami du peuple*）创造了一种语言，这就是他的独创性。

他的独创性首先在于，作为大革命的记录者，大革命过去的任何一天在他的眼中都难免可疑，未来的任何一天在他看来都未必美好。对待过去的悲观主义是一种修辞手法的产物，亦即，为了给狂热的情绪降温而机械地使用"只是/只有(ne que)"的句式。8月4日之夜？它**只是**在焚烧了一些城堡之后才发生的。联盟节？这种欣喜**只有**用法国人的肤浅才能解释得通。6月20日①？人们**只是**"在路易十六的头上扣了一顶红色无边帽"。8月10日？它**只是**那些腐败透顶的议员的大变脸。至于未来的日子，它们都源自充满痛苦的想象。《人民之友》上充斥着各种"被揭露的可怕秘密""恶毒的阴谋"和极端的预言（始终眼光敏锐的饶勒斯认为，马拉与民众的想象是同步的）。马拉不知疲倦地预告国王姑姑的离开、拉法耶特的背弃、米拉波的腐败、瓦伦出逃、杜穆里埃的叛变。这一切都真实发生了，所以读者们很容易就突出马拉的先见之明，马拉也会自鸣得意："三百多项被证实的预言表明我懂得评判人和事。"与这些成功相比，没有发生的预言很明显并不重要。

在马迪厄看来，这位灾难预言家有着"出色的心理学家"的资质，他对事物始终如一的看法来自他对大革命弊端的单调阐释，以及对救治方法的不变观点。他的阐释始终围绕着特权阶级、占据优势的部长、神圣的莫蒂埃和臭名昭著的里克蒂②所谋划的反革命阴谋：不分青红皂白，沾边就算。虽然马拉的言论很暴力，但他对那些阴谋家们表现出了某种冷漠；他们主要被用来证明马拉不是阴谋家，保证马拉自己言论的纯洁和正直。

如果说时代的不幸都源自同一个原因的话，那么解决方法只

---

① 指瓦伦事件。
② 即米拉波，他的全名为奥诺莱·加布里埃尔·里克蒂，米拉波伯爵（Honoré-Gabriel Riqueti, comte de Mirabeau）。

有一种：大清洗。马拉根据不同的情况曾经要求砍掉逃亡贵族的头，或者"600个精心选择的人头"，或者"20万个人头"，吉伦特派无法原谅他这种主张。但是重要的不是头颅的数量，因为相较于专制主义的受害者，这些数量无论如何都是微不足道的。马拉不断提到的论题之一是用"流几滴血"来避免血流成河，惩罚"少数人"来拯救无数贫苦之人。这种掩盖暴力的牺牲逻辑具有传染性。罗伯斯庇尔敢于使用马拉所称的"简单的计算"，讨厌抛头露面的他还效仿马拉，把自己描绘成一个濒死之人，一个愿意牺牲自己的生命来避免杀戮的人。

我们可以感觉到马拉这样一个如此孤独的革命人物，某些时候却好像大革命的化身。《人民之友》不仅传播了与雅各宾主义不可分割的阴谋哲学，也创造了恐怖统治的语言。这种语言的核心是对能见度的迷恋。对马拉来说，绝对的罪恶不是反革命者的敌视，而是人民冥顽不灵的视而不见。法国人之所以半聋半瞎，有时是因为"虚荣"的光彩冲昏了他们的头脑，有时是因为他们已经沉睡。法国民族的两大原罪是轻信（人们以为自己看到了，其实什么都没有）和麻木（应当看到的时候，却什么都看不见）。利用这些弱点就是重罪，比如吉伦特派，或者"鸦片提供者"佩蒂翁，或者"哄骗者罗兰"所做的事情。在沉睡者和骗子之间，只有马拉在所有人都沉睡时依旧扮演着人民的孤独哨兵和大革命的守夜人，以及不知疲倦的罪犯揭露者。只有他能看清一切，揭露真相，驱赶那些"只害怕爱国作家所写的揭露文章的"叛徒。马拉就是人民的眼睛。

在这一方面，马拉碰触到了一根属于革命想象的敏感的弦，这种想象总是充满着警惕和监督的心结，它的眼睛闪闪发光，装点在旗帜上。与仇恨相比，这种警惕才是马拉进行揭露的原因。菲利克斯·勒佩蒂埃（Félix Le Peletier）解释得非常好："马拉之所以伟大，首先是因为他颠覆了一个最根深蒂固的偏见，亦即，凡是揭露者都是叛徒，都应蒙受耻辱和臭名。揭露是美德之母，就像监督是人民幸福和自由的最大保障。"实际上，对马拉来说，揭露只不过是指出真相，是一个能够瞬间扯下蒙眼布、祛除巫术的举动，其效果立竿见影，不需要任何证据。所需的一切只有归纳，对于"了解人类激情的动力的观察者"而言，归纳总是值得信任的。因此，马拉的论说是无可辩驳的。1791年5月，他在给德穆兰的信中写道："想要评价人类，我完全不需要确凿的、清晰的、准确的事实。对我来说，他们在重要场合的不作为或沉默常常就已足够了。"

这种没有论据、气喘吁吁、充满复仇指令（"逮捕""搜查""刺穿""痛斥"等）的论说让《人民之友》看起来好像一种疯狂的自言自语，而且重复频率很高，使人以为报纸只有一期，只有一个人在反复表达唯一的观点。马拉非常自豪地承担了他的孤独（"唯一看得清真相的人"），并且感受和加剧了这种孤独（在吉伦特派对他发起攻击的1793年2月26日会议中，他向唯一支持自己的议员蒂里翁（Thirion）发起挑战），他从未相信自己能够打破孤独。与本质上懒惰、愚蠢、迟钝、盲目的人民对话是没有用的，令人宽慰的寄希望于后世的想法也是没有用的，因为"父辈的经验在子孙身上已经消失，每个人始终都是从同样的无知开始,通过自己付出的代价去学习"。杜布瓦-克朗赛①(Dubois-Crancé)对他非常了解,是吉伦特派的攻击赋予了这个孤独者重要意义,正如同夏洛特·科代②(Charlotte Corday)的尖刀召唤出了马拉的信徒,并开启了对马拉的崇拜。

这就是为何马拉在法国大革命中榜样性和边缘性兼具的原因。边缘性:能够证明这一点的是大革命中的人很难把马拉纳入自己的团体中,他们倾向于将其视为一道无法逾越的界标;历史学者很难把他塑造成一位英雄;他甚至更像是大革命的一个高音喇叭,而非一个表演者:"我只通过我的写作来参与公共事务。"但这也是他的榜样性所在:他是典型的为人民服务的记者,公共舆论这一新生的决定性力量的象征;民众想象的最深层恐惧的传声筒,例如饥荒、面包下毒、阴谋。最后,如同梯也尔所理解的,他是这种可怕想法的表达者,即"随着危险的增加,革命者虽然从不宣布,但每天都在告诉自己要摧毁所有敌人。"实际上,不知疲倦地呼喊出这一隐藏的真相,这就是马拉的特殊之处。

莫娜·奥祖夫

---

① 国民公会议员,五百人院议员。
② 刺杀马拉的王党分子。

延伸阅读

Les Pamphlets de Marat, éd. établie par Charles Vellay, Paris, 1911.
Textes choisis, éd. Établie par Michel Vovelle, Paris, Editions sociales, 1963.
BONNET, Jean-Claude, ET AL. *La Mort de Marat*, Paris, Flammarion, 1986.
CARON, Pierre. *Les Massacres de Septembre*, Paris, Maison du livre français, 1935.
DARNTON, Robert. *Bohème littéraire et Révolution. Le monde des livres au XVIIIe siècle*, Paris, Hautes Etudes/Gallimard-Seuil, 1983.
GOTTSCHALK, Louis R. *Jean-Paul Marat : A Study in Radicalism*, New York, Greenberg, 1927.
HUET, Marie-Hélène. *Rehearsing the Revolution : The Staging of Marat's Death, 1793-1797*, trad. du français par Robert Hurley, Berkeley, Quantum Books, 1982.
MASSIN, Jean. *Marat*, Paris, Club français du livre, 1960.
WALTER, Gérard. *Marat*, Paris, Albin Michel, 1933.

参见条目

丹东（Danton）
吉伦特派（Girondins）
雅各宾主义（Jacobinisme）
国王审判（Procès du roi）
罗伯斯庇尔（Robespierre）
恐怖统治（Terreur）

玛丽-安托瓦内特
Marie-Antoinette

"甚至在党派偏见使真理从大地上消失的时代之前,诽谤就一直纠缠着王后。原因既可悲又简单:因为她是最幸福的女人。玛丽-安托瓦内特,最幸福的女人!哎!这就是她的命运,人类的命运就是如此可悲,光鲜繁华的场景只不过是令人悲伤的预兆。"1793 年 8 月,在王后被推上断头台前两个月,斯塔尔夫人在具有辩护性质的《关于王后审判的思考》(*Réflexions sur le procès de la reine*)中这样总结了玛丽-安托瓦内特的一生。她在这部作品中不仅出色地表达了一个女人对另一个女人的同情,也揭开了王后生活的秘密。那种本可以、本应该平庸度日的生活,但时代的挑战把它变成了英雄般的命运。在这部作品中,除了不幸以外,她还以更多篇幅讲述是什么赋予了这种生活重要性以及非自愿的典范性。关于王室的公共活动的记录和私密生活的记录以前所未见的程度交织在了一起,正是女人的幸福导致了王后的不幸。在玛丽-安托瓦内特在世期间,斯塔尔夫人就确定了此后两个世纪无数大胆、不断重复的文学作品的主题。王后是好人?还是坏人?虽然档案没有什么大的更新,但人们不停地针对王后的审判提出异议。王后的浪漫生平被仔细查考,她的情人、爱好和痛苦被详细披露,有人声称细致考证了王后私密经历中依旧无法判定的内容,也有人杜撰出一些或憎恨或喜爱这位早已逝去的女人的理由。在众说纷纭的文学作品中,很少有人如斯蒂芬·茨威格(Stefan Zweig)一般,在一本令人难忘的书中,努力以其背景为基调去了解这种生活。

她生于1755年11月2日,是皇后玛丽-泰蕾莎与洛林公爵弗朗索瓦三世[①]的小女儿。当时欧洲的联盟关系即将发生翻天覆地的变化,由此也决定了她的命运。1756年,普鲁士与英国的关系越来越好,为了应对这种威胁,奥地利和法国修好。新的国际局面让路易十五卷入了七年战争的悲剧之中,最终法国精疲力竭(它的新盟友并没有显得十分懊恼),丢掉了大部分殖民地。法国在欧洲的地位遭到削弱,法王没有别的选择,只能加强与哈布斯堡家族的联系,虽然《巴黎和约》签订之后,国内四处掀起了反对奥地利的论战。这场论战也留下了一些残酷的迹象。舒瓦瑟尔是这项政策的始作俑者。他想通过一场王室婚礼来确定两国之间的联盟。首先,他想让一位奥地利公主嫁给年迈的国王为妻;后来又想让路易十五的一个女儿嫁给二次丧偶的皇帝约瑟夫二世(Joseph II)。但两国都没有很热衷于解决这件事。于是舒瓦瑟尔和考尼茨不得不接受最容易的,也是他们认为最有前景的方案:他们筹备了女大公玛丽-安托瓦内特与路易十五的孙子贝里公爵

[①] 即弗朗茨一世,哈布斯堡-洛林王朝的第一位神圣罗马帝国皇帝(1745—1765年在位)。

的婚礼。1766年其父亲的去世恰好使得公爵成为了法国王太子。

虽然婚礼在当时基本确定了下来，但是事态比看起来更加复杂。未来的路易十六的父亲曾经是舒瓦瑟尔及其奥地利政策的最坚定的反对者之一。新王太子的母亲，萨克森的玛丽-约瑟芬也竭尽所能推迟这桩她不喜欢的婚事。然而，导致这项美好计划的缔结被推迟四年，并非完全因为她的拖延策略，而是由于无止境的外交斡旋，两国都想从尚未最终确定的情形中获取最大利益。对法国而言，这是能够更好地控制总是制造麻烦的盟友的好方法。对奥地利而言，与法国王室的联姻被视为重要的婚姻政策的举措之一，的确这也是最为重要的举措，在同一时期，玛丽-泰蕾莎把女儿玛丽-阿梅莉（Marie-Amélie）嫁给了帕尔马公爵，把另一个女儿玛丽-卡罗琳（Marie-Caroline）嫁给了那不勒斯国王。这项坚决的战略是为了同时巩固哈布斯堡家族在欧洲的地位，增加神圣罗马帝国抵御分裂势力的实力。在这项战略中，最后出生的玛丽-安托瓦内特只是一颗棋子，但这颗棋子走的却很精彩，1769年6月，皇后终于成功收到了路易十五以王太子的名义向年幼的女大公求婚的正式信函。此时合约可以签订了。在维也纳进行了一场代理婚礼①之后，这位年轻的女孩离开了故乡，以奢华阵仗被"托付"给她的新国家。仪式于1770年在斯特拉斯堡附近的莱茵河畔举行，这也是旧制度时期最后一次如此重要的仪式。8天之后，新婚夫妇在凡尔赛相聚。

---

① 一种婚礼仪式，新婚夫妇的其中一方由于打仗、被俘或司法等原因而无法到场的情况下，可指定一人代为完成仪式。

新太子妃年仅 15 岁，考虑到当时的风俗，这并没什么特别。但是这位少女并没有为自己的使命做好准备，至少可以这么说。这件事令人震惊，因为从出生伊始，她很可能就成了母亲的复杂筹划中的一部分。她在没有文化的状态下长大，从未接受过最基本的知识教育。她生性活泼却很肤浅，这是 1768 年从巴黎派去维也纳为其弥补教育不足的维尔蒙神父很快就作出的判断；这位神父几乎陪伴了她的一生。"我向她介绍一些开明思想时，她理解得很到位；她的判断几乎总是正确的；但是我无法使她习惯对主题进行深入探讨，虽然我认为她有这种能力。"无论缺少的教育能够反映出多少这位公主的个人天赋，它同样也能让我们了解到维也纳与凡尔赛宫廷之间的区别。一方面，人们期待未来王后能够展现出道德品质和宗教虔诚，多生育子女，能够严格听从把她嫁到法国的母亲的指示，不犯错误，忠诚地为母亲的计划服务；另一方面，人们满怀好奇却毫不宽容地等待着她如何开始新的生活：她如何能够在分裂宫廷的敌对和冲突中铺平道路，宣告自己的位置？如果她有过更好的训练，玛丽-安托瓦内特的行事能力是否可以更加熟练？当然了，这已经无法判定，但是我们可以认为当时她所迈入的社会留给她的是一些无法解决的问题。

她并非空手而来。皇后把她的大使梅尔西·阿尔让多伯爵安排在女儿身边，充当导师、军师、心腹和间谍。他负责向维也纳报告这位年轻妻子的一举一动以及这项政治投资的成功，他与玛丽-泰蕾莎和约瑟夫二世的通信是我们所掌握的最好的信息来源之一。在玛丽-安托瓦内特背后，并且凌驾于她之上的始终是那位咄咄逼人的母亲，一直到 1780 年 11 月去世，她都让女儿承担着自己施加的所有压力。这位皇后喜欢指手画脚、严加训斥和控制一切。这个内心清醒的老妇人比谁都清楚自己的宏伟规划是不牢靠的，但她依旧执拗地操纵着她的规划。临终时，她交给女儿一份宗教和政治"章程"，并要求她每个月都要重新阅读。在她们通信的6年之中，我们可以看到她总是插手一切，例如年轻的国王夫妇的婚姻问题以及玛丽-安托瓦内特的朋友，凡尔赛宫的流言蜚语和法国的外交政策。她插手时的态度非常直接粗暴，在人们一直批评太子妃直至成为王后以后的不负责态度方面，她要承担很大一部分责任。她退居幕后只是为了给约瑟夫二世让位，后者1777年对巴黎的访问似乎惹得法国宫廷对奥地利的公开的指手画脚极为厌恶。

　　这位未来法国国王的妻子被赋予了三重使命。她在这三个方面做得很糟糕，不过伴随她的不仅仅是错误。从18世纪70年代开始，从这些不幸的经历中就诞生了一种玷污玛丽-安托瓦内特名誉的无稽之谈，一直到死，她都没有逃脱。用词可能有所变化，语气可能轻重不一，但话题始终不变。

　　第一个话题当然是一直到1777年才圆房、1778年才有子嗣的婚姻。这位年轻妻子没有任何过错。错误完全在路易十六身上，他对爱情没有太多兴趣，导致他并不急于承认并解决自己的生理小问题。但涉及到一个国家的国王和王后时，这个问题很快就不再属于私密范畴。路易十五的继承人不仅缺乏男子气概，据说性功能也低下，这很快就成了公众讨论的话题，王室被羞辱到了极点。老国王、奥地利皇后和她的儿子担心的主要是王朝和政治。王室血脉必须永久延续下去，法国与奥地利达成的联盟必须要通过子嗣而得到巩固。这三个人没有过多掩饰，都急于立刻找到必要的解决方法。对路易的兄弟普罗旺斯伯爵和亚多瓦伯爵而言，这一长期拖延的问题却让他们从王位继承顺序角度看到取而代之的重大希望。所以，在宫廷和巴黎流传的大部分谣言都是以他们为中心散播出去的，这丝毫不令人吃惊。

实际上，谣言正是这起事件的核心内容。王室夫妇的不幸为报纸专栏提供了材料。有人收集并分析每条传闻，派人查探国王夫妇的床，这对年轻夫妇每分每秒都被监视着。也有人讥讽这件国家大事成了粗俗的闹剧。卷入风暴之中的玛丽-安托瓦内特经常笨拙地挣扎辩解。1775年，谈论自己的丈夫时，她不经意使用了一些伤人的字眼，很快就遭到玛丽-泰蕾莎的严厉训斥，这一切都不禁让人想到这肯定不是一次例外情况。她这种行为也使自己成为所有恶意评论的目标。1778年底年轻夫妇的结合终于开花结果，他们生下一个孩子，但很不幸是个女儿，取名玛丽-泰蕾莎（marie-Thérèse），未来的长公主（Madame Royale），这是如此长久期待后并不令人满意的结果。一直到三年之后，1781年，王后才生下一位太子，后来在1785年和1786年分别生下第二个儿子和小女儿。从某种程度来讲，这些未来命运坎坷的子女来得太晚了。损害已经形成。路易十六和妻子的私生活已经成了公众永远嘲笑的对象。谁会相信这位年轻貌美的王后会接受强加给她的胆怯、懒散又愚笨的丈夫呢？既然国王没有性能力，那么王后肯定水性杨花。从18世纪70年代中期开始，人们就确信她已经不再为婚姻的挫折而感到痛苦，她已经成为宫廷中的新梅莎丽娜①。

在宫廷之中,她同时也要面对第二种困难。路易十五统治末期的凡尔赛宫被彼此敌对的小团体所分裂。玛丽-安托瓦内特有自己的优势,她似乎拥有独特的魅力,一开始就赢得了包括路易十五在内的许多人的同情。但这不足以使她在这个复杂又多变的处境中找到出路。虽然她的皇后母亲要求她与彼此争斗的派别保持距离,但她终究要选择自己的盟友。她的处境极为错综复杂。这位太子妃对杜巴丽夫人只有敌意,后者在路易十五治下的最后几年间恬不知耻地统治着宫廷,甚至想通过国王控制整个王国。所以她假装忽略这位夫人,并与其进行对抗;她与国王的女儿们的关系渐渐密切:她们也希望结束父亲的不端行为。但是与这场关于人脉和影响力的争斗相互交织的是另一场阵营完全颠倒的冲突。因为考虑到她的位置,玛丽-安托瓦内特自然要站在舒瓦瑟尔党派的一边(主管法国对奥政策的人,也正是他落实了这桩婚姻,玛丽-安托瓦内特和他也结下了真正的友谊),但她发现敌对一方的成员非常混乱复杂,包括杜巴丽夫人、路易十六的三个姑姑,就连自己的丈夫也继承了父亲的反奥情感。1770年12月,舒瓦瑟尔的失势并没有结束两派之间的冲突,因为这位流亡大臣在很长一段时间都对重掌大权抱有信心,而且对友谊很忠诚的太子妃也一直支持他的计划。她甚至在路易十六加冕节庆期间,在兰斯会见舒瓦瑟尔,引起轩然大波。但是,她似乎从未能在宫廷政治迷局中找对方向。她常常给人的印象是被舒瓦瑟尔小团体或

---

① 梅莎丽娜(Messaline):古罗马的克洛德皇帝的妻子,拥有无数情人。

其他势力所支配，因为宫廷里还有国王的弟弟及其表哥奥尔良公爵的阴谋。玛丽-安托瓦内特插手的时机很不恰当，她被卷进了一些令名誉受损的事件中，例如吉纳公爵丑闻①。梅尔西向玛丽-泰蕾莎告知了这种混乱行为，他坚持认为这种没有规矩的行为最终只会给她招来敌意。"有人能够伤害她的自尊，惹怒她，诋毁那些出于好意而拒绝服从她的人。这一切都发生在购物和其他娱乐聚会中。"这些宫廷中司空见惯的阴谋手腕背后没有任何政治规划，只是一种未经思考的冲动，但这却让人相信这位外国王后想要拥有自己的党派。

这就涉及了玛丽-安托瓦内特的第三类愚蠢行为，她不能为其负全责，但日积月累却也成了诋毁她的重要内容之一。人们期望这位太子妃1770年春来到法国之后能够保持彻底中立，但她却被指责心里依旧是个"奥地利人"。来自于母亲的无尽压力或许是造成这种名声的一个原因。因为虽然建议女儿与法国政治保持距离，但玛丽-泰蕾莎还是不断提醒女儿她是一名德国人，在无聊的宫廷生活中，她也应该保持如此。玛丽-泰雷莎甚至很早就要求女儿介入政事，在国王和大臣面前捍卫神圣罗马帝国的利益。从第一年开始，梅尔西就让她一直期待"太子妃肯定能够将她的太子丈夫玩弄于股掌"，因为他本来就以"懒散著称"。

---

① 1771年4月20日，法国驻英国大使伯尼埃尔（Adrien Louis de Bonnières）控诉秘书托尔·德拉松德（Barthélemy Tort de La Sonde）借其名义利用公款投机倒把，敲诈多位巴黎银行家。托尔被捕后反诉伯尼埃尔，声称这些行为都是在其授意之下所为。王后玛丽-安托瓦内特选择支持伯尼埃尔。最终国王任命的特别委员会投票通过伯尼埃尔无罪，并于1776年将他封为吉纳公爵。

所以玛丽-安托瓦内特收到的是来自维也纳的命令，要求她左右国王的决议和选择。这位皇后母亲要求了解一切，想要对莫尔帕伯爵（Maurepas）挑选大臣的选择施压，尤其是1774年外交事务大臣的任命。1778年，她催促王后"好好利用自己对国王的影响"，转变法国在巴伐利亚继承人事务上的立场："我需要［……］你对我、对家族和祖国的所有情感。"虽然有血脉联系作为理由，对效忠外国王室的反复要求最终被发现，并在反奥情绪依旧很浓的宫廷受到排斥。18世纪80年代，约瑟夫二世继续要求妹妹干涉朝政时，这种态度更受排挤。玛丽-安托瓦内特是个乖女儿，她服从了这些要求。但她行事天真、"浅薄"，梅尔西不停地对此表示强烈反对，但没有任何效果。她的干涉也没有任何效果，因为路易十六似乎很快就决定让妻子远离自己的决议。但这只是徒劳。王后说话口无遮拦，还召集大臣，试图改变他们的看法，于是人们相信她所做的这些努力并不是为了法国。

从18世纪70年代末期开始，王后的基本形象就已经确定了。早在大革命之前，王后就成为舆论攻势的目标，那些特征也渐渐根深蒂固。1789年之后，它们导致了一种猛烈程度难以置信的怨恨，这种怨恨主要体现在大量小册子作品中。于是批评的范围及利害关系都发生了改变。但是基本的话题并没有改变。二十年间，那些无法选择的形象都没有发生改变：王后是个外国人；一个企图利用路易十六的弱点的野心家；最重要的是，她是一个女人，由于国王夫妇最初的婚姻挫折与性有关早已成为尽人皆知的秘密，所以人们都认为她是一个人尽可夫的荡妇。这三个话题彼此交织，紧密联系，例如有一份1781年首先出版于伦敦（1789

年再版并取得巨大成功）的名为《关于法国王后奥地利的玛丽-安托瓦内特生活的历史随笔》(*Essais historiques sur la vie de M.-A. d'Autriche, reine de France*)的最早的反对她的讽刺小册子这样写道："安托瓦内特很早就在筹划怀孕的事情；这是身在维也纳的母亲，智慧的皇后，给她的命令中最重要的一点。她允许尊贵的丈夫为此用尽方法。但这些方法远远不够，也没有效果。所以她必须求助于情人。"换言之，这个奥地利女人被母亲逼着为政治目的而走上罪恶道路。这些指责被不断地重复。人们在1793年的审判中还能听到这些流言，两个月后斯塔尔夫人为了捍卫王后而写的论文中也能看到，她尽力逐条驳斥。1798年，普罗旺斯伯爵（未来的路易十八）在《关于玛丽-安托瓦内特的历史思考》（*Réflexions historiques sur M.-A.*）一文中匿名杜撰的恶毒的辩解书也提到了这些流言。

流言如此持久就会令人生疑。和所有流言一样，关于玛丽-安托瓦内特的传闻有一些事实作为基础，但更大一部分细节都只是看似合理，为了使传闻的逻辑通顺而被随意篡改。除了她与费逊伯爵之间漫长、隐秘而复杂的关系以外，其他强加给她的众多情人根本就没有任何存在的证据；但是早年的轻率行为以及她和国王这一对奇怪夫妇都让这一切看起来有模有样，好像那些情人真的存在过一样。除了她的奢华生活，对她的指控还有贪婪残忍、锱铢必较的个性，1785—1786年间发生的钻石项链丑闻似乎是最典型的证据，虽然王后被牵涉其中并非自愿，而且从未了解过其中的利益关系。这种散播丑闻的小说情节向公众曝光了宫廷中最显赫的名字，王后自然少不了占据一席之地；她本是阴谋的受害者，但罗昂（Rohan）枢机主教被宣告无罪之后，她却被视为始作俑者。相反，在君主制的最后几年，她插手外交事务的意愿有着更加确凿的证据，与此同时，危险不断累积，政治危机的结局愈发难以明辨。她干涉政务的方式毫无条理，漏洞百出，但比以往更加专横。她企图在选派大臣方面拥有发言权：她支持贵族的要求，收到了卡龙的辞呈；她还指定维尔蒙神父的朋友布里耶纳取代内克，成为财务总监。她越来越频繁地参加内阁委员会，有人预测她很快就会成为国王议事会的成员。布里耶纳辞职之后，她不得不解决这个问题，1788年8月，她让梅尔西-阿尔让多伯爵充当中间人，将内克召回。她的行为非常冒失，宫廷之外的人无所不知。但是玛丽-安托瓦内特并未因此而具备政治头脑，相反，她还差得远。形势每个月都在不断恶化，但她似乎始终跟不上不断变换的时局。和平时一样，只要有机会，她就会鼓励自己的亲信行动；至于其他，她始终建议采取坚决的态度，这或许能够反映她面对国王和大臣的拖延时的愤怒。但是，所有这一切都并不能构成一种政策。

无论这些理由是被证实还是编造的，如果它们没有服务于一些更远大的目标，或许也不足以使王后成为一个如此重要的人物。在很长时间里只是一个平庸之角的玛丽-安托瓦内特如何最终成为历史上最臭名昭著者之一："比阿格里皮娜（Agrippine）更恶毒/罪名前所未闻/比梅莎丽娜更淫荡/比美第奇更野蛮"？可以认为，她在毫不知情的情况下，成了最无法忍受的王权形象的化身。

这是一种双重形象，也是一种互相矛盾的、既傲慢又可耻的、在相互冲突的双重使命中浮现的形象。首先，作为王后，她却妄图如国王一般行事,她并不满足于君主妻子通常应当履行的母亲和慈善家的职责。令人无法忍受的野心使她与利用路易十五的懈怠的王室情妇如出一辙,她所注意到的是路易十六的无能。但是这位王后甚至不能做一个称职的王后。她试图远离一个世纪以来君主必须出现的公共场合。为了让凡尔赛宫恢复往日的辉煌,把欧洲贵族精英挽留在这里,玛丽-安托瓦内特做出了许多努力。但很快,她就要求远离宫廷,与合得来的朋友享受个人生活。这种尝试以前也出现过,路易十四曾经命人建造了马利城堡(Marly),但很快,要想进入这座城堡,必须经过前所未有的挑选仪式。路易十五曾经在休养城堡中度过无聊和快乐的时光,实际上,18世纪中叶,王室生活的个人化进程正是从他开始的,在阿尔让松侯爵看来,这一进程加剧了国王与人民的脱离,他是首先理解这一点的人之一。然而,就像康庞夫人观察到的(至少她怀疑是如此):"身为国王,就没有私密内室;身为王后,就没有衣橱也没有小客厅。这是一个真理,不用向他们过多灌输。"但玛丽-安托瓦内特想要忽略这最基础的道理。刚来到法国的几年里,她认为自己可以过一种私人生活,奔走于聚会、舞会和剧院之间,大部分与她有关的谣言都来源于这种企图。1779年以后,她命人重新布置了套房,尽量保护自己的私人生活。但与凡尔赛宫形成最强烈对比的还是低调奢华的特里亚农宫,这是一块完全私人的空间,远离各种礼仪的压力,由一个女人掌管,国王在这里只是客人;这里的自然景观与园林表面的井井有条完全不同,这种巧妙的杂乱似乎象征着摆脱宫廷强加之限制的小团体的自我释放。在那些不被允许(或者不再被允许)进入的人眼中,这里一切都有可能。王后对男女亲信的偏爱并不是什么新鲜事。但是在这些新情况下,这种偏爱却成了一种不可告人的癖好,这些亲信都成了欲求不满的王后的情妇和情人。她成了谣言中的同性恋,轻浮的爱情成了"对子宫的痴迷"。从1775年开始,玛丽-安托瓦内特向母亲坦白,在与日俱增的讽刺歌曲中,有人"放肆地猜想我有两种爱好,一种是女人,另一种是男人"。女性情人中有朗巴勒公主(Princesse de Lamballe),然后更重要的是儒勒·德·波利尼亚克伯爵夫人(comtesse Jules de Polignac),的确一直到18世纪80年代中期,王后都与她保持着极为友好密切的往来;男性情人中有国王傲慢的弟弟亚多瓦伯爵,他们用"夏尔洛"和"托瓦内特"称呼对方,另外还有整个舒瓦瑟尔党派的人,很快还包括了所有她在特里亚农宫中接待的男性。"皇家动物园"(指王后的亲信)、大革命初期被讽刺小册子悬赏捉拿的"臭气熏天的凶猛野兽"、忠诚的朋友和普通的玩耍者都被包括在内。在公共舆论眼中,王后通过这些人,并和他们一起对法兰西王国的美德造成了不可恢复的损害,她自己也是自作孽不可活。

在一个如此看重女性品德,同时又赋予私生活新内涵的世纪里,玛丽-安托瓦内特似乎成了一个反面典型。她因为想要有自己的生活方式而受到舆论抨击,由于身为女人而受到恶意中伤。但这种评判需要得到纠正。一方面,一切都表明王后非常清楚自己代表的是什么,她在很长一段时间内都过着轻率的生活,对这种轻率的唯一解释就是她不知道自己在做什么。然而她知道,即使不是全部,至少是人们对她的大部分评论,有时她也会受到伤害;但是她似乎从未想过从中吸取教训。另一方面,也是很重要的一点，她的悲惨经历提醒我们一直到1789年（或许更久），王后没有权利像其他女人一样。与她的名誉有关的恶毒传闻就像是一种负面形象，这也反映出王后本应当扮演一种理想形象，人们批评的也是她没有做到这一点。这就像一种非常讽刺的悖论，在旧制度的最后几年里，玛丽-安托瓦内特做了很多有损于公众对王室人物的认知的事情，她的命运同时也表明了君主制价值观的力量丝毫未损，因为她遭到严厉批评的原因就是没有履行这些价值观。

大革命只是为这幅形象增添了戏剧性元素，但并没有提供任何新的特征。三级议会开幕典礼上，王后经过时所遭受的沉默待遇只能证明对她的敌意由来已久，从18世纪80年代中期开始，巴黎百姓已经多次表现出这种态度，与其形成鲜明对比的是公众长久以来对路易十六的同情。反过来，玛丽-安托瓦内特从一开始就倾向于强硬路线。6月17日之后，她与亚多瓦伯爵和普罗旺斯伯爵一起催促国王表现出权威，拒绝内克提出的妥协方案。她依旧认为解散议员、让军队恢复秩序是有可能的。所有证据都表明当时她多次做出干涉，让国王拒绝妥协。她并没有成功，另外，先是议会，后是巴黎，从6月到10月，一直都在迫使王室接受一系列妥协，对抗也随之成为幻想。7月14日之后，第一波逃亡潮令国王夫妇周围空无一人；亚多瓦伯爵、波利尼亚克伯爵夫妇或维尔蒙神父都逃走了，把国王和王后抛弃在冷清的宫殿中，他们后来被迫离开，被武力押往杜依勒里宫。

玛丽-安托瓦内特从未放弃对大革命的敌意，在她看来，任何妥协都是不可能的。另外，在人们还在犹豫如何处置国王的那段时间，她已经被列为新形势下最确定无疑的敌人。无论是提到贵族阴谋，还是后来的"奥地利小团体"，她都是所有假定诡计的核心人物。1789 年 10 月 1 日，当款待弗朗德军团的晚宴演变为一场表示忠心的活动（谣言也认为它变成了一场群体狂欢）时，她再次首先成为被质疑的对象。10 月 5 日，当巴黎的妇女们朝着凡尔赛进发时，高呼极其暴烈的口号反对她。的确，在这些日子里，王后表现出了某种"轻率"（萨尼亚克（Sagnac）的说法），表明她决意不顾及政治形势，她的行事方式就像是什么都没有发生过。圣路易日那天，她认为国王接待巴黎来的代表不合适，并且高调地表现出自己的不愉快。她同样还让人了解到 10 月 1 日的宴会让自己"非常高兴"。这些愚蠢的招数不可能改变命运，而是更迅速地使她成为大革命的敌人。

对于被安置在巴黎、受人监督的国王夫妇而言，他们只有三个选择：尝试与新的当权者谈判；逃跑；争取欧洲列强的干涉。在这三方面，玛丽-安托瓦内特的选择和决定与路易十六并没有很大不同。但她更能表现出一种决心，有时是一种勇气，这与以前毫无条理的临时应对截然不同。10 月 5 日，当她拒绝逃亡至朗布依埃（Rambouillet）时，表现出的是勇气；当所有人（尤其是费逊）劝她逃离并苦苦哀求时，她决定留下来抵抗，这表现出的也是勇气。她讨厌甚至鄙视群众，但她并不害怕他们，这甚至让她在公共场合取得了几次成功，但也只是徒劳。至于决心，许多人都同意米拉波的观点，承认"国王身边只有一个人，那就是他的妻子"。她对那些新的领导人只有鄙夷，完全不想与他们就根本问题进行谈判。然而，1790年夏，与腐败的民众领袖[①]进行秘密谈判的就是她，而且她的威严令人震惊。或许自从瓦伦出逃失败之后一直到1792年初，在她与巴纳夫所保持的难以置信的秘密通信中，她的风格和语气的转变是最明显的。毋庸置疑，玛丽-安托瓦内特耍的是双面游戏。她想要争取时间；她只能表现出有能力串通密谋，讨论和掩盖某些观点。除此以外，当她的临时伙伴表现得太过谨慎时，是她为其上了一堂名为"决心"的课："我坦白承认，在他们提出的方法中，我无法找到为公共利益服务的特征或渴望，以前我很乐于在他们身上找到这些"（1791年10月21日）。

这些都是想要重新控制局面的绝望尝试，和其他任何人相比，王后都无法声称自己拥有掌控能力。大革命逐渐变得极端，这让任何妥协的尝试都化为泡影，同时，重新建立有利于君主制的政体的希望也彻底落空。在瓦伦出逃失败之前，这项计划就像是一个不合时宜的解决方法，因为国王夫妇很渴望摆脱流亡贵族，虽然他们是国王的亲兄弟；另外，他的兄弟们也没有让事情变得更简单，王后公开抱怨他们别有用心的企图和他们可疑的忠心。只有当出逃成为在欧洲宫廷（而非流亡贵族）的支持下重新建立王权的第一步时，它才有意义。她在1791年4月写给梅尔西-阿尔让多的信函中求助的就是这种逐渐增加的政治压力，她考虑的更多是法国国内高涨的不满情绪，而非外界势力的武力干涉，后者只能被视为最后的解决方法。然而，尽管欧洲各国发出声明，

[①] 指米拉波。

但它们并不急于干涉法国事务，甚至不愿发表一点点意见。1790年秋以来的联系都没有结果，无论约瑟夫二世还是继任者利奥波德二世（Léopold II，他也是玛丽－安托瓦内特的哥哥）都没有反应，他们的逻辑与国际政治逻辑一致，法国被削弱对他们有利。所以王后的恳求没有任何结果。这位奥地利公主以为可以对当初把她摆在这个位置的家族政策有所期待，但她错误估计了政府理性和国家自私主义的影响。1792年4月，战争最终打响时，事态已经很明了。但为时已晚。王后可以期待革命军队溃败，她可以通过主动背叛来为此作出努力。但是她无法对战争结果产生影响，更无法预测或控制国内冲突的后果，几个月之内，这场冲突将彻底摧毁君主制，使退位的君主成为被控告的罪犯。

无论如何，在公共舆论中，王后的命运早就注定。从大革命最初几年开始，她就已经是到处泛滥的抨击册子的目标之一。如同我们所见的，这种小册子并非1789年的新事物，它在18世纪70年代就已出现，在某些时期的出版数量非常多，传播范围也很广，例如1781年对她产生严重影响的淫秽的圣诞颂歌运动期间或者钻石项链丑闻发生之后。这通常是一些来自伦敦的事先准备好的材料，由一些专职写作诽谤文章的人杜撰，他们与法国警方有着暧昧不清的联系，泰弗诺·德·莫朗德（Théveneau de Morande），佩尔波尔（Pelleport）（或许还应该加上布里索），法国警察古皮（Goupil）都是其中最著名的人物。他们为未来的创作奠定了基础。但是随着大革命的进行，事情的范围和意义都发生了变化。从此以后，诽谤册子在法国出版（它们有编造的索引，导致如今研究其出版史比较困难），数量更多，它们以劣质纸张印刷，常常只有七八页，售价低廉，此后这些书的消费市场也有所扩大（"通过二手书商和沿街叫卖者"）。与之形成对比的是在旧制度的最后几年，这些作品的受众主要是宫廷和城市，但它们使用的材料脆弱易坏，所以很难保存。从如今可能复原的文集来看，小册子中描述的形势和政治局势有些偏差。从"好年景"的1790年开始，玛丽-安托瓦内特成为讽刺作品的女主角，当时的政治新闻界尚且对其置之不理，埃贝尔的《杜歇老爹报》还没有把她当作反复议论的目标。作品的主题并不新颖，但批评却越来越尖刻。放纵的王后成了妓女、以公民的鲜血止渴的阴谋家、公开表示不断背叛大革命的奥地利人。为了吸引"普通"读者，写作风格越来越猛烈，甚至达到过分夸张的地步。最重要的是，连色情书刊都成了政治表达的一种手段。诽谤册子为了讨好读者，详细地描述王后所谓的淫荡及其"私人动物园"，通常使用的是淫秽和道德教化的双重语言。它们的核心内容中还出现了一种令人迷惑的形象，把女人描述为大革命的敌人。这种肆无忌惮的言辞令人惊讶，越来越多的隐喻把玛丽-安托瓦内特的身体当作借口，这些都意味着它们针对的不仅仅是王后，而是女性。那个时代极力恭维母亲，但却不知如何对待女性公民。

这简直是一种非常讽刺的悖论，这种文学作品铺天盖地地出现，但与此同时，努力为自己在特里亚农宫中的私人生活确立规矩的玛丽-安托瓦内特却迫于形势而离开那里。从1789年底到1793年，王室家族的社交圈越来越小，他们的生活逐渐以家庭为主。这最终的角色或许是被强加给王后的，但她似乎很认真地怀着信念接受了它。她在受审时宣称在前往瓦伦的途中，她所做的只是追随自己的丈夫和孩子；她回应指控者时说："我只是路易十六的妻子［……］我必须遵从他的意愿"；当她最后把儿子的幸福看得比任何其他希望都重要时，没有理由怀疑她的真诚，或者认为她是为了逃避自己的责任。王后（在被押往断头台的过程中，这个女人浑身僵硬，大卫用一幅严肃的素描记录了这痛苦的时刻①）面对当时的情形，采取了一种忠于家庭和基督教的英雄主义，用一种不同的方式呼应了路易十六圣徒式的忍辱负重。最后这种出人意料的母性形象威胁到了她的对手，在审判过程中，埃贝尔甚至使用了最后的杀手锏，他采用了王后 8 岁儿子的证词，以乱伦游戏对其进行指控。

这场审判本身没有什么意义，只是聚集了公众所描绘的王后肖像的所有特征。它既没有路易十六审判的规模，也没有什么内涵。1792 年 12 月，立法委员会的报告人宣布应该进行审判，之后罗伯斯庇尔附议，但形势的变化加快了诉讼进程。1793 年夏，如同米什莱用生硬的语言所描述的，国民公会面临着三个紧急需要："杀死王后、杀死吉伦特派、打败奥地利人。" 经过漫长的审讯，1793 年 10 月 14—16 日，革命法庭在两天之内匆匆完成了审判。四十位证人重复了常见的指控：叛国、侵吞公共财产、伤风败俗，以及关于玛丽－安托瓦内特在瓦伦事件、8 月 10 日革命，或者组织逃出圣殿监狱及裁判所监狱的拙劣企图中所扮演的角色的质疑。另外还有一些以前的怨恨，尤其是 1789 年 10 月卫兵宴

---

① 雅克-路易·大卫（Jacques-Louis David）于 1793 年所画的素描，名为《押往断头台的玛丽-安托瓦内特》(*Marie-Antoinette conduite à l'échafaud*)，现藏于卢浮宫。

会事件，以及一些新的对私人罪行的影射。尽管法官刻意迎合证人和证据，整个过程平淡无奇。令人困惑的辩论从一开始就不顺利，因为与国王审判不同，这次审判没有涉及重要的政治事件，但废黜的王后却表现出了某种机智。富基耶－坦维尔让事情摆脱了混乱的局面。他知道怎么做，并且聪明地概括了主要起诉罪状，无论是依据充分还是缺乏根据的指控都描绘了最后一幅王后的神秘画像：她"善于经营各种阴谋"，"极为变态，熟悉各种犯罪行为"，"从初到法国开始就成为法国人的灾祸和吸血鬼"。玛丽－安托瓦内特的性命于 10 月 16 日在革命广场上结束，但关于她的传说早已将她彻底抹黑。

雅克·雷韦尔（Jacques Revel）

延伸阅读

Sources（par ordre chronologique de publication）:

Correspondances secrète entre Marie-Thérèse et le comte de Mercy-Argenteau [...], éd. établie par Alfred d'Arneth et Auguste Geffroy, 3 vol., Paris, 1874.

Correspondance secrète du comte de Mercy-Argenteau avec l'empereur Joseph II et le prince de Kaunitz, éd. établie par Alfred d'Arneth et Jules Flammermont, 2 vol., Paris, 1889-1891.

Lettres de Marie-Antoinette. Recueil des lettres authentiques de la reine, éd. établie par Maxime de La Rocheterie et Gaston du Fresne, marquis de Beaucourt, 2 vol., Paris, 1895-1896.

Fersen et Marie-Antoinette. Correspondance et journal intime inédits du comte Axel de Fersen, éd. établie par Alma Söderhjelm, Paris, Kra, 1930.

Correspondance entre Marie-Thérèse et Marie-Antoinette, éd. établie par Georges Girard, Paris, Grasset, 1933.

Marie-Antoinette et Barnave, correspondance secrète （*juillet 1791-janvier 1792*）, édi. Établie par Alma Söderhjelm, Paris, Armand Colin, 1934.

TOURNEUX, Maurice. *Marie-Antoinette devant l'histoire. Essai bibliothèque*, Paris, 1895.

WALTER, Gérard. *Marie-Antoinette*, Paris, Grasset, 1933; éd. originale: *Marie-Antoinette. Bildnis eines mittleren Charakters*, Leipzig, Insel, 1932.

参见条目

巴纳夫（Barnave）

流亡者（Émigrés）

埃贝尔派（Hébergistes）

路易十六（Louis XVI）

米拉波（Mirabeau）

内克（Necker）

瓦伦（Varennes）

米 拉 波
Mirabeau

米拉波有两段人生，一段在旧制度时期，另一段在法国大革命时期。第一段人生是失败的，虽然也有过天赋异禀的闪光时刻。第二段人生成就了他的辉煌，虽然期间也有不可告人的事件。大革命让这个旧贵族阶层中最受人鄙视的弃子成为制宪议会中最引人注目的人物；但米拉波的天赋或性格与其说发生了变化，倒不如说是有了用武之地，所以他的一生能说明1789年对于他是多么大的一个转折，正是这著名的1789年姗姗来迟地给他的生活赋予了意义。

当时的米拉波已经40岁，他的生活中满是家庭宿怨和爱情纠葛、牢狱和逃亡、严重的丑闻和无足轻重的著作。他生于一个有名的普罗旺斯贵族家庭，父亲是一位侯爵，以痴迷农学和政治经济学而知名，有一些重农主义友人，也写过一些大部头的教学法书籍。但这位自诩的"人类之友"却算不上一位慈父！由于他的儿子并不让他省心，这个家庭的纪事简直就是一部典型的旧制度传奇故事，但故事的主要组成是密札，而非情感。这位博爱的侯爵父亲和未来成为大革命领导者的儿子利用18世纪的哲学为公共事业做出了一番贡献。

这个儿子的确就像一座火山。他在年少时期就从军队逃离，债务缠身，损害女人的名誉（包括他的妻子），和妹妹发生关系，痛打自己的对手。侯爵多次前往法庭，获得司法禁令，把儿子关押在马赛港口海域的伊夫堡（le château d'If），之后将其流放到汝拉（Juras）雪山中的茹城（Joux）城堡，但第二年（1776年），经历了一些美国西部电影式的波折之后，米拉波从那里逃脱，与他私奔的是多勒（Dôle）审计法院老院长的年轻妻子苏菲·德·穆尼埃（Sophie de Mounier）。他们逃到了荷兰，但愤怒的父亲和法国国王的警察将他逮捕并投入万塞讷（Vincennes）的地牢中（1777年），他直到1780年才离开那里。后来他发起了针对父亲和妻子的长达数年的诉讼。米拉波伯爵在旧制度时期的经历无可比拟。他未来在制宪议会的同事都是一些法律人士如法官、律师等，他却曾经是一个应受审之人、囚犯和诉讼当事人。

除了女人、债务、官司以外，他只有一项事务是一直持续的：写作。作为一位笔耕不辍的作者的儿子，米拉波继承了迫害自己的父亲的爱好。他也想要获得荣誉，但并非通过刀剑，而是通过鹅毛笔获得作家、哲学家、人道主义慈善家的荣誉。从1772年起，23岁的他写出了《论专制主义》（*Essai sur le despotisme*），后来在从伊夫堡到万塞讷地牢的监狱生涯和逃亡过程中，以及在茹城和阿姆斯特丹期间，他还写了一系列主题极其丰富的论文，但这些论文始终是为了教化公众和公共事业，并非为其个人开脱。这些作品论述的是他的家庭、弗朗什孔泰的盐田、密札和国家监狱，另外还有一份劝阻黑森人民不要在英国人的带领下前去与美国起义者战斗的《告黑森人民书》(Avis aux Hessois);此外还有那些用来勉强糊口的文学作品,例如他翻译的拉丁诗歌、色情作品、历史小说等。

米拉波的私人生活异常混乱。但相反,他那杂乱的文字创作却是18世纪末的典型特征,当时满目皆是用哲学摧毁旧世界后所留下的精神变化碎片。重要的著作和思想开始波及普罗大众,也让他得以用各种涂鸦来"试探"市场。米拉波从未停止经营他的出版业规划。长期以来他都渴望主持编写一本知识百科全书,后来又设想过一套关于欧洲主要国家的丛书。父亲对写作的爱好曾经被视为一种荒诞怪癖,如今在儿子身上却成了时代的惯例,由此我们可以感觉到18世纪的思想变化之巨。尽管身为伯爵,米拉波与同时期的年轻平民有着同样炽热的雄心壮志:用自己的书来扬名立万!在人们的思想中,早在大地惊雷之前,那个后来被巴尔扎克所描绘的社会已经在以出身论特权的旧世界废墟之上建立起来。巴纳夫、布里索、德穆兰和圣茹斯特还期望什么?所有人都能设想出一条通往名誉的道路,那就是写作。所有人都痴迷于"无冕之王"伏尔泰。既然文学承担了政治职能,那么18世纪七八十年代的人将其视为获得荣耀的阳关大道就毫不令人惊奇了。因此,当政治向他们敞开大门时,那些雄心勃勃的年轻人自然会投身其中,就像他们此前投身文学一样。

在此期间,米拉波常常捉刀代笔卖文为生,并且良心上也没有什么不安。在旧制度的最后几年,这位陷入困境的贵族被当时的权贵所摆布,发表了一系列支持卡龙反对内克,帮助投机商潘乔德(Panchaud)打击对手的文章,这些文章通常是他来自日内瓦的朋友克拉维耶和年轻的布里索写的。他把自己的文学抱负寄托在了《普鲁士君主制》(La Monarchie prussienne)上，这是一套献给伟大的弗雷德里希国王的四卷历史学与统计学著作，与当时的时代精神绝对一致，虽然不算新颖，但也值得尊敬。这部作品的主要作者是一位工程军官、布伦瑞克（Brunswick）的教授莫维庸（Mauvillon）少校，米拉波不知廉耻地将其成果据为己有。但是，这本书在1787年显贵会议失败后出版，此时历史终于为这位可悲的被浪费的天才打开了一扇通往新领域的大门，他将在这个领域里大放异彩。

米拉波搞砸了一切，但命运却在向他微笑。这个沉迷酒色、反复无常、极不可靠、利欲熏心的男人很快抓住了一生中最大的运气：成为新国家的代言人。1788年，国王的大臣们向他求助，应付有造反迹象的高等法院。与所有人一样，他们知道米拉波的笔杆子是可收买的，另外，这位资深的诉讼当事人早就受尽那些法官之苦，一生都在与"法院贵族"作斗争的他会拒绝千载难逢的复仇机会吗？的确如此，他直截了当地拒绝了这个了结个人恩怨的机遇，在1788年4月18日写给大臣蒙莫兰（Montmorin）的信中，他解释道，从今以后，利益眼光要放得更为长远："实际上，且不论招致这些尚未被打垮的团体的无比仇恨会让我承受怎样的个人风险，他们在被击垮之前会消灭无数敌人，或者直率地讲，如果没有国家（nation）的支持，即便遭到攻击，他们也不会被打败，现在是向法国人民揭发连国王自己都不敢动一根汗毛的**法官贵族阶级**的时机吗？如今，穿上号衣的人还能为政府效劳吗？现在是为当权者而战的时刻吗？是某些人大胆地唆使国王说出一番震动法国的言论，并企图根据正常逻辑推断出唯有**君主的意志能够制定法律**的时刻吗？人们会相信提出这种原则的人在真心实意筹备三级会议吗？伯爵先生，我斗胆告诉您，而且我也曾向法官阁下说过：**除非国家站在我身旁，我绝不会向高等法院宣战。**"

这种拿人钱财、替人发声的政论家生涯到此结束。伟大的米拉波刚刚找到了自我，成为首批明白即将发生的大事的规模和新游戏规则的人之一（三级会议在凡尔赛召开的前一年）。他所说的"国家（nation，又表示民族、全体国民）"就是民主：主权的彻底转移。他将成为这个新时期的代表人物。从今以后，当他与普罗旺斯的贵族同胞发生冲突时，他至少找到了自己的旗帜。4月6日，他被选为普罗旺斯地区埃克斯（Aix-en-Provence）的三级会议议员。虽然被自己的阶级所抛弃，他却因此更像是国家（全体国民）的议员。

这是一个他立刻就能胜任的角色，而且比其他任何同僚都更加优秀。他是最醒目、最有力量、最有天赋的议员。他有实力、有创造性、有着本能的果断和行动力。后来米什莱在描述三级会议的第一场会议时写道："米拉波能够吸引所有目光。他茂密的头发、狮子般的头颅和夸张的丑陋都令人震惊，甚至令人恐惧；人们无法把目光从他身上移开〔……〕。所有人都预感他能够为法国发出振聋发聩的声音。"雨果这样写道："他40岁的时候，在法国出现了以他为中心的思想混乱的局面，那些现已不复存在的俱乐部当时都受到这些思想的影响。在这种情况下，米拉波就是专制者……一直沉默的他在1789年6月23日向德·布雷泽阁下（M. de Brézé）高声喊道：'去告诉你们的主子……'**你们的主子！**法国国王被宣布成为外国人。王位与人民之间被画上了一条国境线。这是革命发出的怒吼。在米拉波之前，没有人敢这么做。只有伟人才能喊出时代的关键话语。"

他的雄辩术从何而来？是什么让他如此快就成为了大革命中最具象征性的人物？这源于他谜一般的演讲天赋和敏捷思维，但在某种程度上，他过去为新时代所做的努力也起到了一定作用。

虽然生活充满风波和不幸，但米拉波是早就为即将发生的大事做好思想准备的人之一。当时圣茹斯特还在为贵妇写诗，罗伯斯庇尔还在阿拉斯的沙龙中溜须拍马，已经与旧制度有过艰苦斗争的米拉波是预料到旧制度垮台并设想后续情况的少数人之一。他没有那些充斥议会的法学家的法学功力，但相比之下，他的优势在于体验过司法禁令和权威的武断。他曲折坎坷的经历使他面对国家风暴有所准备。

然而，无论是他的著作本身，还是他的经历或天赋，亦或是他经受过的迫害，都不足以解释1789年发生的事件赋予他的象征力。他还有额外的，很可能也是至关重要的威信来源：米拉波伯爵是一位贵族。尽管他失去了社会地位，不断被边缘化，但他依旧是贵族，他的生活中无论发生什么事都无法抹去这出生前就已经确定的东西。

在大革命的重要人物中，我们无法找到类似的结合了贵族出身与波西米亚人的混合体。1789年的许多领导人都是贵族（拉法耶特、拉梅特兄弟、塔列朗），但自由主义贵族并非失去地位的贵族，相反，自由是资产阶级和贵族阶级的共同财产。至于波西米亚人,上帝知道它在法国大革命中会有充分体现,但在1789年,它的时代尚未来到。后来1792年它的时代来临时,贵族出身将成为一种诅咒。1789年时,人们还在混乱的事件中探索着把自由贵族与第三等级的开明资产阶级融合在一起的"英式"精英结构。然而,英国历史上的这种融合进行了几个世纪,古老的法兰西王国却想要在民众喧嚣中瞬间接受。在新生的年轻"国家"面前,谁能够为新精英阶层发声?谁能够既代表民主,又代表贵族,让传统的旗帜在大革命前屈服?米拉波是唯一能够把过去和即将发生的事情结合在一起的丧失阶级地位的贵族。

他就像伟大的音乐家一样,从这种天赐的混合背景中,发出了一些令人难忘的重音:他"甚至是大革命的声音"(米什莱)。他的演讲并非自己所写,常常是由他的"团队"(尤其是克拉维耶和艾蒂安·杜蒙(Étienne Dumont))所撰写,但这不重要;对于他所涉及的专业领域,他有时只了解一些皮毛,这也不重要。他一生都在剽窃他人的作品,大革命也没有改变他的习惯。大革命带给他的是自己的天赋:攻击性、创造性、直觉以及表演性。西耶斯是大革命的思想家,他则是大革命的艺术家。别人的演讲、别人的思想,他都可以据为己有,并像自己所说的一样,赋予自己的"特色"。他为充满了智慧和能力之人的制宪议会提供了想象力。这位多产作家、业余者、不知疲惫的人发现了代表大革命的奇特能力,他也倾注了自己惊人的精力,人气是民主的新规则。

然而,同样也是这位米拉波于1790年通过拉马克伯爵(le comte de La Marck)与宫廷签订了一份秘密协议,后者是玛丽-

泰蕾莎驻巴黎前外交官梅尔西-阿尔让多（王后的奥地利关系网）的朋友。米拉波向王室提出了建议。作为交换，他的债务被还清（超过20万利弗尔），每个月收到6000利弗尔，外加300利弗尔付给抄写人；最后如果议会被解散，他还被许诺一百万利弗尔。

经历了人生中的重大变化，米拉波身上的冒险性格始终没有改变。作为公众人物取得成功之后，他占便宜的习惯、和女人的风流韵事、对金钱的需求都有了无数次新机会。他终于可以随意花钱，盛情招待客人，被奉承者围绕着，这是他对生活的报复。但他却是在靠透支生活，透支自己的政治信誉，来获得金钱贷款。与宫廷达成的协议偿清了他的负债，让他对未来更加放心。从此以后，他的习惯和放荡也由国王来买单。这就是为何人们指控他腐败的原因：当时消息已经传播开来，但两年之后，杜伊勒里宫墙壁中铁柜里的宫廷密函被发现时，雅各宾派的宣传才彻底把真相揭开。20世纪的研究雅各宾派的学者一直都很讨厌米拉波的风流韵事、债务、思想及天赋，他们对道德极为重视并以此谴责米拉波的双面做派。

但是对他的诉讼案并不难打赢，虽然圣伯夫已为其做过辩护。当时的习惯与如今早已不同。那个时代的许多特点和风俗都与旧制度很相似，为国王效劳的人总是会获得金钱和奖赏，这不会贬低职位或角色的尊严，反而会得到认可。米拉波为国王充当秘密大臣，他热衷于正式获得这个名分，所以他更加忠实于这种传统。1781年，当他从万塞讷出狱时，他已经有了规划："我还需要15—20年，我应该尽力争取。当爱情不再适合我时，我在这里就再无他事，除非成为大臣。"大革命为这种典型的18世纪贵族职业路径（先是女人，然后是政治）提供了途径。他没有筹划任何诡计，为了获得资格，他也没有忽略任何关系：他觐见内克，打开了通往宫廷的途径，与奥尔良党取得联系，与雅各宾派保持来往。但所有人都了解他的过去，怀疑他的企图。王室讨厌他所代表的一切。议会嫉妒他的天赋和名望，在1789年11月进行投票反对米拉波，规定任何议员都不能成为国王大臣。

所以他成了国王的秘密大臣。这是一项不平等的交易，他不得公开自己的职务，国王的承诺则具有风险性。王室付给他钱更多是为了探他的底，而非听从他的建议。米拉波却正相反，他把这非法的交易当成了法兰西王国最高行政职务。只需阅读他定期写给路易十六和玛丽-安托瓦内特的密函，我们就可以明白，他在写信时以为自己在主持国王议事会。另外，1791年2月3日，关于路易十六的姑姑们在罗马的旅行，他所说的话就总结了他的角色："我肯定在议事会中建议……"。

他之所以如此看重这个有些可笑的职位，而且远没有将其视为挣钱的权宜之计（他总是对他人冷嘲热讽），并不仅仅因为这个职位为他提供了抹掉年轻时的劣迹的机会，让父亲对他刮目相看，最重要的是因为这个职位能让他捍卫自己的思想。这个职位可以让他直接与路易十六和玛丽-安托瓦内特接触，给了他让自己最崇高的雄心壮志前进的希望，即让大革命与王权和解，从而拯救自由。他的朋友拉马克了解故事的结尾，因为正是他充当了米拉波和玛丽-安托瓦内特的中间人，他精准地总结了米拉波的角色："他接受报酬只是为了坚持自己的观点。"

米拉波的信念来自于一个事实：他认为1789年大革命已经

完成了自己的使命，一方面它建立了人民主权，另一方面建立了法律面前公民平等的社会。6—7月间议员以国家的名义拥有了制宪权，8月4—11日的法令结束了封建制度，这就是大革命的成就，而且是不可逆转的成就。大革命或许废除了神权君主制，但它绝对不会与改革君主制并存：与群体组成的旧社会相比，由平等个体组成的社会是一种有利于实施强大王权的改变（米拉波给路易十六写信时认为黎塞留可能会喜欢这种思想）。由制宪议会确立、得到西耶斯理论确认的代表议会制度有可能导致国民主权异化为新议会贵族统治，所以这种权力就更有必要。米拉波在自己的演讲中，尤其是1789年9月，即开始为路易十六效劳之前，不断指出，面对负责制定法律的议会，强大的国王是国家的保障。另外，这种国王也是国家历史的象征，深深根植于历史之中，能够把过去和现在结合起来，让现代民主扎根于传统权威。米拉波就是早出生了三十年的夏多布里昂，他的思想就是把君主制"国有化"。

这位伟大的双重角色演员到底想要对国王和议会做些什么？首先，让王室与死路一条、毫无机会的反革命策略决裂。其次，对制宪议会施加影响，以实现权力平衡，制定合适的宪法。在宫廷里，他为大革命或者大革命某些不可逆转的部分辩护。在议会中，他为国王或者以国家的名义维持王室权威辩护。的确，在既代表大革命又支持王室权力的艰难处境之中（大革命把国王遗弃在过去，国王拒绝大革命），他并没有时刻把控好。在议会中，面对反革命右派的暴力攻击，他有时也会越过为自己设定的界限，通过一番革命演讲再次恢复自己的声望。在写给国王的密函中，有时他会陷入不起眼的诡计，并被自己对拉法耶特的仇恨冲昏头脑。但归根结底，他依然有着当时最自由的思想，具体来说是因为他了解两个阵营，他也是在两大阵营都有涉足的人。他之所以（或许）是大革命中最伟大的人物，是因为他知道如何代表大革命，同时又不迷失自己：米拉波伯爵的"背叛"是他与自己的对话。

1791年4月2日他在瓦伦出逃事件之前去世，他的伟大计划也随之沉沙折戟。国王愈发不想与大革命和解，大革命也愈发不想与国王分享权力。瓦伦事件之后，斐扬派的稳定政策的失败也是米拉波的失败，但米拉波已不在人世。如果他尚在人间，事件的进展很可能也不会有何不同，因为在1789年后区区两年就要改造旧君主制和重塑新的民主思想，难度太大了。即便大革命敢更换国王（多少领导人曾经想到过奥尔良公爵！），米拉波的计划能否顺利实施也未可知，甚至可能性很低。在那些民众沸腾的年份里，任何将事件转变为体制的尝试都如同面临涨潮的沙堡。

然而，米拉波的计划依旧十分重要，因为它是"停止大革命"这个梦想最富逻辑性、最早的表达，面对权力的漂移不定，所有的领导人都曾做过这个梦。从米拉波到波拿巴，谁没有想过？哪个人没有为了建立更持久的体制而试图采用脆弱的力量平衡政策？米拉波之后，就轮到了巴纳夫和斐扬派，然后是吉伦特派、丹东，最后是罗伯斯庇尔，后者在缺少国王的情况下（换句话说就是缺少历史），选择了最高主宰作为自己的盟友。最终，热月党人的共和国失败之后，波拿巴这位大革命的国王成为了米拉波计划的工具。但付出的代价却是米拉波不肯退让的：自由。

弗朗索瓦·孚雷

延伸阅读

Correspondance entre le comte de Mirabeau et le comte de La Marck pendant les années 1789, 1790 et 1791, 3 vol., Paris, 1851; rééd. Établie par Guy Chaussinand-Nogaret, Paris, Hachette, 1986.

Discours, éd. établie, présentée et annotée par François Furet, Paris, Gallimard, 1973.

DUMONT, Etienne. *Souvenirs sur Mirabeau et sur les deux premières Assemblées législatives*, Paris, 1832.

HUGO, Victor. *Sur Mirabeau*, Paris, 1834.

Les Mirabeau et leur temps, actes du Colloque d'Aix-en-Provence, déc. 1966, Paris, Clavreuil, 1968.

LOMÉNIE, Louis DE. *Les Mirabeau. Nouvelles études sur la société française au XVIIIe siècle*, Paris, 1889-1891.

SAINTE-BEUVE, Charles-Augustin. «Des Mémoires de Mirabeau et de l'étude de M. Victor Hugo à ce sujet», *Portraits contemporains*, févr. 1834.

SAINTE-BEUVE, Charles-Augustin. «Mirabeau et Sophie», «Correspondance entre Mirabeau et le comte de La Marck, 1789-1791», *Causeries du lundi*, t. 4, Paris, 1851.

参见条目

旧制度（Ancien Régime）

贵族（Aristocratie）

革命议会（Assemblées révolutionnaires）

巴纳夫（Barnave）

波拿巴（Bonaparte）

布里索（Brissot）

宪法（Constitution）

反革命（Contre-Révolution）
民主（Démocratie）
省（Département）
斐扬派（Feuillants）
吉伦特派（Girondins）
雅各宾主义（Jacobinisme）
拉法耶特（La Fayette）
路易十六（Louis XVI）
启蒙（Lumières）
玛丽-安托瓦内特（Marie-Antoinette）
民族（Nation）
内克（Necker）
重农学派（Physiocrates）
罗伯斯庇尔（Robespierre）
圣茹斯特（Saint-Just）
西耶斯（Sieyès）
伏尔泰（Voltaire）

内克
Necker

内克（Necker）绝对不允许把自己与那些失败者的记忆联系在一起。中庸立场的致命缺陷也连累了他的声誉。激进的对手完全可以被用来界定和辩护自己的立场。迈斯特派需要罗伯斯庇尔派，反之亦然。相反，"节制精神"（l'esprit de tempérance）干扰和模糊了这些镜像自我认知，同时与事件的重要程度也不匹配。内克自己清晰地讲述过在"混乱和动荡的时期"和"处于各种过激的情绪中心而不能偏袒任何人"努力保持节制的公众人物的痛苦，他们拥有的只有"未来审判的不确定性或同时期的正派人那颤抖而低沉的声音"。他解释道，由于这些人"被加速前进的社会激情所超越，落后于新生的成体系的思想，他们的思想状态受到鄙视，甚至连性格都被批评过于软弱"。他带着苦涩的尊严总结道："然而，想要忠于中庸思想，也需要勇气。" 的确，他始终被指责言行前后不一。对他的指控有两种：一些人指责他在无意之中破坏了君主制传统，另一些人批评他优柔寡断地捍卫注定失败的事业。

他一度名望高企，但仅仅在1789年8月到1790年9月一年间就落入死后身败名裂的深渊。擅长应对困难处境的他这次接手了一项不可能完成的任务。1776 年，杜尔哥下台几个月后，国内形势迫在眉睫，王室财政管理只能交给一个外国人，即日内瓦共和国（la république de Genève）在巴黎的常驻公使内克。他是一位新教徒，他在银行业的成功令其声名远扬，另外他凭借妻子的沙龙而与百科全书派也有联系。当时为美国独立战争筹资需要一位信贷专家。财政困境允许内克进行行政改革，但他却无法将这些改革转变为政治开放。1781 年公开发行的《国王财政报告》令人震惊，引起轰动和诸多争议。内克改变法国体制思想的尝试"第一次使政府事务成为公共事务"，但却很快以失败告终。5 月，内克失去国王信任，被迫辞职。此后内克有足够的时间来起草一份文件，呼吁国民"对政府部门了解并做细致审查"，他曾经希望君主和臣民的关系建立在这份文件的基础上。这就是他写于 1784 年的重要论文《论法国的财政管理》（*De l'administration des finances de la France*）。他最有力的政治观点之一出于他对公共舆论力量的敏锐认识，知道必须通过舆论来进行统治；此外，他对产权及其结果有某种宿命论观点，这是某种干涉主义学说的基础，这使他与重农主义者的"自由放任"（laisser faire, laisser passer）形成对比；他依据自己对自由社会运行的理解而撰写了《论宗教舆论的重要性》（*De l'importance des opinions religieuses*）（1788 年退休期间发表的另一本著作的标题），以上这些就是他的思想的创新核心内容。1788 年 8 月，国库破产又使他回到公共视野之中，并成为最重要的大臣。他不得不主持召开前任大臣承诺的三级会议。从此他陷入了一场可怕的角力之中，困在充满敌意的宫廷和大声抗议的民众之间，他只能徒劳地努力拯救大厦将倾的君主制。最初他的努力有一些成效。他决定把第三等级议员的数量加倍，推动非常自由的选举制度。但三级议会召开后，不同等级之间爆发冲突，（1789年）6月17日，第三等级自行宣布成立国民议会，事态迅速恶化。国王否定了内克主张的和解路线，在6月23日的声明中站在了特权等级一边。内克提出辞职，但被驳回。7月11日，他最终被解除职务，奉命秘密离开法国。面对巴黎人民的暴动，王室的武装政变计划以失败告终。内克再次被召回，他同意重新承担不可能行使的权力，这也是他一生中最重大的错误。他已经感觉到了这一点，但他所看重的公众拥护还是占了上风。启程回巴黎时，他写道："我回到了法国，为人民所赐的荣誉所累。［……］我感觉自己即将坠入深渊。"他的凯旋受到热烈欢迎，他的声望达到前所未有的高度。一年之后，他在民众的淡漠中辞职，被舆论所抛弃，在所有人眼中信誉扫地。对于贵族党派而言，他的改革思想过于大胆，对爱国者而言，却又过分谨慎。当指券这一神奇的解决方法迸发耀眼光芒时，一度令他在议会中保留一些影响力的财政能力也显得太过狭隘、过时。1790年8月2日，一位议员曾经带着一种仁慈的傲慢指出这位曾经的奇迹魔术师如今已经纯属多余，他表示内克的唯一错误在于固守着"一些符合旧时经验的思想，导致他无法达到新理念的高度"。另外，即便有人能够掌控大革命，也不会是内克，很明显他也不合格，他没有相关的条件和才能。他缺少支配人的天赋，没有对激情的敏锐直觉以推动人民，也没有在动乱之中指引人民的领导者的敏锐意志力和坚定决心。内克谨小慎微、善于分析，过度信赖分析才能和智力权威，他无法对抗政治充满毁灭和暴力的一面。

身为大臣的弱点却是他身为作家的强项。他对自己无法控制的这种处境进行了精准的分析。他对大革命进程进行着不间断的评论，并且一直到雾月政变和共和八年宪法时期，虽然他的评论受到不公正的待遇，因执政者名誉扫地而受到牵累，却是当时最深刻、最中肯的批判性评论之一。他的评论主要存在于三本著作中：《论大国的行政权力》（*Du pouvoir exécutif dans les grands Etats*，1792年），《论法国大革命》（*De la Révolution française*，1796年）和《对政治和财政的最后观点》（*Dernières Vues de politique et de finance*，1802年）（我们忽略了1791年5月的《关于内克阁下的行政管理》（*Sur l'administration de M. Necker*），这部作品写于内克的危机时期，是对自己的辩解，其中阐释的内容在以后的作品中都被再次提及）。他的评论并非庄严的宣言，也不是未卜先知的预言，而是一位政治实践者的缜密、严谨的分析，他始终纠结于政府的**财政问题**，与之相反，其他人物所关心的却是**原则问题**。他有着务实的敏锐性，虽然有自身的限制，但他对于本质上属于政治经验（expérience politique）的大革命的判断依旧是最具启发性的观点之一。归隐之后，内克所获得信息的准确程度不一。更主要的是，他根深蒂固的常识妨碍他对"笼统思想的抽象概念"中的重要而现实的问题的理解，相反，他对这种抽象概念在实际功能方面之不适应性的分析却无人能比。他对此表现出的盲目与革命人物对自己理论体系之可行性的盲目是相似的。

如今我们知道民主的历史就是这些"笼统思想"在漫长而痛苦的过程中朝着"有效准则"转化的历史，所以我们可以公平地对双方进行批评。从何种意义上可以说"法国大革命结束了"？具体说来，民主准则在两个世纪的时间里，适应了公共秩序的严格限制和社会运转的迫切需求，如今我们既可以毫无保留地欢迎自由、平等和人民主权这些抽象准则，也可以承认内克这种人物的务实分析的合理性。我们对双方都没有特别的对待。与此同时，最初将两种现实分割开的鸿沟已经消失不见。没有人能够像内克一样让自己从现实中抽离出来，用自己的话语去阐释这条鸿沟最初的深度和悲剧性的存在。

无论在哪本书中，内克的主要思考都来自于对1791年宪法、共和三年宪法和共和八年宪法这一系列宪法的审视（他提醒过我们，他把写于1796年的作品中关于1793年宪法的篇章删除了，因为事态的发展让这部宪法失去了效力）。他的主要问题，也是他的分析所围绕的标准，是统治能力（gouvernabilité）。然而，他对大革命爆发的回顾思考也必须占据一席之地，这也构成了《论法国大革命》这本书的第一部分。这些思考的目的很大程度上都属于自我辩解。这位曾经的大臣试图解释和捍卫自己曾经推行的政策，但与此同时，他通过润色那些对事件的解释性叙述，描绘了1789年前夕的各方势力以及社会形势的不可抗拒的影响。一方面，当时王室统治造成的混乱和专制以独特的形式混杂在一起，国王身边的人几乎察觉不到周围的形势，内克如此表述："他们对两个世纪以来法国所发生的重大变化以及当今时代的特殊性一无所知"。另一方面，在第三等级的崛起和另外两个等级丧失稳定性的基础上，"公众舆论拥有了强大的力量"，民众对改革表现出普遍兴趣，"年轻人成为主导者"。在这种背景之下，愚蠢的行为就足以点燃导火索："法国大革命主要是由于当权者未经深思熟虑的行为导致的。"随着巴士底狱被攻占，"人民在一天之内意识到众志成城是最强大的力量"，在"民众党派"夺取权力之前，革命发生的首要责任在于特权阶级目光短浅、拒绝妥协，这是无可争议的。他总结道："当历史自由地高声呼喊时，它会责问前两个等级，尤其是贵族阶层，他们不懂得变通，导致舆论的权力落入第三等级手中。它会批评这两个等级想要通过负隅顽抗来取得一切，而不是在恰当的时刻，在形势所迫和不可阻挡的必然性面前，做出必要的牺牲。"他所有的分析其实是为了说明自己想要达到、决定了自己行为的目标是值得一试的："［……］如今的法国本可能拥有英式政府，因为国王、贵族和第三等级各自都曾在某一时刻渴望这种政体，如果他们在某一时期共同拥有这种愿望的话，完善的英式政府本可能出现在法国。"

这里把重要的话说了出来：英国宪法。这是最初应当采用的模式，至少将其作为一个出发点，但目的并不是为了盲从，而是"为了在理智和经验的建议下对其做出一切修正"。实际上，在英国宪法中，根本的政治问题要么被彻底解决了，要么至少有一个相对令人满意的解决方法，即有效性与自由的结合。内克认为："政治科学的精髓和社会组织的困难都在于如何培养服从、如何结合除专制和暴政以外的其他方式来确保普遍服从。"这一思想就像不断重复的主旋律。"除了国家服从唯一法律之外，道德秩序中没有任何特别之处［……］。这样一种服从关系或许会让善于思考的人大吃一惊。"现在人们可以在非粗暴强制的条件下实现服从，这是一件"非常神秘"的事情，这可以被视为宪法领域中最大的难题。内克的思想的真正核心就在于对这种非暴力服从的秘密的痴迷。然而，法国制宪议会并没有采纳既有模式，而是做出了一个致命的选择，走上了抽象重建的道路。它选择用抽象的准则来指导行动。内克没有使用足够有力的文字来谴责国民议会的创造野心。1796年，他对自己的不满做了如下总结："年轻人对新事物的偏爱，一种对独创性的无上渴望，一种针对一切模仿的自大又胆怯的厌恶，最后是一种对理论塑造出的形象的轻信和对经验所总结的事实的无脑蔑视。"这是他的极限，他只能发现人物的心理，却看不到能够让彻底改组具有充分说服力的客观因素。他看不到国家主权思想的内在力量，他无法想象其充满活力的有效性。除此之外，他对那些"完全依靠忙碌的工作来维持生计"的民众在政治方面的能力具有惯常的偏见，这也让他从根本上无法感受对平等的渴望的深层内容。

简而言之，他对事件原因没有辨别力，相反，对结果却有着敏锐的观察力。因此，他能够立刻清晰地揭示出1791年那部被起草者希望永久有效的宪法所遭遇的阻碍。内克认为其标题是君主制的，"形式上是共和制的，执行方式是专制的"。他在1796年再次提到"这个错误应当被永远铭记，一群立法者企图在法国保留君主制政府；他们判定对于一个有2500万人口的国家，这是最合适的；他们还相信让国王充当民主宪政的首脑可以实现这种思想。"这种前后不一致的行为虽然是必然的，但它只是一种更为普遍的方法错误。制宪议会落入了问题的逻辑顺序陷阱之中，逻辑顺序与问题的实际顺序是相反的。因此它在处理问题时，虽然没有"彻底忽略"行政机构，但却把它放在了最后，然而"这种机构虽然看起来是次要的，但其实扮演着至关重要的角色"。反对意见的影响是深远的，甚至触及现代合法性理论体系的核心。我们可以回忆洛克（Locke）的名言："独一无二的、至高无上的权力只能有一种，那就是立法权，其他所有的权力都应臣服于它"。按照代议制政府的逻辑，主权应当集中在立法机构，行政机构只是其工具。内克根据社会良好运转的必要性来反对这种顺序，并指出了主要矛盾所在，在未来的一个半世纪中，这种矛盾都让被理解为"议会制"的"代议制"政府无法稳定下来。虽然在抽象理论中，行政机构只是为了实施代表制定的规则，但在实践中，它却是最重要的力量。内克认为它"是政府的动力。它在政治体系中代表了那种让有德行的人将意志和行动合二为一的神秘力量。"它"构成了政治大楼的奠基石"。正是由于没有认识到这一主要制约力量，制宪议会的"政治形而上学者"才剥夺了君主行使最高行政首脑职能所必须的显赫地位和权威。他们不仅限制了国王真正的特权（内克对英国宪法和美国宪法的进行了双重对比，这一直是他的思想基础，他努力在这种对比中表明，虽然美国属于共和制，但它"赋予政府的行动方式比法国更有力、更重要"），更严重的是，他们还损害了君主的象征力，以及"君主的行为所必须的无上尊严"。然而，统领就是"操纵想象力"。权力的有效性很大程度上取决于象征的力量："他应当有合理的权威和不可思议的影响力；他应当像大自然一样，通过可见的手段和高深莫测的尊贵来行事"。实际上，这就是自由的代价，因为一切无法通过自发服从而得到的东西都要通过有效的强制力来获得。

内克在《论法国大革命》一书中对这一论题再次做了详尽阐释，它也构成了这本书的主题，这部著作受到了他在1793年所写的《关于平等的哲学思考》(*Réflexions philosophiques sur l'égalité*)的影响。如果没有象征性的等级制度来摒除真实的暴力，自由是不可想象的。一个真正自由的政体的政治智慧应该能够"借助传统赋予这位政治人物的荣誉、他对舆论甚至想象力的影响力，创造一种有利于政府、维持公共秩序的道德权威，避免一直求助于暴力行为和专制手段"。在这一系列思想中，"不同的状态、地位和财富"以及"有利于形成尊重和服从理念"的各种层级都是君主尊严不可或缺的补充内容。这也是1791年宪法的最大障碍所在之处，它认为"被平等的浪潮所击垮之后，王位能够继续存在"。权威的天然支撑被去除之后，必须用一种强制机构将其代替："在大国之中，如果任何等级的机关都不能让人尊重和服从，那么对政府而言，所有武力手段都是必须的。"革命者们曾认为"权威是在法律的控制下产生的"，而且他们忽略了积极的政府机构的必要性，所以他们致力于改变政府在例外情况下采用暴力手段时的低效性。正常情况下由等级金字塔所维系的义务联系被解除会导致一种赤裸裸的强制关系。"暴力的统治和平等的统治都有着紧密的关系。" 也正因为这种原因导致内克排斥自由和平等之间常见的结合，它们"只是通过抽象概念结合起来［……］。事实上，被放在一个广阔的舞台上之后，［它们］会一直处于对立状态。"

归根结底，内克的这种政治观点是基于一种宗教世界观。等级根植于事物的本性之中："一切都向我们表明，在创世精神之中，关于优越性和杰出性的思想是彼此不能分割，紧密联系在一起的。"开明的立法者的任务就是让"不平等现象和谐相处"，如此一来，一方面，社会秩序的参与就会如神圣经营①（économie divine）的共鸣，另一方面，信仰的辅助"能够减少政府的任务"。这就是他的立场中能够引人思考的新颖之处，可以说这是一种在严密的宗教世界观中最激进的自由主义。这种观念让他对大革命所预示和推动的重要现象极其敏感，即在根除人身依附关系的宗教结构时所显示的（世俗）权力范围的过度扩张。如果传统纽带无法再控制 2500 万人口，那么除了专制政府以外，还有什么方法可以控制这些人？就像一句名言所说的，当权威仅仅来自于权力时，权力的增长将会是多么巨大！公共权力的代议制重组首先表现在权力的迅猛扩张："这种代议制体系借助某种抽象的障眼法，如今宣称自己是个人意志的准确体现，导致一小部分议员能够合理合法地支配整个国家的人员和财产；他们或许能够无限地这么做下去，如果组成国家的所有个体都被逐一咨询的话，国家也能够以同样的方式这么做。这简直是对'代表'一词的滥用！[……]我认为，法国虔诚地坚持着前所未有的奴役，没有什么比这更能解释为何法国依旧处于政治初期阶段。"长远看来，肯定会有代价巨大的动乱，但面对统治深渊所产生的恐惧没有什么

---

① 基督教术语，广义上，"神圣经营"不仅指的是上帝让世界得到拯救和救赎的行为，也包括上帝与世间的一切互动，包括创世纪。

根据，因为"从未有人衡量过这种深渊的性质或幅度"。在大国之中，在不使用暴力的情况下，也有可能让诸多平等之人保持凝聚力，并防止选举体系催生的新"贵族阶级"（内克使用的词）窃取政权。罕见的保守与开放的结合让内克成了难得的见证者，我们可以从他的视角获得启发，并观察到他在那个时期对问题的混乱探索，当时没有人能够断言自己有解决方法。

在他看来，大革命运动的原则有着非常鲜明的极端性，他越不能理解这些原则，革命的极端性就越明显，例如他对美国的权利宣言和法国的人权宣言之间的战略意义的区别有着详细的阐述。他错误地把这种区别归咎于概念误解，但他对二者的区别有着深刻认知，法国人需要的是从零开始的重新建构和成体系的普世主义，美国人需要的是实用主义方法，内克认为这是因为它出现在美国宪法的序言之中，"从某种意义上，我们把这一宣言视为[美国]政治特性的开端，但准确来讲，它更像是其精华与结果。他们的大陆位置、外交关系的性质、风俗习惯、财富限制等所有决定了国家特质的重要环境已经先于他们的人权宣言而存在；因此，和所有的话语一样，他们对信仰的主张都依赖于具体环境，并与绝对的现实情况协调一致。然而，我们的立法者把这份人权宣言视为美国人获得自由的真正原因和适用于所有国家的重获新生的普世原则。"另外，他毫不费力地指出，1791年宪法缺少确保美国宪法能够获得成功的所有因素。他以前就对赋予行政机构的手段表示反对。另外，他还强调了对平等的狭隘理解导致法国拒绝两院制，权力分立的空论派观点会导致"权力被创造之前就彼此敌视"，他还提醒人们注意如果不效仿美国的联邦制衡模式，以王国统一和不可分割的名义采用广泛选举制会导致反复无常的局面。内克总结道："在我们看来，统一的英国和推行联邦制的美国是两种完美的政府模式。英国让我们了解世袭君主制如何能在不引起自由爱好者的怀疑的条件下得以维持；美国让我们了解一块辽阔的大陆如何能在不让公共秩序维护者担忧的条件下采用共和制。"很不幸，这些优点都是法国宪法（目的不确定、原则不清晰、进程不稳定、各种政府和政治思想的不完美融合）所缺少的。

这些丰富而严谨的原则独立于甚至超出现实能够原封不动接受的范畴，它们构成了大革命的辉煌，且使其影响深远。内克的思想太过实证主义，无法敏锐地察觉到这一方面，至少在初期如此，过了一段时间以后，他的观点发生了某些变化。但他也有着另外一面，他擅长对现实做精确描述，但很不幸，他缺少行政权力，这恰恰是依据这种宏伟而彻底的蓝图去创建一个具有普世价值的新社会所需要的。这种无能为力的经验也是大革命经验的一部分，没有人比内克更适合对其进行分析。这种无能为力体现在无法在既有形式和范例之外找到一种民主模式，无法找到合适的工具、真实的载体和稳定的制度，这些都会导致偏差和失控，只会让形势恶化。他对政府采取的措施的系统分析有时让他具有一种独特的预知能力，尤其在1792年所写的书中，他对国民议会所掀起的热情和针对宪法所做的选择的分析预示了事态可能演变的多种方式：残余的君主制非常脆弱，它依附于"如此民主的"立法团体，只需要很少的力量就能"让法国彻底转变为共和国"；"各种各样的权力都有朝着国家的选举代表手中聚集"的趋势；最后，他预言人民可能会幻想破灭，立刻意识到自己的命运没有发生改变，"面包的价格和工资并没有掌握在[他们的代表]手中"。此前，内克曾经大篇幅批评过1791年宪法对司法权和行政权分配的理解方式以及二者之间的关系。他揭示出有一种趋势倾向于将所有权力集中到一个立法机构中，将其缩减为单一议会，从而更好地突出其权威，制宪议会就代表了这种趋势的极端形式。转向另一极端的共和三年宪法为他提供了难得的机会和炮火来攻击他的宿敌：体制精神和抽象政治思想。为了摆脱制宪议会提出的政府组织形式，立法者转向了另一个极端，"两种最重要的机构彻底分离开，一个负责制定法律，另一个负责监督和指导法律的实施"。再一次，"组合和关系"的实际意义大于纸面文件的虚假严谨。1792年，内克反对刻板的权力分立和制衡原则，他强调"联系大于制约，比例大于距离，默契大于警惕，这有利于政府部门的和谐共处"。四年之后，他再次大力强调："人们应当努力在行政机构和立法机构之间确立一种符合宪法的联系；人们应当相信它们之间谨慎的结合、巧妙的制约永远都是互相区分、有效监督的最佳保证。"如果任务分配中缺少这种协调性，受到威胁的"要么是社会秩序，要么是自由"（赶早不赶晚）。不久之后，内克对新宪法的致命缺陷的详细诊断就得到大量事实的验证。

在去世前的两年，内克再次拿起笔，他知道这将是自己的绝唱，《对政治和财政的最后观点》这个标题也能说明这一点。这位老人在这部作品中表现出的开放思想令人震惊。这位英国政府的忠实拥护者赶上了历史的步伐。他确信"一系列前所未有的事件让法国成了一个新世界"，并抛弃了以前的偏见，这次轮到他努力撰写一份"在理性范围之内服从平等法律的统一不可分割的共和国"的方案，但它依然是一个保持正常运转的共和国，而非以前曾尝试过的不成熟的雏形，或者更糟糕的共和八年宪法所推行的经乔装的独裁统治。在内克的眼中，这部宪法和以前的宪法一样，都无法得到他的认可。他清晰地指出它只是一件过渡的外衣而已。它"自身得不到任何支持。它的所有组成机构既不能互相监督，也不能互相帮助，它用一切手段保证了主要权力的独立性"。它其实是一项"以一个主人为核心的资产阶级寡头统治，只是共和国这个名字被保留了下来"。在真正的独裁统治和伪装的共和制之间做出选择势在必行，这也是这本书的战略所在：向波拿巴发出低调的号召，希望他在坚实的基础上最终建立共和国。内克最终决定公开提出这项主张，但这项艰巨的任务也让他恐惧和颤抖："秩序、自由、平等和**统一不可分割的政府**的联合应当被视为政治领域的伟大成果；虽然这个问题能在地域广阔的国家得以解决，但历史上从未有过先例。" 1792年，他曾经表示如果没有美国政府那样的联邦体系，大国不可能成为共和国。既然经验清楚地表明法国可以最终成为统一不可分割的国家，内克在1802年开始放弃联邦体系。他的宪法规定了拥有同等权力的两个议院，根据纳税选举制进行选举（取得选举权的纳税额较低，选举人固定金额为12法郎，被选举人为200法郎），任期分别为5年和10年，另外，由于大革命中人们对国王复位的普遍抵触，他设置了7名成员组成的内阁。内克并不掩饰自己的偏好，从他永恒不变的论题来看，他一直支持温和君主制："这种政府类型的优势和特别的长处在于能够让所有立法团体和权力机构联系起来，维持既有的和谐。"但问题就在于当时的法国已经不属于他，他这么写道:"各种各样的假象扭曲了人们的思想"。那些象征性的法庭，曾经被他赋予了重要作用的"赢得尊重的特权"已经被彻底破坏。1792年，内克曾经警告过那些相信"长时间被公共舆论所破坏的旧政府能够轻而易举彻底回归"的人。他提醒道:"二十年的专制统治和可怕的暴政也不足以实现这项计划。"十年之后，在他看来，遭受了不可恢复的破坏的是君主制原则。醒悟之后的他指出，如今就算是波拿巴也不能彻底"建立温和的世袭君主制"，相反，他能够做到"在追求绝对平等的人完全掌握最高权力的时期"达到权力顶峰的制宪议会所无法做到的事:"为一个能够得到尊重和力量、经历时间考验的共和国打下基础"。

我们是否有理由相信，这位生病的老人在自认为关键的时刻写下这些文字，并且曾经对拿破仑或者自己获得短暂成功有过许多幻想？这种可能性极低。但是为了改变自己曾缺席许久的历史的进程，他还是做出了最后一次尝试。内克在平静阴暗的书房中等待死亡，他的命运或许最能诠释大革命的悲剧程度，我们从中看到理智之人与历史的理性，也就是事件的非理性之间的徒劳冲突。

马塞尔·戈谢（Marcel Gauchet）

延伸阅读

Les textes de Necker sont cités d'après l'édition des *Œuvres complètes*, Paris, 1820-1821: t.8, *Du pouvoir exécutif dans les grands Etats*; t.9 et 10, *De la Révolution française*; t.11, *Dernières vues de politique et de finances*.
Sur la carrière politique de Necker:
EGRET, Jean. *Necker, ministre de Louis XVI, 1776-1790*, Paris, H. Champion, 1975.
Sur l'ensemble de sa pensée :
GRANGE, Henri. *Les Idées de Necker*, Paris, Klincksieck, 1974.

参见条目

旧制度（Ancien Régime）

波拿巴（Bonaparte）

宪法（Constitution）

民主（Démocratie）

人权（Droits de l'homme）

平等（Égalité）

三级会议（États généraux）

自由（Liberté）

路易十六（Louis XVI）

罗伯斯庇尔
Robespierre

"阿拉斯的律师"如何在几周之内就成了"法国的绝对主人"？这个在1797年困扰过内克的问题似乎十分简单：革命通常能令普通人成就非凡的命运。法国大革命的大部分人物或许都有过同样的经历。但是内克这位前大臣如此发问也有道理，我们必须说，那些人无一像罗伯斯庇尔一样与他所处的时代如天作之合，没有任何人像他一样与时代融为一体，就连他的死都成为无数大革命故事的结尾。罗伯斯庇尔的死就是大革命的终结，但其他人的死只是大革命导致的结果，大革命并不会随之消失。无论胜利或失败，罗伯斯庇尔都全心投入其中，他的对手们踩着前人尸体逐渐崛起，但很明显，他们没有想到有一天会轮到自己，如同科钦（Cochin）所写的，他们最终"面对席卷而来的巨浪表现出的却是天真的惊愕"。热月政变期间，罗伯斯庇尔被捕并非被人乘其不备。他所有的演讲中都盘旋着自己死亡的阴影，1791年他曾说："我了解人们为我预留的命运"。马拉遇刺预示着自己的死亡："匕首的荣誉也留给了我［……］，我正在大步走向垮台。"他在写给卢梭的著名题词中写道："过早的死亡"是"高

248 尚之人"应当付出的代价。他不知疲倦地提到"被迫害的美德"和"罪恶不可避免的胜利"这两个主题。罪恶的胜利不可避免但也只是暂时的,因为即使"善与恶都从人间消失",这也会发生在"不同的条件下"。罗伯斯庇尔在自己的道路上看到了埋伏的敌人,他知道自己即将死于他们之手,于是他让后世来评判(或辩护)自己为"同胞的福祉"所做出的牺牲。

罗伯斯庇尔的演讲与其说源于自己的人生经历,不如说是一种老练的修辞,而且他始终懂得适时地顺应潮流做出调整。1781年成为律师的他在阿拉斯教区保护者的羽翼下成长起来。1783年,他在避雷针诉讼案中展露才华,凭借着为被迫害的科学辩护,取得了他的最大成功,但辩护词并非由他所写。这并不重要,他把所有功劳揽于己身且极为满意,享受着自己新的声誉。上流社会的沙龙接纳了他,阿拉斯学院(l'académie d'Arras)向他敞开了大门。这些圈子里的人对他颇为赏识,马拉在描述这些人时有些嫉妒,但非常准确:"这些群体的成员是寻求扮演某种角色的虚荣傲慢之人,是不知如何打发时间的百无聊赖的游手好闲者。"如何才能更好地描述这种让罗伯斯庇尔无比热衷的平淡而体面的生活?对他而言,体面就是约束和死板,厌恶一切率性行为,例如衣着不整或情感混乱,言语粗俗,推而广之,所有形式的不体面和炫耀都让他恐惧。我们知道这个不顾一切追求体面以及后来被布什纳(Büchner)形容为"正直到令人无法忍受"的男人对米拉波和丹东的才干及堕落是多么深恶痛绝。

这种平静的表象下隐藏着激情的缺失,一位老师提到他时说:"他过于执拗地修饰自己的思想,但似乎没有意识到自己的内心也需要关注。"他生活在女人堆里,首先是他的妹妹夏洛特,她不惜做任何事以把这位受人敬爱的哥哥留在自己身边,1791年杜普莱家(les Duplay)的女人成功地把这位永远的"老大哥"挽留在家中时,这位妹妹的反应就像哈尔比亚[①]一样激烈。那些所谓的未婚妻只不过是一些通信者,他常给这些女人寄一些赞扬自己高洁情感的枯燥诗歌,或者仅仅寄一份最近所写的辩护词。他自愿选择廉洁,并且会像圣朱莉[②]一样感慨:"我想保持廉洁,因为这是培养所有人的首要美德。"

大革命没有改变罗伯斯庇尔这位外省律师,他的行为方式一直保持至权力顶峰。没有什么能让他拒绝严格执行日程安排或者忽略自己的仪容外表。当国民公会挤满了无套裤汉和弗里吉亚帽[③]时,他继续佩戴着领带和抹粉的卷发。但法国大革命的**精神**却恰恰表现在这个人身上。米什莱看到这位演说家身后的雅各宾派民众,于是写道:"说话的不仅仅是一个人"。但他只是在陈述一个事实,并没有解释这种奇怪的象征力,它就像一个永远无法被彻底阐释的谜。或许这种力量部分来自于罗伯斯庇尔的性格,他没有特别爱好,全身心献给美德。公与私、爱己和爱国之间的任何形式的区别在他身上已经消失,他完成了"再生"过程,这也成为他的政策核心。他以"公民"(citoyen)的身份参与大革命,

---

① 希腊和罗马神话中的怪物,脸和身躯似女人,长着鸟类翅膀,爪子和尾巴,生性残忍。
② 基督教圣徒。
③ 又称自由之帽,红色是其典型颜色,18世纪的美国革命和法国大革命中,弗里吉亚帽成为象征自由和解放的标志。德拉克鲁瓦创作的《自由引导人民》中的自由女神便头戴弗里吉亚帽。

与此同时,其他人却依旧是"臣民"(*sujets*)。罗伯斯庇尔话语中的力量源自他对美德的个人体验,他最大程度地完善了意识形态过程,因为他自己就是意识形态的最佳代表。

避雷针案件"大获全胜"之后,他为自己的天赋找到了用武之地并制定了一项策略,他采用的政治行动的方法和目标都不同寻常。最初他要辩护的案件非常平凡。他要为一位制绳工人辩护,这位工人被一个试图掩盖自己渎职行为的僧侣控告盗窃。罗伯斯庇尔轻而易举地赢得了胜利,但他并不满足于简单的辩护,他为自己的客户要求经济赔偿,并为此起草了一份颇为激烈的辩词,在其中揭露法律面前的不平等,抨击宗教人士值得怀疑的品行。他藐视法律、战胜邪恶,这位未来的国民公会议员的语调此时已初显。人们开始称呼他为"苦难者的依靠、无辜者的复仇者"……律师公会的同事们不理解他的献身精神,他们谴责罗伯斯庇尔违反惯例,在案件审判没有结束之前就已经让人印刷了"声名狼藉的诽谤册子"。罗伯斯庇尔毫不犹豫地抨击行业偏见,对自己所遭受的迫害表示愤怒。在一系列冲突中,他与可能对自己的律师职业和政治未来有用的一切分道扬镳,而当时在三级议会召开之前发生的社会骚动却说明维护一切可能有用的关系才是更明智的做法。他避开学院,背离那些高位教职人员和贵族。被列入黑名单之后,他很快体会到了后果:1788年他辩护的案件数量与1782年他初入行时相同,而他的同事的客户数量已经翻番甚至翻两番。但罗伯斯庇尔把这种失败和孤立转变成了胜利和声望:主教辖区不肯原谅他的指控,但本堂神甫们成了他的宣传者;第三等级的精英排斥他,而阿拉斯地区最贫穷的鞋匠与矿工行会把他选为了议员。

在罗伯斯庇尔的政治学习过程中，实践经验是一个重要组成部分，三级议会召开时，他的道路已经铺就。信念和政治斗争经验让他更加坚定，他带着确定的政治判断来到凡尔赛，这个判断让他很快就了解了互相竞争的利益各方，并让他能够对**关键时刻**扮演重要角色的机会做评估。

身处大革命早期，罗伯斯庇尔可谓全身心投入其中。从阿拉斯到凡尔赛，他代表了亚多瓦省的第三等级，他一直忠于自己同样的策略，拒绝被视为政治艺术的口是心非，坚持毫不妥协。为了保持透明，他放弃了一切，把所有个人兴趣作为牺牲，献给这座"傲慢的情感"所组成的祭坛，这种情感让他与人民事业结成了密不可分的关系。他拒绝了忠于思想和追求合理抱负共存的任何机会。他劝告布里索："要知道，我并不是人民的捍卫者；[……]我是人民的一部分，我从来都是如此，我也只想如此；我鄙视任何企图想要占有更多身份的人。" 1792年被吉伦特派不断骚扰的他呼喊道："我来到这座讲坛上，回应针对我的指控，但我要捍卫的并非自己，而是公共事业。" 热月8日，他提醒自己的敌人，他们的指控"所带来的侮辱绝对不是针对某个人，而是一个驯服和惩罚了国王的不可战胜的国家"。罗伯斯庇尔自己就是人民，人民的事业也是自己的奋斗目标，反之亦然。他的廉洁毋庸置疑，从1790年开始，他就成为众人口中所说的"不可腐蚀者"。勒德雷尔的语言太过尖刻，他这样的凡夫俗子无法理解罗伯斯庇尔为何被赞颂为"人权宣言的鲜活注解"，他怀疑这种对透明的崇拜有些矫揉造作："他可能买通了别人，让人用金子贿赂自己，这样他才可以声称自己将其拒绝。"但罗伯斯庇尔,"这个身处宏伟虚无之中的神",只对那些信服者传道,例如圣茹斯特在给他的信中满怀热情将其视为"施展神迹的上帝"。罗伯斯庇尔在不知不觉中接近了真理,固有一死的他就是所有行为的化身,如同克尔凯郭尔(Kierkegaard)谈论上帝时所说的,人们几乎可以"从他的行为推断出他的存在"。

但究竟是哪种行为?在制宪议会中,他没有参与任何委员会的工作,没有参与任何严格意义上的立法讨论。他按计划辞去了巴黎或凡尔赛的选举者多次呼吁他担任的司法职务。在放弃其中一项职务时,他提到了自己的使命:"作为公民和人,在世界和后世的审判面前,捍卫人类和自由的事业。"他已经成为议会中的法官。作为人权的受托者和保管人,他按照这些"简单、无可辩驳的原则"来评判法律条款。他是议会中的审查者,"高度警惕的哨兵,没有任何事情能逃过他的眼睛",马赛的雅各宾派认为"只有他可以媲美古罗马人法布里丘斯(Fabrice)",人们常说"改变太阳运转的轨道都比让法布里丘斯偏离荣誉之路要容易"。罗伯斯庇尔牢记各种规则,不轻易采取行动。对他而言,按兵不动就是一种行为,他成了大革命这场颠倒一切、席卷所有人的喧嚣中的一个定点。

他很快就意识到了大革命无法阻挡的力量,试图限制它纯属徒劳。所有党派的领导人都前仆后继地想要成为一个被他们亲手毁掉其权威的名存实亡的君主的顾问,试图控制革命事件的进程。罗伯斯庇尔对所有企图**终结**大革命的人说:"你们是一群残忍而机智的诡辩家,你们将如同无助的昆虫一样被横扫而过。"他任由他们彼此中伤，一个接一个被打垮，每次垮台和每次"背叛"都让他进一步成长。当他的对手仰望虚无之时，他却俯视着占据整个舞台的人民。他模仿卢梭，表达自己的愤怒："停止对人民的恶意中伤，不要再将其描述为不配拥有权力、恶毒、野蛮、腐化的人群！不公正而且腐化的是你们，善良、耐心、慷慨的是人民。" 罗伯斯庇尔不错过任何一个赞扬"人民"（当他在写作中提到1789年7月时："昨天富隆先生已经被人民下令绞死"）慷慨、谴责同僚（他几乎独自发起了一场如火如荼的反对纳税选举制的运动）罪恶企图的机会。

罗伯斯庇尔被博多称为"诡辩家"，被迪凯努瓦（Duquesnoy）称为"卑鄙的纵火犯"，他巧妙地把真诚和煽动群众融合在一起，即便不能总是赢得同僚的尊重，至少能引起他们的注意。米拉波提到他时表示："他会走得很远，他相信自己所说的一切。" 罗伯斯庇尔并不像奥拉尔（Aulard）所说的"毫不自知的议会笑柄和顽固分子"。议会中的他如同白蚁一般。在几个月内，他就获得了令人震惊的政治影响力，这只是因为议会不同意他的言论，拒绝听他的建议。这无关紧要，他的话并非对同僚而说，而是面向舆论、观众席上的民众。《喋喋不休报》（*Babillard*）的编辑在提到罗伯斯庇尔的演讲时写道："令人瞩目的是它们总是被提前知晓，这位著名议员的观点在巴黎所有酒馆中取得了空前成功，然后才在国家参议院中被发表出来。" 他在**议会内部**遭受的敌意提高了他在**议会之外**的名望。

他的努力主要集中在雅各宾俱乐部。1790年3月，他已经成为雅各宾俱乐部的主席，但他依旧要考虑其他可怕的对手，例如米拉波和后来的三巨头。为了巩固自己的地位，他和某些分社形成了连续不断的来往关系，而且经常出没在一些不太关心平等问题的巴黎俱乐部中。他从这些激进主义阵营中为雅各宾派谋取了利益。渐渐地，讲台成了**他的**讲台，人民成了**他的**人民。人群已经安排好，观众席中的对手也被细心地识别出来，此时罗伯斯庇尔可以登台了。尽管他尚且无法像8月10日革命之后那样在管理机构中谋得一席之地，但他已经可以发号施令，示意鼓掌或"窃窃议论"，霸占讲台数小时……1791年春，卢韦（Louvet）谴责他试图建立"舆论独裁"。尽管他在雅各宾派集会上呼风唤雨，但通讯委员会（le comité de correspondance）（俱乐部真正的行政机构）的大门依旧对他紧闭着。1791年6月20日瓦伦出逃事件导致温和派与俱乐部决裂，这最终扫除了罗伯斯庇尔完全操控雅各宾派的最后障碍。最初犹豫不决的分社的回归、"再生"和清洗让1791年夏季危机之后的俱乐部从此成为一个摆脱国民公会监管的组织，一股从此由罗伯斯庇尔独自掌控的抗衡势力。

　　罗伯斯庇尔凭借高超的技巧，在议会和雅各宾派、圣奥诺雷街和骑术院之间往返。在议会，他全力以赴，施展各种议会战术；在俱乐部，他使用各种操纵手段。当然，他并非唯一出色的战术家。1789年也孕育了其他可怕又顽强的战略家，他们其中的某些人也是才华横溢的演说家，例如米拉波和巴纳夫。罗伯斯庇尔缺乏这种天赋。按博多的话来说，他是一个滔滔不绝的演说者，但却非常特别，他的语言类似于讲道和审讯。他是一个孜孜不倦的阴谋和诡计的揭露者，人们可以把他与马拉作对比，但人民之友（马拉）的诅咒中有一些很粗浅的内容，这让他远不如罗伯斯庇尔。罗伯斯庇尔的怀疑和揭露并非病态本能的产物,而是一种政治策略的结果。他后来说:"不要诋毁怀疑,不管你们怎么说,它依旧保障了人民权利,它对于自由这种深沉的情感,就像嫉妒之于爱情。"虽然他这种对比有些可笑,但它精确地描述了罗伯斯庇尔给自己的任务:当其他人提议或行动时,他要审查和检验,发现隐藏在这些行为背后的意图。他的角色不是实施,甚至希望,而是识别、揭露他人想要隐藏的内容。在那些表面看起来最爱国的倡议中,在那些表现出的意图里,阴谋无处不在。有时,在这种偏执的怀疑中带有极为清醒的认知。当布里索极力推动战争并获得舆论支持时,罗伯斯庇尔高瞻远瞩地揭露了这位吉伦特派领袖的相关动机。1793年底,他积极地反对理性崇拜以及埃贝尔派的倡导者,公正地抨击了这些野心家卑劣的欲望。但他的怀疑并非偶然发生,而是普遍而持久的。任何行为(大部分时候,所有看起来推动革命发展的行为)都应受到正当的怀疑,从推理来讲,都是一种双重动机的产物。无论批准还是否决都要经过罗伯斯庇尔的检查,只有他能够完成这项工作,因为只有他摆脱了任何形式的口是心非、表里不一。1791年6月21日,他充满自信地说道:"我刚刚指责了整个国民议会,我不相信它敢对我做同样的事。"

这样普遍的怀疑让大革命失去了一切确定性。现实并非真相,相反有时它会掩盖真相,它是不透明的。我们所见的并非真实存在的,现实是一个谎言。如果说事实有欺骗性,那么表述这些事实的话语也是如此。1789年10月,罗伯斯庇尔感慨道:"不要让他们再讨论宪法了,这些言词让我们昏昏欲睡!"人们必须从言词中摆脱出来,他在共和二年雨月指出:"我们是多么天真,居然仍被言词所蒙骗"。话语没有人们平时所附加的含义,或许恰恰有着相反的意义,如同罗伯斯庇尔在雨月17日的重要演讲中所说的:"号召法国征服世界的人只不过想要怂恿专制者来征服法国。过去五年间把巴黎变成世界中心的虚伪陌生人只是在用一种晦涩的语言来阐释那些希望巴黎毁灭的卑鄙联邦主义者的诅咒。宣扬无神论不过是一种宽恕迷信、谴责哲学的方式,对上帝的宣战只不过是有利于王权的烟雾弹。"罗伯斯庇尔揭露了人民敌人的骗人套话中包含的诡计,撕下了言辞和现实的面具。

这番令人醒悟的话语是一位伟大的魔术师的杰作。如果想在罗伯斯庇尔的演讲中寻找丹东的狂热、米拉波的锦绣词句或者巴纳夫的随机应变,那只会是徒劳。很明显,在这些精心推敲的演讲中,几乎没有让人热血澎湃的内容,这些演讲绝不粗俗或轻浮,如同加拉(Garat)在《回忆录》(*Mémoires*)中强调的一样,它们非常注重"语言上的优雅、高贵和光彩"。罗伯斯庇尔不停地反复阅读自己的材料。奥拉尔写道:"他需要一套范式。他喜欢投入其中,贯穿始终,每天延伸一些。这就是为什么他的演讲重复又冗长,总是回到同样的主题上,每次都诠释得更充分些。"他的演讲没完没了,最终连最耐心的听众都会感到厌烦。如同他在阿拉斯学院的一位同事所写的:"罗伯斯庇尔,总是一成不变/他从容阐述,只为反对偏见/他若直奔主题,总是显得趣味满满/如果没有手表,时间会感觉更加短暂"。对他的对手而言,他的演讲满是"毫无意义的喋喋不休"和"永无止境的重复"……

然而,这种单调的演讲技巧却能激起雅各宾派听众的热情。卢韦写道:"这已经不再是掌声,而是抽搐一般的跺脚,宗教般的激情，一种神圣的狂热。"念咒语一般的节奏比严谨的理性思考更重要。思考可以不严密，但对公众所产生的魔力却并不因此而减少。罗伯斯庇尔用自己的雄辩让听众脱离了具体的时代和现实。如同奥拉尔恰当的表述，他"偏爱使用所有能够唤起听众模糊的情感、模糊的崇拜、模糊的恐惧、模糊的希望的所有朗诵方式。他让不确定性如同专制一样对人民的思想产生影响"。有些人依旧拒绝承诺光明的未来是可以实现的，在揭露这些叛徒时，罗伯斯庇尔使用的必然是委婉的言辞和影射。对于那些被他不断揭露，但每次失败后总是沉渣泛起的阴谋，他从来不说出始作俑者的名字。人们无疑期待着揭露和逮捕，但他却精通悬念和模棱两可的妙处，他在1792年4月23日曾说："揭露叛徒的时刻即将到来，但今天撒下的种子必须要发芽"，与此同时，那些坏人"会因为自己放肆的行为而自我毁灭"。这些"坏人"无法抵挡这番话语的力量，他们（草率或盲目地）急于做出补偿，即使雅各宾派的领导者非常细心地故意忽略了他们的名字。人们常常思考罗伯斯庇尔在那些决定性的清洗行动中所占的分量。他很可能没有扮演任何角色，因为他的工作并非清算那些他所揭露的人，只要公众的怀疑产生，相关人员有可能受到指责，他就会适可而止。1793年5月28日，他在国民公会上表示叛徒必须"被消灭得无影无踪"，第二天，他在雅各宾俱乐部以自己钟爱的批判语调说："这些措施并不应该由我来指定，一种缓慢发展的狂热，尤其是爱国主义热情让我精疲力竭。我曾说过，此刻的我并没有任何其他职责。"

"我曾说过"，罗伯斯庇尔好像在以主人的身份说话。除了辩论和反驳以外，他都在自言自语，任何打断都让他极为生气。1792年9月25日，被打断、被不断纠缠的他呼喊道："我认为，总是被人打断实在令人愤怒〔……〕。好吧！既然如此，那我应该以离开相威胁，强迫你们听我发言！" 1792年3月，他在雅各宾俱乐部说："不，先生们，你们不可能压制我的声音，没有任何议事日程能够掩盖这一事实。" 事实是无法改变的，它甚至以强制令的形式被表达出来。1791年6月，在关于解除贵族军官职务的问题上，他威胁道："任何不想、不建议解除职务的人就是叛徒"，雅各宾俱乐部立刻齐声赞同，但就在片刻之前，众人的意见还不一致。

这种被罗伯斯庇尔发展到极致的言语权威中隐藏着恐怖。他的演讲技巧也不仅仅是一种政治斗争的武器，他的演讲术令人恐惧，如同克劳德·勒福尔（Claude Lefort）所阐释的，它彻底击败了所有其他演讲。在逮捕丹东这件颇具争议的行动之后，他用下面的话作了总结："此外，刚刚开始的辩论对祖国而言是一种危险。它已经成为一种针对自由的有害攻击！" 罗伯斯庇尔以真理作为武器，驱散了现实的黑暗，揭露了被言语扭曲的真相。通过他，秩序取代了混乱，光明取代了阴暗。他投入到揭露、统一和分裂的行为中，而分裂是为了把人民团结统一起来，对抗敌人。

在与充满敌意的议会的对抗中，"不可腐蚀的"罗伯斯庇尔掌管了雅各宾派；成为雅各宾派的领导人后，他最终掌管了议会。1791年5月16日，罗伯斯庇尔发表了最终奠定自己名誉的演讲，他确保议会通过了议员不得参加下一届立法机构选举的法令。他的辩论非常精明，融合了自我夸耀、对别人的吹捧和威胁。罗伯斯庇尔表示自己准备好放弃下一届任期，他鼓励议员们以他为榜样，这是一种重大的牺牲，他意识到了这一点，但他也非常了解那些急着回家的同僚们，他很确信这些人会迫不及待地抓住这个高尚的借口，为自己并不光彩的退场作为辩解。万一他们想留在政坛，他演讲中的威胁可以熄灭他们的热情："如果任何一个曾经参与确立宪法的人想要从这项职责带来的名誉中获得利益并延长掌权时间的企图都不能被谴责，那么诽谤将会多么苍白无力。"所有人都明白他的意图，制宪议会投票通过了这项法令。这一天，罗伯斯庇尔开始了自己的长征。所有从1789年以来就参与各种事件的政治集团被排除在新立法机构之外，他自己却继续着雅各宾派赋予他的无限任期，脆弱而充满争议的宪法遭到致命一击，它失去了自己的创造者的支持。他在自己担任议员的最后一次演讲中说："我并不认为大革命结束了"。

罗伯斯庇尔所做的一切的客观终极目标就是获取权力，在这个过程中，他的眼光很长远。他曾写道："在上路之前，必须了解最终抵达的终点以及必须要走的路。"人们找不到更好的词汇来描述他在追击对手时表现出的精明、坚持和顽强。在三个月内，三巨头的命运已经注定：1791年6月16日，他们遭到重创；瓦伦出逃事件和斐扬派分裂之后，他们濒临灭亡；9月，罗伯斯庇尔在议会给予他们致命一击。对于布里索和吉伦特派，他的进攻步伐就慢了下来。他们的成长与雅各宾派中的罗伯斯庇尔类似，并且有媒体舆论的支持，在外省也有着显赫的声望，所以他们最终坚持了18个月。1791年12月，罗伯斯庇尔在雅各宾俱乐部反对布里索的好战政策，双方对抗从此开始，最终以1793年6月2

日在国民公会对吉伦特派的指控而告终。

7月27日，罗伯斯庇尔进入救国委员会，这也成为这场决定性胜利的标志。他始终与那些可能导致行动自由受限的责任刻意保持距离，就此而言，这标志着他的态度的彻底转变。他本可以一直坚持原来的策略，拒绝委员会中的席位，通过库东和圣茹斯特来表达自己的观点。这种转变该如何解释？罗伯斯庇尔直到很晚才发现自己的行政使命。事情从制宪议会时期就已经发生变化。政治权力不断碎片化，分散在国民公会、雅各宾派、巴黎公社、革命区、后来的委员会之间。与此同时，中心场所已经发生转移。从1792年9月开始，雅各宾派已经没有任何辩论。俱乐部满足于对其它选区的决定表示赞同。6月2日起义预示着巴黎公社和革命区的统治，但它们太靠不住，对激进信号太过敏感，或者受"温和主义"所"腐蚀"。瘫痪的国民公会保持沉默，1793年9月，当它想要任命新的救国委员会时，罗伯斯庇尔非常公正地确认了它的地位："如果你们不相信它的热忱，那就把这个工具打碎［……］。但首先请你们审视一下自己所处的环境。"从此，一切行动都在委员会确定，这也是权力从草根阶层向社会上层移动的最终结果。

罗伯斯庇尔密切跟随了这种演变。从1789年到1792年他入选国民公会，他首先捍卫的就是直接民主原则。卢梭主义者曾提出国家主权不能转让，也不能被代表，这种观点让罗伯斯庇尔主张人民的革命区应当享有不受限制的罢免权。从1792年底开始，时代变了，罗伯斯庇尔的语言也变了，这位卢梭的弟子疏远了老师的教导，开始支持代议制。1792年8月27日，罗伯斯庇尔尚且支持初级议会有权推翻二级议会的决议,9月5日他被选入国民公会,9日他就改变了想法!在国民公会中,他反对所有那些企图对低级议会对其民选代表所拥有的控制权加以管理的提议。这些接连出现的变化使人们无法理出条理而连贯的罗伯斯庇尔思想。1789年,他借用了制宪派中最激进、最矢志不渝的西耶斯的论点来反对国王否决权。从瓦伦出逃事件到8月10日革命期间,他捍卫的是宪法,但他曾经比任何人都更希望它失败,他成为了共和派最坚定的对手,但革命暴动一获得成功,他立刻采纳了相反的观点。

他的社会观点也没有任何一贯性。1793年4月他提出要限制财产权,这主要是为了与吉伦特派的人权宣言草案划清界限,当时的雅各宾派和巴黎公社正如火如荼地反对"叛乱的"议员们。一年后,风月投票通过一系列法令,目的是为革命区提供一些微薄的补偿,让他们接受对埃贝尔派的清洗。另外,罗伯斯庇尔反对社会混乱,他在这些混乱背后总是能够发现反革命黑手,他痛斥那些"跑遍大街小巷,散播贫穷和饥荒形象"的"贵族阶级"叛乱分子,他谴责"那些伪装成可敬的贫苦人民的恶棍"!在制宪议会时期,他没有参与过关于勒霞不列法律的任何讨论。因此,对于他重复使用"富裕地主"或"自私的资产阶级",或者"可敬的穷人"或"高尚的劳动者"这些表达方式的评判要持保留态度。这些修饰语和"联邦主义的"或"贵族的"等辱骂言辞一样,没有指代任何客观现实,而是属于政治词汇。让罗伯斯庇尔贡献一生的人民走上街头,要求密谋者的人头,但从未要求过面包。另外,他的"社会思想"的唯一共同点就是对真实的人民的忽视,这也是同时代人所共有的特征。基内写道:"这些典型的受过教育的人的特别之处在于,对他们而言,民众的盲目热情是一种陌生的灵感,他们几乎没有任何民众的气质……;世界上没有任何演说家的话语比罗伯斯庇尔或圣茹斯特更不接地气、更深奥、更做作。他们会立刻把任何试图使用民众语言的人视为可憎之人,他们似乎认为这种语言会破坏共和国。"

罗伯斯庇尔的精明之处在于他总是能够与时势保持步调一致。如果他把自己封闭在一个严密又明确的体系之内,他必须放弃以人民的名义发声。所以,1792年8月9日,他可以拥护君主制,11日,他毫不犹豫地就成了共和主义者,不带有任何机会主义特征。这种转变虽然很突然,但却合理,因为10日那天,主权人民决定了一切。任何关于法律、制度或政体的思想都被战略需要所抹去。

1793年6月2日,罗伯斯庇尔与人民之间的联系纽带发生了决定性转变。国民公会内部一切不同的言论都被清除,从此全体意见保持一致。因此主权人民与国民公会之间没有理由继续存在争执,代议制终于能够与人民委托人相匹配了。6月2日革命是街头人民与议会、人民与代表之间最后一次面对面的冲突,从此以后,人民可以在被清洗之后的议会入座。6月2日之后,罗伯斯庇尔把人民和国民公会等同起来,取消了1789年以来实施的二元制。他放弃了对代议制的批评,转而捍卫一个被打败、被剥夺了任何实质决议权的议会的合法性和特权。人民想要的就应该是国民公会想要的,而国民公会想要的源于罗伯斯庇尔和救国委员会的决定。从1793年秋到1794年春,未完成的政府恢复进程打上了罗伯斯庇尔的烙印：国民公会被迫保持沉默，人民运动的环境被破坏，俱乐部变成了政府机器的机关，地方自主权被摧毁。一切诞生于边缘和基层的权力都被转移到了核心和上层。

罗伯斯庇尔在他的前辈们折戟沉沙的地方取得了成功，虽然这种成功并不完整，如同杜波尔所说的，他"固定了"大革命，或者如圣茹斯特所说的"冻结了"大革命。但"稳定了"这个词似乎更为恰当，罗伯斯庇尔从来没有预见过大革命结束之后的情形，因为主要的问题在于防止大革命倒退。他的计划确实以结束革命为目标，"让共和国所有美德和奇迹取代君主制所有的罪恶和愚蠢"。实际上，政治革命已经结束，共和国已经宣告成立，普选制已经确立，1789年奠定的原则成为了现实。但与此同时，一切都需要重新做起，1792年底他写道："建设共和国的并非一句空话，而是公民的特性。"虽然法国在政体上已经是共和国，但在思想上依旧是君主制，大革命依旧具有它想要摧毁的世界的特征："我们建造自由神庙的双手依旧布满了专制铁镣的伤痕。"罗伯斯庇尔刚好处于人们依旧回忆着已逝之事物的当下。必须不断地把人民抬升到争取自己权力和命运的高度，或者斩断一切将人民拽入"个体自我腐化"所形成的"堕落深渊"的东西，让大革命与过去彻底决裂。再生所需要的间隙时间被无限拉长，罗伯斯庇尔毫不掩饰地指出必须与"企图取代其他同类的阴谋家"进行不懈的斗争。每次清洗行动都预示着新的逮捕，花月18日，他提出建立作为新时代开端的公民宗教，同时他也要求惩罚密谋者。热月8日，他向坐在国民公会中的"善良之人"伸出友好之手，承诺"最后一次"清洗行动。芽月11日，他说道："有罪者的数量并不大",或许他说得对,但这个不大的数量却在无限重复出现。

罗伯斯庇尔与各个乱党保持着相同的距离,交替打击想重新掀起革命高潮的埃贝尔派或者想让大革命倒退的丹东派,他的任务就是无限拖延这场没完没了的大革命的终结。

在这一连串的事件中,他通过自己的演讲扮演了至关重要的角色,例如他在雪月5日和雨月17日为了让恐怖统治制度化和合法化而发表的演讲。他也是恐怖统治的主要负责人之一,因为他不知疲倦地参与到救国委员会和治安总署的治安事务中去。甚至在他本应该隐退的获月期间,治安总署也在他的直接监管之下。

进入热月,为了推卸一切责任,他恶意地把过度的恐怖统治归因于对手的不择手段。实际上,他无法掌控恐怖统治是因为任何人都无法掌控。恐怖统治是盲目信仰意志力的产物,靠着幻觉而愈演愈烈。另外,其日常运转要求有一个机构,会导致一些特别的行为,形成一套惯例;而且依赖于数量众多的密探,即一些没有良心顾虑的公职人员和身怀特殊技能的社会底层个人。所有这些人都靠恐怖统治而活,他们对这份自己赖以为生的杀人工作绝不松懈。在这个灰暗的时期,罗伯斯庇尔的干预(虚伪还是天真?)证明了他想要填补恐怖统治之合理性与现实之间不断加深的鸿沟:一方面是推崇美德,一方面实施犯罪行为才能满足它假意压制的狂热。他曾说:"在阴险之人的手中,任何拯救罪恶的解药都成了毒药"并且成了对自由的威胁,但他似乎忘了任何刽子手都不可能有一双干净的手。价值观的混淆和词义的颠倒已经出现……罗伯斯庇尔曾说过一切恐怖主义的开始都是误入歧途,如同花月18日一样,他不得不把恐怖原则置于所有原则之上,因为恐怖统治很明显与一切原则都背道而驰。为了与自己的原则保持表面一致，恐怖统治不得不掉头对付自己的密探，罗伯斯庇尔召回了最血腥的特派员，任命茹连（Jullien）这样的密探来监视其他人。在1794年前几个月里，一些下级官员被起诉，有些人被送上断头台，这些起诉是在为清洗重量级人物做准备，这些人感到威胁之后，便联合起来反对罗伯斯庇尔。

花月18日法令确定了关于最高主宰的国家节日体系，它诞生于一个关键时刻，这个时刻让它的意义变得模糊。乱党被清除之后，这条法令似乎标志着一个时代的结束，同时它似乎又为一个即将到来的高度暴力的时期做好了准备。

定于牧月20日的最高主宰崇拜的圣坛落成典礼让许多人有了一种真实的放松感。当时流亡伯尔尼的马莱·迪·庞（Mallet du Pan）这样明智的观察者在《回忆录》（*Mémoires*）中记录了这一事件在国外所引起的"无与伦比的反响"："人们都以为罗伯斯庇尔即将填平大革命的深渊。"在破除基督信仰运动（la déchristianisation）的狂热举动之后，花月18日的独特演讲基调的确标志着一种方向的转变，虽然并非彻底的转向。罗伯斯庇尔并不想恢复教会，也不想恢复它被剥夺的世俗权力，或者让宗教舆论与曾经被启蒙思想摧毁的宗教政治力量产生联系。

罗伯斯庇尔反对迷信，怀有18世纪流行的宗教观念，他信仰自然神论中的上帝，这个上帝接近人类，乐于助人，也是"为人类缺陷提供支撑并将其升华为美德的永恒原则"的源泉。与此同时，他也接纳了卢梭对证明上帝存在的推理证据的批评，最高主宰可以通过摆脱了感官和激情的意识或心灵来感受。花月18日，他鼓励同僚们超脱当前的情境,关注自己的内心,"在激情沉默之后聆听它所唤起的智慧和谦逊",按照卢梭的话来说,这是一种"有限的"内心体验,"它仅限于在内心崇拜最高主宰以及道德的永恒职责"。理性甚至成为探索真理道路上的障碍,理性要效仿激情,但真理却要战胜激情。因此,罗伯斯庇尔能够将人民本能的道德观念与哲学家腐化的形而上学对立起来。他比较了科学和艺术在物质领域所取得惊人进步和当代人在精神领域所处的"愚昧"状态,摒弃了18世纪的理性乐观主义,如同卢梭赞美"智慧为我们安排的幸福的无知"一样,他把文明和幸福做了对比。理性拥有一种让人了解内心"深层真理"的能力,否认这一点也就是拒绝把启蒙运动作为大革命的根源之一。罗伯斯庇尔认为知识进步没有减少国王的任何权力,他指责哲学家们"对自己的写作颇为自豪,在候见厅里阿谀奉承",为了拯救王权而狂热地反对迷信和道德,为了使公民臣服于国王统治而令其品性堕落。在一份未经润色的诉状中,他把百科全书派与霍尔巴赫男爵的小帮派以及共和二年的破除基督信仰运动倡导者联系了起来,发现了以各种形式存在但同样反对真理和自由的阴谋。或许为了解释大革命的爆发,他不得不承认"长久以来,人类理性一直在反对王权",并且威胁国王的专制,"即便是在专制制度似乎能够接受理性之时"。

如果说迷信和"哲学"是专制制度常见的基础,那么无神论就是回归专制的最可靠的工具。卢梭曾写道:"没有任何一个政府不以宗教为基础",罗伯斯庇尔在花月18日重复了同样的内容:"世俗社会的唯一基础就是道德。" 无神论者宣扬虚无,剥夺了人未来必然获得救赎或惩罚的信念，抹去了善与恶的区别，最终让人失去了所有"令身心升华的"观念。无神论（"这是一种实用主义哲学，它将利己主义转化为一种体系［……］，混淆了善人与恶人的命运，让这二者之间除了命运的不确定性以外没有任何区别，除了最强者或最狡猾者以外，没有其他主宰者"）有可能导致社会关系的解体，相反，宗教则维持了社会团结。罗伯斯庇尔解释道，在道德秩序中，宗教代替了痛苦，"在姗姗来迟的理性的帮助之前"，宗教会"给灵魂"铭刻上"由一个高于人类的力量对道德戒律加以认可的观念"，从而引导物质秩序中的选择。最高主宰崇拜是对公正的持续召唤，它大有裨益（utile），即便它只是一个假象，也仍然有用。罗伯斯庇尔逐渐从人的宗教（la religion de l'homme）转向公民宗教（la religion civile），从宗教观念的真理转向社会治安的有效性。

换句话说，公民宗教的目的是为了创造新的机构所要求的人民，还是仅仅为了赋予法律其无法从道德支持中获得的力量？批评了无信仰和不道德之后，罗伯斯庇尔急忙解释自己并不想禁止"任何特定的哲学观点"，并且自己希望保持曾经在霜月18日重申过的信仰自由原则。所以他似乎想要把每个人作为个体**可以**拥有的信仰和作为公民**必须**拥有的信仰区分开。然而，这种公开宣告的宽容既不严密，也不自由。1793年6月，当国民公会讨论人权宣言时，罗伯斯庇尔就已经试图通过揭露宗教自由阴影下不断发展的反革命阴谋，反对通过一条保障信仰自由的条款，但只是徒劳。花月18日，他使用同样的理由，让另一条允许镇压"因为任何宗教提供场合或动机而发生的骚乱"得以通过。从此以后，在其他场合被宣布的原则也笼罩在一股威胁之下。说得更直白一些,私人信仰和公民信仰之间的区别仅仅来自于罗伯斯庇尔的现实主义,例如当他警告要谨慎对待被时代所接受的舆论时,这一点就表现得非常明显。信仰的差异问题会自行解决,他说:"引导人们重回纯粹的最高主宰崇拜是对狂热崇拜的致命一击。面对真理,所有虚构都会消失;面对理性,所有疯狂都会衰亡。如果没有限制,没有迫害,所有教派都会在普世的自然宗教中互相融合。"但是"所有宗教的戒律彼此兼容"这种不切实际的假设不可避免地让"在统一的真理帝国内自然而逐渐地融合"成为一种幻想。诞生于蒙昧思想的"迷信"必然会让步。真理是唯一的、不可分的,并非所有的观点都是合理的。只有当个人思想保持公正时(即它要在激情偃旗息鼓时发挥作用),它本身才有意义,才能自发地与普世思想融为一体。如同罗伯斯庇尔强调的,其他一切都是"狂热"和"迷信"。尽管有些警告只是流于形式,他的计划只是为了清除个体身上使其区别于公民群体之处,将其圈进决定公共和私人意识各应何如的国家教义的条框之中,从而引导公民对将其个体并入整体的活动产生认同感。此前从属于私人范畴的道德如今分离出去,明确为国家道德。罗伯斯庇尔曾说:"如果不把每个人为了私人行为而被迫采纳的平凡的正直观念应用到人民行为上,那么这种神秘的政治和立法科学又有何用?"

罗伯斯庇尔无疑是第一个不仅相信这种乌托邦能够实现,也相信通过法令可以让大革命停止的人。然而舆论的热情转瞬即逝,牧月22日,修改革命法庭程序的法令投票通过,恐怖统治被拖入了一个无法控制的加速阶段。这是否只是一个不幸的巧合?实际上,牧月20日的仪式布景并不是为了取代断头台,两条法令之间的相似性也不可能是巧合。如同库东在牧月22日所说的,作为品德高尚之人的支撑和向导,最高主宰能够成为"尽自己义务,〔……〕不受约束地活着,没有后悔地采取行动"的法官们所必须的道德力量的源泉。最高主宰是区分善与恶的简单原则,是惩罚的保证,它是一个能够让革命司法部门**发现**和**打击**国家敌人的工具,除了"被爱国之情引导的法官的良知"以外没有其他规则。新的公民宗教远没有宣告大革命的结束,反而让恐怖统治拥有了道德基础,让一切筛选犯罪者的可靠标准的消失(借助于消除乱党和军事胜利)有了不可或缺的合法性。

花月18日的演讲是罗伯斯庇尔第一次真正的"行动",也拉开了他倒台的序幕。他从未如此强大(强迫国民公会支持将恐怖政策扩大化),如此孤立(他的演讲中包含了一些有威胁性的内容,目标直指某一次接纳公开放弃信仰人士并下令关闭教堂的会议)。罗伯斯庇尔高估了自己在国民公会中的权威。他的统治得益于同僚的沉默、6月2日被人为操纵的一致决议,此外,丹东的死巩固了他的地位,73名被作为人质而没有被推上断头台的吉伦特派延长了他的统治,但最终还是轮到他在众人心照不宣的沉默中成为阶下囚。他发表独白一般的演讲,收获的都是并非自愿的掌声,他认为自己无所不能。然而国民公会议员所做的只是恢复了自己的话语权,这就足以令罗伯斯庇尔失去三年前拥护他、让他获得胜利的人的支持,使他显得无比脆弱无助。他的错误在于自以为拥有时势的支持。整个获月期间,他都在为不可避免的冲突做准备,润色自己的控诉状,结果给了敌人再次聚集的时间。

如果罗伯斯庇尔成功挺过热月政变的考验,或许又会有许多人被推上断头台。但他失败了,恐怖统治遭到了致命打击。热月政变清洗了罗伯斯庇尔及其同党,被他选定为打击目标的那些恐怖分子以恐怖时期最粗暴的方式结束了恐怖统治。

帕特里斯・格尼费

延伸阅读

Œuvres complètes, sous la dir. de E. DEPREZ, E. LESUEUR, G.MICHON, G. LAURANT, A. SOBOUL, M. BOULOISEAU, G. LEFEBVRE et J. DAUTRY, 10 vol., Paris, E. Leroux, puis F. Alcan, puis Presses universitaires de France, 1910-1967. *Textes choisis*, prés. par Jean Poperen, 3 vol., Paris, Editions sociales, 1974.

AULARD, Alphone. *Les Orateurs de la Constituante*, Paris, 1882, p. 512-540.

AULARD, Alphone. *Les Orateurs de la Législative et de la Convention*, Paris, 1886, p. 354-422.

BACZKO, Bronislaw. «Robespierre-roi ou comment sortir de la Terreur», *Le Débat*, mars-mai 1986.

FLEISCHMANN, Hector. *Robespierre et les femmes*, Paris, 1909.

FURET, François. *Penser la Révolution française*, Paris, Gallimard, 1978, notamment p. 80-87.

JAUME, Lucien. «Robespierre : une politique au nom de l'Etre suprême», in François CHATELET, Olivier DUHAMEL et Evelyne PISIER (sous la dir. de), *Dictionnaire des œuvres politiques*, Paris, Presses universitaires de France, 1986.

LEFORT, Claude. «La Terreur révolutionnaire», *Passé présent*, n° 2, 1983, p. 11-43.

WALTER, Gérard. *Robespierre*, 2 vol., Paris, Gallimard, 1961.

参见条目

革命议会(Assemblées révolutionnaires)

布里索(Brissot)

救国委员会(Comité de salut public)

吉伦特派(Girondins)

埃贝尔派(Hébertistes)

雅各宾主义(Jacobinisme)

马拉(Marat)

内克(Necker)

革命宗教(Religion révolutionnaire)

卢梭(Rousseau)

圣茹斯特(Saint-Just)

恐怖统治(Terreur)

圣茹斯特
Saint-Just

圣茹斯特这个人物聚集了一个对他崇拜有加的奇怪的秘密小团伙，尤其以文学领域为主。在所有大革命人物中，他为文学和艺术提供的灵感最持久：他是浪漫主义肖像画家的模特，是包括巴雷斯（Barrès）、加缪（Camus）、马尔罗（Malraux）、尤瑟纳尔（Yourcenar）在内的作家所思考的客体，是电影工作者所痴迷的对象，例如阿贝尔·冈斯（Abel Gance）在《拿破仑》（*Napoléon*）中就扮演了这个著名的富有诗意的角色。文学界很乐意将他视为同僚，将其与兰波（Rimbaud）、雪莱或萨德（Sade）相提并论，赋予他光芒四射的声誉。就连对他并没有太多好感的人，例如巴雷斯，也承认他的"伟大"。那些应当把这位丹东审判中无可取代的检察官视为死敌的人，例如奥古斯特·孔德，却对这位"高尚的年轻人、几乎心甘情愿地对一位野心勃勃的诡辩家保持盲目忠诚的受害者"报以同情。相反，罗伯斯庇尔的信徒们有时却并未将其视为敬仰的对象，例如路易·勃朗认为"圣茹斯特与罗伯斯庇尔的友谊如同得伊阿尼拉

(Déjanire)的长袍①落在罗伯斯庇尔身上",让他变得愈发乖戾。作为大革命中最年轻的人物,他似乎打破了大革命历史研究的固定边界,引发了一种强烈的情感,让人无法以冷静的头脑进行分析。

大革命并不缺乏这样一些独特的人物,他们既不需要一段过去,也不需要大革命以外的其他造物者,他们似乎是被大革命发自本能地培育出来的。罗伯斯庇尔和丹东就有这共同的出身之谜,但这种谜的费解程度在圣茹斯特身上却是前所未有的。这个年轻人身上似乎汇集了所有的对立面相,这种融合之谜激发了人们传奇般的想象。他整体上既有一种容光焕发的青年形象(他的美貌几乎偏女性化,为无数文章提供了灵感,但这一点并没有被模糊的肖像画完好地呈现,也遭到同时代人的否认),也有死神的形象(虽然人们可以对将其描述为身着黑衣、洒满泪痕、在房间中沉思的莎翁式的青年形象的证词表示怀疑)。他自身也包含了互相冲突的温和(针对寡妇和孤儿的一系列行为可以作证)与残暴(他的审讯演讲足以阐释这一点)。在失败的痛苦中依然如英雄般追随和辅佐朋友的忠诚形象和因为缺少忠诚而拥有绝对自由的

---

① 典故出自古希腊神话,得伊阿尼拉是赫拉克勒斯的妻子,有一次赫拉克勒斯带着妻子回到自己国家时,暴雨使河水猛涨,半人马喀公涅索斯提出驮得伊阿尼拉过河,赫拉克勒斯同意了。被得伊阿尼拉的美貌迷惑得失去理智的涅索斯一路狂奔,远远落后的赫拉克勒斯用毒箭射中了他,临死前涅索斯把沾血的长袍送给得伊阿尼拉,告诉她如果她丈夫爱上他人,只要让他穿上长袍,就会回心转意。后来赫拉克勒斯爱上他人,得伊阿尼拉便将长袍送给他。长袍上的毒血和赫拉克勒斯的汗水混合,被他的毛孔吸收,赫拉克勒斯马上发了疯,自愿投身火中,得伊阿尼拉就这样成了寡妇,她本想赢回丈夫的爱,却将其毁灭。

孤独形象形成鲜明对比。圣茹斯特是慈善家也是刽子手，他既廉洁又放纵，既是空想主义者，也是实用主义者，时而天赋异禀，时而疯狂异常，他仿佛一位穿越时空的来客，甚至连基内也认为他"有着中世纪的头脑，古代的身体"。他既令人沉迷，又让人反感，给对偶文学提供了素材，或者说这个"精心装扮的怪物"提供了关于"恍若君王的梦游者"和"学生／杀手"的争论，这是库尔图瓦（Courtois）所给出的定义，它表明这则黑白传奇来自于热月政变之后，毁灭天使的神话让它悄悄地流传开来。

利用描述圣茹斯特的家谱来破解谜题并非易事。我们能从圣茹斯特的故乡找到什么？一座皮卡迪小城，一个因为父亲在戎马生涯结束时获得的圣路易十字勋章（la croix de Saint-Louis）而成为小贵族的富农家庭。父亲过早去世，圣茹斯特就在母亲和两个妹妹的陪伴下长大，他在斯瓦松中学的学业平淡无奇，那里的奥拉托利教会学校采用的是以历史和拉丁语为基础的教学，这使得布鲁图斯（Brutus）和卡修斯（Cassius）、马略（Marius）和曼利乌斯（Manlius）的名言警句和行为典范伴随了他一生。后来他进入法律学校，但成绩平庸，虽然毕业后获得"法律学士"，但令人怀疑这究竟是他自诩的头衔，还是通过考试而获得的学位。在这些经历期间，他也遭遇过爱情挫折，但更像是被社会抛弃，而非情感悲剧。他那毫无波澜的青年时期也发生过两件值得一提的插曲，一次是他出逃巴黎，母亲盛怒之下用密札将其拘押（但这出闹剧并不能成为其反叛命运的标志）；另一次是他撰写的千行诗《奥尔刚》（Organ），其中有些淫秽段落模仿了《奥尔良贞女》（La Pucelle），诗中不断出现针对国王和教士的控诉，然而控诉虽然愤怒,却没有产生期待的效果(颇为平淡的拙劣作品,甚至没能给他带来骂名)。总之,这一切都没有显示出任何预示性的征兆。我们从圣茹斯特的青年故事中所能得到的最确切的内容就是这个玩世不恭的年轻人在追寻荣誉。在那个世纪末被尊为作家的荣耀,首先是文学领域的荣誉。圣茹斯特渴望能够继续播撒文学种子,编写论文专著,但这主要是为了获得名望,而不是创作作品,然而,法国大革命为外省的年轻人们开辟了另一条名誉之路。

但对他而言,这个机遇来得稍早了一些。制宪议会将选举年龄确定为25岁,他才22岁。所以大革命初期,他只能做一些不起眼的工作,例如在布勒兰古(Blérancourt)国民卫队任职,参与反对地方领主的小型冲突,非法参加制宪会议增加的选举人集会。无论是确定省会或是选举治安法官,圣茹斯特总是在场,高谈阔论。他成功地赢得了一些尊重,但同样遭受了无礼对待,因为即便他小心掩饰自己的年龄和财富,他也无法欺骗自己的同胞,最终人们把他从选举人名单上划去。这位野心勃勃的煽动者被迫在死气沉沉的农村压抑着自己的怒火,大革命为他提供的只是一份毫无价值和逻辑的职业,人们很难从中看到命运的预言。在郁郁寡欢的这几年间,他以追随孟德斯鸠的名义写了一部论著《大革命的精神》(*Esprit de la Révolution*),这是一首献给制宪议会这个英雄团体的老套颂歌。圣茹斯特没有看到令制宪议会四分五裂的个人对立,没有预感到制宪议会留给大革命的无限冲突(例如宗教问题),他致力于歌颂权力的平衡,将宪法视为民主、君主制和贵族统治的完美结合。他对"让人小心翼翼"的产权、表面的消极自由(liberté négative)和人权平等保留了同情的语调。

他为选举纳税额的条件作出辩解,把"明智的立法者"定义为高瞻远瞩的妥协者,他们能够让一切转危为安,哪怕是个人恶行。考虑到面对幼稚人民(peuple-enfant)的暴行而做出的令人震惊的退步、如同恐怖游戏一般的7月14日事件、那些在长矛顶端晃动的头颅和四处飞散的碎肉,还有10月5日和6日发生的"幼稚又可怕"的场景,人们很容易相信这部作品空无一物,虽然它常被描述为这位国民公会议员未来思想的萌芽。连作者本人都同意这是一篇习作,它主要关注的是法国的"改良",而不是法国大革命。

因此,想要从大革命之前的这段历史中参透圣茹斯特性格之谜只是徒劳。传记中所搜集的轶事中更有说服力的是他早熟且富有经验的舞台表演意识。夏尔·诺迪埃(Charles Nodier)描绘了一幅司汤达式的圣茹斯特肖像。尚未成年的诺迪埃在斯特拉斯堡被引荐给这位可怕的代表,他偶然间发现圣茹斯特站在"两个装饰烛台之间"的镜子前,调整领带上方的褶皱,呈现出一副一边发号施令、一边精心打扮的花花公子模样。在这戏剧化的安排之中,诺迪埃发现了这位年轻才俊的真实面目。在布勒兰古的争论期间,圣茹斯特就已经表现出他对姿态和言语的出色理解,例如在乡政府前焚烧一大批讽刺册子,发誓(像斯凯沃拉(Scaevola)一样)为祖国而死,并在劳拉盖伯爵(le comte de Lauraguais)的城堡前砍断一棵蕨草(像塔克文(Tarquin)一样),这都是些无足轻重的举动,但却有着重要的象征意义,这可以让他对布勒兰古贫民产生重要影响。8月10日革命最终向圣茹斯特开辟一条通往国民公会的道路(这次他刚到可以被选举的法定年龄),成为国民公会议员的他迫不及待要大展拳脚,扮演重要角色。

让我们忽略这讽刺意图，忘记诺迪埃是一位虚构作家，他不过是想让他笔下的主人公不断追求某种角色。这种想法能够消除传记作家的困惑，让他们停止在同一个人物的不同面目之间徘徊，这些作家想要描绘出"真正的"圣茹斯特，但他们屡屡受挫，有时会放弃寻找表象之下的真实存在。当人们感兴趣的是一个在25岁登上高位，经历了戏剧般的形势却至死始终如一的人时，衡量其中的真实性是件棘手之事，人们可以放弃这种企图。人们无法估量这个人物角色与天性的差距（这种天性先于角色出现，应当由这个角色表现出来）。主人公与其说想表达他认为自己是什么，不如说他更关注如何展现自己成为什么。他完全投入到自己创作的场景之中。那么，圣茹斯特在大革命这出戏中展现了什么？什么角色专属于他？

"我对您的了解极少，只知道您成就了一番堪比奇迹的非凡功绩"，1791年圣茹斯特如此向罗伯斯庇尔写道。这种不成熟的仰慕之情令人费解，但却解释了为何山岳派必然向这位迫不及待抓住机会的年轻议员敞开大门。审判国王的盛大场景为他提供了一个震惊议会的机遇，"震惊"这个词有两重含义：他那独特新颖的辩论方式让议会惊讶，但他同时也像袭击敌人一样使议会措手不及，让议会艰难坚持的严守法规的态度变得坚定。圣茹斯特向国民公会说了什么颇有新意的内容？那就是国王从来都不是这个国家的一分子，与法国人民相比他是彻头彻尾的外国人，所以他不能在背叛人民之后接受审判。他身处社会契约之外，因为"如果不承担义务，那么契约便毫无用处"，坦白来讲，国王就是一个统治者,他没有得到任何人的赞同就成为了国王,所以只能通过篡夺和专制来维持统治。最终结论就是国民公会需要做的并不是列举某位国王的重大罪行,而是揭露王权普遍的残酷性,所以人们要做的是根除罪行,而不是审判罪犯。如同饶勒斯所感受到的,对于混乱不堪的国民公会而言,这番演讲虽然用力过猛,但仍成为审判的转折点。每个人都感受到了米什莱所说的"圣茹斯特的语调",尤其是"奇迹"制造者也为之赞叹,这正是这位年轻议员所渴望的。他的野心得以实现,罗伯斯庇尔立刻接受了他的建议,并发表了一篇比较平淡、但更具政治色彩的演讲,围绕的主题便是一位活着的国王对大革命所造成的危险。

评论者在圣茹斯特的控诉中发现了不可遏制的演绎冲动,但这并没有人们所说的那么明显,原因不仅在于他引用的卢梭和普芬道夫(Pufendorf)的思想互相矛盾,也在于圣茹斯特立场坚定地认为国王和人民之间无法存在契约,但随后他回到自己在国民公会中的老生常谈,抱怨路易十六没有履行保护人民的承诺(这是某种形式的契约),因此他不能援引自己违反的法律来保护自己。这位年轻人的演讲到最后却与自己的逻辑相反,开始列举国王的重大罪行,他在 12 月 27 日的第二次演讲中更是如此,并且使用了国民公会议员更熟悉的论据和词汇。

但归根结底,这并不重要。这位新议员已经达到想要的效果,包括如此激进的言语对自己所产生的影响。这次演讲的目的是为了摧毁与旧制度之间的联系,同时也使圣茹斯特和过去划清界限,将《大革命的精神》中的妥协远远抛在身后,并嘲笑自己曾经设想过的王权与革命、过去和现在之间的妥协思想,"大革命开始之时,就是暴君覆灭之际。"随着国王的死去,圣茹斯特登上了真正的舞台,他在这个关键的时刻投入战斗,绝不回头地继续自己虔诚的追求。他和自己发起的挑战、发下的誓言联系在了一起,决心绝不有负自己坚定不屈的名声。从此,无论是行事风格,还是在这最初场景所预示的未来角色中,他都和这条戒律捆绑在一起。或许他没有成为透过政治革命看到社会革命的预言家,但这一点后来颇有争议。圣茹斯特把国王描述成一个外国敌人,总结并囊括了所有罪名,把大革命分析为摆脱普通时期司法规则、实施战争特别法律的时期,他综合了大革命这出戏剧为他预留的所有角色:恐怖统治的理论家和实践家、无情战争的首领,最后还有共和国的思想家。

实际上,对于这位年轻的议员而言,关于国王审判的演讲让众人知道了他有一种可怕的专长。1793年3月21日,是他揭发了勃依威尔(Beurnonville)。7月8日(吉伦特派倒台之后,他于6月份进入救国委员会),是他公布了针对"三十二人"的报告,揭开了审判吉伦特派的序幕。1794年2月26日,是他发表了关于被监禁者的演讲。3月13日,是他公布了以埃贝尔派为目标的关于国外乱党的报告,3月15日,是他谴责了埃罗·德·塞舍尔(Hérault de Séchelles)。公布了关于丹东及其同党的"新谋反"的报告的还是他。最后热月9日,还是他来到国民公会,口袋里装着关于"政治新变化"的演讲文,但最终没能朗读出来。历史学家试图从这些文本中发现一些区别。有时,他们指出圣茹斯特对吉伦特派的控诉相对温和,例如他希望对被监禁的32人"区别对待"，最后只有13人被处死。有时，他们认为（个人倾向非常明显）指控并非一贯针对吉伦特派，更多的是针对丹东。有时，他们也提醒人们注意到圣茹斯特在指控过程中对外国主题的倾向性。然而，我们可以综合考虑所有这些文本，仿佛圣茹斯特邀请我们这么做一样，它们的核心内容在于所有乱党归根结底都是一样的：每个乱党都与以前的乱党有着秘密联系，不过是在"难以根绝的反革命祸患"的尸体上长出的新萌芽。"所有罪恶都彼此联系，此刻在共和国内形成了一片酷热之地。"

为何如此？所有人都可以被招募到外国人麾下，因为每出现一股新乱党，圣茹斯特就要重写一遍整个大革命的历史，将其描述成英国和反革命敌对政府煽动的阴谋史。另外它们的共同特点就是要煽动混乱，对于一种无法设想民众意志会分裂的思想而言，这可是个重大错误。人民会与其代表分裂，吉伦特派对百姓发动号召也是个错误。革命分子之间会分裂，因为在某一个时间段内，所有乱党都依仗着大革命，传播着大革命会吞噬自己人这种可怕想法，然而它所吞噬的（这是圣茹斯特对韦尼奥做出的意味深长的回复）只是那些长时间戴着面具的敌人。最后，人自身也会分裂，因为每个人一旦向怜悯、疲惫或者沮丧让步，内心就会隐藏着一个反对革命的敌人。在对待国内"联邦主义者"的无动于衷和漫不经心时，圣茹斯特彻底击碎了反革命行为有客观证据这种思想。尽管仅仅不再憧憬革命就意味着背叛的开始，但人民和敌人之间的分界线绝不可能明确地划出来，这种永恒的质疑构成了恐怖统治的基础。

很明显，从犯罪的性质可以推断出惩罚的性质。既然任何罪人都和国王一样，身处于社会契约之外，那么他很自然就失去了权利带来的利益，所以恐怖统治在逻辑上拒绝任何司法假设，"监禁在司法关系中找不到任何来源。" 既然任何罪人都有能力接连采用所有隐藏方式（"我们需要害怕的根本不是勇敢，而是虚伪"），那么恐怖统治就应该利用灵活的名称来回应犯罪者的善变，"惩治嫌疑犯法"中模糊的专业术语就源于此。既然任何罪人都是惊人阴谋的重要一环，那么罪行就没有程度可言（"良心的错误就是犯罪"），因此惩罚也没有程度可言，它应该如同雷霆闪电一般迅速完成，牧月 22 日法令没有规定无罪和死刑之间的折中。最后，清洗机制（le mécanisme de la purge）应该在乱党被消灭之后，根据事实本身重新塑造出纯净的、统一的、与政府相通的人民，它是再生的工具。这就是为何在每次控诉中，圣茹斯特都不知疲倦地表示这是最后一次谋反："这是光荣之日，这是彻底巩固公共自由之日。"

所有这些主题也出现在比约（Billaud）和罗伯斯庇尔的演讲中。然而，圣茹斯特的演讲的独特之处在于他更加有体系地让恐怖统治合法化。人们从他身上找到了研究雅各宾派历史所需的所有论据，例如大革命时期的恐怖统治是比较温和的，其受害者少于王室恐怖统治；由于时代的不幸，它只能是一种临时工具；既然"只需要让布里索身受酷刑，此时你们就是胜利者"，那么恐怖统治就是对胜利的预期；恐怖统治与大革命本身有着相同的外延，只有当美德获得胜利时，它才会停止。这种独特之处主要来自于他的演讲风格，他不像罗伯斯庇尔那样注重修辞，没有玄奥抽象的句子，彻底摒弃了来自以幸福为中心的乌托邦主义的神秘信息。极端的抽象化伴随着（对丹东、布里索、埃罗的）描写，仇恨常常使这些描写显得精辟深刻、激烈尖锐。控诉的普遍性（把谣言和闲话融合在一个泛指的"人们"（on）之中）与细致到可笑的细节（例如他认为迪永（Dillon）密谋标志是"白色波纹饰带"）共存。恐怖统治的形象与圣茹斯特的联系之所以如此紧密，主要来自他洪亮又带着些稚气的独特嗓音。最后必须要考虑的一点在于，圣茹斯特不仅在议会中扮演了首席检察官的角色，他也染指了战场上的行政和军队的清洗。圣茹斯特的"视察"是造就他模棱两可的名声的重要因素，他被视为恐怖分子的同时，也被视为捍卫国家安全的英雄、国家力量的象征。

为了反对部队的混乱无序、军队责任感淡薄、士兵道德败坏等情形，国民公会从召开伊始就向军队派驻代表，并逐渐扩大其调查权和镇压权。1793年2月，圣茹斯特在恩河（l'Aisne）和阿登（les Ardennes）完成了首次视察，内容涉及对形势之严峻程度的调查（王室军队入侵下莱茵地区，几乎抵达斯特拉斯堡）、重组军队、避免莱茵河地区的溃败。这次行动被奥什（Hoche）在凯泽斯劳滕（Kaiserslautern）的失败打断，但两个月后以维桑堡（Wissembourg）战线撤退和收复兰道（Landau）而结束。1794年春，圣茹斯特的第三次任务（实际上由三次短暂出访所组成）的地点在北部军队，同样由于军队战败而中断，但却以弗勒侣斯（Fleurus）战役的胜利而告终。圣茹斯特就在弗勒侣斯和兰道这个名字的基础上树立了国家救世主的声望。在米什莱看来，圣茹斯特对所到之处充满温情并不值得怀疑，他并非以"普通的代表身份出现在军队中，而是如同国王、上帝一般"。派遣任务让他的声望超乎寻常，也让这位英雄"在行为、文字和言语之中"大放异彩，实际上，他自己对派遣任务也有过深入思考。

他的相关行为是否与士兵一致呢？有些证词表示圣茹斯特戴着三色羽毛装饰的帽子，裹着特派员的围巾，带领一支共和国纵队出其不意地攻克了一座棱堡；还有些证词表示他更乐意住在旅馆中，而非帐篷里，并且刻意远离炮弹，所以很难说他手持武器为士兵做出了榜样。然而他的政策同时包含着惩戒和榜样。实施惩戒是因为将恐怖统治带到边境地区是特派员的主要手段。1793年10月24日，圣茹斯特和勒巴斯（Le Bas）抵达斯特拉斯堡，26日他就组建了一个军事法庭，逮捕那些懒散或可疑的长官，清洗司令部，枪决逃兵和叛乱分子，这是为了"通过正义女神的双刃剑"来震慑众人。这项局部恐怖政策的确令人震惊。首先，该政策的实施速度极快，几乎在瞬间就推展开来，圣茹斯特在信件中表述的主要不满在于"诉讼程序过于漫长"，他痴迷于"快速而可怕的惩罚"，这对司法形式而言是致命的。其次，它无处不在。勒巴斯写道："我们会以最出乎意料的方式出现在某位将军面前"。然后，打击小偷与逃兵的刑罚相同，没有程度之分，因为为了给人留下更深刻的印象，既要惩罚"明显的犯罪行为"，也不能放过"每个当事人轻微的恶习"。最后，也是最重要的，就是这位场面调度大师从不会忽略的宣传效果，他致力于让惩罚产生"爆炸性的效果"。判决执行就在军队面前进行，执行的方式（例如同时处决一位将军和一位普通士兵）就像是"共和国平等"的鲜活展示牌。

他同样也树立了榜样，士兵的心理是这位特派员重点关注的对象，他对自己专横的讲话方式所产生的鼓舞效果非常有信心。圣茹斯特能够立刻向士兵做一番充满魔力的演讲，他可以在铁定败北之时把敌人说成战败者，也可以在失利之时把士兵说成英雄。他编造了那些简练的公告（保证有美好的未来），假定意志与其结果必然吻合，并立刻把话语转变为行动。他在演讲中命令将军像士兵一样生活，医生必须守护在战场上的伤员旁边，防止溃乱发生（大征兵所征集的新兵被谨慎地与经受过战争考验的老兵编制在一起），说服普通士兵去相信政治负责人所给予的支持，例如"我们将与你们共同承担工事"。最后，圣茹斯特也没有忘记对"勇敢的爱国者"的奖励和快速提拔所产生的效果，他希望聆听士兵的合理怨言，甚至保证他们的生活条件，例如饮食、穿衣、穿鞋等。

在那个悲惨的年代，最后一条并不容易满足。经济恐怖必然伴随着政治恐怖。圣茹斯特担任特派员的历史在很大程度上就是他四处征用的历史，他在斯特拉斯堡采取的行动就是范例。市政府被迫勒令全城四万名居民立刻提供 2000 张床、15000 件衬衣和 15000 双鞋，有机会就"把斯特拉斯堡所有贵族的靴子都拔下来"。城市中最富有的 193 位市民被迫签发借款，他还命人在城里摆放了一座断头台，表示这台可怕的机器会使用得更频繁，以此来说服那些拒不服从者。受益者不仅有士兵，还有贫困的爱国者和深受灾难打击的"不幸者"。圣茹斯特并没有染指田产，但却颁布了一条有利于穷人的干预政策，用来打击有产者。风月法令把这条政策在阿尔萨斯地区的实施预期拓展到了全国。我们从这项地区措施中看到了另一个圣茹斯特，一场与众不同的革命的预言者，但这次是一场社会革命，甚至社会主义革命。

另外，圣茹斯特把自己的名字与在他主导下于共和二年初在国民公会通过的风月法令联系在了一起。风月8日，他提出一条原则：共和国的任何敌人都不能拥有财产。因此国民公会决定将"革命敌人"的财产交由第三方托管。五天后，国民公会再次听到这条原则，然后决定平民委员会将审核嫌疑犯的档案，市镇当局将起草一份受益爱国者名单。国家遗产（le patrimoine national）也因此得以创立，国民公会希望能够满足无法获得教士和流亡贵族资产的穷人，这次既不会有拍卖，也不需要支付年金保险。国民公会投票通过的这些措施达到了空前的激进程度，它们似乎预示着一种广泛的社会再分配，一个可以通过圣茹斯特的名言来充分解释的前景："穷人是大地的力量"；"富有是一种耻辱"……

在此之前，圣茹斯特在经济政策方面的干预并没有预示着风月法令的出台。他并非无条件支持"模糊的贸易自由"，在他看来，这种自由"只有在普遍理论的情况下"才是合适的，他向来反对征收捐税，尤其急于收回过度流通的指券，他清醒地分析了指券对农民行为的恶劣影响，他们在通货膨胀时期更倾向于储存谷物，而非囤积废纸。依旧是1793年10月10日，他并未对最高限价法令展现出太多热情。和山岳派同僚一样，他的立场向征税和指令经济的转变比较缓慢，这种转变始终与社会形势相关，但没有任何对人类信念的乐观主义，他沮丧地哀叹："如果人类本性不坏，这些法令或许不错"。

是什么导致了这种不情愿的转变？马迪厄和勒费弗尔给出了两种不同的解释，但灵感都源自饶勒斯。饶勒斯将风月法令视为对乱党的回应，对科特利埃俱乐部成员的隐秘宣战，一场政治权宜之计，也是政治希望的复兴和对真正民主的期待。他称赞圣茹斯特的言语"值得钦佩，把全民福利当作自由的动力"。马迪厄倾向于这种社会角度的阐释，他把两条法令视为一个阶级剥夺另一个阶级的政策工具。乔治·勒费弗尔则偏向于政治角度的阐释，他对风月法令的结果（即便热月政变没有发生）表示质疑，强调圣茹斯特的声明过于模糊，没有明确受益者的类别（谁是"穷人"，谁是"不幸者"？），圣茹斯特支持的措施也在发生变化，从免费分配土地的思想转变为"赔偿"思想，把一项前所未有的大胆措施转变为传统的救济法律。

我们是否必须在马迪厄和勒费弗尔之间做出明确选择？如同勒费弗尔所强调的，圣茹斯特的言论中并没有出现全面没收所有权的意愿，他绝不希望摧毁个人产权，相反只是希望按照马布利和卢梭的思想，将其"局限在狭小的范围内"。人人都有一把犁、一块田、一间茅屋，这就是小土地产权的理想状态。因此，我们是否可以通过纯粹的政治考量而将圣茹斯特理解为统制经济论者？这未免操之过急。在他列举的让法国人民相信革命确已完成的条件中，就有"把土地从所有恶徒手中夺过来，给予不幸者"，这是一系列以美德、节俭、与无耻彻底决裂为首要原则的其他征用所采取的战略部署。马迪厄的阐释抓住了其中的深层内容：促成风月法令的圣茹斯特并不是社会主义预言家，但比任何人都坚定批评自私、隔离、非理性冲动和个人利益的他必然支持一项反自由主义的政策。

因此，如同马迪厄所指出的，我们在风月法令的条文中可以看到另一场革命的雏形，但需要指出的是这不是一场社会革命，而是一场道德革命，只有人性朝善良转变才能让这场革命结束。圣茹斯特说："我们想确立一种以向善为整体倾向的事物秩序。"但他自己也清楚，并且多次提到人类利益是无法战胜的，"一个民族的自由几乎只能通过剑确立"，这场革命只有借助恐怖统治才能得以实现。我们从中再一次看到圣茹斯特对暂停法律的赞同态度。他身上集中了三个角色：国王和乱党的审判者、军队的英雄、穷人的捍卫者。

圣茹斯特在恐怖统治中的言行统一常常被认为是几个月戏剧般的社会形势所塑造的。我们必须从更深层次角度去考虑，这种统一是否与圣茹斯特在其他形势下所写的文章不相符，其中既有他死后在1951年出版的《论自然》（De la Nature），也有《关于共和制度的思想摘录》（Fragments sur les Institutions républicaines），其中前者的写作大约开始于1791年和1792年之间，后者写于共和二年。但是在圣茹斯特的思想中发现一致性并非易事。在《大革命的精神》中赞扬妥协的评论作家与不断表示政治和道德之间没有折中的国民公会议员之间有什么关系？即便我们选择从1792年11月13日（他第一次在国民公会发表演说，登上大革命舞台的日子）开始来审视圣茹斯特，我们也应该发现他在不同场合无数次的摇摆不定，他时而以正统经济学家的身份发表关于粮食补给的演说，时而成为风月法令的"新思想"的创造者。如果考虑言论和行为之间的关系的话，这种不一致感会更强烈，因为对他而言，政府部门和官僚机构是任何政体的祸患，但同时他又不断增加调查员和惩罚者的数量。另外我们还需要注意到他不断探索中的不确定的词汇，他时而把社会状态等同于自然状态，时而将其定义为因契约而聚集的人的状态，并且把"野蛮"状态和"政治"状态视为同义词。圣茹斯特那些令人赞叹的名言警句经不起对比推敲，他缺少自然的逻辑顺序。考虑到他只是一个匆匆读过一些相互矛盾的作品的年轻人，一个乐于模仿的中学生，那这一切就都并不令人震惊了。但基内的某篇文章把圣茹斯特抬升到费希特的高度，这就太不可思议了。

贯穿于圣茹斯特作品中的根深蒂固的自相矛盾源自社会生活与政治生活。在他看来，社会生活就是自然本身的生活，它建立在对人类需求和情感的认同之上，所以必然是和谐的。相反，政治生活建立在约束和不平等之上。社会生活的优越性在于它先于一切契约而存在，甚至与一切契约相对立。组成社会生活的"简单之人"与"和自己相似的同胞保持友好关系"，发自本能地和平共处，但那些缔结契约之人却在想象和秘密谋划着冲突。他对法律的不信任就来源于此，无论政治司法还是法律司法，法律本身就把人、敌意和压迫区分开来。因此我们可以更好地理解圣茹斯特排斥法律的从容态度："我根本不会谈论政治司法，我已经把它从政府中删去。"在1793年10月10日的关于革命政府的著名演讲中，我们可以感受到他努力为暂缓实行宪法辩护，将其与大革命作对比，并制定了"革命法律"这个反常的概念，它的合法性仅仅在于与革命政府本身相配合，它也放弃了任何普及推广的企图，这是一种例外法律，有效期到"实现和平为止"。这是不是说当和平到来时，对法律的不信任将会停止？圣茹斯特根本不相信这一点。他与卢梭不同，他并不相信法律能够找回人类最初阶段的完美独立。从法律到风俗的推论并不合理，社会风俗必须被重新建立。

圣茹斯特勾画了一幅能够创建新人类社会风俗的共和体制的草图。《关于共和制度的思想摘录》是这些严格设想之一，作为创造者的圣茹斯特很容易就对生活中的行为和年龄段进行了严格的系统化，但却忽略了视角的多样性和人们的享乐心理。圣茹斯特的共和国是一个没有温情（人们没有权力爱抚孩子）、没有贪婪（人们在16岁之前都以乳制品和根茎为生）、没有装饰（只有墓地有鲜花）、没有颜色（除了老年人的白围巾和杀人犯的黑色旧衣外，它唯一的光彩是缝在士兵制服上的金星，星星的位置就是士兵受伤的地方）的世界。任何暴力行为、任何情感、任何失控（包括醉酒）要么不存在，要么相关人员会被立刻驱逐。圣茹斯特以纯粹的制度方式探讨风俗问题，包括"情感问题"，然而，婚姻的定义却极为自由（"相爱的男女即为夫妇"），它要受到制度监控，如果夫妇没有子女，其婚姻就必须被废除。圣茹斯特认为友谊是最重要的社会联系，人们无法遵循内心自由相处，它甚至成为了一种义务（没有朋友的人会被驱逐），人们必须在圣殿中宣告友谊，每年都要被核实。

圣茹斯特的空想还体现在他乐于使用直陈式现在时来呈现一个似乎能观察到的合乎希望的世界，忽略了时间维度里需要克服的艰难困苦。有时我们可以从中推断出圣茹斯特受到坚定的人类能力乐观主义的鼓舞，他相信人的善良天性，虽然政治状态使其恶化，但健康的制度有能力将其重新塑造。另外，圣茹斯特坚信

"领导有真正思想的人民更容易",他立刻又表示"被创造的是智慧的人民,而非善良的人"。所以,圣茹斯特的信心不在于被孤立的个体,而在于被束缚在关系网之中的人类、这种"忽略冲突的自然社会",因为"自然孕育的子女数量从不会超出自己的能力范围"。在这个与人类需求保持一致的世界中,不存在任何分离,他们的交流基础是共同的欲望,而非对抗,因为他们都得到了同样的满足。圣茹斯特对同一性推崇备至,甚至认为乱伦是合理的:迎娶亲缘相近的姐妹的民族必然有着"纯净的善良风俗",那些与外族女子缔结婚姻的民族将会堕落腐化。这种对同一性和统一性的推崇解释了《思想摘录》中的众多内容:任何人都不允许与朋友圈之外缔结契约,若一意孤行,契约视为无效;任何人都无权支配自我,5 岁之前属于母亲,随后一直到死都属于共和国。从摇篮到坟墓(即使死后也不得清净,因为朋友们也同样葬在同处),个体都无法摆脱母亲和祖国母亲的束缚。对于结婚之前都被软禁在娘家的女性的描述又如何呢?那就是始终应该禁止她们的个人解放。圣茹斯特认为人的幸福既不存在于自由之中,因为自由可能导致分裂,也不存在于平等之中,因为平等不可避免地导致评价和对比;它存在于这种避免了个人利益的有组织的博爱之中。这就是为何圣茹斯特获得了所有那些反对权利个人主义(L'individualisme des droits)的人(例如奥古斯特·孔德)的同情。

我们可以毫不费力地假设圣茹斯特的这种主要信仰与其短暂的政治生涯之间存在融贯性。这种融贯性存在于生活之中,在他被推上断头台之前的最后一个夜晚,他看护着躺在救国委员会桌子上的朋友罗伯斯庇尔,他曾经说过:"朋友将会死在同一座坟墓中。"这种融贯性也存在于思想之中。为了保护他的无差别的、同质化的、热情的社会，这位共和国空想理论的创造者所想象出的唯一方法就是把所有可能造成冲突的因素驱逐出城市。卢梭曾建议在"黑人居住地区的幸福部落"的边境竖起一座绞刑架，绞死第一个想要走出魔咒圈的公民。在圣茹斯特的思想中，暴力主要是为了驱逐那些难以相处之人，而非惩罚那些叛变幸福者。然而，暴力难以禁止，外部暴力之于共和国内部和平，就如同高山之于山谷。当人们把个体的单独存在视为绝对不幸时，人们就会致力于实施更为彻底的隔离，即恐怖统治：这就是这位检察官革命大天使陷入的悖论。

莫娜·奥祖夫

延伸阅读

Théorie politique. Texte établis par Alain Liénard, Paris, Le Seuil, 1976.
ABENSOUR, Miguel. «Saint-Just», in *Dictionnaire des œuvres politiques*, Paris, P.U.F., 1989.
Actes du colloque Saint-Just, Paris, Société des études robespierristes, 1968.
GROSS, Jean-Pierre. *Saint-Just, sa politique et ses missions*, Paris, Commission d'histoire économique et sociale de la Révolution française, 1976.
MANIN, Bernard. «Saint-Just, la logique de la Terreur», in *Libre*, 1979, no 6.
PALMER, Robert R. *Le Gouvernement de la Terreur*, Paris, A. Colin, 1989; traduit de *Twelve who ruled*, Princeton, University Press, 1960.
PHILONENKO, Alexis. «Réflexions sur Saint-Just et l'existence légendaire», in *Essais sur la philosophie de la guerre*, Paris, Urin, 1976.

ROLLAND, Patrick. «La signification politique de l'amitié chez Saint-Just», in *Annales historiques de la Révolution française*, juillet-septembre 1984.

参见条目

军队（Armée）

丹东（Danton）

吉伦特派（Girondins）

革命政府（Gouvernement révolutionnaire）

最高限价（Maximum）

国王审判（Procès du roi）

罗伯斯庇尔（Robespierre）

恐怖统治（Terreur）

西耶斯
Sieyès

"我的庇护者没能躲过重挫,但他仍试图自我安慰。他的失败给我带来的痛苦肯定要多过他自己所感受的痛楚。如果事情如他期待的那样顺利,我可以成为**一切**,可现在我**一无所有**……""如同不相信年历上的预言一样,我再也不相信所有这些人。但是我似乎还是相信的,因为我没法做到更好。" 在旧制度下的特权社会中,这位埃马纽埃尔·约瑟夫·西耶斯(Emmanuel Joseph Sieyès)写给父亲的抗议书并没什么特别,这位父亲渴望从对天赋异禀的儿子的教育投资中获取回报。有野心的平民为求事业有成仰赖贵族资助,但这资助的不确定性令人沮丧;教士从教会所获得只有"拥有某种地位"的满足感,除此之外,只有失望,这些都没什么特别。真正的独特之处在于写下这些文字的人找到了一个时机和一种语言,让这些沮丧的体验拥有了一种政治力量,把个体想要从"一无所有"到"拥有一切"的欲求转换成为一种旨在重建社会和政治秩序的集体要求,让社会的不满通过大革命的政治变革得到关注。特权等级与非特权等级之间的界限只是旧制度末期导致社会分裂的众多社会区分之一。在1788年末和

1789 年初，特权问题成为整个社会和政治体系的核心，导致这种情况的政治原因多过社会原因。西耶斯教士比其他任何人都更有力、更坚决地指出必须要通过一项体现政治意愿的行为来解决这个问题，这种政治意愿只能来自于国民。他对这一革命性时刻的判定让后来的一切都成为了可能。雄心勃勃的西耶斯当时只是沙特尔一名普通议事司铎，但正是这番慷慨陈词让他成为法国大革命第一位也是最深刻的理论家。

后来发生的事件表明他虽然不善于口头辩论，但在 1788 年底，他向世人证明他极擅长舞文弄墨。这位孔狄亚克（Condillac）的弟子踌躇满志地想要创建一门政治理性科学，制定一种具体又精准的体系。对他而言，没有什么比特权词汇更可笑的了，他在自己最初所写的小册子中，用精准的修辞手法对其进行抨击。在一个"事物消失了，表达这些事物的语言却保留下来"（《第三等级是什么？》（*Qu'est-ce que le Tiers Etat?*））的世界中，通过哲学思考，以事物本质为基础，用新的政治语言重建政治秩序，有什么比这更迫在眉睫的？阅读他用来讨论三级会议召开形式的主要作品（《论特权》（*Essai sur les privilèges*），《与 1789 年法国代表将会拥有的行政手段有关的观点》（*Vues sur les moyens d'exécution dont les représentants de la France pourront disposer en 1789*）），更主要的是《第三等级是什么？》，就是在追随革命思想诞生的过程。但这种思想并非瞬间产生，也没有游离于有文化的公众群体之外。它出现在政治危机广为人知的背景之中，从某种特殊的政治处境的问题和可能性之中获得了自身的意义。这种思想的来源并不单一。让摧毁旧秩序的事件拥有爆发力的语言是一种彻底的政治创造，但其组成部分却来自多个方面。革命话语的编织出自拼贴过程，不可避免地导致这种思想包含有各种冲突、前后不一和固有的模糊特征。有鉴于此，随后的法国大革命历史有许多情况就变得容易理解了。

为了理解西耶斯在创建革命话语中所起的作用，必须把这种话语与卷入旧制度最后一次严重的政治危机中的人物的主要政治话语作对比。这些话语共同导致传统上与君主制政权概念有紧密联系的特征的瓦解，它们的再概念化（reconceptualisation）成为一些与国民性质有关的彼此对立的定义的基础。我们都知道，根据绝对君主制的传统论调，君主政权的典型特征是行使司法权，在阶级和等级构成的社会中，每个人都要根据它来尽自己的义务；司法公正由国王意愿来保证，理性和国王身边的理事会负责防止国王专断独行。然而，在旧制度最后几十年的政治讨论过程中，所有这些特征不断分裂为三种思想形式，每种形式都优先考虑从传统术语中选出某一个来进行分析。

正义（司法公正）论话语依旧是议会宪政的主要语言（虽然并不是唯一的），18世纪50年代及以后，它把大臣专制作为主要抨击目标。在这种话语中，司法公正与意志相对立，如同合法及制度与武断及意外相对立一样。它旗帜鲜明地支持一种与君主制同样古老的传统宪法，一种历史上既有的既确定又限制王权的事物秩序，同时使依固定法律形式运作的政府与渗透着君主或其代理人的武断意志的政府形成对比。在1788年和1789年的关于代议制问题的大讨论中，正义论话语支持三级会议中传统的三个等级的分离，要求通过选举者的强制委托权（mandat impératif）

对议员作限制。

相反，意志论话语逐渐成为一种对公共生活的性质做思考的核心特征，它的表达使用的是明确的政治术语，而非司法/宪法术语。在这种话语中（例如在卢梭或马布里的著作中，他们从古典共和主义的传统中找到了灵感来源），意志与意志相对立；自由如同公共政治意志的活跃表达方式；专制主义是行使个人或特殊意志，而非集体或普遍意志的结果。在1788年和1789年，这种话语为国民意志的最高权威提供了论据，但它也为代议制理论带来了严重阻碍，并因其与普遍意志思想不兼容而遭到卢梭的批判。

这种意志论话语与第三种话语，即理性论话语，又有不同，后者在重农主义社会理论和路易十六的大臣的行政纲要中颇为明显。公共生活应该以自然和理智为基础，被重新概念化；政治意志应当向一种对自然的、重要的社会秩序的开明理解做出让步，政治意志的语言应当让位于社会的和理性的语言。因此，意志论话语试图在古代城邦中寻找典范，理性论话语则是强调现代性的话语，强调文明的发展和公民社会的进步。在旧制度末期，这种话语为更进一步的行政统一、公民权利和税收平等提供了充满改革性的论据，它支持以省议会为途径，让土地所有者参与到地方政府的理性管理中去，从而使各方的社会利益得到代表。

这三种话语的形成、竞争和互相渗透成为18世纪末期法国政治文化的特征，为大革命话语的产生提供了意识形态要素。革命语言在西耶斯的作品中的成型过程也与这三者有密切关系。这首先要提到著名的1788年9月25日高等法院宣言，它强烈要求三级会议"按照1614年所观察到的形式，定期召开和重组"，正式揭开了关于大革命的讨论。人们试图通过这份宣言（不过它只是重提并明确指出了1788年5月3日在巴黎高等法院所制定的《民族权利和君主根本法》的一则条款），强调固定、合法形式的必要性，提防大臣肆意而专制地干涉三级会议的组织和商议。高等法院在漫长的几十年间，与大臣专制不懈斗争，制定了关于司法公正的论述，这也是这份宣言的逻辑核心所在。1788年末，在关于组织三级会议的讨论中，有人用典型的方式捍卫了这一要求遵守传统形式的立场，认为事物在历史中形成的秩序具有合法性。

西耶斯在其所写的《对于1789年法国代表所能采取的措施的看法》中以前所未有的力度反对这种对合法性的呼吁。这部不太起眼的作品写于1788年夏（毫无疑问是为了对7月5日的国王公告作出回应，该公告呼吁历史学家对历史上的三级会议形式进行研究），它激烈地谴责这种"哥特式的沉迷"，其导致无数学者"投身一切档案之中"，只为"在由荒谬与谎言编织而成的可鄙传统当中"找到"重建公共秩序的法律"。西耶斯曾说，不受时效限制的权利不能依赖于"被奴役之人未经深思即仓促写下的"历史偶然发现；"中世纪所编写的愚蠢文章"也无法揭示社会艺术原则。这样的研究无法约束权力的任意性，它只能导致国民代表之间的争吵和分裂。

因此，在《第三等级是什么》中几乎找不到传统的正义论话语也就很正常了。这部并不厚的著作的最令人震惊的一点在于它拒绝援引传统和历史先例，西耶斯将其视为一种没有价值的论调，一种特权等级为了维护自身利益而重新提出的论调。对西耶斯和马布里而言，法国历史是充满压迫、篡夺和剥夺的历史，而不是法律和宪法形式在持续演变的司法史。这篇分析的结果就是，历史先例只是令人无法忍受的征服的权利，求助历史的唯一合法方式就是回到起点（"征服以前的年代"），让国民恢复真正的政治身份，获得重新确认自己的政治意志的能力。西耶斯在革命论述中引入了一个关于政治行动的设想，它出现在一个新的历史时刻，标志着与过去的决裂。约翰·波科克（John Pocock）所描述的马基雅维里时刻（moment Machiavel）是指与时间流动对抗，在时间的流动中维持政治秩序的存在，但西耶斯时刻不同，它主张完全脱离历史来确认政治意志。

那么，开启新时代的原则是什么？实际上，西耶斯所给出的答案似乎由两种不同的语言组成。有时他依赖于对社会的理性分析论述，用开明、文明社会的进步观点取代政治历史的任意性和更替性。"尤为重要的是，不要因为从历史上找不到任何可为己所用的东西而泄气。研究社会组织的真正学问兴起还不久。人类在学会建造宫殿之前，长时间盖的是茅屋"。但在某些重要的时刻，他也求助于一种迥异的意志论话语："国民的存在高于一切，它是一切之本源。它的意志永远合法，它本身便是规律。"西耶斯为第三等级所提出的要求融合了相互矛盾的社会和政治话语，这种大杂烩揭示了他的作品中开始成型的革命语言的模糊性。

众所周知，西耶斯的思想的形成受到两种影响，一种是早期与魁奈和重农主义思想的长期较量，另一种是后来对亚当·斯密以及苏格兰学派的理论的思考。因此，当他涉及政治问题时，他频频求助于以"生产和财富的性质、劳动分工的结果、根据理性社会艺术原则进行社会重组"为主要原则的社会论述。这是《论特权》（1788年11月出版）中的主要内容，特权者维护社会等级的言论与公民社会（"这里丝毫不存在隶属关系，而是一种持续交换"）中的自由交换关系不相容；真正的荣誉并非来自国王的恩典，而是公众对自由市场的尊重（这种"精神货币"），特权被揭露为某种讨要（特权者吞下了钱，也吞下了人；一切都无可避免地奉献给了不事生产的特权者）。

西耶斯在《什么是第三等级？》的开篇列举社会生活所依赖的有用的生产活动类别时，不是还在使用这种语言吗？他把人类生存建立在人类工业与大自然的互动之上，他不仅根据定义把特权者从社会秩序中排除出去，也否认了旧制度的文化基础，即内部按照精神区分和等级分化的逻辑而建构起来的社会秩序。他在赞扬卡龙的主张时也使用同样的语言，后者主张召开省级议会（因此卡龙反对布里耶纳，后者保留了传统的等级区分），从而建立真正的国民代议制，确立以产权为基础的"真正的"秩序，而非以等级为基础的"个人"秩序。我们必须强调的是，1787年，卡龙在不经意间为西耶斯教士进行了一次重要的政治教育，当时西耶斯在奥尔良议会担任教士议员。

他在描述漫长的社会演变过程（"时间和事物的必然发展所引起的变革"）时使用的仍是这种语言。这种变革鼓励工商业发展，摧毁了封建社会。第三等级成为了"国民中活生生的现实"，而贵族不过是过去畸形的阴影。他同样用这种论调表达了从此第三等级在阶层内部选择"可用之人"作为代表的需求，这类人的生活"比较富裕"，能够接受教育，具有开明的智慧，对公共事务感兴趣。

然而，在倚重社会话语来主张第三等级的代表权的同时，西耶斯也将代议制思想本身从旧制度最后几十年间的窠臼，尤其是创建省议会运动所遇到的限制中解放出来。代议制本身已经被重农主义思想所束缚（在重农主义者看来，只有土地财产才是表达社会利益的真正基础），在这场运动中，它又受到合理参与地方政府管理的行政意志的限制。西耶斯拒绝将土地财产视为财富唯一来源的重农主义论点（这一点出现在他早年关于政治经济学的作品中），他也动摇了"土地是理性表达社会利益的唯一基础"这种论题。更重要的是，他把代议制的实施纳入劳动分工这一社会根本原则之中，将其从行政限制中解脱出来。有一条在他的论文中找到的评语记录了社会内部的自由思想："代议制"和"劳动分工"如同西耶斯所说的"代议制秩序"中可互换的范畴："让自己或允许自己被代表是社会繁荣的唯一源泉[……]。这能增加满足我们需求的手段或力量；享受更多，工作更少，这就是自由在社会状态中得到自然增长的基础。自由的进步自然而然地来自于**代议工作**（travail représentatif）的确立。"

虽然西耶斯并没有立刻将他所称的"代议工作"外推为政治代议制，但很明显这两个概念之间有着联系，另外在他其他作品中，关于这种关系的描述非常明确。他在1789年10月2日的演讲论证了代议制政府的合理性，因为劳动分工"适用于所有生产性劳动，也适用于政治劳动"。区分积极公民和消极公民就是这种思考方式的典型体现，但它并不是最重要的。西耶斯进一步从根本上将政治代议制和劳动分工相融合，迈出了决定性的一步，他把代议制思想从大革命之前的社会和政治理论的限制中解放了出来。代议制是自由的原则，也是其结果，它已经不再是一种行政手段，也不再是直接民主的平庸替代品，它成为了让公民社会自主存在的原则的整体表现形式。西耶斯在共和三年热月 2 日的演说中具体阐述了这个理念："在社会状态中，代议无处不在。无论私人领域还是公共领域，代议随处可见。［……］我还要说的是，它是与社会生活的本质交织在一起的。"

然而，虽然西耶斯在对国民的定义和对代议制的构思中常常依赖社会话语，但与这种论调共存的还有一种政治色彩更加明确的论述，其主要灵感似乎来自于让－雅克·卢梭。因此，除了将社会定义为能够通过劳动分工来满足成员不同需求和利益的生产实体之外，《第三等级是什么？》还增加了一个政治概念，即国民被视为能够行使不可剥夺的共同意志的公民所组成的统一体。"一个政治团体只能是加入此团体的成员的整体。国民绝不会做出决定，说它自己不是国民，或只能以某一种方式成为国民；因为这等于说，如以其他方式，它就不能成为国民。同样，国民绝不会用法律规定其意志不再是共同意志。" 在这一话语中，国民成为最终的政治现实，其他一切都取决于它的身份。

这种对国民的设想导致了一些重要后果。第一个后果在于它将国民定义为生活在共同法律下的所有成员，即公民身份是一种平等、普遍的关系，特权者被排除在外，因为他们必然代表了政治秩序之外的国中之国（imperium in imperio）。因此无论是从定义上，还是从公民身份的政治逻辑来看（根据该逻辑，他们不能被视为平等），亦或是生产劳动的社会逻辑来讲（根据该逻辑，他们不可能有用处),特权等级都被排除在国民之外。

第二个后果来源于将国民定义为不可剥夺的、统一的共同意志的拥有者,赞成以传统形式召开三级会议的旧制度和根本法遭到否定。如果国民意志就是所有公民统一的共同意志,那么它就不能通过由阶级和地位组成的代表团来表达自我:"只要仍保留三个等级和三种代表,那么意志便不可能只有一个。"所以,统一的政治意志只能在统一的代表团中进行表达;在复杂的现代社会中,这几乎是它所必须的存在条件。

统一的代表和统一的国民意志之间的这种联系(对革命思想体系的制定至关重要)是西耶斯在所有辩论中一直坚持的要点,这些辩论将三级会议转变为国民议会,不久之后又确立了新宪法制度的原则。但这种联系是有争议的,因为尽管代议制的理论和实践完全符合关于现代社会中劳动分工的社会理论,但它们与关于不可剥夺的统一的普遍意志的政治理论却并不太匹配。

在《社会契约论》(*Le Contrat social*)中,卢梭批评代议制是一种与行使普遍意志不相符的封建做派。然而,在为波兰起草宪法时,卢梭并没有排除代议制,但他同样坚持人民最高权力应当通过强制委托权来得到保障,迫使议员严格遵守选举人明确表达的意愿。令人颇感兴趣的是,第二条论点的目的是为了让普遍意志理论与旧制度时期代议制的传统宪法惯例协调一致,旧制度的强制委托主要是一种保守的预防措施,旨在保护社会群体不受专制君主向三级会议议员强加的专横要求的危害。这种趋同本身暗示了支持卢梭的普遍意志理念的保守前提及其与西耶斯的论述中出现的更为活跃的社会构想的不兼容性。但更重要的一点在于,普遍意志与代议制的趋同揭露了革命理论家试图让议员以国民最高权力的名义所进行的革命在未来被合法化时所面对的问题。强制委托体制旨在保护传统社会摆脱蛮横专制,但它和将国民最高主权交给行使统一共同意志的公民群体的革命主张完全矛盾。所以1789年春,拒绝强制委托权成为三级会议向国民会议转变的关键步骤,同时也是普遍意志和代议制理论相融合的重要内容,二者的融合发生在《公民和人权宣言》颁布之后关于宪法的重要争论过程中。

1789年7月,最初在讨论强制委托权问题时,西耶斯不断表示任何关于该主题的新行动都将是徒劳,因为1789年6月17日国民会议成立时,这个问题就已经解决了。成立国民议会的行动符合《第三等级是什么?》的表述,它表示国民的代表团体是"统一的、不可分割的",并要求只有该团体有权利"阐释和表达国民的共同意志"。但国民议会表达国民普遍意志的意图受到了强制委托以及国王否决权的威胁,后者被某些人视为利用国民共同意志来反对代表团体部分意志的手段,于是西耶斯详细阐述了自己的思想。他在9月7日的演说中指出,"任何议员都是被辖区直接选举的,但也是被所有辖区间接选举的,所以他们是整个国民的代表"。因为和整个国民的意志相比,直接选举人的意志必然是私人的,所以任何议员在行使国民代表职能时,都不能受到这种个人意志的限制。同样,代表团体在大会中所做出的决定将不能受上述普遍意志的约束,在人口众多的国家之中,普遍意志必然以初级议会的投票表现出来,这些初级议会将会"把法国分裂成无数个只能通过联邦制联系起来的民主小国"。西耶斯反对卢梭把代议制与普遍意志对立起来的观点，他着重强调法国的最高主权只能通过统一的代表团体进行表达，"人民只能通过代表来表达意愿、付诸行动"。

表达意愿、付诸行动等词让卢梭的另一种思想受到了质疑。实际上，根据卢梭的普遍意志理论，在公民集会中，每个个体都有自己的思想，不受与他人的交流过程中会有可能突然出现的局部利益的约束。《论政治经济学》(*Discours sur l'économie politique*)中的名言就来自于此："公共审议是一回事，普遍意志是另一回事"。就西耶斯的思想而言，没有什么比这句话更奇怪的了。根据他的劳动分工总理论，代议制的存在是有道理的，因为它允许大部分人（他们不过是被日常工作所吞噬的"劳动机器"）将主动参与制定法律的权力委托给一小部分人，因为这小部分人拥有足够的时间、教育和开明的思想，这让他们"更有能力了解整体利益、阐释他们自己的意志"，但因为开明思想而被获选的代表无法做出明智的决定，除非他们能够自由地评判，不受选举者先前意愿的约束。因此，西耶斯从意志论转向理性论，从中找到了另一条反对强制委托的论据。"人民聚集起来时，是为了磋商，为了了解彼此的想法，从而利用彼此的知识，抵抗个人意志，对其进行修改、协调，最后取得多元一致的结果[……]。因此，毋庸置疑的是议员们在议会不是为了宣布他们的直接委托人既有的愿望，而是为了在议会为每个人提供的启发之下，根据他们当前的意见自由地磋商和投票。"

西耶斯用这种方式把统一的普遍意志论与直接民主的共同梦想区分开来，将其与代议制实践结合起来，成为劳动分工在人口数量众多的现代社会的表达方式。他也同样将代议制概念从大革命前强加的思想所造成的束缚中解放出来（在关于社会和意志的论述中）。与此同时，他没有把普遍主权意志的行使权赋予四处分散的国民初级议会，而是赋予了构成国民统一整体的代表团体。由此产生的"代表主权"的设想是一种巧妙的设想，但太不稳定，它为革命话语带来的压力为后来革命事件的意义构建做出巨大贡献。在大革命过程中，普遍意志论在不断破坏代议制话语。1791年宪法使代议制与国民主权之间模糊不清的结合有了一种制度形式，但它的失败是这种不稳定的结合的典型特征。恐怖统治是其彻底失败的终极表现。

西耶斯自己也应对失败承担部分责任。和其他人一样，他为恐怖统治援引普遍意志来破坏宪法原则奠定了基础。事实上，《第三等级是什么？》中提出的国民政治概念所导致的重大后果之一在于，国家（国民）主权的存在不依赖于任何宪法形式："无论国民以何种方式表达自己的意愿，只需表达即可；任何形式都可以用，而国民意志永远是最高的法律［……］，国民独立于一切规章之外。"为了彻底消灭特权者对根本法和旧宪法的辩护，西耶斯被迫表示，没有任何宪法条款不直接依赖于不可剥夺的普遍意志。"国民意志则相反，仅凭其实际存在便永远合法，它是一切合法性的本源。国家不仅不受制于宪法，而且不能受制于宪法，也不应受制于宪法，这仍无异于说它不受制于宪法。"这一论题的结果影响深远，西耶斯批驳了那些要求采用传统宪法的人的论据，但也削弱了宪法条款抵挡对国家主权原则的颠覆性影响的能力。

那么宪政和代议制政府应当如何抵御以普遍意志为名义的颠覆？实际上，这就是热月党人在制定共和三年宪法时遇到的问题。这也是逃过恐怖统治的西耶斯（罗伯斯庇尔倒台后，他回到国民公会）在共和三年热月2日所发表的最重要的演说中所谋求解决的问题。为了解决这个问题，西耶斯试图让社会/理性话语拥有压倒政治意志话语的绝对优先权。"可悲的人，可悲的人民，他们自以为知道自己想要的是什么，但他们所做的只有渴求！渴求是最容易的事情。"他依旧相信"社会等级中的一切都是代表"，认为在一个公民社会中，有越多的"人人为我"，个体就越自由，因此在政治领域，相信"人民只应该把自己无法行使的权力委托出去"是一种"极其有害的错误"。危险并不在于权力委托本身，而在于它们集中在单一团体身上，无论是单一的代议制机构，还是国民整体。为了避免单一的代议制团体，人们应当把职能分割给众多不同团体，从而保证"行动统一"，又不危害"单一行动"。西耶斯所建议的权力分立并不仅仅是为了将立法机构和行政机构分开，也是为了将法律提案与投票的责任分配给不同团体，从而避免代表议会的"自发意志"独揽大权。另外，为了预防任何对这种权力分立的损害，西耶斯主张成立一个特别陪审团，保证权力分立的实施，并有权针对违宪指控做出裁决。但这些措施并不足以防止代表团体以国家主权的名义将权力集中到自己手中。西耶斯还大力坚持要摒弃过于夸张的国家主权概念，这种概念曾经被绝对而没有限制的王权迷信所腐蚀，后来又被错误的社会契约思想（很明显来自于卢梭）所强化。在创造政治社会时，个体并没有把所有权力都委托给社会团体，也没有转让所有个人权力。

相反,他们保留了自己的权利,只把能够保留这些权利所必须的最小权力交给集体。"人民主权绝非不受限制,许多被过度吹嘘、推崇的体制,包括人们自以为能够拥有最重要的义务的体制,都不过是一些寡淡的设想,更像是过度宣扬平等而非共和思想的糟糕计划,有损于自由,对公共领域和私人领域都有害。"邦雅曼·贡斯当也将社会论作为新政治自由主义的基础,西耶斯和他一样,通过恐怖统治看到了卢梭论点的逻辑结果。

尽管共和三年宪法没有完全遵从西耶斯的建议,但也表达了与西耶斯同样的拯救代议制政府、防止国家主权理论不利影响的意愿。后续结果众人皆知。在督政府时期,在缺少"单一行动"的前提下保持行动统一越来越难,刚刚要求成立负责保护宪法的评审团的西耶斯不得不对果月政变、花月政变和牧月政变表示赞同。

他甚至主导了雾月 18 日政变,让拿破仑成为政府首脑。这也是法国大革命最讽刺的地方之一:促使大革命结束的正是那些揭开革命序幕的理论家们。

基斯·迈克尔·贝克

延伸阅读

Ecrits politiques, éd. établie par Roberto Zapperi, Paris, Editions des Archives contemporains, 1985.

Qu'est-ce que le Tiers Etat?, éd. établie par Roberto Zapperi, Genève, Droz, 1970; rééd. avec une préface de Jean-Denis Bredin, Paris, Flammarioin, coll.

«Champs», 1988.

Vues sur les moyens d'exécution dont les représentants de la France pourront disposer en 1789, s.l.n.d.[1788].

BACZKO, Bronislaw. «Le contrat social des Français: Sieyès et Rousseau.»

BAKER, Keith Michael. «Representation.»

Ces deux études in Keith M. BACKER（sous la dir. de）, *The French Revolution and the Creation of Modern Political Culture, t.1, The Political Culture of the Old Regime*, Oxford, Pergamon Press, 1987.

BASTID, Paul. *Sieyès et sa pensée*, nouv. éd., Paris, Hachette, 1970.

BREDIN, Jean-Denis. *Sieyès. La clé de la Révolution française*, Paris, éd. de Fallois, 1988.

MANIN, Bernard. «Volonté générale ou délibération? Esquisse d'une théorie de la délibération politique», *Le Débat*, janv. 1985.

参见条目

革命议会（Assemblées révolutionnaires）

宪法（Constitution）

政变（Coups d'État）

民主（Démocratie）

雾月政变（Dix-Huit Brumaire）

三级会议（États généraux）

民族（Nation）

重农学派（Physiocrates）

卢梭（Rousseau）

主权（Souveraineté）

恐怖统治（Terreur）

流亡者
Emigrés

攻占巴士底狱发生之后和大革命的最初几年里，数以万计的法国人一批又一批越过国境线，离开家园。有些人离开法国是因为公开厌恶新政体的原则，有些人是因为害怕，还有一些人只是受到当时天翻地覆的形势的裹挟。人口外移的进程也受革命本身的左右：随着"普遍意志"在革命事业这盘棋中的发展，所有曾经试图阻止它的人（绝对王权派，王政派，自由派，吉伦特派）都被逐个清除，流亡国外的时刻也终于到来。从英国到德国，从瑞士到俄国，从西班牙到斯堪的纳维亚半岛上的国家，没有一个国家没有法国流亡者的聚集点，就连新大陆也收留了其中最大胆敢闯的人。

大革命很快就将这些抛弃国家的人视为难以和解的敌人。一段宽容期之后，它开始采取一系列愈发严厉的镇压法律。流亡国外是一种极其复杂的现象，但是巴黎的当权者们在立法和宣传中将其与贵族的密谋、与外国势力串通视为同一类别。因此，流亡者成为大革命想要消除的旧历史的象征之一：他们的阴谋、复辟计划，甚至他们的存在都成为怀念旧制度的体现。

革命的法国对流亡者的敌视在恐怖统治和雅各宾派政府之后仍然存在,这里还有一个象征意义较弱、物质性较强的理由。流亡者的资产被没收和拍卖,他们流亡归来就成了"国有财产"购买者的噩梦,这些购买者的命运与大革命联系在一起,他们害怕自己的所有权受到质疑。

波旁王朝复辟也无法平息流亡者的形象引起的充满矛盾的争议。有些人认为只有他们表现出对合法主权的忠诚,另一些人认为他们是在事实上和法律上都放弃了法国的不可饶恕的敌人。

如果从整体情况来考虑流亡现象,首先必须了解大革命时期有多少人离开了法国。1792 年春季开始到 1800 年波拿巴时期截止的"按字母顺序排列的整个共和国的流亡人口总目录"包含了 14.5 万个流亡者的姓名,但这份材料并不可信,因为名单中有些人没有流亡,真正流亡的人却被忽略了。第一个深入研究这个问题的学者是唐纳德·格里尔(Donald Greer,《法国大革命时期的流亡率》(The Incidence of the Emigration During the French Revolution, Havard, 1951)),他以数量更多、更准确的地区清单为基础,与 1825 年发放给流亡者的补贴记录交叉对比,对总目录作了"清理",将其减少到 12.9 万人左右,另外又增加了一些未列入任何目录中的流亡者,这些人的数量难以统计,大约在 2 万—3 万,因此总人数在 15 万—16 万人。

这个数字虽然不小,但也不足以令人吃惊,因为它只占到 2600 万居民的 0.6%。1685 年,由于南特敕令的废除,法国就曾经历过另一次大规模的流亡浪潮,它对人口产生的影响更显著也更持久。但是从 1789 年开始的流亡的历史重要性和意义不能用统计术语来衡量。这次流亡与革命进程有紧密联系,它象征着两股势力的衰弱,一方面是旧制度贵族势力,它无法采取有效的政策来应对法国君主制危机;另一方面是自由主义势力,它无法确立"英式"君主立宪制政府。但这两股势力的衰弱也反映出"普遍意志"的无比强大。从这个意义上来讲,对比现代法国历史上的两次大规模流亡,可以使学者揭示大革命的绝对主义特征(泰纳和米什莱都曾对比过大革命反对流亡者的法律和路易十四迫害新教徒的法律):"17世纪末有10万名法国人被驱逐,18世纪末有12万法国人被驱逐,这就是不宽容的民主如何完成了不宽容的君主制的事业。"第二个具有统计学性质的问题就是大规模流亡人群的社会构成。流亡现象所特有的象征意义让人们难以客观地评论这个问题,因为它营造出一种流亡者主要是贵族或者旧制度特权阶级的假象。实际上,这一现象波及法国社会的所有阶层。根据格里尔的计算,流亡者的总数分布如下:教士25.2%,贵族16.8%,大资产阶级11.1%,小资产阶级6.2%,工人14.3%,农民19.4%,身份不明者6.2%。如同我们所见,两个特权等级占流亡总人口的42%,第三等级占51%。当然,这些整体数据对这一现象的描述太过粗略,有可能产生混淆。实际上,无论时间或地理范畴,流亡都不能统一而论。流亡者并非同时离开,"浪潮"前后持续了好几年,一直到热月政变之后才开始明显减少。但是,多次发生的集体流亡中有两次是最重要的,分别在君主制倒台之前和之后。

1792年之前,流亡人群主要是贵族。这次较早发生的人口外流的政治特征非常明显,贵族们为了表明自己对大革命的敌意,自愿离开。这些最初的流亡者必然要在国境线附近集结,甚至接受外国军队的介入。路易十六公开反对贵族大规模流亡(部分原因是受形势所迫,部分原因是担心宫廷敌对势力在境外不断壮大),当他的弟弟们宣布讨伐大革命时,批评国王"过于软弱"的新政体的敌人们认为自己应当逃往科布伦茨(Coblence)或沃尔姆斯(Worms),投奔流亡王室。若干年后,伯纳德子爵(le vicomte de Bonald)会以高尚爱国主义的名义,要求赋予整个流亡运动合理性:"某些人出于被迫,但对所有人而言,流亡都是合理的。土地不再属于文明人的祖国[……]。文明人只有在管理社会的法律中、在其信仰的宗教中才能看到祖国,对他们而言,国家并不总是等同于祖国"(《论流亡》(De l'émigration),收录于《文学、政治和哲学杂集》(Mélanges littéraires, politiques et philosophiques))。这种超越国土的忠君和臣道思想很好地反映了法国贵族的世界主义,他们把自己视为外国贵族的同胞,而不是其他法国人的公民同胞。

1789 年 7 月 17 日,亚多瓦伯爵公开抛弃了法国。与他一起离开的有孔代亲王、波利尼亚克家族、罗昂家族、孔蒂家族和波旁公爵等众多贵族家庭。经历了夏季的混乱和 10 月事件之后,这种受"荣誉"驱使的"快乐"流亡很快就变成了"恐惧"逃亡,朝着凡尔赛的进军引发了第一波浪潮,一些贵族、军官和主教离开了法国。包括穆尼埃(Mounier)和拉利-托伦达尔(Lally-Tollendal)在内的多名温和派议员的离开是由于王政派的失败。1790 年,废除封建制度的政令、最高法院的取消、教士财产的没收、军队的反抗愈演愈烈等都加快了逃亡步伐。但促使人们快速逃离法国的是瓦伦出逃的失败以及国王被捕。此外，1791年，军人成为最倾向于流亡的群体，这一年孔代亲王在沃尔姆斯成立了司令部，亲王们的军队被组织起来；大规模逃跑事件越来越多，到年底时，近6000名军官逃至国外，占到了皇家军队人数的四分之三。

在大革命的第一阶段，法国政府没有采取任何措施阻止流亡，国境仍然开放，离开法国并不困难。议会成员对是否采纳破坏自由的条款持保留态度，1791年2月28日关于迁徙权的讨论就可以证明这一点，米拉波在讨论中轻蔑地拒绝了一项旨在限制和平时期自由穿越国境的法律。米什莱在具体提到这次讨论时候认为**公平**原则还没有让位给**公共安全**原则。最初采取的措施，例如1791年8月6日法令（随后被9月宪法所取消）的制定就极为宽容。1791年11月9日法令就严厉得多，它判处年底之前不返回法国的流亡者死刑，但国王的否决导致它从未被实施过。直到战争前夕，1792年4月8日，立法议会才投票通过第一项针对流亡者的重要法令，它规定没收（尚且不是变卖）所有从1789年7月1日起不在法国、一个月内没有回国的人的财产。

君主制倒台、随之而来的战争、恐怖统治开始和公共安全政策的可怕后果是新一波流亡浪潮产生的原因。法律很快就变得严厉起来：1792年4月，流亡者的财产开始被变卖；10月25日，流亡者被"永久"驱逐，并被判处死刑；11月15日，想要返回法国的人有15天的期限。最后，从1793年3月28日到4月5日，一项综合法规被批准，明确了"战时流亡罪"，并确定所有落入共和国手中的流亡者将被判处死刑。

1792年4月是一个转折点，此后流亡自身的性质发生了改变。尽管法律变得更加严酷，但人口外流的数量不但没有减少，反而不断上升，局面也越来越混乱。格里尔的统计数据表明1792年底离开的流亡者是此前的一倍；但是，在最初阶段，贵族的人数最多，随后人口外流的主体成了法国社会的其他阶层。但这次人们已经不再是自愿流亡，而是受事件所迫。此外，人口外流的强度与社会形势也有关系，随着地点不同而有明显变化，其原因有时是起义事件，有时是恐怖主义反抗，或者外国入侵。1793年6月和7月，吉伦特派及其友人逃离法国，原因是担心联邦主义者反抗之后遭受报复行为。1793年，共和国军队将暴动的城市镇压下去之后，土伦人民大规模逃亡。在内战如火如荼的法国西部地区，许多法国人逃亡国外。但导致巨大的逃亡浪潮的主要是外国入侵，例如在1793年奥地利军队进军然后撤退的下莱茵省（le Bas-Rhin），两万多名法国人逃亡，大部分是农民，这一数据远远高于其他省。另外，1792年也是教士流亡的一年。1792年5月27日，国王拒绝批准第一项规定流放反叛教士的法令，但8月26日，君主制倒台之后，反叛教士面临两种选择：离开法国或者被流放，所以他们选择加入流亡大军。

　　被迫参与第二次流亡浪潮的人并非大革命的敌人，相反，他们来自于曾经支持革命，并且被卷入革命极端化趋势的派别。所以他们拒绝被视为反革命分子，他们甚至还继续与反革命分子进行激烈的论战。斯塔尔夫人是第二次浪潮的代表，她后来写道："人们应当把自愿流亡与被迫流亡区分开"，对她而言（和极端王党一样，他们通过流亡时间的早晚来衡量君主制的纯净程度），

1792年是真正的爱国主义分界线。她还写道:"1791年,流亡是错误的,应当受到谴责,因为一小部分法国人在欧洲列强的刺刀中迷失了自己。此外,在法国还有许多方式实现互相谅解;一些非常可敬的人掌管着政府,一些政治错误可以被弥补,司法谋杀还没有出现〔……〕。1791年,贵族党派从事实和法律上都抛弃了国家。"

对流亡者的政治行为,或者更准确地说,对以国王的两个弟弟为核心的反革命逃亡的历史批判一直都非常严厉,也确有道理。另外,所有企图对法国革命进程产生实际影响的计划的结果都很糟糕。亚多瓦伯爵首先在都灵成立了一个反革命委员会(从伦敦而来的卡龙成了政治关键人物),该委员会有三个目标:筹划国王出逃、在法国挑起暴动、获得欧洲君主的干涉。但让路易十六秘密逃亡的企图接连失败,一直持续到悲剧般的瓦伦事件。在多个地区组织的暴动(朗格多克、罗讷河谷)没有任何重要的后续发展。奥地利皇帝利奥波德二世(Léopold II)施加的压力没有取得预期效果,欧洲要么熟视无睹,要么接受法国的突发事件,没有任何介入的意愿,甚至对不受管束的逃亡亲王表示担忧。除此以外,流亡贵族与法国国王之间的关系总是难以调和,冲突不断(1791年9月,法王曾宣誓效忠宪法,因此剥夺了弟弟们的一切合法性);这就是流亡者酝酿计划时所处的政治隔离状态。

政治方面的弱势以外,流亡贵族还有着令人感觉可悲又无聊的一面,这与其自身形象密不可分。在莱茵兰地区(Rhénanie)(同样逃离法国的普罗旺斯伯爵与弟弟在此处汇合,掌控了流亡势力)

的科布伦茨成立的贵族总部试图恢复旧制度时期的礼仪方式，甚至夸张到扭曲的地步。这纯粹是对宫廷生活和无聊礼节的讽刺，它规定种种规则都要更为严格地遵守，因为制定规则的世界已经消失不见。这出满是风流韵事和阴谋诡计的大戏也绝对少不了大权在握的宠妃，其中包括德·巴尔比夫人（Mme de Balbi）和德·波拉斯通夫人（Mme de Palastron），她们分别是普罗旺斯伯爵和亚多瓦伯爵的情妇。

流亡者的真正目的是筹备战争，但他们在军事方面的努力并没有太多成果。孔代亲王在沃尔姆斯筹备了一支军队，另一支名为"亲王军"的队伍在科布伦茨集结；这两支军队的成员包括许多逃离法国的军官和士兵。战争爆发之后，武装的流亡贵族加入了布伦斯维克公爵（le duc de Brunswick）指挥的战役。但我们不能说这次参战有多么光彩：他们参与的唯一行动是以失败告终的蒂永维尔（Thionville）突袭。瓦尔密战役失败后，战争在流亡者与奥普军队之间的论战和指责中结束。皇帝随后下令解散应为失败负责的流亡者军队。

于是普罗旺斯伯爵、亚多瓦伯爵和他们忠诚的支持者开始了横穿欧洲的漫长征程，直到1814年的波旁王朝复辟才得以结束。普罗旺斯伯爵首先自称摄政王，然后成为法兰西国王，称号为路易十八（Louis XVIII），这是一个让受到大革命武装威胁的欧洲宫廷备感为难的人物，所以他被迫在不同地点流亡，接受普鲁士人、威尼斯人、奥地利人、俄国人，最后还有英国人的短暂接待。大革命的转向，尤其是法国爆发的起义让人产生了短暂的幻想。普罗旺斯伯爵试图从发生暴动的土伦上岸，但没有成功。在旺代，流亡者对旺代运动形势的彻底误解导致其与反叛者之间没有建立真正的关系。1795 年他们迎来了彻底的失败。在英国海军的支持下，流亡者企图在基伯龙（Quiberon）登陆，但最终以反革命派的失败和被屠杀告终。与此同时，在英国海军的帮助下，亚多瓦伯爵在旺代海域的约岛（l'île d'Yeu）登陆，但是经过无数次推脱之后，没能说服自己向时代反叛者伸出援手。他只能灰头土脸地回到伦敦，等待他的是无情的债主。

面对如此令人失望的结果，就连最温和的国王支持者也毫不留情，约瑟夫·德·迈斯特（Joseph de Maistre）在《论法国》（Considérations sur la France）中写道："法国大革命的规律之一就是，流亡者不可能在发动攻击时不伤及自己，而且他们完全被排除在正在进行的事业之外［……］，他们所做的一切都被打上了无能和无意义的烙印……"在他眼中，这种无意义只能证明"贵族的道德堕落"，这是君主制危机的主要原因。

极端保王党从流亡以来所鼓吹的完全复辟的政治纲领是不切实际的。他们不会付出任何代价与大革命中的法国妥协。如同托克维尔后来所说的，最极端的流亡者总是渴望"比那个被摧毁的旧制度更丑陋的政体"。当然，在流亡队伍中，也存在一些立场不太极端的前制宪议会议员组成的团体，以及各种各样的自由思想的代表，他们逐渐扩大了流亡者的阵容。正统派已经分裂成了两支：一个是以亚多瓦伯爵为核心的更极端的派系，另一个是以路易十八为核心的更温和的派系。双方都一直坚持到复辟时期。但是在王政派中，对旧制度危机、大革命的原因、法国君主制必须进行的改革的思考逐渐出现。在流亡期间，以前关于法兰西王国的"宪法"的争论一直在持续，君主立宪制的支持者们，例如穆尼埃、拉利-托伦达尔、蒙洛西耶（Montlosier）、马鲁埃（Malouet）、马勒·杜潘，曾经多次掀起激烈讨论（尤其在1796年和1799年），反对简单纯粹地倒退到绝对主义。可以确定的是，到1815年之前，在对路易十八所施加的互相矛盾的压力之下，不可能提出任何明确的王权理论。

罗伯斯庇尔倒台之后，流亡运动基本结束。尽管有过几次突发情况（1795年10月，葡月13日事件失败之后，果月18日政变之后），但此后大规模人口外流已经停止，回归问题开始出现。

督政府时期，以死刑惩罚流亡者的法律依旧有效，但共和四年雨月30日的一份通函让申请从著名的清单中"删除"成为可能。在热月党统治时期，这个缺口被打开之后，流亡者开始秘密回国。这涉及的仍然是少数情况，既受拥有自由决定权的警察机构的控制，也受法国国内政治情况的影响，但是这一现象很快就大规模出现。极端王党不同意这样回国，但流亡这么多年后，很多人的思乡之情变得不可抑制；与伴随他们离开的世界主义相反，"爱国"情感开始出现在内心深处。"以前的潮流是离开，如今的潮流是回来"，纳伊（Neuilly）在《回忆录》（Souvenirs）中写道。

流亡者的回归是波拿巴政策的结果。第一执政官喜欢把名字从名单上划去，并鼓励前制宪议会的成员回国，例如拉法耶特、拉梅特兄弟、诺瓦耶子爵（le vicomte de Noailles）、拉罗什夫柯-良库尔公爵（les ducs de La Rochefoucauld-Liancourt）都是第一批回国的。国家的和解政策（1801年的《教务协议》之后，该协议结束了法国与教会之间的敌对关系，允许流亡教士回国）达到顶点的标志是1802年4月26日（共和10年花月6日）元老院通过法令宣布对流亡者大赦。虽然这项措施并没有满足流亡者的自尊心（拿破仑将其定义为"一种有些轻蔑的宽容举动"），但对于几乎所有还在国外的人而言，大赦就是回国的信号。只有那些顽固分子和对国王极为忠诚的支持者一直到波旁王朝复辟才结束流亡，但从此以后，他们只占很小一部分。

虽然1802年大赦令流亡者回归故土，但并没有归还革命政府没收的财产，而且其中很大一部分已经被卖掉。花月6日，元老院通过一项决议把尚未卖出的财产归还主人，但不会以任何形式去质疑新的财产状态，对损失的赔偿也只能靠运气。"国家财产"问题是最能够证明复辟支持者无法彻底抹去大革命成就的例证之一。关于这个棘手的问题，路易十八逐渐放弃了自己的强硬立场。最初他只希望宣布国家财产的没收和变卖无效，但是他被迫采取了更灵活的立场，最终为了新业主的利益而推翻了自己最初的政策，宪章正式保护了这些人所购财产的所有权。（"所有财产都不可侵犯，被称为国家财产的也不例外，法律不对其做任何区别对待。"）流亡者感觉受到了背叛，但公众舆论是反对他们的。从此一道鸿沟隔开了两个社会阶层：一个属于流亡者，另一个属于新社会。毫不妥协的正统派只能注定站在对立面，与大革命和复辟王朝都有冲突。

最终的和解政策在查理十世（Charles X）时期的1825年才出台，一项针对旧产业主的补偿措施得到批准（《补偿流亡者

10亿法郎的法令》(le milliard des émigrés))。但是这项法案(一个既往不咎的机遇)再次没有被接受,相反,它成为三十多年来分裂了法国的两个党派(革命派和反革命派)激烈冲突的借口。内阁提交的法案坚持认为流亡者被剥夺财产虽然不公平但合法,实际上它提出了一个原则性问题:如果就像复辟政权所暗示的,大革命是一种暴力、武断的行为,那么它采取的所有措施都应该被视为无效,因此离开法国的流亡者在法律上仍是财产所有者(如果他们仅满足于一份赔偿,只能说明他们的慷慨)。这就是极端王党的立场。另外,这份法案受到邦雅曼·贡斯当的批判,他坚称流亡者不应获得任何补偿;主动离开的他们不仅没有表现出忠心,反而背叛了王权和祖国,因为国王曾命令贵族不要逃亡。"流亡者没有听从国王的命令,抛弃了服从命令的大多数人,他们行使的是抵抗权"。但是党派对抗的时期已经过去,内阁提出的和解法案更为明智,最终得以通过,彻底解决了流亡者的问题。

马西莫·博法(Massimo Boffa)

延伸阅读

BALBENSPERGER, Fernand. *Le mouvement des idées dans l'émigration française, 1789-1815*, Paris, Plon-Nourrit, 1924.

CASTRIES, René DE. *La Vie quotidienne des émigrés*, Paris, Hachette, 1966.

DAUDET, Ernest. *Histoire de l'émigration pendant la Révolution française*, Paris, 1905.

FORNERON, Henri. *Histoire générale des émigrés pendant la Révolution française*, Paris, 1884.

GAIN, André. *La Restauration et les biens des émigrés*, Nancy, Société d'impressions typographiques, 1929.

GREER, Donald. *The Incidence of the Emigration during the French Revolution*, Cambridge（USA）, Harvard University Press, 1951.

VIDALENC, Jean. *Les Emigrés français*, Caen, Association des publications de la faculté des lettres et sciences humaines de l'université de Caen, 1963.

参见条目

贵族（Aristocratie）

国有财产（Biens nationaux）

波拿巴（Bonaparte）

教士公民组织法（Constitution civile du clergé）

反革命（Contre-Révolution）

拉法耶特（La Fayette）

路易十六（Louis XVI）

米拉波（Mirabeau）

王政派（Monarchiens）

瓦伦（Varennes）

旺代（Vendée）

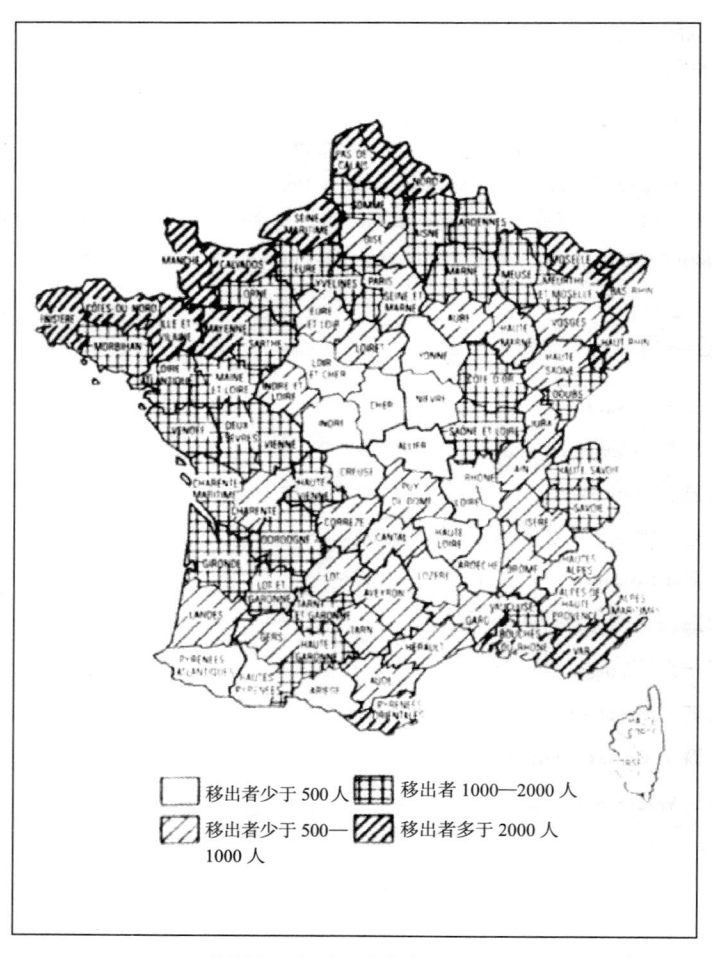

法国人口迁出地图（1789—1799）

注：本地图根据目前的法国行政区划（1988年）绘制。大革命时期的省份地图略有不同，某些名称和边界随着时间有所变动。

人口迁出总表

省份	教士 数量	教士 %	贵族 数量	贵族 %	大资产阶级 数量	大资产阶级 %	中产阶级 数量	中产阶级 %	手工业者和工人 数量	手工业者和工人 %	农民 数量	农民 %	身份未明 数量	身份未明 %	总计
安省															600
埃纳省	368	32.50	329	29.25	105	9.25	62	5.50	141	12.50	44	4	79	7	1128
阿列省	70	20.50	128	37.75	59	17.25	3	1	7	2	4	1.25	69	20.25	340
下阿尔卑斯省	205	40.50	119	23.25	57	11.25	9	1.75	22	4.25	2	0.25	96	18.75	510
上阿尔卑斯省	39	37.25	39	37.25	13	12.25	0	0	0	0	0	0	14	13.25	105
滨海阿尔卑斯省															3000
阿尔代什省	122	27	184	40.75	49	10.75	4	1	14	3.25	7	1.50	71	15.75	451
阿登省	339	28.25	251	21	128	10.50	56	4.50	170	14.25	173	14.50	84	7	1201
阿列日省	277	57.75	54	11.50	29	6	4	1	59	12.50	35	7.25	22	4.50	480
奥布省	157	21.50	229	31.50	133	18.25	53	7.25	36	5	80	11	40	5.50	728
奥德省	507	66.75	125	16.25	19	2.50	4	0.50	14	2	4	0.50	86	11.25	759
阿韦龙省	274	46	177	29.50	19	3.25	5	0.75	12	2	13	2.50	94	16.25	597
罗讷河口省	480	9.25	360	7	2049	40	945	18.50	819	16	472	9.25	0	0	5125
卡尔瓦多斯省	114	38.75	75	25.50	10	3.50	9	3	36	12.25	42	14.25	8	2.75	2080

续表

省份	教士 数量	教士 %	贵族 数量	贵族 %	大资产阶级 数量	大资产阶级 %	中产阶级 数量	中产阶级 %	手工业者和工人 数量	手工业者和工人 %	农民 数量	农民 %	身份未明 数量	身份未明 %	总计
康塔勒省	402	56.75	241	34	37	5.75	4	0.50	11	1.50	1	0.25	13	1.75	709
夏朗德省	173	27.25	191	30.25	25	4	5	0.75	5	0.75	0	0	234	37	633
下夏朗德省															1335
谢尔省	92	38.50	102	42.75	27	11.25	1	0.50	3	1.25	0	0	14	5.75	239
科雷兹省	316	39.25	236	29.25	104	13	4	0.50	19	2.25	43	5.25	85	10.25	807
科西嘉（利亚莫内）省	4	9.25	29	67.25	6	14	0	0	2	4.75	0	0	2	4.75	43
科尔多省	346	19.50	449	25.25	424	23.75	136	7.50	150	8.50	46	2.50	230	13	1781
北滨海省															2575
克勒兹省	135	48.25	101	36	8	3	0	0	1	0.25	9	3.25	26	9.25	280
多尔多涅省															2000
杜省	521	27	216	11.75	88	4.50	39	2	294	15.25	684	35.50	88	4.50	1930
德龙省															632
厄尔省	52	24.50	40	19	15	7	12	5.75	23	11	41	19.50	28	13.25	1112

续表

省份	教士		贵族		大资产阶级		中产阶级		手工业者和工人		农民		身份未明		总计
	数量	%	数量	%	数量	%	数量	%	数量	%	数量	%	数量	%	
厄尔-卢瓦尔省															760
菲尼斯泰尔省															2086
加尔省	336	52.75	68	10.75	78	12.50	14	2.25	31	4.75	20	3	91	14.25	638
上加龙省	525	45.50	300	26	92	8	21	1.75	65	5.50	6	0.50	148	12.75	1157
热尔省	262	43	197	32.25	51	8.25	4	0.75	22	3.50	14	2.25	61	10	611
吉伦特省	331	28	360	30.25	196	16.50	53	4.50	79	6.75	34	3.75	133	11.25	1186
埃罗省	338	51.25	81	12.25	94	14.25	34	5.25	37	5.50	29	4.50	46	7	659
伊勒-维莱讷省	758	36.25	793	38.50	43	2	30	1.50	71	3.50	71	3.50	306	14.75	2072
安德尔省	57	20.50	117	42.25	39	14	6	2.25	7	2.50	3	1	48	17.50	227
安德尔-卢瓦尔省	285	51.75	160	29	24	4.50	6	1	4	0.75	2	0.50	70	12.75	551
伊泽尔省	320	50.75	142	22.50	50	8	4	0.50	2	0.25	0	0	114	18	632
汝拉省	131	30.25	138	32	87	20	2	0.50	20	4.50	2	0.50	53	12.25	910
朗德省	383	62.25	119	20.25	32	5.50	3	0.50	4	0.75	4	0.75	41	7	586

续表

省份	教士 数量	教士 %	贵族 数量	贵族 %	大资产阶级 数量	大资产阶级 %	中产阶级 数量	中产阶级 %	手工业者和工人 数量	手工业者和工人 %	农民 数量	农民 %	身份未明 数量	身份未明 %	总计
卢瓦尔-谢尔省	111	29	137	35.50	47	12.50	3	0.75	5	1.25	0	0	82	21.25	385
卢瓦尔省															105
上卢瓦尔省	110	40.50	85	31.50	17	6.25	3	1	10	3.75	23	8.50	23	8.50	271
下卢瓦尔省															1750
卢瓦雷省															520
洛特省	130	22.75	187	33	65	11.50	12	2	19	3.25	7	1.25	149	26.25	569
洛特-加龙省															1610
洛泽尔省	209	61.75	59	17.50	21	6.25	4	1.25	7	2	22	6.50	16	4.75	338
曼恩-卢瓦尔省	609	37	483	29.50	109	6.75	34	2	152	9.25	235	14.25	21	1.25	1643
芒什省	812	40.50	394	19.50	83	4.25	24	1.25	239	12	358	17.75	95	4.75	2005
马恩省	350	33.75	269	25.75	110	10.50	33	3.25	43	4.25	65	6.25	170	16.25	1040
上马恩省	283	37.25	189	25	97	12.75	31	4	47	6.25	21	2.75	91	12	759
马耶讷省	589	18.25	294	9	25	0.75	100	3	628	19.25	1454	44.75	163	5	3253
默尔特省	519	33.50	292	19	186	12	11	0.75	150	9.75	386	25	0	0	1544

续表

省份	教士		贵族		大资产阶级		中产阶级		手工业者和工人		农民		身份未明		总计
	数量	%	数量	%	数量	%	数量	%	数量	%	数量	%	数量	%	
默兹省	488	29.75	594	36.25	266	16.25	47	2.75	151	9.25	37	2.25	57	3.50	1640
勃朗峰（萨瓦）	1033	57.25	349	19.25	283	15.50		3	37	2	16	1	33	2	1806
莫尔比昂省	741	54.75	136	10	97	7.25	66	4.75	108	8	145	10.75	60	4.50	1353
摩泽尔省	982	25.50	697	18.25	480	12.50	263	6.75	614	16.50	791	20.50	0	0	3827
涅夫勒省	123	35.75	183	53.25	11	3.25	0	0	5	1.50	3	0.75	19	5.50	344
北部省	738	28	374	14.50	436	16.50	188	7.25	277	10.50	600	22.75	22	0.75	2635
瓦兹省	238	32.50	162	22	142	19.50	7	1	25	3.50	6	0.75	152	20.75	732
奥恩省	267	47.25	97	17.25	101	18	19	3.25	22	4	39	7	19	3.25	1870
加莱海峡省															2260
多姆山省															840
下比利牛斯省	137	30.50	66	14.75	27	6	16	3.50	45	10	25	5.50	133	29.75	449
上比利牛斯省	228	58.50	50	12.75	15	3.75	5	1.25	4	1	34	8.75	55	14	391
东比利牛斯省	482	12.50	252	6.50	385	10	209	5.50	431	11.25	1677	43.50	418	10.75	3854
下莱茵省	936	4.50	499	2.50	993	5	2113	10.25	6051	29.50	9601	46.75	317	1.50	20510

续表

省份	教士 数量	教士 %	贵族 数量	贵族 %	大资产阶级 数量	大资产阶级 %	中产阶级 数量	中产阶级 %	手工业者和工人 数量	手工业者和工人 %	农民 数量	农民 %	身份未明 数量	身份未明 %	总计
上莱茵省	855	31.25	323	11.75	224	8.25	93	3.25	686	25	407	14.75	158	5.75	2746
罗讷省	98	29.50	91	27.50	111	33.50	13	4	10	3	1	0	8	2.50	332
索恩－卢瓦尔省	437	41.50	375	35.75	144	13.50	25	2.50	27	2.50	13	1.25	31	3	1052
上索恩省	443	49.75	219	24.75	136	15.25	12	1.25	41	4.75	20	2.25	18	2	889
萨尔特省	95	20	115	24.25	87	18.25	9	2	59	12.50	97	20.50	12	2.50	1090
塞纳省	462	22.25	942	45.50	93	4.50	9	0.50	16	0.75	0	0	547	26.50	2069
塞纳－马恩省	177	28.50	166	26.75	50	8	14	2.25	7	1	7	1	202	32.50	623
塞纳－瓦兹省															1598
下塞纳省	335	38.75	290	33.50	74	8.25	31	3.50	29	3.25	16	2	90	10.50	2038
德塞夫勒省	169	33	235	46	45	8.75	10	2	20	4	32	6.25	0	0	1200
索姆省	666	51.75	221	17.25	142	11	54	4.25	32	2.50	71	5.50	100	7.75	1286
塔恩省	546	64.50	131	15.50	20	2.25	6	0.75	29	3.50	12	1.50	102	12	846
瓦尔省	335	6.50	374	7	1131	21.25	808	15.25	1407	26.25	535	10	741	14	5331
沃克吕兹省	311	24.50	233	17.50	196	15.25	107	8.50	227	17.75	33	2.50	178	14	1275

续表

省份	教士 数量	教士 %	贵族 数量	贵族 %	大资产阶级 数量	大资产阶级 %	中产阶级 数量	中产阶级 %	手工业者和工人 数量	手工业者和工人 %	农民 数量	农民 %	身份未明 数量	身份未明 %	总计
旺代省	500	43.75	409	35.75	21	1.75	23	2	62	5.50	127	11.25	0	0	1142
维埃纳省															1710
上维埃纳省															1165
沃日省	204	36	156	27.50	56	10	9	1.50	23	4	99	17.50	20	3.50	567
约讷省	129	27.25	163	34.50	76	16	14	3	28	6	10	2.25	52	11	472
总计	24596	25.25	16431	16.75	10792	11	6012	6.25	13953	14.25	18910	19.50	6851	7	12009

忿激派
Enragés

"忿激派"这个称呼本身就强调了这场极左运动在当时和整个19世纪期间所承受的耻辱,A.马迪厄毫无缘由地称其为一场"社会主义"运动。米什莱没有为他们主持正义。饶勒斯至少理解了这是一场自发性的运动。1927年,马迪厄阐述了忿激派领导者,尤其是雅克·鲁的动机。从那时开始,一些历史学家对该派的纲领进行了讨论,尤其是丹尼尔·介朗(Daniel Guérin),他在这场运动中看到了无产阶级革命的萌芽;阿尔贝·索布尔低估了运动的影响力,莫里斯·多芒热把"红色神甫"雅克·鲁描述为一个资产阶级革命中典型的民众领袖。

忿激派的主要人物有三位:雅克·鲁神甫、邮局职员瓦尔莱(Varlet)、处于社会边缘的勒克莱尔。此外还有一位女演员克莱尔·拉孔勃(Claire Lacombe)成立了共和主义革命妇女社,给这场运动增添了女性(非女权主义)维度。

瓦尔莱出身富裕家庭。当共和二年雾月,他所在的人权区(section des Droits-de-l'Homme)对其进行审问期间,瓦尔莱年收入为5800利弗尔,来自他的固有财产以及在驿站的工作。他很早就成了孤儿，在阿古尔中学打下了坚实的学业基础。大革命征服了他，他从未缺席过任何一次制宪议会会议，而且很早就开始撰写革命小册子。但是让他（在罗亚尔宫）显示出演说家和煽动者天赋的是瓦伦出逃事件。马尔斯校场枪杀事件之时，他撰写并让人签署了一封反对路易十六的请愿书。在立法议会时期，他继续着反对"叛徒"（尤其是拉法耶特，他将其描述为"曾经并永远是一个恶棍"）和国王的斗争。1792年8月6日，他以所在区的名义，向立法议会提交一份要求罢黜国王的陈情书。8月10日革命之后，他被任命为选举人。很快他就对代议制政府表示出怀疑。国民公会初期，他就毫不掩饰自己对议员，甚至山岳派议员的轻视。相比于既有的两级选举制度，他更倾向于直接普选。他希望人民代表受到强制任期的约束，选民应当具有随时将其撤职的权力。"对那些我们曾经投票支持的人，我们无法抑制自己的不信任感"（1792年12月9日）。除了这种反议会制思想，他还表达了限制社会不平等、"防止金融投机者和垄断者以公共财富为代价，扩张私人财富"的意愿。他还要求没收因囤积居奇和垄断获得的个人利润。但他并不是一个空想家。1793年5月31日反对吉伦特派的暴动在很大程度上归功于他的领导才能。

雅克·鲁（他是忿激派领导者中最受人讨厌的）虽然不是同一代人，但也出身相对富裕的家庭。他来自昂古莱姆教区的圣西巴尔德－普龙萨克（Saint-Cibard-de-Pronsac），父亲是步兵中尉，后来成为普龙萨克辖区的助理法官。他很早就注定走上一条教士的职业道路。在昂古莱姆神学院的学业结束后，他在15岁行剃

333 发礼（1767年），在普龙萨克获得了议事司铎的头衔，这是专门针对中小贵族后代的优厚待遇。随后他成为昂古莱姆神学院的遣使会督导，但随后他离开了这个教区（1785年左右），前往桑特（Saintes），并在那里先后两次获得本堂神甫的职位。他也是在桑特得知了1789年7月发生的事件。后来，他在一次与马拉的论战中写道："我厌恶贵族阶级的篡权和旧教士阶级的虚伪。"他在这一时期所写的文章只有一份对攻占巴士底狱的贺词以及一份对路易十六的颂词。接下来，很显然，由于他参加农民的反封建运动，教会将他撤职，并发布了停止其教权的禁令。1791年初，他来到巴黎，1月16日，他对《教士公民组织法》宣誓。但由于有禁令在身，他当时并没有被获准宣誓。但在圣厄尔皮斯教堂，人们并不会对自愿支持新政体的教士吹毛求疵！"由于宣布支持大革命，我被桑特的总本堂神甫撤去圣职［……］，为了支持已经改变了地球上人类的命运、让所有人在上帝面前永远平等的革命，我准备洒尽最后一滴鲜血。"所以我要强调他一直坚持至死的思想和执念。雅克·鲁被任命为圣尼古拉德尚（Saint-Nicolas-des-Champs）的本堂神甫后，走访了这个地区（格拉维耶区）的所有家庭，并常常光顾科特利埃俱乐部，与马拉结成了临时同盟，1792年3月，他曾让马拉住在自己家中。他的讲道表明他的恐怖主义思想越来越强烈。1792年5月17日，他呼喊道："解除温和可疑的公民的武器，给谋反的逃亡贵族的人头标上价格［……］！把背叛祖国的叛徒的妻子和孩子绑为人质！让他们对贵族和教士在国内外掀起的战争事件做出回应。把他们用

334 锁链绑起来，让他们首当其冲，去迎接敌人的炮火或者他们雇佣

的杀人犯。让那些把我们的堡垒拱手让出的懦夫的家园被夷为平地〔……〕。最重要的是,要记住英国让断头台上流淌着叛徒和伪王的鲜血之后才拯救了自己。"后来仍是雅克·鲁引领着路易十六走上断头台,事后他以描述被砍掉的国王头颅来恐吓自己所在区的妇女,这丝毫不令人惊讶。对于在天主教神圣联盟的传统中被抚养长大、被灌输了《旧约》思想的教士而言,对不洁之血的渴望并不稀奇。

这位"红色神甫"是一位人民之友。在格拉维耶区以及附近的圣殿区和天文馆区,他的影响力在逐渐加强。从他的共同被告的职业判断,他一直到死都有一些手工业领域的忠诚朋友,比如小酒馆老板、修鞋匠、细木工匠等。他常常对妇女发出呼吁。1792年8月28日,他在一封给友人的信中写道:"一旦妇女和无套裤汉联合起来,胜利是不可避免的。" 他曾与寡妇伯蒂(一位制衣女工)私通,还领养了一位14岁孤儿,由此看来,他对百姓有着一种真正的同情心。

1793年春,为了响应他的呼吁,年轻的女演员克莱尔·拉孔勃成立了共和主义革命妇女社,并且从5月中旬开始在雅各宾派的图书馆集会。这些革命妇女对生活成本的昂贵、日常物资的短缺和悲惨的生活条件感到极为愤怒。5月19日,克莱尔·拉孔勃与科特利埃派成员一起向雅各宾派发出声明:"打击那些投机商、囤积居奇者和自私的商人。他们有着可怕的阴谋,哄抬食品价格,想要饿死老百姓。这个阴谋的制造者就是唯利是图的贵族,这个傲慢无礼的阶级想要让自己成为王室〔……〕。把这些恶棍全部消灭!"她很快就把话语落实到了行动上:5月26日,她在国民公会的席位中找到了泰鲁瓦涅·德·梅里古（Théroigne de Méricourt），并用鞭子抽打她，如果不是马拉介入，梅里古可能会被殴打致死。

在五月起义前夕，"里昂人"泰奥菲勒·勒克莱尔加入了忿激派。虽然他并非来自里昂，但他的政治声望却是在那里建立的。他于1771年出生在蒙布里松（Montbrison）一个中等资产阶级家庭，父亲是桥梁道路工程师。但他的生活却游走在社会边缘。1790年他乘船前往马提尼克，接受了革命党派的立场，并因此被关在一艘停在法兰西堡（Fort-de-France）的轮船上，于1791年7月返回洛里昂（Lorient），然后直到1792年2月都在第一批莫尔比昂（Morbihan）志愿军部队中服役。他在巴黎有过短暂停留，在雅各宾俱乐部中发表了反对路易十六和"当今的布伦希尔德"①的著名演讲，并受到瞩目，然后他来到里昂，加入了所谓的中央俱乐部，成为沙立埃（Chalier）的同伴。5月31日前夕，他又回到巴黎，被任命为起义委员会成员。勒克莱尔深受革命妇女仰慕（他娶了其中一位，波林娜·莱昂（Pauline Léon）），但他却并不比其他忿激派领导人温柔多少。他认为6月2日起义是失败的，并号召处死被驱逐的吉伦特派成员："你们为什么要害怕区区几滴血？"

这些人的年龄和出生地各有不同，但他们的生活却彼此交错在一起。他们有很多共同的特征。从艾蒂安·马塞尔（Etienne

---

① 布伦希尔德是北欧神话中的女武神，这里代指法国王后。

Marcel）①的时代到 1871 年的巴黎公社，法国社会中的教士和中产阶级一直为普通民众提供着发言人和领导者，这样一种悠久的传统来自于对民众阶层的热情、对压迫者的反抗意志、自己边缘化的出身。大革命为这种传统增加了某些新元素。或许 1793 年 6 月 25 日，雅克·鲁在吉伦特派被驱逐出国民公会之后的演讲最能表达民众对富裕精英的怀疑："山岳派的议员们，你们之中有谁曾参观过这座革命城市的房屋的第三到第九层？如果你这么做过，那么你肯定会被广大缺衣少食的百姓的眼泪和呻吟而撼动，他们被投机倒把和囤积居奇逼至这种悲惨和不幸的处境中，因为法律对穷人是残酷的，因为法律是富人为自己制订的。"

对于"1789 年的爱国者"（以及 1793 年的爱国者）而言，这种彻底的抗议运动只会打破以开明阶级和人民的联合为基础的革命的希望。人民之友马拉在 1793 年 7 月 4 日的一篇重要文章中写道："瓦尔莱只能是一个没有头脑的阴谋家，但年轻的勒克莱尔却像一个狡猾的无赖。" 雅克·鲁只是一个贪婪虚伪的野心家。罗伯斯庇尔在雅各宾俱乐部揭露了雅克·鲁："所以我要说那些鼓吹反对山岳派和国民公会的人是人民唯一的敌人［……］。这位教士曾经和奥地利人联合揭发最优秀的爱国者，你们会相信他能有纯净的观点和合理的企图吗？"我们在这里看到的是两种文化、两种情感的激烈碰撞。

---

① 艾蒂安·马塞尔（1302—1358），瓦卢瓦王朝的约翰二世（Jean le Bon）统治期间担任巴黎市长，在百年战争期间召开的三级会议中有着举足轻重的地位。

1793年2—9月，忿激派非常活跃。在经济危机肆虐的巴黎（物价昂贵，尤其是肥皂、糖和一切通常来自于美洲加勒比地区的食物），无套裤汉们心甘情愿地听着这些革命男女为他们提出两条神奇的解决方法：征税（当时人们称之为最高限价）、停止货币投机。他们主张的政治措施（驱逐和惩罚吉伦特派议员和投机者）反映了这些经济要求。所有的请求都复述了雅克·鲁的纲领："要求处死那些囤积食品供给的人、通过货币贸易和制造低于自然价值的硬币来让指券失去信誉的人。"2月25日骚乱爆发，首先是在中央市场区，然后蔓延到整个巴黎中心地区，妇女们冲向杂货店，为肥皂、糖和蜡烛强制确定最高限价。雅克·鲁为她们辩解："我认为杂货店主只是把长久以来收取的过多的钱还给了百姓。"最初，山岳派对这些要求保持缄默，他们和吉伦特派一样相信经济自由主义思想。2月25日，罗伯斯庇尔明确地说："我不会说人民是有罪的，我不会说人民的行为是谋杀，但是当人民揭竿而起时，他们难道不应该有一个与自己相符的目的吗？他们关心的只是无足轻重的商品吗？"在国民公会中，马拉明确表示反对限价。

面对1793年2月12日请愿者们用威胁的方式要求对食品全面限价时，他慷慨激昂地回答："议员们在席位上刚刚提出的恢复充足供应的措施太过分、太奇怪，颠覆任何正常的秩序，他们明目张胆地要摧毁谷物的自由流通，煽动共和国动乱，我非常震惊，提出这些措施的人居然自称理性之人和自由公民、司法与和平之友［……］。我要求那些强迫国民公会接受这些要求的人如同公共安宁的破坏者一样被追捕。"

在 3 月初和 5 月底之间，形势发生了变化。山岳派面临着无套裤汉的压力，同时他们也需要无套裤汉的支持来赢得与吉伦特派的斗争，于是他们逐渐让步，很不情愿地接受了无套裤汉的许多要求。让·邦·圣安德烈（Jean Bon Saint-André）在给巴雷尔的信中写道："如果您需要穷人的帮助来结束大革命，那就必须让他们能活下去。" 4 月 24 日，罗伯斯庇尔提出在《人权宣言》里增加四条限制产权范围的条款。革命法庭和监督委员会（3 月 11 日和 21 日）的成立、指券的强制性市价（4 月 11 日）、谷物面粉的最高限价（5 月 4 日）逐步被投票通过。但国民公会不想把政治主动权留给忿激派。3 月 9 日和 10 日，瓦尔莱试图发动起义时，遭到巴黎公社和雅各宾派的抵制。4 月底，巴黎骚乱重新开始时，政府机构得以将其扑灭。

实际上，吉伦特派掀起的与山岳派之间的最终斗争（5 月 31 日和 6 月 2 日）由无套裤汉做出了裁断，胜利者是忿激派。但他们也是一场不完整的起义的失败者。在整个 6 月里，骚乱都在继续。9 月份依旧持续的镇压行动加速了忿激派的崩溃。共和主义革命者协会被解散，克莱尔·拉孔勃和瓦尔莱、勒克莱尔一样，都两次入狱。雅克·鲁在审讯过程中自杀。虽然埃贝尔派试图重燃火把，但民众对革命政府施加压力的时期已经结束了。忿激派的终结也是巴黎街区运动的终点。

德尼·里歇（Denis Richet）

延伸阅读

DOMMANGET, MAURICE. *Jacques Roux（le curé rouge）et le manifeste des «Enragés»*, Paris, R. Lefeuvre, 1948.

GUERIN, Daniel. *La Lutte des clases sous la première République. Bourgeois et «bras nus»*（*1793-1797*）, 2 vol., Paris, Gallimard, 1946; 2e éd. 1968.

MATHIEZ, Albert. *La Vie chère et le mouvement social sous la Terreur*, Paris, Payot, 1927; rééd., 2 vol., 1973.

SOBOUL, Albert. *Les Sans-Culottes parisiens en l'an II. Histoire politique et sociale des sections de Paris, 2 juin 1793-9 thermidor an II*, La Roche-sur-Yon, H. Potier, 1958（aussi Paris, Clavreuil, 1958; rééd. 1962, avec sous-titre *Mouvement populaire et gouvernement révolutionnaire*）.

参见条目

教士公民组织法（Constitution civile du clergé）

吉伦特派（Girondins）

拉法耶特（La Fayette）

马拉（Marat）

最高限价（Maximum）

山岳派（Montagnards）

罗伯斯庇尔（Robespierre）

无套裤汉（Sans-culottes）

斐扬派
Feuillants

1791年7月16日，国王出逃事件一个月后，马尔斯校场流血事件前夕，雅各宾俱乐部被其最温和的成员抛弃。议会三巨头（巴纳夫、杜波尔、拉梅特）和绝大多数雅各宾派议员在骑术院附近的斐扬修道院（le couvent des Feuillants）的教堂中另立门户。我们可以从中发现一些立宪派的重要人物，尤其是布列塔尼俱乐部的前创始人勒霞不列，以及拉法耶特的一些朋友，例如在瓦伦事件重新支持三巨头的政策的爱姆里（Emmery）和拉都尔-莫布尔（La Tour-Maubourg）。其实这些分裂分子并不想成立一个与雅各宾俱乐部竞争的新俱乐部，而是如同巴纳夫后来所写的，"把宪政之友社（la Société des Amis de la Constitution）转移到它最初的创始人斐扬派手中"。他们起草了新宪法，试图赢得外省分社的支持，并创建了一份报纸。他们的纲领可以用费德尔（Feydel）一句简洁的名言概括："一丝不苟地遵守宪法"。

因此，这是一次派别的分裂，不是清洗。和两年前的王政派一样，斐扬派成立的"党派"想要挽救的不仅是一种政策，还有一种权力观念。另外，他们还有一种天真的信念（这对他们和后来的吉伦特派而言都是致命的），认为要一次计谋就足以"结束大革命"。他们的目标包括联合温和右派，让极端保皇主义者中立；把左派中的民主派与大多数爱国议员分离开；摧毁雅各宾派的影响力，终结威胁国民议会的合法性和独立性的革命俱乐部。因此，通过这次大规模的退出，这些分裂者可以让自己披上宪法捍卫者的外衣，当时的革命与宪法依旧不能分离。然而这个计谋很快以失败告终，因为右派中的君主立宪制支持者没有响应号召；左派中最坚决的雅各宾派迅速对冲击做出回应；漠不关心或惊慌失措的宫廷则保持着放任的态度。

但斐扬派的失败并非只源于错误的战略，也是愚蠢战术的结果，他们想要组成一个政治游说集团（lobby politique），但出于遵守法律的考虑，他们拒绝采用幕后操作、施压、恐吓和消除反对派等必要手段。斐扬派形成了一股力量，但却拒绝将其作为武器，受到天真信念的影响，他们更倾向于等待着雅各宾派运动的消亡。但他们并不明白，或者明白得太迟，1791年夏天的政治力量所依靠的不再是合法性（légalité），而是革命的正当性（légitimité）；瓦伦事件已经让二者彻底分离；正当性抛弃了骑术院，从此那些可恶的俱乐部成了它的化身。

然而，罗伯斯庇尔的运气和重要能力就在于能够抓住这种决定性的意识转变，他不仅成为它的阐释者，最终也成为它的象征。他选择与佩蒂翁、比佐以及一小部分支持者留在雅各宾派，他先后以受害者和胜利者的身份战胜了双重挑战。这位天赋异禀的战术家把敏锐的理解力与政治结合起来，他感觉到大革命的未来就在这个新方向之中。罗伯斯庇尔的胜利依靠的并非巴纳夫所说的

"长矛和诽谤册子造成的恐惧",而是对政治演讲的巧妙把握,他在几周之内就说服那些因为斐扬派出走而不知所措的伙伴聚集在这个俱乐部里。长久以来,罗伯斯庇尔已经详细了解了革命正当性的所有形式:一种毫不动摇但能适应各种形式的话语;一种把美德视为净化工具的雄辩术;一座充满了象征、意象和标志的仓库。然而,在斐扬派危机中,他迅速了解到正当性首先存在于一个神圣的场所,对于整个国家而言,这个场所已经成为爱国主义和公民精神的庙宇。体现在个人身上的主权的抽象形象每天都在那里被重新塑造,大革命与人民的结合每天都被庆祝。所以斐扬派仅仅因为走到这条街的对面而远离了革命。

罗伯斯庇尔依旧需要让信息传播开来。他寄给各省分社的通函是一份杰作。首先,它指出离开雅各宾派的成员两次"被邀请回到俱乐部中",但他们两次都充耳不闻,因此给斐扬派打上了叛离的印记。另外,罗伯斯庇尔把脱离雅各宾派保护的分裂者描述为可能受到各种危险影响的可怜人,而且他们(此处使用了非常悲痛的语调)已经投入到一些不符合爱国主义的行为之中:"他们向我们寄来了关于加入新俱乐部的要求;如果他们没有把所有不属于积极公民或积极公民之子的人排除在外,我们本来乐于接受这些要求。我们了解的爱国主义不掺杂任何个人观点,我们不能因为那些宪法最坚定的支持者、人类最可敬的等级很不幸无法缴纳一定数额的税,就强迫自己抛弃他们。" 说出这些话需要勇气,因为雅各宾派继续收取的会员费远高于选举纳税额,并且一直到王权倾覆之后才停止。

对最贫困阶级的公民精神做必要的致敬之后,罗伯斯庇尔接下来开始切分责任。首先是煽动成员离开的始作俑者,然后是过于天真而没能识破真正意图的追随者。"我们这项决议责备的并非与我们有着同样情感的斐扬派俱乐部中的大多数,而是曾在短时间内影响俱乐部思想的少数人。"爱国主义依旧是雅各宾俱乐部内部的标准,分裂者面临着一个艰难的决定,即回头是岸还是坚持错误:"我们都期待着自由之友们的回归;几位国民议会成员出现在我们的集会中,这让我们对这一优势抱有信心。我们知道许多其他人留在斐扬派只是为了抵消分裂者的影响。"除了对神圣场合中的革命正当性进行必要说明以外,罗伯斯庇尔还用一条确切的指令作为总结:任何公民都应该提高警惕,监督祖国的伪友,搜寻他们,揭露他们,隔离他们。他还用这种强劲的笔锋提到了阴谋的威胁,以重新确立雅各宾派的团结,并通过它获得主权人民的团结。很少有文章能够根据形势随机应变,并如此有效控制一场权力冲突,人们本以为人数早已决定胜负。斐扬派在自认高枕无忧时失败了,原因在于他们无法将实力应用到实战之中,外省的分社逐渐离去,被"不可腐蚀者"(罗伯斯庇尔)的辩论所说服。最初这些分社推崇的是和解,然后斐扬派不可靠的政治宣传令他们备感困惑,最后他们自然悄悄地回到了雅各宾派的势力范围。没什么能比圣日耳曼俱乐部给斐扬派的告诫更能证明罗伯斯庇尔的成功了:"在信中,雅各宾俱乐部发誓完全服从议会的法令,所以在我们眼中,它的行为是完全合理的。公民只要服从和屈服,就能够获得针对法律进行辩论、比较法律优劣势的权利。法律的执行者要比立法者本身更能切实判断一项法律的优劣〔……〕。智慧的光芒并没有全部汇聚到议会中来。所以议员必须足够明智,不能藐视公民的思考。你们必须注意公民表达意见时所处的形势,这种意见被你们视为犯罪[……]。为什么我们没有在你们寄来的名单上看到佩蒂翁、罗伯斯庇尔、比佐的名字?人们一直将他们视为自己利益最忠诚的捍卫者。相反,为什么我们在这份名单上看到了参加过1789年社(Société 89)的人的姓名?如果你们和他们有着一样的情感,那么两件事中有一件肯定是真的:要么是他们的爱国精神增强了,要么是你们的减弱了。如果1789年的温和派是今天的爱国者,那么我们处于何种境地?"

在斐扬派看来,1791年发生的分裂应当改变了爱国党是一个统一派别的想法。春季以来,许多制宪议会成员认为大革命已经基本完成。大革命必须有一个明确的期限,这样才能预知其变化,与国王达成和解,让君主立宪制成为大革命的成果。这是米拉波的理想,也是他投身革命以及与宫廷保持秘密联系的意义。但随着时间流逝,这位制宪议会的伟大演说家却渐渐成了孤家寡人。议会中的敌人监视着他,伺机而动。旁听席上的听众监督着他的一举一动。雅各宾派削弱他的影响,他们为他鼓掌叫好,但并不追随他。国王对他不予理睬,虽然给予他钱财,但并不听他的话。4月2日,他去世后,议会三巨头,他的昔日对手,继承了他的政治遗志。这三个人不想与1789年精神决裂,他们继续前往杜依勒里宫,努力思考权力的组织形式。他们试图让1789年精神复活,以拯救陷入重重威胁之中的大革命,这些威胁来自于"民主"压力、民众暴动,以及议会之外的组织所产生的越来越大的影响。对于三巨头及其支持者来说，除了个人抱负和权力策略以外，最重要的是避免制宪议会的成果朝着共和国转变，避免对平等的热情对自由、财产、社会的完整性和政府的连续性造成威胁。他们的纲领是恢复政府权威，让民主派噤声，修订宪法，巩固国王的权力，提高选举税的条件。虽然他们似乎仍可以控制议会多数派，但爱国党派的其他人已经开始脱离其控制。三巨头倾向于将消极公民从国民卫队中清理出去（1791年4月27日），在关于请愿权和张贴海报权的讨论时保持沉默，反对有色人种的政治解放（1791年5月11—15日），他们在几个月内就耗尽了自己的名望。

然而，在大革命初期，他们的名望可谓如日中天。这三人在议会中相遇，很快就发现他们的天赋互补："杜波尔思考要做的事情，巴纳夫将其说出来，拉梅特负责落实。"这三人之中，巴纳夫最耀眼，杜波尔的力量最强大。大革命使杜波尔显得已经准备好承担重要角色，这一点至今仍有待重新发现。他是三十人委员会的奠基人和推动者，后来也成为研究委员会、宪法委员会、刑法委员会和税收委员会等多个机构的成员。他在所有重要的讨论中都起到至关重要的作用，例如三个等级的融合、废除"封建制度"（尤其是批准了8月4日之夜的法令的起草）、《人权宣言》、教士财产的国有化等。这位出身议会贵族阶层的贵族对旧制度没有任何怜悯。他大量阅读过卢梭和重农主义者的作品，仰慕孟德斯鸠和贝卡里亚，他带着一份深思熟虑的司法改革方案来到凡尔赛，诸多事件的发生给了这份方案得以落实的机遇。他既为新司法体系奠定了基础，又比任何人都更清楚地指出了需要克服的障碍：如何在不阻碍权利的条件下保证社会秩序、在不妨碍个人自由的条件下保证公共和平、确立与犯罪行为相适应的刑罚。从他的思想来看，他是最坚定的死刑反对者，也坚决支持解放犹太人。1789年12月，他提出警告，拒绝给犹太人公民身份意味着将法律和风俗、权利和偏见相混淆。

但是即便如巴纳夫这样的大革命的喉舌，或者如同杜波尔一样的思想家，也无法确定大革命的进程。大革命再一次追上并超过了曾经照亮道路的先行者。这次轮到了三巨头，他们被爱国报刊打垮，被民间政治俱乐部揭露，被雅各宾派斗得名誉扫地，罗伯斯庇尔则逐渐压倒他们，最终使自己在议会中获得新的影响力。4月7日，罗伯斯庇尔趁讨论大臣责任之机，确保通过一项法律，规定议会或立法机构的任何成员都不能被提升为大臣，这项措施的直接目标就是三巨头。

此时，在爱国党派内部，两种不可调和的大革命观点的冲突已经开始了。未来的斐扬派知道要将1789年原则写入法律中，摧毁了专制主义和贵族阶级还不够，他们还必须解决人民主权问题，明确区分经选举产生的议会（唯一被授权制定法律的机构）的权力和许多自诩充当革命精神保护者的俱乐部的权力。因为俱乐部不停地以人民的名义发声，仿佛它们是一些合法成立的审议机构。1791年5月9日，勒霞不列以宪法委员会的名义，公布了一项针对革命区和俱乐部的诉状，从某种意义上反驳了两天前罗伯斯庇尔提出的挑战。冲突的核心问题已经非常清楚：革命正当性到底在哪一方，议会还是俱乐部？

然而，真正的实力较量是一周之后关于制宪议会成员是否可被选入下届立法机构的问题的讨论。三巨头和宪法委员会及其报告人图雷表示赞同。但议会的意见并不统一。一位议员建议:"以鼓掌表示批准这一条款,对议会而言将是荣耀之举"。但另一位议员反驳道:"所有以鼓掌方式通过的法令从来都是荣耀之举"。这种激烈的讨论很像是杜波尔和罗伯斯庇尔之间的生死决斗,也导致了爱国党派的分裂。罗伯斯庇尔以一场令人难忘的演讲发动攻击,并表现出了当时还不为人知的即兴演讲天赋。他认为,未来立法机构的权力由可能执行这些权力的同一批人来确定是不合理的。议会应当消除这种模糊态度,表现出无私的精神,通过不可被再次选举的规定。这位来自阿拉斯的议员受到议会成员和听众的喝彩以及媒体的表扬,同时也受到尚且不是但想成为议员的雅各宾派的支持。同样支持他的还有想把宪法制定者们排挤出政府从而削弱宪法影响力的右派。米什莱后来写道,罗伯斯庇尔明白"对雅各宾派和贵族而言,需要摧毁的共同敌人就是宪法和制宪派,制宪派就像是一个可能夭折的婴儿的父亲和天然捍卫者。"因为他已经能够对革命运动产生影响,所以他"不害怕以原则的名义关闭**官方议会**,这样可以巩固自己对唯一**活跃而有效**的'议会',即具有重要指导作用的雅各宾俱乐部的控制力〔……〕。他建议对手在思想上轻微让步,但他知道自己想要去哪里,那就是党派的核心。"他的提案几乎得到了一致通过。由此,罗伯斯庇尔通过压制了那些最有能力的人,从而提前阻止了对宪法的修订。

第二天,被迫屈从的杜波尔以一场演讲进行了反驳,他那阴郁的言辞有种不祥的预兆:"先生们,你们被一步步引向一条通往彻底的社会混乱的道路;一段时间以来,有人一直在试图让你们对某些我并不确定的简单原则产生狂热。对于策划这些思想的人，他们考虑的结果就是放松并摧毁政府的所有权限，他们要摧毁的并不是权限的滥用（你们已经光荣地将其消灭），而是有益的保守行为。的确，事实就是他们想要彻底改变政府的形式［……］。先生们，真正的危险仍然隐藏在舆论的阴影下，但根基已经很深，范围已经很广，那就是对公共舆论的过分夸大和胡言乱语，以及缺少一个能够将舆论吸引并统一起来的共同核心和国家利益。再向前一步，政府将不会存在，或者行政机构成为唯一核心；我远远看到独裁主义在嘲笑我们乏力的手段、短浅的眼光、可笑的激情，并偷偷埋下它希望的根基。（［掌声］）人们所称的大革命已经完成。人们再也不想服从以前的独裁者；但是，如果我们不加防备，他们时刻准备着卷土重来，他们所拥有的更新、更普遍的权力将会更加危险无数倍。"虽然从未点出罗伯斯庇尔的名字，但对他的质疑越来越明显，越来越激烈。这些人"在需要确立原则时却将其拒绝，在需要限制原则的范围时［却将其夸大］；［……］他们没有任何过渡就从胆怯懦弱发展到了激情澎湃，因为公众舆论已经沸腾［……］，他们没有承担过任何个人责任，因为与一切理智行为作斗争、不断地坚持自然法不需要任何责任"。每个人都能从这个表面的集体形象中辨认出不可腐蚀者（罗伯斯庇尔）。因此杜波尔也成为了罗伯斯庇尔主义最早也是最深刻的阐释者之一。这令人难忘的演讲也表明在温和派的眼中大革命所不可避免的东西。

斐扬派仍做出了最后一搏，企图通过修改宪法来确保大革命的成果。诡异的是，多亏了国王出逃及其在议会中引起的恐慌，他们才有了喘息之机。他们在国王的权威、选举税、全国立法会议这三个问题上取得了不可否认的成功。实际上，面对罢黜国王的呼声，他们成功地保护了国王本人以及君主特权。但是为了避免民众的威胁，保证君主立宪制的永久性，他们力图把参与公共事务的合法权利只留给社会的一部分人，也就是，其利益、收入和文化都系于国内和平的那些人。巴纳夫在提议取消选举税时说："如果真的在公认的宪法范围内，所有正派人、所有希望繁荣和和平的人都有着同样的利益，那么目标就在于把这种共同利益交给让那些能够提供一切保证、能够说服所有人该利益能够得到恰当保护和捍卫的人来掌管。"（1791年8月11日）

此外还必须保证这样的和谐不会受到令宪法受到质疑的政治危机的威胁。尽管雅各宾派和温和派都同意制定一个改进宪法条款、预防暴动的修改程序，但他们在立法会议召开的方式上持不同意见。雅各宾派认为应当在人民的要求下，召开定期或特殊的议会。温和派认为这种权力应当交给独一无二的立法机构。第二种观点取得了胜利。

如此，斐扬派取得了议会战役的胜利。但它失了大局：在温和与激进之间，大革命选择了后者，它抛弃了斐扬派，继续发展。斐扬派被排挤出立法机构，并退出了雅各宾俱乐部体系，他们接着展开了一个在公众视线之外的殿后行动。他们放弃了民主争论，转向权力关系、内幕政治、秘密交易和阴谋诡计，这一切都让人联想起旧制度时期的政治。但制宪会议解散之后，他们的能力仍令人无法忽视。斐扬派俱乐部仍在运作着，温和派媒体慷慨地给予支持。斐扬派控制着巴黎和外省的行政机构。最重要的是，他们几乎占据了新的立法议会中的半数议员席位。但是革命政治的焦点已经转向别处，此时占据议会大多数又有何用？如同巴纳夫后来所说，这种联盟虽然很庞大，但却"没有任何运动准则"，没有统一性，没有活力。斐扬派幻想着只要国王最终放弃疑虑，同意成为宪法领导人，那么宪法可以成为大革命的护城墙，这种想法令斐扬派失去行动力，使他们的优势无法发挥作用。实际上，这是一种双重幻想，因为路易十六消极被动、疑心重重，最重要的是已经毫无权力，他不能也不想给予温和派他曾经拒绝过米拉波的东西。在8月10日前的近一整年间，斐扬派的种种弱点证明了大革命在制宪议会阶段所创造的机构的缺陷。

斐扬派如同无助的观众一样看着自己的俱乐部解散（1791年12月）。权力落入崛起的吉伦特派手中，它是斐扬派所讨厌的一切的化身：共和国和战争。然后随之而来的是与奥地利的战争爆发（1792年4月）。在这导致王权倒台的一连串的事件中，斐扬派失去影响、四分五裂、士气低沉，在尚未被迫流亡和被送上断头台之时，同样先于对手离开了历史舞台。

他们或许是大革命中最后的温和派。

朗·阿莱维（Ran Halévi）

延伸阅读

AULARD, Alphonse（éd. établie par）. *La Société des Jacobins. Recueil de documents pour l'histoire du club des Jacobins de Paris*, 6 vol., Paris, 1889–1897.

BARNAVE, Antoine-Pierre-Joseph-Marie. *De la Révolution et de la Constitution*, texte établi et annoté par Patrice Gueniffey, préface de François Furet, Grenoble, Presses universitaires de Grenoble, 1988.

LAMETH, Alexandre DE. *Histoire de l'Assemblée constituante*, 2 vol., Paris, 1828–1829.

LAMETH, Théodore DE. *Mémoires*, Paris, 1913.

MICHON, Georges. *Essai sur l'histoire du parti feuillant. Adrien Duport*（thèse pour le doctorat ès lettres）, Paris, Payot, 1924.

参见条目

革命议会（Assemblées révolutionnaires）
巴纳夫（Barnave）
俱乐部及民众社团（Clubs et sociétés populaires）
宪法（Constitution）
雅各宾主义（Jacobinisme）
路易十六（Louis XVI）
米拉波（Mirabeau）
王政派（Monarchiens）
罗伯斯庇尔（Robespierre）

吉伦特派
Girondins

吉伦特派的名字很晚才出现。在大革命词汇中，"山岳派"（Montagne）的出现远早于"吉伦特"（Gironde）。迪洛尔（Dulaure）在第一期《每日晴雨表》（*Thermomètre du Jour*）中试图描绘国民公会的"面貌"，并将其党派描述为"尚不稳定的人群团体"时，他把"山岳派"挑出来作为极左派别，但没有提到吉伦特派。"布里索党"（brissotins）、"罗兰主义者"（rolandistes）、"吉伦特主义者"（girondistes）这三个称呼指的是同一个团体，出于对九月屠杀的恐惧，迪洛尔将其融合在一起。迪洛尔的犹豫证明了指代这一派别的专有词汇尚未确定。几个月后，在吉伦特派的审判过程中，比约-瓦雷纳仍然用"右派煽动者"对其进行谴责。罗伯斯庇尔使用"那个乱党"（la faction）这个含糊词语指代他们。只有阿马尔在指控书中抨击他们是"**吉伦特乱党**"（faction girondine）。

我们不能想象当时已经有现代政党形式的政治派别，也不能认为革命时期的议会分裂为界限分明的两个阵营。在立法议会中，未来的吉伦特派和未来的山岳派共同与斐扬派进行斗争，共同努力削弱王室权威。当时让爱国者们心潮澎湃的"既有严谨的罗伯斯庇尔，也有明智的佩蒂翁"，罗兰夫人对他们都加以赞扬。在国民公会中，外省新当选的议员非常疑惑地看到曾经共同反对专制和贵族的人如今却彼此互相争斗。他们认为这是一种反常的对抗。这既不是第一次也不是最后一次革命阵营的分裂，但却是无法挽回的。历史学家们也用非常戏剧化的方式讲述这次冲突，或许如同圣伯夫所写的，因为它是大革命中一条重要的分界线，它第一次对代议制造成了打击。要解释这起分裂事件需要持续不断的努力，因为吉伦特派和山岳派的斗争已经成了大革命历史研究中的经典问题。

人们提供的解释有关于社会经济领域的，有关于世代更替的，也有关于意识形态的。人们曾经将吉伦特派描述为比对手年长、在竞争激烈的中学接受教育、了解不同阶层、受伏尔泰而非卢梭影响的一群人。无论采用哪种解释，人们都可以感到，其重点是试图消除这场自相残杀的丑闻，将原因归结于先前存在的某种结构的发展，而非大革命本身或者大革命点燃的权力斗争。如果山岳派消灭吉伦特派是阶级或思想斗争的必然结果，或者说，是收入或理论不同的两部分资产阶级冲突的结果，那么法国大革命造成的人才浪费似乎就没那么可怕，冲突的教训也似乎更加明确：它的意义就在于实现中等资产阶级对上层资产阶级的胜利。

这些阐释是以一种明确的身份为前提的，人们能否把迪洛尔描述的含糊不清的"布里索党""比佐党"和"吉伦特主义者"统一称为吉伦特派？关于吉伦特的当代历史研究致力于研究这个身份问题。已有的细致研究对了解吉伦特派具有决定性突破，但人们仍没有完全搞清楚吉伦特派成员的共同之处。

1793年6月2日起义绝对在人们的预料之中，巴黎发生的一场暴动接替了两天之前几乎失败的抗议游行，它以大炮作为威慑，成功说服国民公会驱逐了22名"叛乱"议员。这是自从国王审判以来，无套裤汉一直要求的，也是温和派无数次预言过的事情。国民公会在郁郁寡欢、名誉扫地的情况下被迫接受了这种破坏，由于担心新的革命事件的爆发，它必须用一场审判来满足无套裤汉。正是这场发生在1793年夏季和秋季的审判编造了一个吉伦特派团体。从6月6日巴雷尔的介入，到圣茹斯特和比约-瓦雷纳的干预，再到10月3日阿马尔的指控，吉伦特派密谋者的人数在不断增加：圣茹斯特只指认了9人（外加5个嫌疑犯），阿马尔则指控了46人。除了这46个"叛乱分子"以外，如果再加上以不同方式反对6月2日武装行动的议员，共有140名吉伦特派分子。但是这种统计方法过于简单化了，因为把山岳派提出的驱逐名单（遭受过山岳派的攻击不足以成为任何团体的成员身份的标准）和反对政变人员的名单都算成吉伦特派并不恰当。从理论上来讲，一位议员可能对议会某一派系被铲除感到愤怒或哀叹，但这并不意味着他支持吉伦特派。

所以二十多年来，历史学家，尤其是英美历史学家，致力于完善这种初步辨别方式。他们试图通过研究一系列连续投票（1月国王审判时的唱名表决，4月反对马拉的唱名表决，5月重新成立吉伦特派调查委员会（又被称为"十二人委员会"）的投票）来了解国民公会的一系列真实情况。这些研究修改了吉伦特派有

140 人的结论，不同学者得出的数字时高时低：雅克利娜·肖米耶（Jacqueline Chaumié）统计人数为 137，西德纳姆（Sydenham）统计人数多达 200 人。最精确的统计来自艾莉森·帕特里（Alison Patrick）。她以布里索为核心所组成的私人关系网络为依据，保留了西德纳姆的研究中 58 名吉伦特派组成的"核心圈"（西德纳姆统计为 60 人），然后根据 6 月 2 日起义，她又增加了 94 名抗议者。另外还有 8 名为联邦主义者的反叛提供帮助的议员，最后还有那些以某种形式反对恐怖统治的人。经过多次反复计算，吉伦特派总人数为 178 人。

尽管学者们有诸多争论和分歧，但这些关于吉伦特派人数的计算范围都比较宽泛，因为它们包括的不仅有核心圈，还有那些投票赞成吉伦特派的人。然而，把这些人包括在内不仅扩大了吉伦特派的范围，也削弱了吉伦特派的特征。因此，由于西德纳姆的清点范围更广，所以很自然就被用来支持否定吉伦特派存在的论点。相反，为了证明吉伦特派是一个有凝聚力的团体，就必须把成员限制在最初的核心圈。帕特里斯·伊戈内（Patrice Higonnet）采用的就是这个方法，他重复了米什莱的判断，认为国民公会中的议员既非吉伦特派，亦非山岳派，并拒绝把不常出入核心圈沙龙的人算作吉伦特派成员。从这种狭义范围来看，吉伦特派的成员大约有六十多个。

如何在两种阐释之中做出选择？严格来讲，能够被称为吉伦特派的只能是那些在立法议会中代表吉伦特省的议员，例如迪科（Ducos），让索纳（Gensonné），格朗热纳夫（Grangeneuve），加代（Guadet），韦尼奥，还有一些共同创建了波尔多雅各宾俱乐部的青年律师和商人，他们在青年时期共同奋斗，都很钦佩团体中最年长、最有智慧的韦尼奥，这便是他们之间的联系。让索纳与杜穆里埃有联系，加代、让索纳与罗兰夫妇有关联，所有人都通过黑人解放事业与布里索产生联系。对手给他们所起的绰号（"布里索党""比佐党""罗兰党"）就足以说明他们彼此之间密切的私人关系。巴尔巴鲁（Barbaroux）及其马赛友人很快就壮大了这个小团体，它的影响力以及在立法议会政治斗争中的关系网得以扩张。这些人聚集在多顿夫人（Mme Dodun）和罗兰夫人的沙龙、留尼旺俱乐部（le club de la Réunion）和瓦拉泽委员会（le comité Valazé）中，其中瓦拉泽委员会最有可能是他们在议会召开之前进行共同商讨和事先讨论的场所。这些沙龙的存在时间很短，彼此并非处于同一时期，而且互相嫉妒，它们与雅各宾派所想的那种炮制吉伦特派政策的秘密场所并不完全相符。然而，这些奢华的场所对吉伦特派的奸诈狡猾、善耍手段、非法活动的名声起到了推波助澜的作用，主导这些场所的是那些聪明美丽的女性，她们是众多友谊和亲密关系的组织者，她们善于通过自己所吸引的男人在更大的舞台上发挥更重要的作用。这里弥漫着旧制度的氛围，让爱国者们心生厌恶。我们可以合理地认为，重要人物（尤其是布里索和让索纳）的定期聚会和互相来往使吉伦特派的核心圈看起来真实又连贯。

但是否由此就能说吉伦特派的政治路线在逻辑上前后一致呢？与伊戈内的观点相反，吉伦特派的一致性不一定存在于这个被选择的圈子里。在了解吉伦特派这一点上，西德纳姆的最大贡献在于他指出，这个小团体的命运取决于引起和赢得同情的能力，乍看之下，他们的一致性似乎能够使吉伦特派"路线"保持坚定，但实际上，他们在投票时的分歧要大于同情者所组成的更大范围的圈子。在国王审判的唱名表决中，同情者的圈子更坚持赦免国王，而核心圈中的宽容派和严惩派几乎平分秋色，巴尔巴鲁、迪科、韦尼奥、让索纳、伊斯纳尔（Isnard）和拉索尔斯最终向严惩让步。1793年4月，在反对马拉的唱名表决中，核心圈同样表现得优柔寡断，到场的13名"纯粹的"吉伦特派中只有5人投票反对马拉。这些不一致的行为该如何解释？组成核心圈的人的个性太强势，比他们的追随者更倾向于个人主义，在某些情况下（例如韦尼奥）对权威无动于衷，是这样吗？如果是，那么我们必须放弃"吉伦特派进行事先商讨，对目标有共同的决心"这种假设。同时也要修改"吉伦特派比对手更'明显'，在集体审判中更容易遭到攻击"这种被广为接受的观点。因此，严格界定的吉伦特派在重要场合缺少一致性意味着他们被指控的重要罪名需要被重新考虑。这也促使我们思考，吉伦特派团结的根源是否很有悖常理地在核心圈之外的泛吉伦特派之中也不存在，甚至在议会之外，在他们的社交圈、报纸、小册子和其他传播该团伙思想成果的场所的场合之中也不存在？

在审判过程中，随着被指控人数的上升，针对吉伦特派的指控也不断增加。巴雷尔在演讲中尚且用一种含糊的方式提到吉伦特派虚假的政策是"精心炮制的温和主义阴谋"。圣茹斯特的演讲再次提到"神秘的政治分裂"，但是他同时指控吉伦特派用自己的狡猾来为王权服务。圣茹斯特还提到吉伦特派利用外省俱乐部的情感，但是他没有把有意识的"联邦主义"规划作为指控内容。指责吉伦特派故意试图掀动外省叛乱是比约－瓦雷纳为辩论做出的个人贡献。阿马尔的报告为这些指控增添了一些激烈的色彩，并进一步谴责（他在这一方面有着光明前景）吉伦特派对"时事"的错误评估，即吉伦特派过早地要求建立共和国，这则指控主要针对的是布里索及其"不成熟的"马尔斯校场请愿书。另外，不断升级的审判也反映了那个夏天所发生的事件（联邦主义者暴动和马拉遇刺），在审判过程中，吉伦特派主要被视为"布里索党"。控告主要围绕布里索的人格展开。的确，布里索曾经是一位自由新闻记者，或许甚至是警方间谍，同时为拉法耶特、奥尔良公爵、克拉维耶等许多人服务，他就像一个视大革命为赌场的赌徒，这就是他为自己赢得的名声。

如果我们忽略"分裂主义"的指控（雅各宾派可以把这个罪名用在各种场合），山岳派主导的审判的罪名可以精简为两项，即保皇主义和联邦主义。历史研究有时照搬这两方面，有时会增加一些自己编造的罪名。整体来看，吉伦特派并没有受到历史学家的充分善待，包括他们的追随者拉马丁。早在1835年，圣伯夫就曾提醒"有人想要把腐败的新教徒吉伦特派视为纯净的天主教徒罗伯斯庇尔的理论祭品"。甚至宣布吉伦特派与路易十六、拉法耶特和杜穆里埃没有关系的米什莱也不相信他们的联邦主义，相反他将吉伦特派对所有国王的宣战视为一种"获得永恒荣耀的凭证"，米什莱认为吉伦特派缺少某种东西："他们身上没有大革命的圣火。"吉伦特派虽然没有犯下被指控的罪行，但也因不懂得如何代表大革命而受到谴责，他们之中没有丹东或罗伯斯庇尔一样的人物。他们的布里索自负、焦躁、喋喋不休，只会炮制权宜之计和不现实的计划。他们的韦尼奥是个心不在焉的理想主义者，经常对弱者大发雷霆。

由此，指控又增加了三项新的内容：滥用革命暴力、盲目的好战主义、利己主义。基内用经典的方式陈述了第一条指控：吉伦特派支持1792年6月20日事件、允许请愿人群在议员面前游行示威，所以他们首先破坏了代表们的权力；1793年6月，同样的人群"带着同样的记忆"来到国民公会大门前，把吉伦特派彻底打垮，这只是正义得到了伸张。饶勒斯和阿尔贝·索列尔同样严厉地论述了第二条指控：吉伦特派希望利用战争巩固自己的权力，而不是大革命的胜利。饶勒斯的指控一针见血地提出时势没有要求战争，所以战争根本毫无用处。索列尔的指控主要在针对吉伦特派的无能，他们大力宣扬战争，却没有能力去领导战争。这两位学者都强调吉伦特派缺乏深思熟虑，他们鲁莽地借由战争把自身前途和军队命运联系在了一起，却没有理解这一点。第三条指控主要针对社会领域，而非政治。这是对路易·勃朗最初提出的论点的发展：吉伦特派捍卫的是自由，但山岳派捍卫的是平等。在马迪厄看来，两派之间的斗争表达并象征了某种阶级斗争，因为吉伦特派与商业和制造业利益的联系更加紧密，他们首先想要结束大革命，保护其利益，捍卫其财产。因此，利己主义成为了一项非常严重的指控。

战争问题表明了长期以来，在罗伯斯庇尔和布里索之间，存在着游移不定的爱国党的分裂（在雅各宾派中要比议会里更加明显）。曾经艰难入选立法议会的布里索满怀激情地要消灭保皇派和斐扬派对手（布里索党和黑人之友慈善党在反对巴纳夫的斗争中最终形成）。布里索想要消灭这两个障碍，他从1791年12月开始构思了一连串战争：远交近攻，利用远方的敌人，打击更可恨的近距离的敌人。战争的目标或许是要摧毁科布伦茨（Coblence）①，因为吉伦特派虽然确保反对逃亡贵族的法令被投票通过，但瓦伦事件以来，外逃现象不断加剧。然而，战争的首要目的是驱逐斐扬派，挫败国王，为布里索提供扮演重要角色的机会。战争无需持续很久，保持在欧洲大陆即可，以免破坏港口的繁荣，这是布里索想要保证的条件，他凭借自己的海外游历赢得国际专家的声誉。因此他努力并成功地把与特里尔（Trèves）和美因茨的主教选帝侯之间的小冲突变成了一场以全面自由为名的十字军征伐，一场把人民从国王手中解救出来的闪电战。

布里索把"他那胜利的军队带到所有邻国"，不费一枪一弹而四处设立"市镇"，毫不谦虚地叫喊着自己的思想多么伟大，"仿佛命运是由能言善辩的人物决定的"，他给了罗伯斯庇尔一个千载难逢的机会，让自己被描绘成一个不负责的空想主义形象。布里索和罗伯斯庇尔的冲突仍然很有象征意义，但它却让吉伦特派的好战主义问题变得难以理解。它让人感觉，首先，吉伦特派是通过战争来定义自己的，其次，战争让盲目的吉伦特派与高瞻远瞩的山岳派发生冲突。第一种看法有一些道理：吉伦特派通过推动战争，让自己的命运和突变的战争联系在一起，甚至连

---

① 大革命时期，逃亡到德意志的法国贵族以科布伦茨为中心，进行各种复辟的政治军事策划。

它的声望都随着军队的胜利和失败而不断起伏,吉伦特派没能在 1793 年春的一系列失败和杜穆里埃(布里索的朋友,他的背叛给吉伦特派以沉重打击)的背叛中幸存下来。第二种看法则站不住脚:某些吉伦特派分子后来才成为战争支持者(加代和让索纳),还有一些犹豫不决者(德布里、拉索斯)、一些希望能确保进攻受到限制的怀疑者(福谢)。罗伯斯庇尔则形单影只。好战主义的指控虽然有些道理,但却不能由此辨识出一个吉伦特团伙:主战策略是整个左派爱国党的共同观点,布里索的普世共和国(la République universelle)触动了扩张主义那根敏感的弦。

然而,战争是一场陷阱,被困在里面的只有吉伦特派。与斐扬派的斗争让他们站在了立宪君主制的对立面,让他们几乎成了冒犯宫廷的专家。但是如果以战争为目标,他们不可避免地要和拉法耶特派以及国防大臣纳尔蓬(Narbonne)达成共识,所以他们遇到了第一次被怀疑为保皇主义的浪潮,罗伯斯庇尔利用了这一情形。第二次怀疑浪潮的一个原因是 1792 年 4 月他们与政府的联合,具体表现在克拉维耶和罗兰以及后来的塞尔旺(Servan)进入内阁,人们将其不恰当地称为"吉伦特派内阁";另一个原因是最初的军事失利。6 月,吉伦特派的大臣刚刚被国王解职,他们就重新恢复了以前恐吓王室的政策,6 月 20 日事件和 7 月 3 日韦尼奥激烈的控诉演讲可以证明这一点。然而,这项战术没用多久,他们就试图与宫廷谈判,企图重返政府。让他们重回内阁的 8 月 10 日起义并没有消除这些怀疑。他们在国王审判中采取的拖延战术反而进一步加强了这种怀疑。这些"上诉者",即赞同征求人民对判决的意见的那些人,从今以后得到了所有保守势力的支持。山岳派对吉伦特派支持保皇主义的指控是错误的,但如同米什莱所写的,在这段历程中,吉伦特派不由自主地"具有了保皇倾向"。

吉伦特派与法制的关系同样模糊不清。人们常常把他们描述为法律的捍卫者(有时是为了赞扬他们,有时是为了斥责他们对形式自由的迷恋),但基内却相反,他将吉伦特派视为纵火学徒,路易·勃朗将吉伦特派描述为暴力党派。实际上,这方面的一切都与时机有关。瓦雷纳曾经说服罗兰夫人"通过鲜血实现再生"是必须的,1792年4月,布里索呼吁"重大的背叛"。吉伦特派对雅各宾派痴迷于阴谋并不陌生,他们也在其中添砖加瓦。吉伦特派并未发起6月20日事件,但的的确确利用了它,虽然韦尼奥和伊斯纳尔确实忙于保护国王的安全。他们筹备了8月10日起义,时不时地声称这次事件属于吉伦特派。就连1792年9月屠杀也没有将吉伦特派立刻推向法律一边。面对屠杀,他们的反应带有恐惧和羞愧,和整个政治阶层一样;而且他们也和其他人一样,试图在自己的报纸和宣言中解释这个事件(称屠杀是对科布伦茨和路易十六背信弃义的回应),降低其影响(称屠杀者力图在无辜者和有罪者之中"正确"挑选,从而实现了一定的人民正义)。他们渴望尽快抹去关于这起可怕事件的所有记忆,这种欲望支配着他们几乎接受违法行为的态度。但这段时期非常短暂,因为几周之后,仍处于震惊中的吉伦特派转向合法主义,这种态度在1792年冬和1793年春伴随着巴黎的恐慌和无套裤汉的暴动而出现并成长。这是一种彻底的转变吗?人们从此能够将吉伦特派视为守法者吗?恰恰相反。1793年4月他们对马拉的攻击并没有把代议制原则放在眼里（其中一个吉伦特派分子良心不安地说道："然而那个怪物曾经是议员"）。他们中的大部分在热月政变后回到革命议会中，后来为了拯救共和国，同意在果月 18 日的政变。所以基内是对的：他们是否接受非法行为，完全因时而异。但是，屈服于机会主义的合法主义又算是什么呢？

相反，让吉伦特派备受批评的联邦主义似乎是他们最持之以恒并真正造就他们统一性的思想。如果从理论层面来理解"联邦主义"，那么山岳派的指控就错得不能更离谱：吉伦特派从未停止过相信国民公会的最高权力和共和国的统一，孔多塞起草的失败宪法绝对不符合"联邦主义"，这部宪法试图在巴黎和外省之间实现一种平衡，只有比佐（Buzot）对美国模式表示赞同。然而，人们的确能够从联邦主义中感受到对巴黎的憎恨和向外省的求援，召集省卫队的想法是罗兰夫人首先提出的，煽动外省提交反对巴黎的陈情书的也是吉伦特派。从国王审判到指控马拉，吉伦特派在无数场合难以抑制地表现出这种仇恨，它让吉伦特派始终无法摆脱揭发的冲动，这也导致吉伦特派在国民公会中被逐渐孤立；它促使吉伦特派为了重新夺回巴黎革命区而向温和派递交陈情书，并在 5 月发动反对巴黎公社的最后战争。他们的行动最初看起来取得了成功：5 月 18 日，在加代对巴黎政府的揭发的基础上，吉伦特派确保了被任命的调查委员会为自己效劳；5 月 24 日，调查委员会逮捕了埃贝尔和瓦尔列（Varlet）；25 日，伊斯纳尔散播了他著名的诅咒。在这种与巴黎政府殊死斗争的背景下，对外省发出号召更像是一种手段，而非结局。问题的核心在于吉伦特派与一种竞争势力的对抗（饶勒斯说："一切启蒙的空间都不再属于这些自命不凡的人"），这是冲突的真正源头。如同圣伯夫谈到罗兰夫人时所写的，与那些偷走了他们的"主要舞台"（在这个舞台上，他们处处都能遇到智慧的营养和荣耀的激情）的人对抗时，吉伦特派表现出了飞蛾扑火般的顽强。这解释了为何吉伦特派在与其所憎恨的巴黎对抗时，寻求温和资产阶级的支持，后者赞同经济自由，反对征税，被无套裤汉愈演愈烈的平等要求吓到。罗兰曾一直猛烈攻击征税者，并预言谷物价格管制只会导致市场消失。然而，吉伦特派的经济自由主义并不是饶勒斯所写的"僵化的教条主义"的产物。它与外贸领域严格的保护主义要求是同时存在的。它也经历过一些妥协，例如1792年春季的经济危机时，福歇曾提议通过一些政府管控措施，缓和贸易自由度。另外，吉伦特派的经济分析也是整个国民公会的经济分析，它以私有财产原则的名义，不断拒绝征税请求。第一个支持管控经济的罗伯斯庇尔在1793年2月与韦尼奥有着同样言论。如是，在从山岳派不情愿地与无套裤汉结盟到消灭吉伦特派的几周内（5月），经济和社会观点才让吉伦特派被孤立出来。

所以，如果通过这种方式了解吉伦特派的历史，我们可以在具体背景中去看待大革命的主要冲突。吉伦特派的历史之所以具有传奇色彩，是因为他们11月份唱着歌走上断头台，也因为吉伦特派与山岳派的矛盾也是强势性格的碰撞。在战争问题上，站出来面对布里索的只有罗伯斯庇尔；在国王审判中，只有罗伯斯庇尔和圣茹斯特主张不能审判国王；在1793年的经济危机中依然只有罗伯斯庇尔站出来；当加代和布里索在雅各宾俱乐部中赞扬孔多塞与伏尔泰、达朗贝尔的合作，嘲笑上帝时，依旧只有罗伯斯庇尔进行反驳,并指出所有这些伟人都有过不可弥补的可鄙行为,他们都曾经折磨过卢梭。最后这场争论虽然不起眼,但却具有典型性,因为它确定了吉伦特派反教权的形象;但了解到他们与宪政派教士的紧密关系之后,这种形象的真实性很令人怀疑。我们可以感受到,在这场关于国民公会控制权的无法平息的斗争中,党派领导人会抓住每个机会来促进和重新点燃对抗。

那么,吉伦特派的统一性是否完全被消解了?最能使他们紧密团结的思想是他们从对手斐扬派那里接过来的,即结束大革命。这解释了1792年8月10日之后他们所有的行动。10月份被雅各宾派驱逐之后,布里索做出回击,他认为在必要的三场革命中,有两场(第一场反对专制,第二场反对君主制)已经完成,剩下的第三场要打败的是无政府主义。1793年3月,韦尼奥把国民公会分为两组:一组希望"保持革命的沸腾状态",因为它(韦尼奥是公正的)相信大革命"对于我们的防御力量而言是不可缺少的";另一组(包括他在内)认为"停止革命运动"的时刻已经到来。

吉伦特派更把这种平凡的思想传播给支持者,他们比吉伦特派更加拥护这种思想,他们在关于赦免路易十六和严惩马拉时的投票就可以证明。正是这种思想让吉伦特派的支持者围绕在核心圈周围,它也解释了为何吉伦特派倒台前四天,国民公会中还会有足够的支持者来恢复十二人委员会。最近的研究采用了复杂的方法来研究从西德纳姆到帕特里克的所有以前的判断,研究表明与国王审判中的投票相比,在最后两次唱名表决投票(反对马拉和恢复十二人委员会）中，统一的吉伦特派更加清晰地显现出来；这个团体在这些事件中的团结一致明显不同于平原派。如果说吉伦特派集团存在，那它肯定出现在这两次投票之际，两次投票的确发生于政治极端化环境下，投票内容虽然尚未成为党纪，但已经非常类似。

最后，相比于投票，吉伦特派在议会之外的作品能更清晰地表达他们阻止革命复兴的思想。虽然他们的政治观点不连贯，但出版策略却惊人地一致。他们的报纸（《乡村小报》（*La Feuille villageoise*）、《哨兵》（*La Sentinelle*）、《月份纪实》（*La Chronique du mois*））、出版物（主要来自于社会俱乐部（Cercle social））、小册子、抨击文章、诽谤文学等都是博多所称的"散播消息的传声筒"。他们把自己的宣传天赋用在了坚定的反雅各宾派政策上。他们把自己描述为开明理性政策的捍卫者，与雅各宾派民众的不理性冲动形成对比。他们把自己倡导共和主义和反对雅各宾派的时间提前，以此夸大自己的一贯性。诚然，山岳派给吉伦特派起了一个"羽毛笔文人"的外号，帮助他们构建了统一的知识身份。但吉伦特派自己也乐于此道。热月之后，谢尼埃（Chénier）将吉伦特派称为"一个由爱国演说家和共和主义哲学家组成的地下社团"，并号召他们重新夺回在国民公会的位置。

最后需要探讨的是，这种政治统一性是否可以通过之前的情况进行解释，即吉伦特派的地理构成，或社会构成，亦或是年代构成是否预示和注定了他们将被山岳派驱逐？

这些假设吸引了许多学者的参与，有助于我们对这个团体的了解。地理统一性？看一眼吉伦特地图，我们就可以发现某些地区集中出现了许多代表人物。但这些地区不一定是最富有的省，有些非常穷的省（莫比昂省，上阿尔卑斯省）与富裕繁荣的省（下塞纳省，吉伦特省，罗讷河口省）相邻。总而言之，吉伦特地区位于法国中部和西部，那里有许多重要的港口城市，联邦主义者起义也发生在这一地区。年代统一性？在政治人物整体年轻化的情况下，吉伦特派平均年龄要高于对手，这就纠正了"吉伦特派是一群才华横溢、不负责任、沉溺于怀旧的年轻团体"的想法。最后，经济和社会方面的统一性？自从马迪厄试图在吉伦特派与山岳派的斗争中解读出两派资产阶级的等级斗争以来，这就是最受争议的一方面。但进一步研究揭示出的是一种同一性，而非对立。冲突双方的人员中都有贵族。他们都曾经购买国家财产。帕特里斯·伊戈内最近提出了一种有趣的观点，他认为国民公会中的右派和左派领导人都是最富有的。双方各自的支持者群体的家境更普通，都是同样的小资产阶级知识分子。如果说"吉伦特派"和"山岳派"用来形容环境而不是团体，那他们的支持者是可以互换的。如果注意力集中在吉伦特派的内部核心圈，我们可以发现一个比山岳派更有修养、社交方面更为活跃、与商业和制造业利益的联系更为紧密的人所组成的团体。但这些都是"细微的区别"，这是伊戈内的结论。

　　这些细微的区别是否足以证明社会决定政治这一观点？对马迪厄而言，这是不证自明的，因为吉伦特派捍卫了自己的阶级利益。先发生的经济和社会对立导致后来不可避免的政治冲突。乔治·勒费弗尔更忠于饶勒斯的立场（饶勒斯提到吉伦特派时，认为除了经济决定论以外,还有一些"由激情束缚在一起的团体"),他相信最初的政治冲突后来沾染了"社会性",所以"社会性"是一个结果,而非原因。阿尔贝·索布尔结合了马迪厄和勒费弗尔的观点,但似乎没有意识到把阐释融合在一起所遇到的障碍:"通常,除了冲突的政治方面以外,社会动机也是其主要原因之一。""除了……以外"指出社会冲突是政治冲突的最终延伸。"主要原因"却表明社会问题排在首位。"通常"告诉我们的是,这个问题不会予以探讨。

不管怎样,这种因果联系必然会把很不稳定且与革命形势紧密相关的政治观点与财富或社会地位等更为稳定的因素联系起来,倚仗于这种因果联系是不现实的。山岳派的阶级利益该如何解释在瓦伦出逃事件之后,它曾经支持国王是公民这种观点,但一年后审判国王时,它却改变了思路?如何解释在圣多明各拥有财产的吉伦特派(杜戈、博瓦野-冯弗雷特)冒着失去财富的危险,为了有色人种的反抗而积极活动?如何解释社会主义思想会在大多数成员捍卫的是工商业资产阶级利益的吉伦特派的社会俱乐部中不断成熟?社会与政治之间的道路在平时就已经非常崎岖,在大革命时期已经彻底无法通行。

因此,只能得出结论说,冲突很大程度上取决于大革命的风云变幻。吉伦特派结束大革命的思想常常被认为是其倒退政策的象征,但这种思想本身也应该在它被提出之时的背景下进行分析;它所明确的是一个时刻,而非一种信仰。勒瓦瑟尔后来在回忆录中承认自己和山岳派同僚一样,对吉伦特派有着不公正的评判:"一切与大革命战车挂钩并企图阻止它的行为在我们看来都是一样的。另外,这种不公正的评判再正常不过,它导致吉伦特派犯下了与立宪派类似的错误。"

莫娜·奥祖夫

延伸阅读

Colloque «Girondins et Montagnards», *Actes*, Paris, Société des études robespierristes, 1980.
DARNTON, Robert. «Brissot, espion de police», *Bohème littérature et Révolution. Le monde des livres au XVIIIe siècle*, Paris, Hautes Etudes/Gallimard/Le Seuil, 1983.
DI PADOVA, Theodore. «The Question of Girondin Motives : A Response to Sydenham», *French Historical Studies*, t.9, 1976, pp. 432-447.
FURET, François et OZOUF, Mona (sous la dir. de). *La Gironde et les Girondins*, Paris, Payot, 1991.
HIGONNET, Patrice. «The Social and Cultural Antecedents of Revolutionnary Discontinuity: Montagnards and Girondins», *English Historical Review*, 1985.
KATES, Gary. *The Cercle Social, the Girondins and the French Revolution*, Princeton, Princeton University Press, 1984.
LAMARTINE, Alphonse DE. *Histoire des Girondins*, réed. Paris, Plon, 1984.
LEWIS-BECK, Michael, Anne Hildreth et Alan SPITZER.«Was There a Girondist Faction in the National Convention (1792-1793)?», *French Historical Studies*, printemps 1988.
PATRICK, Alison. «Political Divisions in the French National Convention, 1792-1793», *Journal of Modern History*, t.41, 1969, pp. 421-474.
PATRICK, Alison. *The Men of the First French Republic: Political Alignments in the National Convention of 1792*, Baltimore et Londres, Johns Hopkins University Press, 1972.

SYDENHAM, Michael John. *The Girondins*, Londres, Athlone Press, 1961.

参见条目

革命议会（Assemblées révolutionnaires）

布里索（Brissot）

孔多塞（Condorcet）

联邦主义（Fédéralisme）

斐扬派（Feuillants）

革命日（Journées révolutionnaires）

拉法耶特（La Fayette）

马拉（Marat）

山岳派（Montagnards）

国王审判（Procès du roi）

圣多明各革命（Révolution à Saint-Domingue）

圣茹斯特（Saint-Just）

埃贝尔派（或科特利埃派）
Hébertistes（ou Cordeliers）

"埃贝尔主义"是一个真正被学界认可的术语吗？如同乔治·勒费弗尔指出的，埃贝尔从来都不是某个派别的领导者，"埃贝尔派"这个术语后来才用来指代 1793—1794 年间由科特利埃俱乐部所代表的极端革命趋势。大革命历史研究对这个团体并不友善，尤其是对埃贝尔。米什莱在描述 1792 年 8 月 10 日的巴黎公社时，提到了"那些用尖尖的嘴巴寻找鲜血的黄鼠狼"，"这种人有两个代表：一个是肖梅特（Chaumette），医学专业学生和记者；另一个是埃贝尔，在剧院门口贩卖返场票的小贩和小调作曲家，后来以'杜歇老爹'的名字为自己赢得了恶名"，这是一份老百姓"每天早上先睹为快的报纸，就像喝一杯劣质白兰地一样"。对有关雅克·鲁和忿激派的记忆尤其敏感的饶勒斯写道："这个埃贝尔派没有社会纲领，没有宗教纲领，没有军事战术，没有行政体系，不严谨，也没有人性"，"它所代表的只有对鲜血的不断渴求，不受限制的军事化体制和耗尽一切的战争"。对饶勒斯而言（他想到的是《杜歇老爹报》），"埃贝尔主义拖着一把军刀，留着好战的胡子"，"它是法国大革命的军国主义第一次以煽动百姓的形式出现",我们可以从中看到后来汇聚成为帝国时期的民众尚武的沙文主义的众多潮流中的一种。谈及科特利埃派在共和二年风月(1794年3月)的企图时,他描述了一个"由像埃贝尔一样不可靠,智力和内心都很平庸、善变又懦弱的人所领导的"派别。如今,人们重新思考了这些几乎获得一致同意的负面评价,但有时走向了相反的极端。

明智的历史研究方法要求我们把《杜歇老爹报》、编辑埃贝尔以及科特利埃俱乐部区分开,后者远不能被称为统一的政治派别。

杜歇老爹最初出现在18世纪集市棚户区(例如圣日耳曼集市)类似于儿童木偶剧场的大众剧场中,是一个家喻户晓、颇受人们喜爱、说话粗犷的角色。他身边还有杜歇婆婆(Mère Duchesne)、让·巴尔(Jean Bart)和卖鱼妇人(les Poissardes)。带有性暗示的咒骂("*foutre*""*bougre*")和粗话很快就为大革命所使用,不仅仅是媒体,连剧场也抓住了这个机会。1788年,杜歇老爹出现在一则狂欢节漫画故事中。1789年,人们在集市和街边的剧场中上演的两出滑稽剧里看到了他的身影。但后来是媒体最终将这个名字据为己有。研究了以"杜歇老爹"为名称的12份期刊和42篇文章后,人们发现可以区分出三种类型的杜歇文字作品:右派、拉法耶特派、左派。埃贝尔的《杜歇老爹报》首次出现于1790年9月,一直持续到1794年2月,它既是持续时间最长的,也是唯一对巴黎无套裤汉阶层产生影响的报纸。"它与马拉的《人民之友》都是民众的声音和指南,它甚至比《人民之友》的影响力更大"（A. 索布尔）。1793 年 7 月 13 日马拉遇刺之后，忿激派和埃尔贝派争夺马拉的遗产，都想继承"人民之友"的称号。雅克·鲁和勒克莱尔费尽心思却一无所获，《杜歇老爹报》仍然是最重要的民众报纸，而且在埃贝尔的朋友文森的帮助下，这份报纸得以在军队中发行。

埃贝尔本人与报纸上的主人公相去甚远。从某种意义上讲，他是一个落魄者。他于 1757 年生于阿朗松（Alençon）的一个普通资产阶级家庭，父亲是位出色的金银匠。埃贝尔的青年时期在欢闹中度过，但一起倒霉事令他遭遇牢狱之灾。1780 年，他来到巴黎，接下来的 11 年里，他都在窘迫、穷困和羞辱中度过。与大革命初期重要的记者不同，埃贝尔没有参与 1789 年的革命风暴。他当时是一个在综艺剧院工作的不起眼的查票员，终日碌碌无为。1790 年，他发表了《莫里神甫的小斋戒》(*Le Petit Carême de l'abbé Maury*)，投身新闻界。然后他创办了《杜歇老爹报》。从 1791 年初开始，这份报纸攻击了拉法耶特、米拉波、温和派和国王。1791 年 3 月，埃贝尔成为科特利埃俱乐部成员，签署了国王瓦伦出逃事件之后的马尔斯校场陈情书。1792 年 8 月 10 日起义之后，他被选入巴黎公社总理事会。然后他被任命为公社检察官肖梅特的代理检察官。但他在国民公会议员的选举中失败，国民公会也拒绝将其任命为内政部长。他在科特利埃俱乐部中找到了自己真正的位置，成为最受尊敬的领导者之一。他一直对成为政府领导人的 1789 年的那群人抱有怨恨。

还有一些人也从科特利埃俱乐部脱颖而出。公社检察官肖梅特是另一位领导人，他在 8 月 10 日革命中崭露头角，无套裤汉喜欢他简朴的语言和穿衣方式。昂里约（Hanriot）曾经是税收办事员，后来成为国民卫队总司令，他在 1793 年 6 月 2 日革命中发挥了重要作用。战争部办公室里到处都是科特利埃俱乐部的成员，其中文森（Vincent）和龙森（Ronsin）这两个领导人最富声望。文森是战争部秘书长，在科特利埃俱乐部有很大影响力。他是一位监狱门卫的儿子，他认为大革命也应当为那些旧制度时期被排除在精英阶层以外的人提供机会。1793 年 9 月，借一次大规模的清洗运动之机，他在战争部安插了许多无套裤汉。龙森的晋升速度更是飞快。他 17 岁（1786 年）参军，四年后离开军队，投身戏剧行业。一直到 8 月 10 日革命之后，他才出现在大革命舞台上。他最初担任执行委员会特派员，然后成为比利时军队拨款审核员，不久之后成为战争部的一个局长，1793 年 3 月，他前往旺代作战，并任命自己为将军。9 月被召回巴黎后，他成为重新收回里昂的革命军总司令。他周围是一群雄心勃勃的年轻人，对他们而言，共和国遭遇的麻烦是一次出乎意料的机遇。

这些人有着各种各样的支持者和临时盟友。首先在巴黎公社内部，市长巴什一直以来被视为他们的议员，但他似乎只是一个谨慎的支持者。国民公会里的科洛·德布瓦（Collot d'Herbois）和比约-瓦雷纳也是由于科特利埃俱乐部的影响才入选救国委员会。总体看来，科特利埃俱乐部的纲领（虽然只有在形势允许的情况下才能实施）有三个重要方面。首先，对革命战争、自由圣战的热衷，所以饶勒斯才会揭露其"军国主义"的一面。第二，对极端恐怖政策的追求，一些政府代表曾在里昂和讷维尔（Nevers）推行这一政策，但这在巴黎遭到了更为谨慎的山岳派的反对。最后是使罗伯斯庇尔震惊的破除基督信仰运动。

最重要的是,这些大革命的后来者与1789年的爱国者之间存在着某种世代冲突和职位竞争。罗伯斯庇尔这么说没有错:"你们想要我们的位置。"利用民众的不满来获得权力,这难道不是山岳派在6月2日革命所做的事吗?但是如何才能避免忿激派的过分要求?科特利埃派在不到一年的时间里被迫在这二者之间寻求一条道路。

科特利埃运动可以分为三个阶段:1793年6月2日之前、6月到9月、1793年9月到1794年2—3月。

在6月2日之前,埃贝尔和巴黎公社在很长一段时间里都反对忿激派所支持的无套裤汉在陈情书中提出的税收和极端恐怖主义政策。2月25日和26日,一群洗衣妇发起了反对杂货商的骚乱(起因是肥皂价格过高),雅克·鲁公开为这些女性暴徒辩护,此时,巴什竭尽所能平息骚乱,巴黎公社的总理事会对雅克·鲁提出谴责,埃贝尔接受了雅各宾派对事件的解释:这是一起伪装成无套裤汉的贵族和布里索党的阴谋。"一些旧侯爵装扮成烧炭人和假发匠,一些伯爵夫人伪装成卖鱼妇人,还是那批在卡佩①被砍头那天高喊着'饶命吧!'的人混入城镇、菜市场和集市里,煽动人民进行叛乱和抢劫〔……〕。巴黎人,你们要认清真正的敌人!布里索党和罗兰党给你们带来的痛苦比囤积居奇者还要多;狠狠揍他们,我告诉你们,一切都会结束。动手吧!"(《杜

---

① 即路易十六。

歇老爹报》，第 219 期）这份声明背后的战术非常清楚：平息老
百姓反对食品价格昂贵的运动，支持山岳派铲除吉伦特派的斗争。
3 月 9 日和 10 日，在比利时遭遇初期战败之后，瓦尔莱鼓励巴黎
革命区掀起暴动，但巴黎公社拒绝服从他，无论肖梅特还是埃贝
尔，更别提巴什，都不想掀起一场有可能使山岳派和平原派落入
吉伦特派手中的暴动。《杜歇老爹报》继续进行反对忿激派的宣
传攻势，把他们比作逃亡贵族和叛徒："正是他们，呸，听到百
姓因为物价高昂而痛苦呻吟之后，伪装成工人，混入城区和集市，
怂恿无套裤汉洗劫商店和仓库。"

但是长时间维持这种战术非常困难。4 月和 5 月，无套裤汉
的压力不断增加，山岳派和平原派同意做出让步（迈向恐怖统治
的第一步），巴黎公社和科特利埃派虽然在物价问题上依旧犹豫
不决，但他们对各区的革命运动予以支持。诚然，在 5 月 13 日
的前一天（与瓦尔莱一同被捕的埃尔贝被释放之后），科特利埃
派不希望看到主教区起义委员会筹备的暴动失去控制。埃贝尔和
肖梅特竭尽全力让运动平静下来。但是，他们无法发号施令，因
为发起人不是他们，这是雅克·鲁和瓦尔莱的成果。决定了 6 月
2 日起义取得胜利的仍然是昂里约和他的枪炮手们。

这场胜利是真的还是假的？山岳派成功地把吉伦特派从国民
公会驱逐了出去，但这并不是为了向极端革命分子的过分要求低
头。另外，一直到马拉遇刺（7 月 13 日），科特利埃派都对忿激
派忧心忡忡，对山岳派保持着和解策略。多期《杜歇老爹报》证
明了这种模糊的政治路线一直在持续。埃贝尔试图让富人和有产
者放心："无套裤汉并不怨恨富人的财产"。报纸还要求遵从人

民镇压敌人的意愿，解除反革命嫌疑犯的武装，清洗行政机构，惩罚6月2日遭到驱逐的吉伦特派。同时埃尔贝也驳斥忿激派的论题以及他们的税收主张。"那些囤积居奇者，他们在哪里？在巴黎吗？不，呸，在那些重要的贸易城市里。呸，得去那里才能找到他们，而不是在巴黎，这里只有零售商。波尔多和马赛的百万富翁才不在乎他们塞纳河上的某艘轮船被洗劫，他们的仓库里或轮船上装满了货物。"奇怪的是，这仿佛预示了20世纪50年代发生在法国的布热德运动①，但是阵线刚好相反：此时的巴黎是一座卑微的城市，外省掌握着财富。当瓦尔莱的革命区要求（6月9日）普遍最高限价以及镇压囤积居奇者的法律时，埃贝尔和肖梅特拒绝了这个可能让国民公会无法进行主要工作（筹备新宪法）的要求。6月25—28日的严重社会危机（"肥皂暴动"，雅克·鲁向国民公会呈交的陈情书）并没有改变这一行动路线。6月30日，12位雅各宾派代表前往科特利埃俱乐部，否决雅克·鲁在25日呈交给国民公会的陈情书，科特利埃派的态度令这位格拉维耶街区的神甫（指雅克·鲁）难以承受。"您的陈情书"，肖梅特说，"是在号召抢劫，鼓动颠覆财产权的革命"。科洛·德布瓦后来说："您真应该看到埃贝尔用真理火炬的光芒审视那位虚伪神甫的脸，他的面具就像肮脏的烂泥一样瞬间融化。"所以埃贝尔很难被视为"无套裤汉的领导者"。

马拉遇刺揭开了两伙人的继承战，一方是雅克·鲁和勒克

---

① 布热德运动，即"保障小商人和手工业者联盟"，联盟的主席是皮埃尔·布热德。它是法国中下层阶级的政治组织，起源于法国的罗特省、康特尔省和高莱兹省，这些省是法国最贫穷、受到法国经济衰退和扩军备战政策影响最大的地区。

莱尔,另一方是埃贝尔。雅克·鲁或许忘记了马拉对他发起的猛烈攻击,他出版了《人民之友,来自马拉的亡灵》(*L'ami du peuple, par l'ombre de Marat*)。勒克莱尔和革命妇女社要求继承马拉的名号。但公开把自己装扮成继承者的是埃贝尔。7月13日,他对巴黎公社呼喊道:"我认为自己还是有些重要性的,我要告诉你们,每天我都会收到许多最可怕的威胁信。"21日,在雅各宾俱乐部,他说:"如果马拉需要一个后继者,如果必须有第二个牺牲者,那个人已经准备好放弃一切,那就是我!"埃贝尔赢得了胜利。在《法兰西共和国记者报》(*Publiciste de la République française*)(马拉的报纸)消失后,《杜歇老爹报》成为仅存的深受大众喜爱的重要报纸。他得到了科特利埃派的支持,他们决定把这位"人民之友"的遗骨视为圣物。但马拉的遗产不可避免地改变了科特利埃派的宣传手段和政治战术。从7月到9月初,《杜歇老爹报》和科特利埃派的领导人改变了他们的方针,在三个方面尽量与无套裤汉运动"相吻合":呼吁强化恐怖措施,要求全民征召,支持要求最高限价和反对囤积居奇者的措施。"让所有能够走路的公民拿起长矛、军刀、铁钎、镰刀,让德国的狗熊跳起卡马尼奥拉舞;让我们的妻子和女儿们把油烧得滚烫,点起硫磺,围攻那些胆敢入侵我们城市的独裁者的士兵。""让国民公会宣布一场反对囤积居奇者的永恒战争。"《杜歇老爹报》还把"嫌疑人"的概念扩大为包括富人、批发商、囤积居奇者等在内的"所有那些到目前为止依靠人民的苦难而活的人"。这种高调也就需要转变对政府的态度。8月1日,埃贝尔停止支持山岳派的政策。从此以后,《杜歇老爹报》开始不停地攻击政府,

"反对一批企图取代布里索党、把国民公会边缘化的新的无赖和阴谋家"。尽管国民公会做出让步(8月23日,投票通过大征兵),但新革命事件正在酝酿。8月底,《杜歇老爹报》采用了它曾经批评过的忿激派的口号:"祖国,呸……批发商们根本没有祖国。他们支持大革命只是由于看到大革命对他们有利。他们曾支持无套裤汉消灭贵族阶级和各高等法院,但这不过是企图由他们取代贵族的地位。"9月4日,暴动者占领市政厅。肖梅特和埃贝尔在紧要关头加入到起义的筹划中来(2日,人们已经得知土伦向英国人投降)。我们来听听埃贝尔怎么说:"让人民明天大批前往国民公会,就像他们在8月10日、9月2日、5月31日所做的那样去包围它。"埃贝尔本人并没有参与5日的行动,但是4日,肖梅特着重指出了运动的社会方向:"我先前也是穷人,所以我很了解什么是贫穷。这里发生的是一场富人反对穷人的公开战争,他们要把我们消灭掉。那么我们要先发制人!应当由我们来消灭他们,因为我们是有力量的!"5日,武装的游行队伍包围了国民公会,让巴什和肖梅特作为自己的代表,要求成立革命军队、逮捕嫌疑犯、清洗革命委员会。国民公会做出全方位让步。但它仍保留了最主要的东西:权力。不久之后,忿激派就失去了任何破坏能力。剩下的只有科特利埃派,他们施加压力的结果也只是让比约-瓦雷纳和科洛·德布瓦进入救国委员会,但这些人并不可靠,他们在科特利埃派倒台之前将其抛弃。

1793年9月5日有两个互相矛盾的结果。此次事件确立了革命政府的最终结构,即无套裤汉最初期望的战时独裁。但正因为此，它赋予了救国委员会更多的手段来铲除罗伯斯庇尔所称的"乱党"，例如"温和派"（丹东，尤其卡米尔·德穆兰刚刚成为这个派别的代言人；而且德穆兰的《老科特利埃报》（*Le Vieux Cordelier*）开始与《杜歇老爹报》展开激烈竞争），以及不肯就此罢手的科特利埃分子。这是一场"两线战斗"，但是对于救国委员会的成员，尤其是罗伯斯庇尔，并非不分轩轾。在一个多月的时间里（从1793年11月底到1794年1月中旬），罗伯斯庇尔依靠丹东和新温和派来与"夸张的"极端革命派作斗争。一直到两派敌人都出现战术错误之后，他才同时对双方展开进攻。

9月的事件之后，无论是《杜歇老爹报》还是科特利埃俱乐部的领导者都没有结束自己的攻势。相反，他们利用无套裤汉阶层持续存在的紧张状态，增加批评力度。他们不满足于要求推行全面镇压措施，而且开始公开抨击山岳派。"妈的，某些几个月前还在沼泽蛤蟆群里像杂种狗一样狂叫的新山岳派不也应该被视为嫌疑犯？"应该把这些"新布里索党"从国民公会中清除。由于丹东和他的朋友们，尤其是德穆兰，开始表现出愈发"宽容"的态度，埃贝尔大发雷霆，但也是徒劳，因为12月7日，针对埃尔贝派领导人的攻击最终导致文森、龙森和埃隆（Héron，公共安全委员会的一名官员）被捕。多数派中的"左翼"做出了回应。12月21日从里昂返回巴黎的科洛·德布瓦对龙森表示赞扬，并揭露"宽容派"。2月2日（共和二年雨月14日），文森和龙森被释放似乎标志着某种成功。但风月的食品危机（1794年2—3月）允许埃贝尔派扩大进攻规模。风月12日，龙森扬言发动起义。14日（3月4日），科特利埃派咒骂人权。他们还酝酿一场新的、"神圣的"起义。科洛·德布瓦试图让两派实现和解，但被龙森生生驳回。结局已经来临。被巴什、肖梅特、昂里约、布硕特（Bouchotte）抛弃的科特利埃派领导人在风月23日深夜到24日凌晨（3月13—14日）被捕。审判于芽月1—4日进行。根据通常的做法，人们把真正的激进分子（埃贝尔、文森、龙森、莫姆洛）与有着各种嫌疑的外国人混杂在一起。最初幸免于难的肖梅特同埃贝尔的遗孀一起成为第二批被逮捕的犯人。

与传说相反，这场在芽月进行的审判是决定性的，比丹东和德穆兰的审判更坚决。这是热月政变和资产阶级自由主义回归的序曲。巴黎公社进行了重组，充斥着罗伯斯庇尔派的官僚。平民社团一个接一个地消失。米什莱对此洞若观火："巴黎的特质随着它的公社一起消失了"。

德尼·里歇

延伸阅读

ELYADA, Ouzi. *Manipulation et théâtralité. Le Père Duchesne, 1788-1791*, thèse de l'Ecole des hautes études en sciences sociales, 1985.

HERLAUT, général Auguste-Philippe. *Le Colonel Bouchotte, ministre de la Guerre en l'an II*, Paris, C. Poisson, 1946.

HERLAUT, général Auguste-Philippe. *Le Général rouge Ronsin（1751-1794）. La Vendée. L'armée révolutionnaire parisienne*, Paris, Clavreuil, 1956.

JACOB, Louis. *Hébert le Père Duchesne, chef des sans-culottes*, Paris, Gallimard, 1960.

SOBOUL, Albert. *Les Sans-Culottes parisiens en l'an II. Histoire politique et *sociale des sections de Paris, 2 juin 1793-1799 thermidor an II*, La Roche-sur-Yon, H. Potier, 1958（aussi Paris, Clavreuil, 1958; rééd. 1962, avec sous-titre *Mouvement populaire et gouvernement révolutionnaire*）.

SOBOUL, Alert. «Hébert», introduction à la réimpression du *Père Duchesne* （1790-1794）, 10 vol., Paris, Éditions d'Histoire sociale, 1970; republié dans Albert SOBOUL, *Portraits de révolutionnaires*, Paris, Messidor, 1986.

WALTER, Gérard. *Hébert et le père Duchesne*, Paris, J.-B. Janin, 1946.

参见条目

救国委员会（Comité du salut public）

巴黎公社（Commune de Paris）

破除基督信仰运动（Déchristianisation）

忿激派（Enragés）

革命政府（Gouvernement révolutionnaire）

革命事件（Journées révolutionnaires）

马拉（Marat）

最高限价（Maximum）

山岳派（Montagnards）

罗伯斯庇尔（Robespierre）

无套裤汉（Sans-culottes）

恐怖统治（Terreur）

王政派
Monarchiens

在所有革命党派中，王政派（les Monarchiens）首先登上历史舞台，也最先离开这个舞台。它刚刚组织起来就被打败。1789年8月，它才问世就疲于应对议会左派，被议会旁听者所监视，遭到爱国媒体和罗亚尔宫里的演说家的抨击，最糟糕的是它被自己曾经为之欢欣鼓舞的革命事件所抛弃，并且很快被十月事件的旋涡所卷走。王政派代表了法国历史的一个特殊时刻，这是一个1789年春夏之交的短暂插曲，此时大革命已经摆脱了旧制度，但尚未将其废除。王政派的政治命运完全处于这个短暂时期之内。他们是第三等级革命的始作俑者和保护者，但同时也是它的象征和第一个替罪羊。他们以君主政体的合法身份作为要挟，让公众舆论为革命发声。

王政派害怕西耶斯，怀疑米拉波，但与这两个人不同的是，他们不谈论民主，表达的也是革命以外的东西：国家、国王、法律。无论形式还是内容，王政派的方案以英国宪法为模板，反映了以开明文字著称的18世纪的改革精神。他们揭露权力的滥用，要求出台宪法，但在共同决议和按人头投票方面从未妥协过，他们的灵感和素材主要来自启蒙运动的遗产。带着对任何政治动乱都难以消除的怀疑，他们在启蒙运动中找到了进步和宽容的重要价值观、对机构和人员进行慎重改革的雄心，这需要在开明君主的支持下进行，他是国家再生的最佳保障。制宪议会的革命将这种使君权与人权一致的意愿彻底粉碎。这些失败让王政派的路线更显可悲，它们渐渐揭开了被彻底破坏的政治文化的面纱。旧制度已经穷途末路，人们已经完全不可能把过去作为政治正当性的基础。王政派真正的弱点在于他们无法理解这种变化，更别提接受它；后来巴纳夫提到："他们还想用刚刚被摧毁的砖块建造大楼"，而且当他们周围的一切都天翻地覆时，他们依旧坚持着一个虚无飘渺的方案。

王政派的历史首先是一个男人的历史，即1758年生于格勒诺布尔呢绒商家庭的让-约瑟夫·穆尼埃（Jean-Joseph Mounier）。他先后当过律师和皇家法官，1788年春成为多菲内省叛乱的引导人和象征，这次叛乱反对的是拉摩仰（Lamoignon）和布里耶纳颁布的镇压最高法院反对派的敕令。斯塔尔夫人后来形容他"既热情又理智"，坚定得近乎野蛮。他没有巴纳夫的优雅风格，也没有米拉波的出色口才，但是他却拥有一种力量和顽强，这让他的声音具有无法阻挡的影响力。

6月14日，在一场于格勒诺布尔召开的三个等级的非法集会中，他成功地说服贵族和律师共同揭露"内阁专制"。他们在这次集会中宣布多菲内省即将召开三级会议，该省的第三等级的数量已经加倍。紧随这份声明而至的是一场紧张的舆论攻势，它为在维齐尔举行的更著名的会议开辟了道路。这是一次意义重大的革新：三个等级同聚一堂，一致要求恢复各地高等法院和各省三级会议，尤其是召开拥有批准税收权的全国三级会议。在这份由穆尼埃起草的引起轰动的声明中，三个等级表示自己在必要的情况下已经准备好放弃外省特权，参加全国会议。

维齐尔会议留给大革命的不仅有一致反对绝对主义的态度，还有第三等级内部共同的雄心壮志，王政派很快就成为其代言人：用公民身份取代出生特权，确立宪法以承认公共自由，并保证国家和君主的权力；但这样一部宪法并不能在废墟上进行重建，而是要把文明的进步和过去的遗产结合起来。这就是为何穆尼埃坚持要支持第三等级不起眼但却非常重要的要求，例如代表人数加倍、共同协商、按人头投票等。他在罗芒表达过这些请求，在他的回忆录和到处递交（包括凡尔赛宫）的陈情书中也能见到，他以多菲内省三级会议首位被选出的代表身份抵达凡尔赛宫，此时他已经享有了全国声誉。

从与特权等级进行调解的会议开始，基调已经确定下来：第三等级没有权力也没有权利与部分政治团体商讨属于整个国家的事务。对穆尼埃和西耶斯而言，要么三级会议瘫痪，要么特权等级投降，二者之间没有妥协。但这两个人的共同立场也是他们分道扬镳的起点。西耶斯是从征服的角度来设想这场冲突。穆尼埃虽然强硬，却认为达成共识才是解决方法：三级会议应得到贵族和教士的同意，不能靠武力强制召开。西耶斯催促平民"砍断绳索"，宣布自己为国民议会，但严守法规的穆尼埃却倾向于一种更谨慎的方式："由国民大多数代表所组成的、在少数人缺席的情况下发挥作用的合法大会"。他厌恶任何可能让平民超出身份范围的不合时宜的主张,"声称第三等级就是国家"是针对教士阶层和贵族阶层的欠考虑的挑衅,是对王权的挑战,是对选民愿望的违背。这种观点得到王政派另一位主要人物马鲁埃(Malouet)的赞同。他提醒道:"我们不能放弃三级会议不可分割的原则,但我们不能也不应该宣布自己就可以代表所有人"。这句话体现出第三等级所处的困境,它不能简单接受旧三级会议的形式,也不能在没有新形式的情况下就将其去除。如果平民仅仅满足于有争议的合法性,他们就可能陷入无能为力的风险,他们的力量会成为弱点,他们的法令永远不会有"法律的庄严特性"。

但平民避免了这种困境。6月17日,他们组成了唯一能够"阐释和代表国民普遍意志的"国民议会(l'Assemblée nationale)。从此他们摧毁了旧制度,创造了不依赖国王的新政权。共同协商和按人头投票得到承认。穆尼埃的思想虽然取得胜利,但他却遭遇了第一次政治失败,因为胜利的代价就是一场他本想要避免的革命。贵族的拒绝和国王的拖延都让革命变得不可避免,左派爱国党已经在期待未来的胜利。在权力回归宫廷和事件从此变得不可控制之间,穆尼埃感觉自己无能为力,面对这两种无法避免的趋势,矢志不渝但不够灵活的他只能用一些一成不变的原则来应对。米拉波成了这场政治游戏的指挥者,穆尼埃却既不能掌控,也无法理解这场游戏。当语言力量和人多势众成为主宰的时期,他却在使用法律的力量,胜利是他的,但果实却被他人收获。

没有什么能比制宪议会革命的结果更能表明这种吊诡之处。

6月20日，在值得纪念的网球场会议上，一段时间以来受到爱国党怀疑的穆尼埃立刻重新恢复了一定声望，他在一场至今依旧非常有名的演讲中揭露了政府企图中断三级会议的行为，号召议员宣誓绝不解散。他用同样的气魄回应了23日国王在御前会议上要求三个等级继续分院议事的讲话。

然而，27日，宫廷做出让步，这已经足够让爱国党再次出现分裂，穆尼埃再次与运动出现矛盾。6月的胜利没有彻底恢复他的名望，但让三个等级聚集起来增加了他的政治影响力。24日，大多数教士重新加入国民议会。第二天，47名贵族议员来到议会，其中包括多菲内省入选的所有贵族议员。未来的王政派的核心已经到齐。他们可以被分为三组。首先是以穆尼埃为中心重新聚集起来的多菲内代表团。虽然巴纳夫已经远离这个圈子，但其他人（维埃纳省总主教（l'archevêque de Vienne），维里厄伯爵（le comte de Virieu），布拉孔侯爵（le marquis de Blacons））都仍然非常忠诚。其次是具有改革思想的特权人士，例如朗格勒（Langres）主教拉卢塞恩（La Luzerne）和自由派贵族的主要人物，例如隆勒索涅省（Lons-le-Saulnier）的议员莱泽－马尔内齐亚（Lezay-Marnésia），克莱蒙－托奈尔（Clermont-Tonnerre）和拉利－托伦达尔（Lally-Tollendal），后两人都是巴黎议员，都是口才出众、受人尊敬的出色演说家。

最后是来自第三等级的议员，贝尔加斯（Nicolas Bergasse）和马鲁埃也包括在内，虽然他们在所有方面都意见相左。在启蒙运动时期的法国，尼古拉·贝尔加斯曾致力于鼓吹阴暗的动物磁性说，他已经因此与专制主义发生过龃龉。但一直到大革命前夕，这位著名的律师才放弃了催眠术，投身政治。他相继发表了两篇反对大臣和特权等级的争议性文章，并引起轰动。他在文章中揭露"封建政府不堪的混乱"，号召王权和第三等级联合起来反对贵族阶级。"法律、人民、国王"：从旧制度结束起，贝尔加斯就拥有了以后从未改变的信条。

尽管贝尔加斯和马鲁埃有一些共同的思想，马鲁埃却属于另一个世界。他是前任土伦海军军需官、旧制度时期卓越的管理者、里翁司法总管辖区的首位议员，也是王政派中最具远见的一位。但他也是最不受欢迎的一位，贵族认为他与内克关系过密，爱国者认为他与贵族来往太多。他的一位同僚无情地说："他总是散发出一种内阁大臣的气息"。斯塔尔夫人比较公正，她赞赏马鲁埃的智慧和廉洁，但也认为他无法适应现代的权力实施方式，他处理事务时不喜欢和人打交道，过于相信自己"能够想出足够多的方法让他人分享自己的信念"。马鲁埃意识到公众舆论拥有了新的最高权力，他惊恐地发现旧君主制缺乏勇气。在三级议会选举之前，他就恳求内克和蒙莫兰尊重公众意愿，以控制其影响。他在给他们的信中写道："你们必须借助国家的建议和帮助，没有它，你们无法再继续前进；你们必须以它为源头，获取自己的力量；但你们必须用智慧管理它的力量；如果你们不加指导、不加限制地任由它行动，你们将会被它打垮。"在凡尔赛宫，马鲁埃与穆尼埃保持距离，主要是因为他们彼此的性格无法兼容，而非政见不同。直到经历了最初的政治失败的考验之后，他们之间才产生友谊。

马鲁埃很快就明白了6月的革命是不可逆转的，他也是为数不多的几人之一能够判断出革命在多大程度上源自27日国王的妥协:"在最初的疯狂时期,议会敢于废除自己的誓言和委托,宣布自己不再受我们从选民那里接收到的指令的限制,此时,国王有理由,或者按我说的,不得不把我们送回司法辖区,向那些委托我们的人做汇报,他们肯定不会赞赏我们建立了一个独立于他们交给我们的政权之外的政权"。因此,路易十六废除强制授权,认可了第三等级的革命,他这么做是以旧制度的名义,但却无意中加速了它的灭亡。

王政派没能预知这一政体的结束,但他们至少试图去构思过它的未来。对他们而言,大革命已经完成了。从今以后要让革命激情变得平和,让革命与君主制和解,用宪法来巩固革命,对它进行控制。就在政治争论从"什么刚刚被摧毁"转移到"应当努力建立什么"时,王政派的规划诞生了。因此这项规划诞生在先,王政派团体后来才声称这项规划归自己所有。不同于布列塔尼俱乐部(le club breton),王政派不是(也永远不会是)制造共识的"机器";相反,是政治共识创造了王政派,他们的团结靠的不是出身、等级和利益,而是设想君主制与自由和谐共处的雄心壮志。在形成一个"联盟"之前,这些人就有着同样的政治秩序思想、同样的对民主的不信任、借用英国人的自由政府模式的渴望,这种政府模式以历史、继承权为基础,以对权力平衡的重新定义作为保障,而不是用一种绝对最高权力替换另一种。他们提出所有这一切的同时,却没有提出政治合法性的基础这一问题。

因此可以说，他们通过阅读孟德斯鸠的著作而产生的这种"疏忽"让自己从一开始就成为革命运动的旁观者。1789年6月之后，讨论权力问题已经不可能不提到权力的合法性基础。没有革命，王政派努力争取的关于宪法的讨论就不可能开始，而大革命首先是最高权力的革命。在作为党派出现之前，由于没能理解问题关键，王政派就已经从关于王国新宪法的讨论中出局了。

然而，他们仍然积极地投入制宪进程中。7月6日，议会成立了负责确定宪法草案的委员会。组成委员会的三十个办公室中的每一个必须任命一位"专员"。穆尼埃力压西耶斯被选为第八办公室的专员，他与拉利-托伦达尔、贝尔加斯、维里厄、克莱蒙-托奈尔等朋友共同进入委员会，并成为重要人物。7月9日，他递交了第一份备受欢迎的报告，这份报告绝对忠于王室权威，强烈反对专制政府，但是它也反对彻底推翻一切，坚信法国人"并不是一个为了组建协会才刚从丛林深处走出来的新民族，而是一个2400万人组成的大型社会［……］，对他们而言，真正的君主制永远是神圣的"。这份提案触及了所有的重要问题：王室特权的范围、代议制的形式和方式、立法工作的优先性，最重要的是让《人权宣言》成为宪法前言的合理性。犹豫不决的穆尼埃同意这一点，但前提是两份文本不能分开。为了避免出现对某些抽象思想的荒诞解释，《人权宣言》必须"简短、简单、简明"，而且它的最终形式只有在宪法所有条款的审阅完成后才能确定。至于宪法的讨论，穆尼埃和朋友们希望它能够在办公室内进行，避免受到议会听众的压力，但这一点引起许多争执。爱国党提议把宪法草案交给一个新的八人委员会。这项提议最终获得通过。

穆尼埃、拉利、贝尔加斯和克莱蒙－托奈尔进入新委员会，其他成员还包括塔列朗、尚比翁·德·西塞（Champion de Cicé），以及勒霞不列和西耶斯这两个王政派的公开对手。宪法的起草并未在办公室中进行，而是被放在了每天召开两次的议会全体会议上，工作很快变得停滞不前。这是一种严重的倒退，王政派很快就意识到了结果。

这是接下来几周内发生的其他失败的前兆。王政派被夹在两个同样可怕的"乱党"（国王亲信和"人民"党）中间，他们看到自己作为演说家的声望逐渐消失，自己的辩论技巧也失去了力量。这可以参见内克被辞退的第二天（7月11日）发生的事情。虽然王政派愤怒地揭露了这起阴谋的始作俑者，但他们也固执地坚持不管在什么情况下，都要始终维护王室威严。这一辩护在议会中遭到嘲弄。几天之后，他们与穆尼埃以前的学生巴纳夫彻底决裂。对巴纳夫而言，第三等级的革命、宫廷的信誉扫地、攻占巴士底狱都撼动了这栋老旧的大厦，让"曾经代表一切的权势和已经失去一切的权势之间"的任何交易都彻底作废。除了王政派以外，"组成革命党的各方都同意必须彻底重建"。维齐尔和罗芒的精神已经死去。王政派委员会诞生了，这个孤注一掷的联盟想要阻止一场已经无法抵挡的运动。

8月中旬，穆尼埃出版了被视为王政派宣言的《关于政府，尤其是关于适合法国的政府的思考》（*Considérations sur les gouvernements, et principalement sur celui qui convient à la France*）。虽然旧制度已经不存在，但专制主义却可以存活下来：以前的个人专制如今成了处于无政府状态的王国中的多人专制。防止危险的唯一方法就是保护国王的权威不受立法机构篡权的迫害，尤其是要保证他的特权。因为被剥夺了影响力的君主"绝对只是一个次要的行政官员或普通的军队将军。政府将不再是君主制，而是共和制"。当时爱国者尚未提出太多要求，但人们或许可以思考1789年夏季的大革命是否准备好面对这种选择。

从此以后，与传统决裂、使民主抽象概念成为政治理性的唯一标准，这成为大革命的主要宏伟目标、它要传达的信息，或者如同柏克（Burke）后来说的，它的谎言。这条信息在7—9月的重要讨论中逐渐成形，也导致了王政派的彻底失败。

第一件重要事项：《人权和公民权宣言》。这场始于7月，8月重提的讨论揭露了6月的胜利者与他们以前的盟友之间的巨大分歧。王政派所害怕议会对时代和经验的智慧无动于衷，他们认为制定一些抽象的权利，任由它们被无止境地阐释和扭曲是很危险的，尤其是长时间没有政治经验的人民获得这些权利时。马鲁埃注意到，自然法与人为法之间的差距过大是一种危险的把戏，因为前者总是会被后者修改。自然人正是由于原则和法律的辩证关系才成为公民。"当他需要下山用自己的脚步丈量界限时，为何要把他送到高山之巅，向他展示无边的帝国？"这就是为何王政派激烈反对西耶斯的草案，他们认为它"高深莫测、有危险性"，"太形而上学、太晦涩"，"几乎照搬《社会契约论》"。穆尼埃的反对案强调的是权力分立，故意忽略了对西耶斯要求的定期召开国家制宪会议的参考，用无数预防措施来限制媒体的自由。它接受信仰自由，但明确表示不承认非天主教派的信仰。

这个版本受到议会的冷遇,另一份草案成为了讨论的基础。虽然最终拟定的《宣言》重新采用了穆尼埃所捍卫的文本内容,但它并没有反映出其中的精神。他的思想得到了认可,但他的政策却未取得成功。

王政派刚刚从这场考验中恢复过来,就再次被卷入关于国王的批准权和两院制的决定性讨论中。1789年2月,穆尼埃就已经在《关于法国三级议会的新观察》(*Nouvelles Observations sur les Etats généraux de France*)中赋予国王所有行政权以及对国家立法机构投票通过的普通法律的绝对否决权,"宪法形成之后,为了避免任何伤害王权的变更,任何法律在没有经过国王权威批准的情况下均不得生效,国王的否决能够取消一切决议"。多菲内省未来的议员同样为两院制做辩护:一个是在所有等级中无差别选举出的代表组成的议会;一个是由正式成员(*membre de droit*)和教士与贵族等级内部选举的成员(这两个等级内没有区分对待)组成的上议院。

8月31日,拉利-托伦达尔和穆尼埃以制宪委员会的名义,阐述了立法机构的原则和组织模式。这两份报告强烈表达了王政派的政策,他们的权力制衡理论,他们想要稳定革命的决心,因为他们已经害怕了不可预料的革命突发事件。巴黎始终处于动荡之中,几天以来,畏惧骚乱的罗亚尔宫试图掀起反对制裁王室的舆论。在这种充满动乱、威胁和连议员都产生的怀疑所营造的氛围中,王政派想要尽快采取行动,让他们的宪法草案通过:赋予国王针对立法机构决议的绝对否决权,在代表议会之外增加由独立有产者组成的参议院,该参议院的成员由国王根据外省议会的提案任命,任期终身有效。拉利(Lally)解释道:任何权力都会滋生权力的滥用,所以必须设定权力的界限,防患于未然。这也是为何需要三种权力,因为"单一的权力最终必然会吞噬一切。两种权力必然会互相斗争,直到一方被压垮。但三种权力将会保持完美平衡,按照它们的组成形式,如果两方出现争斗,第三方要加入弱势的一方与强势的一方进行抗争,从而恢复和平,保存另外两方对第三方有益处。"

与穆尼埃一样,拉利相信这种论述是牢不可破的。当他们出现在议会讲台时,两人都没有想到自己即将宣读的是政治遗言。议员们最终没有接受他们的辩护词。许多人都怀疑一旦国家合法代表表达了普遍意志,国王就会拒绝予以认可。这不仅是内克的观点,马鲁埃也这么认为。9月初,内克向国王的大臣会议递交了一份《关于国王批准权的报告》(*Rapport sur la sanction royale*),他在报告中为延缓否决权(veto suspensif)进行辩护,但其动机并不是为了原则,而是为了抓住机会。他提醒道,如果否决权获得微弱多数票而通过,这可能会产生"危险的动荡",其唯一的威胁就是阻止国王使用这项权力。

实际上,首席财政大臣内克表明自己是远比那些无限否决权的支持者更杰出的政治家。面对一个处于动荡中的国家和"人民党"的阴谋,他担心两院制和无限否决权会导致全面暴动。穆尼埃用了一句总结性的话来对此进行反驳:"我们不能以牺牲王室权威和人民利益来购买和平"。然而,绝大多数议员之所以对这句话充耳不闻,是因为这项绝对否决权议案没有打动他们。

穆尼埃对此也不信任，但他得出了其他结论。与他的王政派朋友议员一样，他承认作为人民心愿和利益的保障者，国王应有权确保法律符合普遍意志，防止立法机构滥用职权，从而保证国家主权的完整。内克没有质疑绝对否决权的合法性，他从政治实用主义的角度将其放弃；王政派则将绝对否决权视为一种王室特权不可触碰的象征；马鲁埃与他们不同，他认为从定义上讲，任何否决权都可以被暂停。但是他赞同不受限制的批准权。在这种情况下，法律原则优先于权力的实施，这种刻板的特点根植于王政派的作风之中，最终使他们一败涂地。

9月10日，议会的最终投票解决了两院制提案：89票赞成，849票反对，122票弃权。这项压倒性的投票预示着第二天延缓否决权的通过（673票赞成，325票反对，11票弃权）。

这双重失败很显然让王政派大吃一惊，除此以外，他们还犯了一个致命的战术错误。穆尼埃、拉利、贝尔加斯以及很快加入的克莱蒙-托奈尔认为，这是一种绝对的侮辱，他们向制宪委员会递交了辞呈。

但他们并不承认自己失败。直到十月暴力事件和国王被迫返回巴黎之后，他们最后的希望才破灭。危机促成了王政派委员会的解散，并结束了贝尔加斯、拉利-托伦达尔和穆尼埃的短暂革命生涯，穆尼埃还曾在这悲剧性的日子里主持过议会。他于10月8日辞职，并踏上返回多菲内省的归途（11月15日他也辞去了自己的议员职务）。他的对手们认为他回去是因为害怕，但实际上是他拒绝与大革命所走的道路做任何妥协。他同时遵从了个人冲动和政治意志，即恢复被暴力、压力和威胁破坏掉的言论和行动自由；向同胞讲解自己对事件的看法；鼓励外省阻止大革命落入混乱之中，哪怕这么做会掀起内战。

实际上，对穆尼埃而言，十月事件打破了制宪议会所确立的脆弱的政治平衡。王室被迫回到巴黎，国王在首都成为囚犯，代表普遍意志的立法机构对人群的掠夺抢劫熟视无睹或漠不关心，如此多的事件让大革命偏离了自己的原则，超出所有界限。

但回到故乡之后，穆尼埃再次遭遇更多失望。多菲内省的人不想与首都为敌，他们对国民议会过于依赖，无法接受它的解体（这个方案一直遭到穆尼埃的否认，但他的对手认为这是他提出的）。穆尼埃的朋友们也认为他的方案风险太大，更重要的是不合时宜，因为危机正在慢慢平息，国王的势力太弱，无法脱离国民议会。的确，无论是出于计谋还是懦弱，制宪会议成员没能够捍卫君主制权威。只有他们能够重新恢复君主制，但是号召解散议会和发动叛乱可能会加速君主权威的崩溃。大革命的命运应当在巴黎的骑术院中决定。拉法耶特恳求穆尼埃回到巴黎。其他人的呼吁也接踵而至，他们虽信心不足，但也因此更加迫切。维里厄写道："我们没法做好事，那就让我们阻止邪恶；我们没法阻止大恶，那就让我们阻止小错。"

出于傲慢或远见，穆尼埃拒绝任何妥协。导致教士财产国有化（1789年11月2日）的讨论的进行方式证明了穆尼埃的悲观主义：大革命已经不再源于某一条哲学原则或宪法草案，从今以后，它已经成为没有任何人能够预知未来的政治激情和权力游戏。

朗·阿莱维

延伸阅读

Pour les discours, une source fondamentale: *Archives parlementaires*, 1re série, t. 8-9, 1875-1877.

LALLY-TOLLENDAL, Trophime-Gérard, comte DE. *Mémoire*【...】*ou seconde lettre à ses commettants*, Paris, janvier 1790.

MALOUET, Pierre-Victor, baron. *Mémoires*, 2 vol., Paris, 1868.

MOUNIER, Jean-Joseph. *Considérations sur les gouvernements, et principalement sur celui qui convient à la France*, Paris, 1789.

MOUNIER, Jean-Joseph. *Exposé de ma conduite dans l'Assemblée nationale et motifs de mon retour en Dauphiné*, suivi des *Faits relatifs à la dernière insurrection*, des *Observations sur les principes que j'ai soutenus dans l'Assemblée nationale* et des *Observations sur les motifs de mon départ*, Paris, 1789.

DU BUS, Charles. *Stanislas de Clermont-Tonnerre et l'échec de la révolution monarchique*, Paris, Alcan, 1931.

EGRET, Jean. *La Révolution des notables. Mounier et les monarchiens, 1789*, Paris, Armand Colin, 1950.

参见条目

革命议会（Assemblées révolutionnaires）

巴纳夫（Barnave）

宪法（Constitution）

人权（Droits de l'homme）

三级会议（États généraux）

路易十六（Louis XVI）

孟德斯鸠（Montesquieu）
内克（Necker）
西耶斯（Sieyès）

山岳派
Montagnards

费尔迪南·布鲁诺①曾说，山岳派（Montagne）这个词指的不仅仅是国民公会高处的座位。某些议员选择居高临下的位置，但不足以被称为山岳派，因为议会大厅的右边也有一片高处的座位，但迪洛尔告诉我们，这些高处座位"并不叫这个名字"，至少在国民公会初期没有。立法议会的记忆还历历在目，没有人想要坐在大厅的右侧，因为这是贵族的位置，左侧才属于"自由之友"。所以在国民公会，"罗伯斯庇尔派"和"马拉派"首先占据了左上侧的座位，然后博多告诉我们，高处所有座位都逐渐被那些拥有丰富想象力和批评精神的人所占据。更加沉着冷静的议员坐在斜坡上，"无足轻重之人"坐在最低处，被称为沼泽派（le Marais）。乍看之下，这种地形图实在不足以引人注意，然而，也没有什么能比坐在同一区域的长凳上更能让一个群体团结起来了。迪洛尔在国民公会初期就发现了这种显露雏形的政治地形，他为其导致的粗暴群体道德观念而感到遗憾，为了避免这种情况，

---

① 费尔迪南·布鲁诺（Ferdinand Brunot，1860—1938），法国语言学家。

他建议"经常更换座位"。

  这些证词也让我们了解到议会初期变化不定的形势。当代表团来到国民公会时,他们既不属于吉伦特派,也不属于山岳派,通常是省籍关系决定了新来者坐在哪里。当"吉伦特派"这个词逐渐凸显个性之时,"山岳派"很快就普及开来,无论支持者(1793年1月,里昂的雅各宾俱乐部认为选票的分量要大于数量,一个"山岳派"爱国党抵得上十万个布里索党)还是敌人都在使用这个词。在倒台之前的几个月里,吉伦特派的主要斗争方针是将山岳派(不论这个词还是这些人)与"乱党"联系起来。1793年1月2日,让索纳在国王审判中所讲的那句著名的指责就是这层含义:"什么!你们没有成立乱党,居然还称呼自己为山岳派议员,[这仿佛]让人想起那位因身后跟随着大群刺客而留名史册的亚洲僭主。"这也是无数由市政府和省政府提交给国民公会的陈情书的含义,这些陈情书的目的是告知国民公会"平原派"和"山岳派"这类绰号令好公民所遭受的"痛苦",恳请国民公会放弃使用这些绰号;它们有时是有礼貌的请求(在法律的圣殿中不应有平原派和山岳派),有时则带有某种攻击性:"平等!不要再使用山岳派这个词!"就连支持议会左派的平民社团的陈情书都不能轻易使用这个单词。或许他们希望"不可动摇的山岳派完全占据沼泽派的地盘",但他们的心愿很清楚("希望你们居住的土地今后能够像你们一样团结统一"),目的也很明确:"希望人们再也不需要研究国民公会的地形才能了解赋予它生命的精神"。

  尽管有这些犹豫,尽管温和派使用这个词时带有讽刺意味,"山岳派"这个词在1793年春开始具有积极寓意。有人对使用这个有派系（即乱党）意味的词提出批评，但坐在高处的议员的回应，认为这个词的使用很有必要。1793年4月，面对圣弗卢尔（Saint-Flour）的公民，代表拉科斯特（Lacoste）强调无需对国民公会的不团结感到遗憾。他们能和当地贵族团结起来吗？"山岳派放下立场成为平原派，平原派改变立场成为山岳派，这都是不可能的。"在这则讲话中，"神圣的山岳派"这个表达方式开始出现，就像1793年5月31日之后，爱国社团的演讲中大量出现的比喻和形象。这些形象都与《圣经》有关，例如山岳派就是"西奈山"。它诞生于"把世界分割成平原和山脉的大洪水"之中。能够恐吓大革命所有敌人的惊雷、闪电、岩浆和火焰都来自于它的火山顶，因为人们提到恐怖统治时，最常想到的形象就是这座燃烧的正义之山。共和国节日来临时，城市的装饰场景中到处都竖立着石膏做成的山峰，山峰上还有纸糊的石头。布列塔尼小城坎佩尔（Quimper）的一个不过70米高的山丘被赋予一个宏伟的名字"奥戴之山"（Montagne-sur-Odet）。其它城市，但凡有一个小山坡，即纷纷效仿。只要对山岳派议员的回忆录稍加浏览，就可以发现这种形象及其背后所隐藏的对人们的精神所带来的影响。

然而，热月成了这两者的终结。虽然罗伯斯庇尔倒台后的短短几周内，平民社团继续召唤"真正的山岳党人""山岳派的爱国者"（"西奈山！惊雷！爆炸！给国家的巨斧新的利刃！"），但是高声回忆山岳派荣耀的人越来越少，听起来也越来越绝望。1794年9月，瓦蒂埃还敢在雅各宾俱乐部表示山岳派"在8月10日、5月31日和热月9日拯救了自由"。具体来说，一切都存在于他最后提到的这个日期里：热月政变其实是山岳派的成果，但吊诡的是，它却导致山岳派整体被定罪判刑。瓦迪耶对此非常了解，他忧伤地说："人们从说山岳派再也不存在的那一刻起，就开始破坏共和国的根基。"议员们感受着重新找回的虚假团结，不想再听到有人只讨论国民公会，而山岳派再次成为乱党。

然而，正是在这些灰暗的日子里，山岳派的传奇秘密地发展起来，因为热月把山岳派的成就与罗伯斯庇尔的政策及人格区分开来（如同巴贝夫的日记和苏布拉尼（Soubrany）的通信所展示的）。摆脱了这种令人尴尬的起源之后，山岳派的记忆通过巴贝夫主义被传播给复辟时期和七月王朝时期的秘密社团，这些社团里流传的是勇敢的山岳派形象，他们对1793年宪法依旧抱有信仰，这部宪法规定所有法律都要受初级议会审查，因此它似乎包含了直接民主的希望（勒瓦舍尔认为这部宪法"打破时代间隔，让斯多葛主义者邦纳罗蒂的心跳动起来"），整个19世纪，人们都把这部宪法视为民主的每日祈祷书。巴朗什[①]和雨果夸大并赞美了"老国民公会议员"的形象，这个形象始终是一位支持处死国王的山岳党人，仿佛只有坐在山岳派长凳上的才算是国民公会成员。埃斯基罗斯和路易·勃朗使山岳派的传说达到了完美的顶峰（埃斯基罗斯认为，世界"依然因为他们的专制和战役而闪闪发光"），甚至有些最初对山岳派并无太多好感的历史学家，例如拉马丁，后来得出结论，认为山岳派是被自己的美德打败的。1848年到来时，左派代表很自然就给自己取名为山岳党，但其与1793年的山岳派非常不同，主要因为它并非恐怖主义者，但也让

---

① 巴朗什（Ballanche, 1776—1847），法国哲学家，参见"观念"卷。

体面人士感到害怕。

19世纪流传的山岳派传奇有三个主要特点。首先是把自己形容为"沸腾的爱国者"的那些人的激情，这种激情使他们从巴黎向外省派遣特派员，征兵镇压旺代叛乱，颁布最高限价法令，激励军队。这部全国激情凝聚一心的史诗拥有强大的力量，吸引了那些厌恶雅各宾主义的历史学家（例如米什莱），或者不愿承认有恐怖统治的历史学家（例如路易·勃朗）。在这种情况下，我们不难理解有时它会让人们忘记恐怖统治，或者认可它是成功不可缺少的元素。此时山岳派成了历史必然性的象征。如同埃斯基罗斯所说的，它在国民公会中所聚集的成员都理解一旦接受大革命，"就必须接受它的全部、它的所有、它的逻辑，同时还要附加所有能够让它得以确立和延续的条件"。

这种英雄般的山岳派充满着不可阻止的意味，同时也具有预见性。1793年宪法在原则上就曾提出社会应当保障不幸的公民的生存，要么为他们提供工作，要么向那些没有工作能力的公民提供生存手段。山岳派把政府亏欠穷人的责任制度化，让强权政府拥有管理经济的手段，让"平等"优先于"自由"，创造了（根据路易·勃朗的看法）博爱思想，所以它表达了法国大革命的真正意义。对于19世纪的整个社会主义浪潮而言，法国大革命真正的伟大之处在于，如同西尔万·马雷夏尔[①]所言，"它是另一场更加完整的，也将是最后一场革命的先驱"。

---

① 西尔万·马雷夏尔（Sylvain Maréchal，1750—1803），法国作家、诗人，激进的共和主义者和无神论者，是罢工和无政府主义的先驱之一。

最后，山岳派也被视为国家统一的象征，山岳党人被视为"独一无二、不可分割的"法国的捍卫者，19世纪的共和主义者就这样认真地描述着。在1848年的监狱中，"独一无二、不可分割的法国已经到来"的谣言神秘地四处传播。为战争做出努力是这种形象的核心内容，除此之外，还有与吉伦特派联邦主义进行的斗争（虽然后者是一种政治假想）。另外，我们可以感觉到山岳派的传奇形象很大程度上是为了与吉伦特派形成对比。吉伦特派的拖延战术、优柔寡断的政策、贪图享乐的名声都与山岳派的朴素果断形成鲜明对比。吉伦特派的个人主义同样与山岳派的社会慷慨意识形成反差。吉伦特派追求的多元化与山岳派的统一宗教形成对比。这种对比手法立刻取得了巨大成功。让青少年时期的瓦莱斯①深受震撼的一张图（看过这张图后，他就"只梦想着起义"）是他在圣艾蒂安（Saint-Etienne）的一家书店里找到的一张版画，上面有一些穿着国民公会议员服装的人发誓为了陷入危险的祖国和"独一无二、不可分割的国家"而死。"面色严肃"的人所推崇的这种牺牲信仰"比任何天堂承诺"都更能撼动年轻的瓦莱斯，这种信仰就是山岳派记忆的核心，埃斯基罗斯说它"就像火柱一样"穿越了整个世纪。

这样一种光明的命运为何属于这群穿着资产阶级服装的国会议员，这是我们要试图理解的。

---

① 儒勒·瓦莱斯（Jules Vallès，1832—1885），法国记者、作家和极左派政客，巴黎公社的重要成员之一。

在揭开这个迷思的丝丝缕缕之前，我们必须暂停来了解一下这群人的构成。谁选择坐在骑术院的高排座位？为什么有议员加入山岳派，数量有多少？勒瓦舍尔告诉我们，当国民公会召开时，新议员甚至不知有两大阵营。对这些新人而言，加入山岳派或许只是因为要坐在他们认识的同省议员旁边，或者他们试图展示自己的精神独立。这些选择可能看起来相互矛盾，但蒂博多（Thibaudeau）就同时做出了两种选择。吉伦特派热衷于把山岳派描述为一个从开始就支持巴黎公社的紧密团结的群体，认为他们即使没有煽动，至少也同意了九月屠杀，但这完全没有任何依据。人们需要非常细心才能发现在议会初期，山岳派的界限是慢慢形成的。

几个月之前，吉伦特派和山岳派都在雅各宾派俱乐部集会，这里成了罗伯斯庇尔和布里索针对战争问题的对峙的舞台。九月屠杀进行之时，俱乐部中正在举行巴黎议员选举，这场选举受到了时间和地点的双重影响。虽然布里索、凯尔桑（Kersaint）和孔多塞曾在立法议会中占据巴黎议员席位，如今这座城市却将他们排除在外，把胜利送给了山岳派三巨头（罗伯斯庇尔、丹东和马拉），这三人成为几乎全部为激进分子的代表团中的领导者。一个月后，吉伦特派领导者没有被雅各宾派驱逐，而是自愿离开了俱乐部。但这并不意味着雅各宾派与山岳派之间可以画上等号。有一些山岳党人，例如卡诺，小心翼翼地与俱乐部保持距离。蒂博多强调自己从来不去俱乐部，因为他认为"在一个只有陈情权的集会中，记录它的意见，全盘接受，据此准备国民公会的法令"有损立法者的尊严。但是他的缺席被视为一种异常情况。就算这不是强制性会员资格的特征，也非常接近了。虽然山岳派最初并不打算让巴黎拥有对国民公会事务的监督和干预权，但他们更不想承认赋予这种权利会给大革命造成重大威胁。在他们眼中，向地方政府（他们仍然认为这些地区受贵族思想的影响）求援和使用外省武力会造成更严重的威胁。第一条裂痕就此出现，它导致山岳派似乎倒向了巴黎一边，很快他们在议会中就被称为"九月屠杀参与者"（Septembriseurs）。对吉伦特派而言，这个指控简直是上天恩赐的用于立场之争的弹药，但与他们的期待相反，使用这个指控反而让最初无动于衷的议员坚定地加入了山岳派阵营。

在山岳派的前史中，国王审判是一项至关重要的事件。在未来很长一段时间内，人们在审判过程中做出的选择都与自己联系在一起。必须注意的是，虽然吉伦特派的成员投票彼此相左，但吉伦特派作为一个整体未能够摆脱对国王持宽容态度的嫌疑，也没能让人们忘记那份被山岳派批评为不负责任的让人民做最后决定的提案。山岳派的投票结果前所未有地一致，从此它与赞同处死国王的严肃决定紧密相连。处死国王是可以设想的唯一解决方法，这条共同的信念对于群体的团结和命运至关重要。从审判开始，他们从支持处死国王的人中挑选委员会成员，前往外省的派出代表也优先从这些人中挑选，可以说早在5月31日之前，国民公会政府已经属于山岳派。另外，如同艾莉森·帕特里克（Alison Patrick）①所指出的，以及最近在爱荷华大学进行的研究所证实的，

---

① 艾莉森·帕特里克（Alison Patrick, 1921—2006），澳大利亚的法国大革命史学者。

山岳党人的人数远超过吉伦特派传说中所编造的数字。山岳派绝非弱势乱党，而是十分鲁莽嘈杂的团体，1793年冬，山岳派已经是占国民公会议员总数约40%的强势群体。所以在关键时刻，他们可以依靠赢得关键票数取得胜利。

约40%，这是一个大概的数字，历史学家们试图更加精确，但是在政治党派尚不存在或者党派界限受事件影响而变化的情况下，学者们只得各自确立有关成员资格的标准。包括艾莉森·帕特里克在内的某些人提出了比较高的估值：302名山岳党人，这个数字包括了因为经常出入巴黎的雅各宾俱乐部而容易识别的成员（142人），虽然不是雅各宾派，但与山岳派坐在一起的成员（73人），还有87人在1793年6月之前有时与左派共同投票，6月之后成为山岳派国民公会的支持者。还有人提出比较低的估值，例如弗朗索瓦兹·布吕内尔（Françoise Brunel）认为只有258名山岳党人，她只计算了1793年投票完全不间断的人。1793年没有投出**任何**中立票的人才能够获得山岳党人的头衔。这则估算是最严格的，但前一种或许最接近不断变化的现实，它进一步考虑了派别归属并不确定的特征，并接受某些人虽然完全支持山岳派的观点，但仍视马拉为危险的狂热分子，或者认为让路易十六活命要比处死他更符合政治考量。无论如何，值得称赞的是这些进行计算的学者使用了唯一可靠的排除标准（唱名表决），但他们的结果必须放到具体的背景下，因为他们想要呈现的是一种稳定团体的形象，但事实上，随着时间流逝，山岳派成员也在不断变化。有些山岳党人（例如兰代、让·邦·圣安德烈）一度受到吉伦特派的蛊惑；还有一些人（例如库通）曾希望尽量避免在"亢进派"

或"狡猾派"中进行拉拢。最后是在整个时期都成为山岳派人才库的平原派（罗伯斯庇尔后来说他们曾经非常"纯粹"）。从某种意义上说，1793年3月是一个关键时刻。面对旺代叛乱和外国入侵的威胁，一些并不支持罗伯斯庇尔，更不支持马拉的议员决心投票支持山岳派的革命措施。巴雷尔既是这种态度的典型，也是理论家，在博多看来，对不可避免的事态的感知在这股趋势中起了重要作用。许多议员相信如果某项"革命"措施已经通过（无论它多令人讨厌并遭人憎恨，例如5月31日国民公会默认了对自身的伤害），其结果必须被接受。接受似乎不可避免的情况，是山岳派获得成功的关键因素。

因此，最初组成了紧密一致团体的议员们所扮演的政治角色很大程度上受到众多事件的影响。这一点是否足够真实，让人们觉得如今的分类企图都是徒劳的？许多历史学家试图通过社会和职业标准来区分山岳派和吉伦特派，但没有取得令人信服的结果。山岳派团体的形象只在两个令人震惊的方面能与吉伦特派区分开。一方面，山岳派的平均年龄低于他们的对手（虽然吉伦特派以年轻才俊著称），其中最年轻的也是最活跃的，这证实了加拉（Garat）的观察。在他看来，年轻是影响政治决定的原因之一，"年龄让他们更容易在军队中为共和国服务，而不是在法律殿堂里"，所以他们会选择山岳派和战争。但另一方面，这些年轻人已经有过政治经验，例如他们之中的40%曾经是立法议会成员。艾莉森·帕特里克得出结论：议员出席国民公会之前的政治经验越丰富，就越可能加入山岳派，因此典型的山岳党人并不是法布尔·德·埃格朗蒂纳（Fabre d'Eglantine）这种巴黎蹩脚诗人，而是库通这种来自外省的立法议会成员。

现在让我们的目光回到山岳派这个整体及其赢得历史学家赞美的主要特点上。首先是它表现出的英雄般的能量，或如加拉所说的，"一个四面楚歌的国家所必需的政治力量"。最早的一系列"革命"措施可以追溯至1793年春，时逢杜穆里埃战败，旺代叛乱引发担忧。这些措施由巴雷尔提出，这是平原派和山岳派正在和解的铁证。这些措施的目的是打击逃亡贵族和嫌疑犯，同时平息俱乐部和革命区的混乱。3月11日，国民公会创建了革命法庭（渴望展开有组织的镇压，同时避免新的屠杀事件），让针对逃亡贵族的法律更加强硬。3月21日，它成立了市镇监督委员会。它先后向外省和军队中派遣具有无限权力的派出代表。最后，4月6日，为了协调政府行为，它创建了第一届救国委员会。所有这些措施都让人想到一种注定有着光明未来的国家形象，它决心通过几乎超出常人的努力，终结国内外势力的勾结，在这种情况下，人民没有别的选择，要么胜利，要么灭亡。

这种力量只来自于山岳派吗？包括革命法庭在内的最初的紧急措施在包括吉伦特派在内的国民公会中一致通过。这些措施之所以看起来非常山岳派，是因为其执行（逮捕嫌疑人，清洗风评太过温和的地方官员）主要依靠山岳派议员。吉伦特派有自己的打算，但这对它而言却是致命的，因为特派员主要从山岳派内部选择，3—6月期间，山岳派向外省和军队派遣的人数是国民公会其他派别的三倍。1793年9月，吉伦特派已经出局，由于第二批措施与第一批一脉相承，革命政府也从中诞生，多数历史学家（个别人除外,例如阿尔贝·索列尔)让山岳派独享了拯救国家于水火的荣誉。实际上,在1793年那个可怕的夏天,国民公会已经把恐怖统治提上议事日程,重新组织了革命法庭,颁布了大征兵法令,投票通过了嫌疑犯法令。共和二年霜月法令标志着山岳派独裁统治的正式开始,此后雅各宾俱乐部的宣传活动和服从命令的媒体都对它表示支持,一系列试图使集体生活围绕国家安全而统一起来的密集宣传也开始进行。这种努力的最重要的结果就是赢得了军队的支持,如同罗杰·迪普伊(Roger Dupuy)所阐释的(他借此提出需要修改"高效务实的山岳派与缺少现实主义的吉伦特派形成全面反差"这一论题),军队有可能不断激进化,导致贵族军官被铲除,对山岳派的胜利起到了决定性作用。在把温和派驱逐出平民社团的关键任务中,军队为山岳派提供了有力协助。

山岳派的仰慕者们还有一个非常有利的证据,那就是山岳派努力提高政府效率、动员全国并实现了自己的目标。1793年秋,努力的成果已经处处可见。"联邦主义者"叛乱被平息,里昂已经不在话下,土伦被重新收回,旺代军队在12月被彻底粉碎,外国军队被阻挡在国境之外。救国委员会配得上自己的名号,山岳派找到了自己的英雄,这些胜利充分证明了采取的措施整体有效,连恐怖统治似乎都已经不再是一个可怕的例外。有些人找不到其他的崇拜理由时,就会原谅恐怖统治。山岳派时期也造就了一种新类型的英雄:以自由之名实行独裁的统治者,讨厌战争但又发动战争的将军,不喜欢断头台但却大肆使用的恐怖主义者,这一切都和他们接受事情的必要性有关。所以,如同后来埃斯基罗斯所述,"在'必须这么做'这句如同利斧般的话语面前,恐怖统治导致的悔恨和控诉都败下阵来"。

除了这种不喜爱恐怖统治的恐怖分子形象以外，还有一种如同圣茹斯特所说的，不喜欢"粗暴的贸易法"的价格制定者形象。山岳派被赞扬的第二个原因就是它在实现平等革命的过程中所取得的进步，这是它的对手所不屑一顾的。路易·勃朗用经典形式阐述了这一论题，他的观点同时建立在山岳派的宪法条款和经济政策的真实情况之上。

1793年宪法是时代的产物，其起草、汇报和采纳都很迅速（但也被立即搁置），这份文本的存在阐释了山岳派的高效率，这与吉伦特派的拖延形成对比。路易·勃朗充满激情地比较了两种宪法。他认为吉伦特派的草案内容冗长、讨论起来没完没了，"没有一丝心跳"，山岳派的草案简洁又迅速，他从中发现了"让－雅克（卢梭）的气息"。没什么比这种表述更能引起争议了。从许多方面来看，吉伦特派的宪法文件（它接受任何官职的直接选举）比山岳派文件更加民主，山岳派的文件在选举公务员、行政官员和执行理事会时，采用了分级间接选举。至于山岳派宪法的平等主义，该宪法远没有达到罗伯斯庇尔4月份那份获得雅各宾派支持的《人权和公民权宣言》的要求。罗伯斯庇尔在这份《宣言》中把产权定义为每个人按照法律规定所能支配的财富份额。然而在宪法中，并没有提到财富的"份额"，产权也没有限制，它被定义为"随意"支配财富的权利。但山岳派宪法仍把"公共幸福"（le Bonheur commun）（而非个人自由）作为任何社会组织的先决条件。它同样表明了劳动权和公共救济权。在菲立波（Philippeaux）看来，它的优越性在于"承诺用富人的钱袋来帮助依靠父亲每日劳动生存的贫困家庭"。它可以被解读为在形势所迫和无套裤汉联盟的要求下，山岳派资产阶级做出的超越资产阶级个人主义的承诺。

对山岳派的经济政策也可以这样评价。山岳派议员与国民公会的其他议员一样都受到重农学派自由主义的影响，只有在群众不满的压力下以及政治策略的约束下，它才打破这种传统。在产权问题上，山岳党人是团结一致的。从国民公会初期开始，丹东就曾提议宣布"所有土地财产都将无例外保留"。1793年2月，他们谴责了支持物价管控的忿激派的暴动。3月，他们与所有其他议员一起，投票通过针对宣传土地分配者的死刑。两个月后，出于与吉伦特派作斗争的需要，他们向议会听众让步，并颁布了第一条关于谷物价格的限价法令。9月5日的无套裤汉事件迫使他们颁布第二条限价法令。然而，如今只有他们自己去应对罗伯斯庇尔所称的土地法的"幽灵"，他们在9月21日又通过了一项更加严格的关于保留不动产的法令。直到最后，他们都反对土地分配改革，在这一方面，他们与吉伦特派没有太大不同。直到最后，他们都在试图修改和缓和价格法令。直到最后，他们都跟随着把财富平均视为"空想"的罗伯斯庇尔。博多准确地总结了他们的政策："我们想要把《福音书》赋予基督教徒的平等落实到政策上，但我们不能因此就想要财富平等和土地法，因为《福音书》中没有任何地方提到人要和邻居分享财富，但它处处都提到要在邻居需要帮助时伸出援手。"

这项犹豫不决的政策是山岳派在民众压力下被迫实施的，始终充满了不情愿，但它为何能够被视作为了实现平等主义经济而做出的强有力的有意尝试？首先因为这涉及社会福利的利益。慈善应当是政府行为，税务应当提供公共储备金，这曾经是制宪议会的原则。山岳派重提这一主题，突出了它的强制性特征。拉卡纳尔（Lakanal）说："富人只有如父亲般保护穷人时，才享有政治权力。"这种"每个人都有生存权"的主张包括两大方面，即富人应该被征税、穷人应当被保护，人们把这种主张视为山岳派政策的象征，它在共和二年风月颁布平息科特利埃骚乱的法令时达到顶峰。没收嫌疑犯财产的法令以及给予穷人补偿都能在圣茹斯特身上找到影子："穷人是大地的力量，他们有权以主人的身份与忽视他们的政府进行对话。"这就是山岳派经济政策中存活下来的内容，也导致后人用"社会主义"去进行阐释。从这样一种高大的意象看，落实的东西微不足道：山岳派只采纳了无套裤汉的部分纲领，拒绝对肉制品限价，否决了成立特别陪审团来审判囤积居奇者的想法，或者由于没有能力巩固最高限价法令，他们只是把谷物贸易国有化。存放在公共仓库里的收成是山岳派消费共产主义的象征之一，与之相关的记忆通过巴贝夫主义一直流传下去。

另外还需要提到的是，各地的山岳派特派员更大胆地落实这项政策。早在风月之前，他们之中某些人就开始了一项严格的社会政策，后来他们将其激进化了。由于对"嫌疑犯"的界定非常宽松，某些人，例如圣茹斯特在斯特拉斯堡，波（Bo）和沙博（Chabot）在塔恩（le Tarn）和阿维龙（l'Aveyron），通过严厉的审讯和镇压，打击囤积居奇者、垄断者，甚至"自私者"和"冷漠者"，对没有爱国心的富人征收特别税，筹划某种市镇集体主义。

某些人，例如拉卡纳尔，坚信一个人在世界上所能扮演的最美好的角色就是"穷人的捍卫者"。他们创立了公共救济体系，为病人提供医疗，为穷人提供工作。还有人常常把既成事实摆在国民公会面前，例如从卢瓦尔－谢尔省（Loir-et-Cher）回到巴黎的拉普朗什（Laplanche）："我没有来自救国委员会的指示，但是我想我应该以革命方式采取行动。我到处散播恐怖，我对富人和贵族征税，但并非随意而为，而是根据我遇见的百姓的意见。" 如此，山岳派的做法进一步巩固了一个比真实情况更激进的山岳派形象。山岳派被迫采用价格管控来为城市提供粮食供给，它只从形势中寻找有利于政府干涉的理由，另外它还坚信如果公民为了"社会最紧迫的需求"而被迫放弃他们的不动产，更别提这些不动产中所产出的产品，那么他们必须得到补偿。山岳派始终将不动产视为社会秩序的基础。山岳派或许发展出了一种攻击富人自私行为的道德演讲形式，但它并未放弃过由独立有产者组成的普通人民的梦想，他们对任何人都没有亏欠，他们在自己的小块土地上有着乌托邦似的小屋，过着朴素善良的生活。

现在再看山岳派伟大之处的最后一个特点。这个特点赢得了对雅各宾主义有颇多疑虑的米什莱的心。这就是它把国家统一放在一切事务之上，战胜了国家分裂的威胁，要求并维持了人民及其代表的统一。传奇与现实的巨大差距就体现在这一点。虽然山岳派不停地赞美统一（国民公会的"健康部分"与被统治者中的健康群体之间的统一），事实却与他们的言辞相反。当无套裤汉施压要求更多极端措施时，他们很快就发现了山岳派政策的多样性，并揭露了《杜歇老爹报》所说的 "两面派山岳党"，他们与属于"善良的无套裤汉"的山岳党并肩而坐。比谢和雅克·鲁后来详细讲述了这个论题,并满怀遗憾地指出"山岳派"这个大革命语言中最具灾难性的词汇之一,既包含了正直之人,也藏匿了无赖流氓。救国委员会内部的混乱就足以阐释山岳派的异质性。但最重要的是,山岳派敢于在自己内部发现、追捕和驱逐不断产生的乱党,这是吉伦特派没有做到的。在这层意义上,热月政变绝对不是规则的例外,因为山岳派只是再次清除了自身的一个乱党,刚开始犹豫不决的平原派最终改变态度,支持了最初属于山岳派内部清算的事件。

然而,在集体想象中,热月政变似乎敲响了促成国家统一的山岳派的丧钟,这是因为它打倒了罗伯斯庇尔,而罗伯斯庇尔最擅长这种措辞,扮演统一者的角色。这种措辞是爱国者之间"永远统一"的工具。对他而言,清洗总是顺理成章的、有必要的,只有坏人才受打击。对于统一者的角色,如同弗朗索瓦·孚雷指出的,虽然罗伯斯庇尔在1793年6月是通过巴黎革命区反对国民公会的武力而掌握了政权,但他一直都是国民公会的人。"他是革命街区中的人民,雅各宾俱乐部中的人民,全国代表会议中的人民",彼此对抗的原则在他身上实现了谜一般的和解,也只有他保证了权力和人民的统一。

热月之后,当这种象征性的统一消失之后,这些山岳党中又剩下多少人从此被讥讽为苏布拉尼所写的有勇气重回山岳的"山脊派"(Crêtois)?这的确需要勇气,因为苏布拉尼继续写道,在山岳派位置上要求发言意味着有被从发言名单中排除的风险。

在风月，雅各宾俱乐部被关闭之后，只有两个人敢要求进行唱名表决。为了了解这些忠诚的山岳党的数量，弗朗索瓦兹·布律奈尔建议，除了支持勒库恩特尔（Lecointre）（他曾经是热月期间委员会指控者之一，但很快就遭到大量反动势力的反感）的在共和三年芽月12日提交的唱名表决提议的50名议员之外，还要再加上热月之后和芽月、牧月暴动之后被捕的74名议员。这不是简单的加法，很明显这两份名单有所交叉，所以可以得出"最后的山岳党"不足百人。

这些忠诚者，这些"激情澎湃的爱国者，他们决心把生命献给自己坚持的原则"，他们的历史不幸就是两次暴动，这两次暴动让他们有机会表明了自己的存在。共和三年芽月12日，一群妇女和不满分子冲进国民公会，要求面包和1793年宪法。他们的头目范艾克（Van Eck）慷慨激昂地提到山岳派，他所用的字眼表明，如同勒瓦舍尔后来提到的，人民并未停止将山岳派视为其天然领导者的归宿："而你，神圣的山岳派，你曾经为共和国拼命战斗，7月14日、8月10日和5月31日的人们在此刻呼唤你。"虽然山岳派的演说家们试图说服人群离开大厅，但热月党人抓住了这个难得的机会，发布逮捕令，将巴雷尔、比约－瓦雷纳和科洛·德布瓦流放到圭亚那。几周之后，牧月暴动再次发生，但第二次暴动是指券贬值、取消最高限价和价格膨胀导致的，如果邦纳罗蒂的观点可信的话，这次暴动的准备更加充分。然而这次暴动体现了人民运动的混乱特点，参与暴动的有妇女和儿童，他们冲进国民公会之后使用的是典型的革命暴力：辱骂议员、争论演变成嘲讽，最后以砍下代表弗罗的头颅，并用长矛挑起而告终。

这也是大革命砍掉的最后一个人头。山岳派议员的行为体现了这次暴动的新特点，他们在旁听观众的支持下，确保了提案被通过，包括释放芽月期间被逮捕的议员和激进分子以及（罗默（Romme）一直追求的）人人都有同样的面包。这次参与导致了他们的溃败。

422 国民公会再次下令逮捕另一批议员，一个军事委员会宣布76人被判刑，其中36人被判死刑。牧月29日，6名议员在走向断头台之前试图自杀（有几个人成功了）。这起集体自杀标志着山岳派的终结。即便是在共和五年果月政变之后复活的雅各宾派也不再是一股政治力量。

但这历史的终结却是传奇的开始。一方面，基内把那些牺牲的山岳党称为"最后的古罗马人"，米什莱也承认他们永恒的光荣，他们的死是大革命最后的悲壮场景，为共和派英雄主义增添了至高无上的色彩。关于最后的山岳党的记忆受到博多、舒蒂厄（Choudieu）和勒瓦舍尔的赞扬，它很快就成为巴贝夫主义的宣传工具。在旺多姆审判中，巴贝夫歌颂了共和三年春季"悲惨但值得尊敬的"事件，在这大革命的最后日子里，"人民及其忠诚的代表"肩并肩站在一起："噢，格拉古兄弟！光荣的烈士！捍卫神圣平等的勇士！"

在最后的"革命事件"里成为英雄的那些人，用人格补全并巩固了山岳派的史诗传奇。尤其是罗默，他凭借在国民公会的行为，成为了负责公众教育、共和立法、收集记录高尚行为、通过共和机构使人类获得再生的人，他是山岳派作为教育家的象征。在被派往沙朗特（Charente）和多尔多涅（Dordogne）期间，他对被政府控制的经济表现出热诚，并确保发到富人和穷人手里的这一点必须强调（例如相较于市中心街区，郊区的反宗教特征就比较弱）。

要回答"什么是无套裤汉？"这个问题，1793年5月的一份文献从社会性标准的角度做出了回答："这类人通常徒步出行［……］，他们和妻子、孩子（如果有的话）住在居民楼的五层或六层。"这个问题也可以完全用政治词语来回答，例如布鲁图斯·马尼耶（Brutus Magnier）表示"他想［用无套裤汉这个术语］来指代攻占巴士底狱、8月10日革命和5月31日革命（尤其是后两次革命）的胜利者。"

这种政治身份的辨别值得我们关注，因为巴黎的无套裤汉的社会属性无法量化：大部分文献都在1871年巴黎市政厅大火中被焚毁（在6000个革命军成员中，只有280份档案幸存于世）。另外，遗留下来的档案通常是警察记录，因此很难进行阐释。共和二年的无套裤汉所呈现的攻击性和人为的民粹主义特征与他们为了哄骗共和三年的反动法官和警察而做出的片面回答相去甚远。

让我们姑且假设无套裤汉能够代表巴黎民众。他们并非泰纳及19世纪的保守历史学家所说的边缘人群。巴黎革命区的四分之一的公民特派员都有固定收入。这些革命区公务员的社会阶层更多是作坊主，而非工匠。的确，积极分子和革命委员会成员的背景更普通：12%是工薪阶层，8%是佣人，42%是工匠。1793年9月，在丹东和巴雷尔的建议下，所有人都能够得到一份补贴，以便于他们能够出席48个区的大会。典型的无套裤汉既不是戈布兰挂毯工厂的工人，也不是住在寄宿公寓中的穷人，而是工匠、熟练工人或小业主。

他们的文化身份更新颖，更清晰。令人好奇的是，无套裤汉的政治情感比他们的经济处境更清晰。

罗伯斯庇尔这位真正的革命者、重要的雅各宾派立法者是一个孤独的人物。加图、布鲁图斯、苏格拉底、古代伟大的自杀殉道者是雅各宾派的行动楷模。相反，无套裤汉具有群聚性质。他们与他人生活在一起，也为他人而活，至少在理论上如此。无套裤汉演说家从来不会忘记把自己介绍为一个群体、委员会、集会、所在革命区或街区的代言人。吉伦特派的韦尼奥不无道理地认为这些（他讨厌的）"无政府主义者差点要推翻共和国，他们让每个区都相信主权在自己手中"。从演讲内容来看，这条线常常被越过。无套裤汉演说家的战术在于同时代表人民及其街区、首都、伟大的国家。同伴绝对不能白白死去。马尔斯校场流血事件就是资产阶级的复仇。对某些人而言，九月屠杀是民众反过来的复仇。1793年4月，当国民公会要求每个请愿者在陈情书上签名时，格拉维耶区（Gravilliers）持反对意见，认为这项原则会破坏"优秀公民之间的博爱团结［而且］根本不适合我们的政府体系，这个体系号召所有公民毫无例外地行使公民职责"。它针锋相对地伸张集体请愿原则："在这些困难时刻，为了所有人的利益，必须紧密团结，众志成城，而不是把公民与公民区分开来。"

博爱是人民世界观的首要原则。以一个细节为例，第一个平民社团的名字叫作"男女爱国者博爱社"（*Société fraternelle des patriotes des deux sexes*）。激情澎湃、"共和欢乐"的时刻数不胜数。无套裤汉社团成员喜欢交换"博爱之吻"。集体歌唱（卡马尼奥拉歌（*La Carmagnole*）或马赛人国歌）是无套裤汉仪式的重要组成部分。另一件重要的事便是身穿独特的服装以表忠心，版画、漫画和大卫的油画把这种服装永久记录了下来。无套裤汉身穿裤子（必不可少）和卡马尼奥拉服、背带和木鞋、红色无边软帽和三色绶带。

对无套裤汉而言，这种博爱的使命意味着相对于公众生活，个体与私生活的自主性要受到限制，枫丹－格勒奈尔区（Fontaine-Grenelle）对奥克塞尔平民社（la société populaire d'Auxerre）解释道："爱国者没有个人生活"。"他的一切都要向公众汇报：快乐、痛苦等一切都要在同伴内部倾诉，这就是让博爱政府，即共和政府，显得与众不同的公开性之源。"讨论和投票自然也必须公开："靠阴谋获胜的不公开投票是不存在的。"当其他区的居民有苦难时，多次召开大会来帮助他们似乎也是合理的。无套裤汉对每位公民的讲话都是友好的。他们努力让自己简单、轻松、和蔼、容易接近。他们的说话方式常常过于浮夸，有时会带有大革命之前的行会言语特征，他们想让自己严肃直接、清晰易懂。对无套裤汉而言，不使用尊称是一种政治行为。

无套裤汉很难相信一个人可以在公共场合品行端正，私底下却不诚实。米拉波就是这样一个违反常理的范例。礼仪是政治和社会的统一体。无套裤汉是道德主义者。他们所理解的政治涉及的是政治的教化和公民的政治化，而非简单的利益游戏："为了成为正派人"，法国共和主义者向费城的公民解释道［……］，"必须是一个好儿子、好丈夫和好父亲，总而言之要拥有所有公共和私人美德［……］，只有这样才能真正理解爱国主义的含义。"

富人和贵族本身的危害并非来自于他们的财产或出身,而是金钱和统治行为造成的反社会和腐败性格。

博爱的无套裤汉认为自己完全有理由憎恨与之对立的傲慢又自私的"贵族"。对无套裤汉而言,"自负又傲慢"或者"语带讽刺"就足以成为逮捕的理由。贵族选择离开祖国,游离于社会契约之外,应该遭到憎恨和迫害。无套裤汉一致认为,贵族阶层根深蒂固的、特有的邪恶应当遭到以无套裤汉为代表的人民意志的摒弃。贵族并非完整的人。无套裤汉对其进行描述时常常添加怪物或动物的特征,例如九头蛇、秃鹫、病毒或者双头精神分裂者。无套裤汉阶层的统一是正义获得胜利的保证。

对无套裤汉而言,社会是一个由独一无二、不可分割的共和政府所代表的统一体。这些巴黎人并不渴望财产平等,虽然他们认为政府和社会应当给予所有公民能够生存的方式。他们鄙视金钱,并非真的赞成财富平均分配。他们认为金子是一种值得怀疑的物品。强制规定指券价值、打击黑市在他们看来都是很自然的事情。植物园区(Jardin-des-Plantes)的无套裤汉认为必须"一成不变地限定生活必需品的价格、工资和工商业利润"。

无套裤汉关于社会世界(le monde social)的观念是互补和博爱。无套裤汉的诉求与其说是推翻社会秩序,不如说是让它更加公平正义:"我们需要有一个政府,能够把人民提升到其贫乏资源之上、把富人降到其金钱之下。这种平衡最完美。"在旧制度中,这意味着隶属一个团体、保守主义、形式主义、墨守程序、传统主义。在革命背景下,这意味着共和主义、博爱,甚至普世主义。

另外,民众运动在政治领域风生水起,其集体目标也因此不断发展。一些发言人很快就把议题从政治平等扩展到了享用平等。很快他们又提出政府为母亲提供帮助，控制房租和农业食品秘密协议。这与勒霞不列所热衷的个人主义、斐扬派设想的中立政府的社会角色形成了鲜明对比。

无套裤汉的情感具有群情激奋的特点，由此产生重要的后果。为了在政治领域动员无套裤汉，某一时刻的愤怒（政治背叛或食物危机导致的结果）比敌人的战术弱点更重要。后来巴贝夫和他的平等派密谋考虑到了这一点，他们的行动由一个秘密委员会领导，等待一个合适的时机发动进攻。无套裤汉不太理解权力委任。直觉导致他们采取直接、暴力的行为。长矛是行动中的激进分子的象征。各区的大炮是其主权的物质象征。这种精神状态与合法的恐怖主义常常只有一步之遥："今天有断头台么？""有"，一位诚实的爱国者回答道，"因为叛国一直存在。"细木工匠里谢（Richer）表达了自己的观点，并获得广泛同意："只有倾洒鲜血，我们才会得到面包。恐怖统治之下不会有任何短缺。"

挖掘共和二年无套裤汉崛起的深层原因是大革命历史研究最棘手的问题之一。

一方面，如同马克思所解释的，无套裤汉的崛起只是资产阶级革命激进化的反映。无套裤汉真正登上历史舞台是由于1792年8月导致王权倾覆的斗争。马克思认为，无套裤汉主要是陷入绝境的资产阶级的后备军。1793年1月国王被处决以及1793年春季的经济危机和爱国党派分裂导致平民激进分子的影响力突然扩大。1793年6月中旬吉伦特派被驱逐的策划者是山岳派，但执行者是无套裤汉，对后者而言，这是一场真正的胜利。9月5日是这场政治运动的顶峰，其标志是限价法令、城市民兵部队的组建，以及令人震惊的女性平民运动的突飞猛进，克莱尔·拉孔勃和忿激派勒克莱尔的妻子波林娜·莱昂的名字都与之有密切联系。历史上妇女第一次为了自主的政治行动而独立聚集在一起。由于肖梅特和罗伯斯庇尔以及雅各宾派和埃贝尔派的大部分人都激烈反对女性主义，所以这场思想动员更令人震惊。

对某些学者（例如理查德·科伯（Richard Cobb））而言，共和二年无套裤汉运动中的思想和意识形态发挥了不可忽视的作用。相反，对索布尔和乔治·鲁德（Rudé）而言，想要解释1793年春季爆发的运动，必须考虑（至少以间接形式）政论家甚至某些哲学家所起的作用，尤其是让－雅克·卢梭，他的生活对无套裤汉而言具有一种模范价值。1791年7月，在巴伊和拉法耶特下令逮捕的200名巴黎革命者中，大约80%会阅读和书写，两年后他们几乎都成了无套裤汉激进分子。无论如何，某些无套裤汉非常清楚自己在历史中的位置，其中一个人写道："重要的形势需要重要的人物。"所以1795年，民众运动的意识形态化以巴贝夫主义的形式出现了，这是共和二年人民运动的加剧，而非偏离。

意识形态在界定无套裤汉主义时所起的作用是一个重要的历史研究问题，更何况它很可能与民众运动的另一方面（即它的内部结构）有关。在理查德·安德鲁斯（Richard Andrews）看来，的确有一种无套裤汉意识形态，但这是一种允许少数激进寡头组织操纵巴黎民众群体的学说。

巴黎有48个区，每个区的居民大约有12 000—25 000人（接受救济的贫民为1600—6000人，占总数的十分之一到三分之一）。

有时《杜歇老爹报》读者能达到20万人。这些区的民兵大约有10万人，1793年巴黎往前线派遣了8万人。但无套裤汉激进分子则少得多。这些区的平民社团所聚集的人很少能超过400人。共和三年的芽月和牧月之后，对6000个人提出控告就足以彻底破坏巴黎人民运动。只有5%—10%具有选举资格的巴黎人积极参与革命区生活。理查德·安德鲁斯甚至提到了"无套裤汉寡头组织"。

这些区的制度性机构只有3000—4000人，这种无套裤汉"官僚制度"只是一种特别的人事现象。安德鲁斯花了大量时间研究巴黎各区治安法官（juge de paix）（他们有陪审官（assesseur）的协助）的重要案例，这些人虽然被选为法官，但仍有旧制度法律官员背景。所以必须把无套裤汉群众与被收买的（有读写能力的）公务员精英区分开。这也涉及警察专员及其书记官秘书以及公民委员会的成员，他们是管理首都粮食供给的重要人物。最初当选的成员从1794年1月起也领取一份工资，这很快就使他们成为雅各宾派政府机构的一部分。

从这种二元观点来看，把索布尔的话稍作改动，无套裤汉主义很快就成为一种意识形态化的革命民主，而非真正的民众示威。

埃贝尔倒台之后，各区代表与国民公会达成一致，在1793年夏季掌管巴黎。但或许与忿激派及其同伙埃贝尔所设想的相反，没有资产阶级雅各宾主义的重要支持，无套裤汉主义就无能为力。无套裤汉群众比乍看之下脆弱得多，面对1793年11月和1794年3月之间的领导人的失败，他们无计可施。热月政变之后，在被理查德·科伯准确命名为"大谋杀之年"（the great murder year）的恐怖冬季，他们同样没有任何防卫能力。

对无套裤主义突然崩塌的分析也反映了现代历史研究中的意识形态选择。对于经验论者而言，磨损就足以解释一切。"人民疲倦了"，不可腐蚀者（罗伯斯庇尔）如此解释道。雅各布·克里克（Jacob Clique）的坦白没有这么冠冕堂皇："困苦让我变得愤怒，我是三个幼儿的父亲，没有任何财富，我必须每天劳动来养活五口人。在我们刚刚度过的寒冬里，我几乎没有工作。"成千上万无套裤汉前往旺代或东部边境。人民运动逐渐平息。

索布尔的马克思主义解释过于公式化，受到理查德·科伯和理查德·安德鲁斯的猛烈批评。这种解释完全属于另一种范畴，把焦点聚集在无套裤汉运动的异质性上，认为无套裤汉主义并不是一场有着统一社会基础的阶级运动，不可能取得成功。

由于无套裤主义自身的某些文化特征、对暴力的容忍、浮夸的修辞表达、对一切经济领域现代化的拒绝，它毫无疑问是一场向后看的运动。然而，由于共和二年的民众革命运动意识到自身的社会特性，把自己的社会设想变成政治目标，而且部分地容忍了女性主义运动，因此它预示了19世纪工人运动的到来。1848年和1871年的革命者充分意识到了这份遗产。

帕特里斯·伊戈内（Patrice Higonnet）

延伸阅读

ANDREWS, Richard Mowery. « Social Structure, Political Elites and Ideology in Revolutionary Paris, 1792-1793: A Critical Evaluation of Albert Soboul's les *Sans-Culottes parisiens en l'an II»*, *Journal of Social History*, t.19, n° 1, automne 1985.

COBB, Richard. *La Protestation populaire en France* (*1789-1820*), trad. de l'anglais par Marie-France de Paloméra, Paris, Calmann-Lévy, 1975; éd. originale: *The Police and the People : French Popular Protest 1789-1820*, Londres, Oxford et New York, Oxford University Press, 1970.

MARKOV, Walter M. et Albert SOBOUL. (sous la dir. de). *Die Sansculotten von Paris. Dokumente zur Geschichte der Volksbewegung 1793-1794*, Berlin-Est, Akademieverlag, 1957.

ROSE. R.B. *The Making of the Sans-Culottes: Democratic Ideas and Institutions in Paris, 1789-1792*, Manchester, Manchester University Press, 1983.

SOBOUL, Albert. *Les Sans-Culottes parisiens en l'an II. Histoire politique et sociale des sections de Paris, 2 juin 1793-9 thermidor an II*, La Roche-sur-Yon, H. Potier, 1958 (aussi Paris, Clavreuil, 1958; rééd. 1962, avec sous-titre *Mouvement populaire et gouvernement révolutionnaire*).

SONENSCHER, Michael.«The Sans-culottes of the Year II: Rethinking the Language of Labor in Revolutionary France», *Social History*, t.9, oct.1984, p.301-328.

WILLIAMS, Gwyn. *Artisans and Sans-culottes: Popular Movements in France and Britain during the French Revolution*, New York, Norton, 1969.

参见条目

贵族阶级（Aristocratie）

巴贝夫（Babeuf）

俱乐部及民众社团（Clubs et sociétés populaires）

丹东（Danton）

忿激派（Enragés）

博爱（Fraternité）

埃贝尔派（Hébertistes）

雅各宾主义（Jacobinisme）

最高限价（Maximum）

罗伯斯庇尔（Robespierre）

卢梭（Rousseau）

恐怖统治（Terreur）

热月党
Thermidoriens

热月（Thermidor）、热月党（thermidorien），这些词都有着许多含义。热月首先是革命历法中的一个月份名称。在大革命年鉴中，这个名词成为了热月9日（罗伯斯庇尔及其同党倒台的日子）的同义词。对某些历史学家而言，这个日子具有某种象征意义：它把大革命的历史分成了两部分，甚至标志着严格意义上的大革命的结束。热月或热月时期在使用时的意义也更加宽泛，它们被用来指代从共和二年热月9日到共和四年雾月4日这段时期，后者是国民公会结束的日期。因此人们使用"热月国民公会"把这个时期与议会之前的活动区分开。因此，人们所说的热月党包括参与打倒罗伯斯庇尔密谋的国民公会议员，以及所有在这次政变之后支持"暴君倒台"的国民公会议员、政客和思想家等。这个持续了15个月的时期常常被视为一个反动时期，"热月反动"（réaction thermidorienne）这个术语便源于此。

这些词语令人困惑，现象本身也一样。在热月时期和督政府时期，人们将热月政变周年日视为"欢乐的革命"纪念日，并举行隆重的纪念仪式，但后来，庆祝这起事件却成了不可想象的事情。热月注定要通过另一种方式被纪念：与"雅各宾主义""波拿巴主义"等源自大革命时期的其他专有名称一样，在那些将法国大革命作为历史参照和理论模型的革命思想观念中，它被视为一次"影响深远的事件"（phénomène matriciel）。因此，列宁死后，托洛茨基分子使用"热月"及其派生词来命名甚至解释斯大林的掌权。他们认为十月革命经历了它自己的热月；斯大林派就是热月党，这些先前的革命者"堕落"成为革命的牟利者，并因此成为革命的掘墓人（由此与反革命分子、永远的"阶级敌人"区分开来）。托洛茨基分子对热月的阐释最为人所知。但19世纪和20世纪的每次革命都要面对热月的回魂，革命在这一刻折戟沉沙，因为给革命反戈一击的正是革命者本身。最后我们要注意"热月主义"这个术语并未成功为人所接受，热月并没有被视为一种主义，它只是被视为一个政治阶段和一种政治实践。

我们探究的正是让这十五个月变得独特而统一的政治经历。这段政治经历对革命政治文化非常重要，即使它并不存在于最初的政治或思想纲领之中。它的重要性主要在于热月党要应对以及作出回答的政治问题。这些问题相互关联，形成了一个条理分明的连贯体系，它们是大革命政治经历中不可或缺的一部分。这也是为何把热月视为"矩阵现象"、革命传统的象征和神话而进行思考的原因。

热月10日，天亮之后，法兰西成了反罗伯斯庇尔派的天下。罗伯斯庇尔的倒台以及恐怖统治的结束获得举国赞赏甚至热烈欢迎，这是历史著作中的一贯说法。热月9日（又译热月政变）之后，约800封写给国民公会的贺信证明了这一点。这些来自法定机构、平民社团、军队的信件一致表达了全国上下对"唯一的团结核心"国民公会的支持。它们竞相揭发罗伯斯庇尔("新喀提林""新克伦威尔""恶棍"),内容浮夸重复。在对国民公会的颂扬中,它们号召这些"祖国的奠基人留在自己的位置上"。这些陈词滥调和老生常谈不可避免地让人们想到一种共同的模式。这种模式很好辨别,因为国民公会的公告及其每日会议报道很明显就是其灵感来源。所以,这些信件就像共鸣箱一样,让国民公会听到了自己的话语。它们的标准化语言指出了让惊人的全体一致成为可能的条件。其实它们使用的是共和二年的套话,与用来谴责以前的"密谋者"丹东派和埃贝尔派的言语一样,只有几个形容词的差别,同样的话也曾用来表扬罗伯斯庇尔的"神圣人格"。无论"暴君倒台"的消息到底引起了怎样的宽慰,这些信件都证明了发生在恐怖统治时期的政治言语和政治行为的统一、强制性的全体一致、被视为政治行为模范和标准的守旧主义。传达给国民公会的信息再现了热月政变这一重要事件自身的一种根深蒂固的不明确性。一方面,"暴君倒台"标志着恐怖统治一去不复返;另一方面,这又是一个寻找自身意义的事件。热月政变,这场"国民公会发动的革命",是一个终结"暴政"但局限于自身的插曲呢,或者只是一个注定会导致后续行动、展现自身意义的初始行动?

"打倒暴君!"热月政变中,国民公会回荡着这句话,它既是一句口号,又是一个明确的目标,能够让议员们快速行动,同时回避那些尚不知自己已经成为"热月党"的议员彼此之间的政治分歧。热月政变把罗伯斯庇尔定义为暴君,把他的"统治"定义为暴政。然而，很快就有人揭露出恐怖统治是一个多方面的现象，它远远超过了罗伯斯庇尔个人及其权力范围。最初偶尔使用的术语"体制"（système）开始与"恐怖统治"永远联系在一起。恐怖统治不仅仅是一群掌权者；塔里安（Tallien）也揭示出它是一种建立在恐怖基础上的体制。把恐怖统治解释为一种体制并要求将其摧毁，这的确会掀起一场令人激动的关于大革命的过去和未来的政治讨论。但这更像是发起一场涉及诸多问题的政治冲突和斗争：摧毁恐怖统治、修补其后果要做到什么地步？如何摧毁？反对的是谁，朝着何种方向？这么多问题都与一个关键问题有联系：热月政变之后由谁掌权？

热月政变所开辟出的政治空间必然充斥着对恐怖统治的谴责，同时也包含反罗伯斯庇尔主义和反恐怖主义的竞争升级。热月党的政治分裂不可避免地要归结于统一性的丢失，但如果不造成新的暴力源头，就不可能走出恐怖统治。对于研究这类局势所导致的政治问题和政治机制来说，考察热月政变后的五六个月大有裨益。实际上，在这一时期，外部势力对大革命的干预已经减少，传统的反革命势力，尤其是逃亡贵族，仍对恐怖统治心怀恐惧，不敢露脸，更何况他们都没能及时理解这起事件的重要性。因此，这段时期几乎可以说是研究恐怖统治所留下的政治、制度和象征遗产的瓦解过程，以及这种瓦解对革命想象和象征的影响的最佳时机。走出恐怖统治就要扩大自由的空间，同时也要让解放了的政治场域留给分裂和冲突。尽管如此，恐怖统治的结束不一定会改变革命政治的机制和原则；毋宁说，这能够让这些机制和原则适应新的任务。

摧毁"恐怖统治体制"所导致的矛盾和悖论逐渐挨个显现出来。继承自恐怖统治时期的机构得到了最大限度的修补（共和二年果月7日法令）："革命政府"得以保留，但委员会及其职权要重新改组（尤其是救国委员会的权力被缩减，公共安全委员会和立法委员会的权力得以增加）；这些委员会的人员被替换，继承自热月政变的团体也发生改变。媒体自由急剧扩张，新报纸、几十份小册子对"罗伯斯庇尔余党"的揭露越来越猛烈，并取得了巨大成功。没有人敢挑战媒体自由原则，但国民公会并未准备好宣布这种自由是"无限的"，这正是弗雷隆（Fréron）所要求的，他和塔里安一起成了"政治变色龙"，即改旗易帜的前恐怖分子的象征。政治变节现象并不稀奇，大革命已经见怪不怪；热月政变之后这种手段再次出现，证明了政治机制的松动。然而，热月政变之后，方向转变太过突然会令人震惊，并引起怀疑。这些"断头台上的变节者"在揭露恐怖统治、追捕"恐怖主义者"和"嗜血者"时，仍然散发出不久之前的气息。不过他们提出了恐怖统治，尤其是政府各个委员会的前任成员的责任问题。这个问题一旦出现，就再也无法消除，只要是恐怖统治曾经肆虐过的地方（这意味着全国范围内，从中央政府到各个革命委员会），它都被不断提出来。

热月政变之后，胜利者就参照旧口号"恐怖当道！"（*La Terreur à l'ordre du jour!*）而采用了新的"口号"："正义当道！"（*La justice à l'ordre du jour!*）。他们遵守了开创新时代的承诺，这个承诺说起来简单，做起来难。实际上，在"正义"的华丽辞藻背后是一些既困难又无法回避的问题：如何处理恐怖统治的遗产,如何处理按照国民公会投票通过的法律而被关押在监狱中的囚犯?如何处理那些多多少少行使过恐怖权力的共和二年的政治人物?如何对待大革命历史的这个阶段以及与恐怖统治有着错综复杂之联系的共和二年的所有象征性遗产?国民公会逐渐才意识到这些按照不可避免的政治逻辑相互关联的问题有多么严重。国民公会所做的回应并没有一个全盘考虑,而是走一步说一步。尽管这些回应片面又偏颇,犹豫不决又拐弯抹角,但它们合在一起体现了一个从政治和情感两方面看都很明智的选择:热月党政府决定把复仇作为摆脱恐怖统治的途径。

释放囚犯本身代表了一个既严重又复杂的问题。热月政变之后,监狱大门大肆敞开,受害者们一旦获得自由,就叫喊着要向那些揭发压迫他们的人复仇。国民公会尚未决定宣布大赦;但牧月22日法律被废除了。只要向委员会成员提出个人请求,被随意关押的囚犯就能被释放,这种方式非常混乱,被释放的囚犯的数量也很多(热月18—23日的五天之内,公共安全委员会在巴黎就释放了478名囚犯)。在外省,释放政策要根据地方情况,尤其是逐渐被替换的特派员的政治态度而定。相较于恐怖统治本身,对恐怖统治的瓦解是更需要在地方层面推行和实施的政策。释放囚犯不断引发平民社团中的雅各宾派的焦虑,因为他们曾经在恐怖统治期间担任过政治职务。不仅"贵族"和"嫌疑分子"被释放了,"爱国者"自身也遭到了攻击和迫害。有人揭露他们是"罗伯斯庇尔主义者""嗜血者""恐怖分子"和"食人族",一大批新的指控词汇很快被散播开。共和二年末,国民公会收到几十封请愿书,它们要求结束"对爱国者的迫害","坚决地"

反对贵族和"抬头的"温和主义;雅各宾俱乐部成为这些焦虑的汇聚点,并由此传播到外省分部。然而,这一波请愿书却引起了反弹,导致另一批请愿书的出现。这些新请愿书要求坚持"正义当道"、清理恐怖统治同党、惩罚恐怖分子。1795年秋季的"请愿书大战"让我们能多少了解事态在几个月内发生的变化。政治观点有分歧的人敢于公开对抗,国民公会自身不断分裂,这些无疑是政治空间自由化的标志。然而,政治分歧导致的争端及其引起的冲动、对复仇的渴望等等都预示着恐怖统治被摧毁之后的政治冲突。

当时最适合集体冲动的政治规划恰恰就是复仇,它也最能适应革命政治规则所设置的驱逐机制。大革命从一个阶段到另一个阶段,传递了其根深蒂固的统一神话和语言,但与此同时,它也再现了基本的政治管理机制:驱逐那些被视为"乱党"、危害国家统一与人民和共和国的敌人的政治对手。统一的表达和象征手法如同政治战争的武器,也如同让驱逐对手合法化的原则,在整个大革命过程中被不断使用。热月政变对这一点没有太多创新,摆脱恐怖统治靠的就是驱逐"恐怖分子"和"雅各宾派";援引统一原则和价值观让镇压具有了正当性,必须反对"乱党分子"和"罗伯斯庇尔的继任者"才能实现统一。然而,这一时期的重要创新在于战败者的回归,即吉伦特派幸存者的回归。革命议会在自身历史上首次对驱逐表示后悔,它这么做是以"正义"为名,而非"宽容"。诚然,国民公会几乎不承认自己的责任,连那些曾经谴责吉伦特派的人如今也把自己描述成"暴君"和"叛逆公社"的受害者。但是,曾经签署过反对5月31日和6月2日事件的 75 位议员首先被召回（共和三年霜月 18 日，即 1794 年 12 月 8 日），曾经被宣布为逃犯并成功藏身的人也被召回（风月 18 日，即 1795 年 3 月 8 日）。因此，国民公会废除了曾经确立 5 月 31 日为革命纪念日的法令。吉伦特派的回归是一项试图聚集所有"正直公民"、结束"怀疑"的举措。

恐怖统治的经验和回忆并没有为统一做出多少贡献，更多的是挑起冲突和煽动怀疑。怀疑的语言最能表达恐怖统治遗留的仇恨和恐惧。首先，释放囚犯、政治形势突然转向、第一波"对爱国者的迫害"等，这一切都在雅各宾派和少数激进分子中营造了一种不安和恐惧的氛围，他们曾经被推到政治舞台的中央，如今却被要求为自己的行为负责。其次，仇恨被引向"恐怖分子"和一些被视为有罪的人，后者只因参与过如今被认为应受谴责的政府。最后也最重要的是，人们恐惧恐怖统治和新的屠杀卷土重来，这种恐惧来自于媒体、反雅各宾派小册子、无数谣言的煽动。这些恐惧和怀疑在个人和集体的复仇意志中相互结合，彼此混淆，这种复仇针对的是所有那些"恶棍"和"刽子手"，强盗和小偷，无知者和傲慢者，他们独揽所有工作岗位，只梦想着一件事，那就是再次占据上风，把"正派人"踩在脚下。

我们很难高估针对恐怖统治负责人，尤其是南特革命委员会和卡里埃（Carrier）的重要政治审判（前者的审判在共和三年葡月 25 日［1794 年 10 月 16 日］，后者在共和三年霜月 26 日［1794 年 12 月 16 日］）对公众舆论、集体恐惧、复仇意志的影响。在两个月的时间里，整个法国的注意力都集中在革命法庭审判庭传出的消息。审判很大程度上超过了它的客观目的，变成了对恐怖统治，甚至对大革命的审判。恐怖统治曾经引发并压抑的所有恐惧和幻想都浮出水面。审判首先展现出"大恐怖"（Grande Terreur）的骇人景象：南特的溺毙、随意处决、枪杀旺代囚犯等，这些罪行都浓缩在漂满尸体、被鲜血染红的卢瓦尔河的意象中。另外，审判也把日常生活中的"小恐怖"（Petite Terreur）呈现出来：整座城市遭遇到一小撮激进无套裤汉的武断专权和敲诈勒索，有时则落入一些有着嫌疑背景的社会边缘人之手，他们用革命热情来压迫正派人。这"大"和"小"两种恐怖如同在镜厅里一样互相映射：全国上下，所有曾被迫忍受革命委员会和平民社团的欺骗和胁迫的人都对巴黎审判所展现的恐怖有认同感，他们**几乎**可感同身受于在南特溺毙的受害者。审判最终认定了国民公会的责任：卡里埃不停地对国民公会提出质疑，表示自己是在国民公会的默许之下采取行动，他一直都在向国民公会通报"革命洪流"在恐怖镇压中所扮演的角色。卡里埃的审判为恐怖统治的黑暗传说提供了基础，让共和二年的英雄形象名声扫地，损害了仅仅因为参与过罪恶政权就被视为犯罪分子的政治人物的名誉，把少数激进分子称为"嗜血者""食人族"和"破坏者"。被国民公会抛弃的卡里埃被几乎一致的投票判处死刑。但最重要的是这场审判标志着针对雅各宾派的致命打击（他们既不敢公开维护卡里埃，也不敢坚定地谴责他），并导致俱乐部关闭（共和三年雾月22日［1794年11月12日］），这是一起具有象征意义的事件。在关闭雅各宾俱乐部和摧毁共和二年的象征的过程中，"金色青年"（jeunesse dorée）扮演了重要角色。他们组成的突击队在委员会的指使下，在广场、咖啡馆、剧院等公共场所出没，大肆追捕"雅各宾派"和"破坏者"。此时雅各宾派痛苦地领悟到他们曾经无比信任的语言力量很大程度上是因为他们在共和二年是权力的代言人。雅各宾派没有了权力支撑，有组织的团体利用街头控制权对其进行攻击，就像他们以前攻击他人一样，他们在思想上不知所措，也没有了胜利的象征，他们所能做的只有竭力阻止自己的衰亡，因为他们成为了反恐怖主义复仇的首要目标。

因此，热月政权陷入了合法复仇政策的深渊，"合法"在这里意味着受到司法正义的限制。但号召复仇的语言暴力却暗示了这些限制是多么脆弱。复仇政策满足了当时的冲动需求，它在煽动猛烈的复仇激情的同时，必然会导致新的暴力循环。此外，它并未回答取缔"恐怖统治体制"所导致的核心政治问题：恐怖统治之后，需要为政治和机构创造什么样的空间？答案只能用宪法术语来表达。因此"如何摆脱恐怖统治？"这个问题必然会导致另一个问题："如何结束大革命？"

理论上讲，共和国有一部宪法，它是在1793年吉伦特派倒台之后匆忙制定的，但从未实施过。1793年8月10日节庆当天，宪法的采纳得到了庄严的庆祝；节庆的晚上，宪法文本被庄严地封入一个"雪松木约柜"中，然后放置在国民公会的大厅里；宪法的实施被推迟到和平时期。这部宪法在两方面受到质疑，即它被起草和通过的条件，以及它自身的内容。但热月政变之后的几个月里，它没有干扰到任何人，静静地躺在"约柜"中。一直到共和三年冬去春来之后，它才成为摧毁恐怖统治、制定恐怖统治结束后的政策所遇到的不可避免的障碍。实际上，构成了恐怖统治政治群体的山岳派和雅各宾派议员以及无套裤汉积极分子不停地坚持要求实施这部宪法，将其作为向委员会和国民公会多数派施压的工具。因此，实施宪法成为了一个意义深远的政治象征、质疑反恐怖主义政策的间接方式，它要求释放"被迫害的爱国者"，恢复雅各宾俱乐部的活动，批判清洗运动以及对共和二年象征遗产的诽谤。对宪法的执迷也反映出这整场运动的弱点，它的发起者不断地提到整段时期的重要事件，即"热月9日革命"。奇怪的是，他们正是以"热月9日的真正意义"的名义拒绝了热月革命的必然后果，并要求实施"1793年的民主宪法"。

冲突日复一日，不断激化，问题仍然没有得到解决。共和三年春季的事件（芽月12日起义和牧月1—2日起义）不仅加速了危机的结束，而且采用的是一种特别粗暴的方式。暴动的人群冲进国民公会，叫喊着："面包和1793年宪法！"，这给了议会足够的证据（如果需要证据的话）来意识到结束恐怖统治与废除1793年宪法不过是同一个问题的两个方面。牧月起义不仅仅是热月党统治时期的现象，它通过将古代与现代紧密交织而表现出革命心态与政治文化的共同点。在食物短缺造成的危机中，一个古老谣言的新版本流传开来：饥荒是阴谋的结果。这一次不再是王室政权，而是国民公会被指控把小麦藏了起来，使人民挨饿，尤其是伤害了人民至关重要的核心——儿童。暴动的方案、各区的行动路线、团结口号（"面包和1793年宪法！"）由无套裤汉政治人员负责筹备（尤其在巴黎的监狱里），它们是在摆脱恐怖统治方面与政府进行对抗的政治策略的一部分。然而，人群一冲进国民议会大厅，就失去了控制，把政治策略和规则抛在了脑后。

他们用非理性和狂怒的暴力行为自娱自乐。人群杀死了议员弗罗（Féraud）并用矛尖挑起他的头颅，最后将其竖立在会议主席面前。他们的行为方式几近荒诞：他们赶走议员，占领其座位，滑稽地模仿其行为。这起革命事件的局面完全无法控制，它的政治内涵也被一扫而空，最初的计划被人群惯常的暴力行为所掩盖。从某种意义上讲，牧月起义代表了某种颠倒的革命事件，它敲响了"站起来的人民"的一切英勇战斗的形象的丧钟。这些事件是直接民主的体现，它们揭露了无套裤汉主义的脆弱性、短暂性和历史局限性。

牧月起义遭到残酷镇压，以失败告终。它并未从根本上改变需要解决的政治问题，但它给热月党后续的政治试验造成了许多严重后果：新一波对恐怖统治回归的恐惧；国民公会议员之间粗暴的问题解决方式（尤其是与以前的山岳派余党之间）；针对"恐怖分子"的复仇愈演愈烈，甚至达到滥用私刑的地步；1793年宪法被彻底定性为非法的、恐怖主义宪法。

一直到热月党时期结束，"反动"（réaction）一词——及其派生词"反动者"（réacteur）、"反动分子"（réactionnaire）——才成为政治词汇的一部分，仿佛到这时人们才需要找到一个专门的词来描述事件的先后并理解其含义。（如同"革命"（révolution）、"进步"（progrès）这两个词一样，政治词汇借用了力学中的 réaction（反作用）这个词，把该词描述的由一种运动导致反方向运动的物理现象延伸到精神领域）。共和四年葡月13日（1795年10月5日）的保王党叛乱被扑灭之后，"反动"这个词永远留在了政治词汇中，成为正式词汇的一部分，并且不断发展出许多含义。

政府只用这个词来指对热月党结束恐怖统治的初始计划的偏离，甚至敌视革命的势力对这项计划的曲解滥用。因此后来发生在里昂的对"恐怖分子"囚犯的私刑和屠杀（1795年2—5月）以及南部地区对"雅各宾派分子"和"嗜血者"的屠杀（尤其是1795年6月5日在马赛的圣让堡垒（fort Saint-Jean），100多名"恐怖分子"遭到屠杀）都被称为"反动"。在赋予"反动"这个词以内涵这件事情上的犹豫不决反映出面对事实的不安，这些事件和趋势都形成了一种前所未有而且令人困惑的政治现象，但它的轮廓依旧模糊，边界范围依然不确定。我们可以说当反恐复仇超过合法界限，朝着蛮横武断方向发展，并因此令共和国及其制度受到质疑时，反动就已经开始了。然而，为了让国民公会摆脱鼓励和促进"反动"的责任而做的所有区分都具有辩护甚至虚伪的特征，要阐述这一点并非难事。实际上，把合法复仇作为摧毁恐怖统治导致的问题的答案是一个可能导致镇压逐步升级的危险选择。虽然国民公会和政府委员会自身并没有组织谋杀，但针对"嗜血者"的合法的、系统的镇压政策的泛滥却是可以预见和不可避免的。另外，在某些情况下，尤其是在马赛，特派员公开成为谋杀的帮凶。因此指控热月党人是"反动者"或者是伪装技巧并不高超的反革命分子并不牵强。那些被迫害、逮捕、软禁的前雅各宾激进分子和无套裤汉毫不犹豫地提出指控，支持雅各宾派的历史学家紧随其后。在他们眼中，"反动"不是一个插曲，而是体现了一个铺天盖地的权力体系，概括了热月政变以来所有的政治演变。

热月党人的政治试验并没有局限于反动及其各种表现形式。暴力冲突仍然不定期爆发，而且没有得到政府体制的鼓励与支持，这与把暴力上升为体制的恐怖统治形成鲜明对比。牧月危机所导致的直接后果就是"反动"强度加剧，但它也加快了寻找积极有效的制度方法的速度，以解决政治试验最初几个月里出现的问题。热月党政策的优势和劣势都在于它首先是从消极角度来界定的：它既不是恐怖统治，也不是君主制。这种模糊的态度，可以满足热月政变时期的需求，却不足以形成一项更加持久、更加连贯的政治方案。共和三年初，由于国民公会的政策左支右绌、顾此失彼，对严谨的方案的需求也越来越强烈。一部新宪法或许能够满足双重需求：吸取过去的教训，制定未来的方案。它不仅应该完成热月党的政治试验，从更广阔的角度来看，还应对长达六年的复杂又充满矛盾的大革命盖棺定论。

新宪法应当明确一个自由的、代议制共和国的原则和制度，从而结束大革命。它应当满足热月党国民公会的双重期待：保存共和国，有效防止恐怖统治回魂的一切风险。所以它应该以1789年的立国原则为基础，同时吸取恐怖统治的经验教训，这样它才可以赋予热月政变真正的意义。结束大革命，无论其方案还是口号都不是新事物；它们在大革命的不同阶段定期出现，并用一些非常模糊的条款来阐释某些对立的、温和的或极端的倾向和政治方案。对某些人（王政派、斐扬派、一部分吉伦特派）而言，结束大革命意味着在大革命的目标实现之后，结束非法行动和煽动叛乱的要求；对另一些人（忿激派、埃贝尔派、一部分雅各宾派等）而言，结束大革命只是一个继续行动的号召，一个机遇甚至一个借口，以进行更极端的政治转变，推动革命运动达到终极目标，这个目标只能是完全实现伟大的革命承诺。1795年，热月党国民公会明确表达了自己的意图：不可能用实现大革命所催生的所有希望和承诺来结束大革命。幻灭感或者可以说是一种苦涩的现实主义主导了宪法的起草。结束大革命，就是要在坚实而持久的基础上建立一个法治共和国，由此可以防止大革命自身历史的重演、防止恐怖统治以及呼唤缥缈的革命承诺和无限的人民主权的蛊惑宣传。

1795年，那种面临一项前所未有的任务的意识，让人不免联想到1789年夏季和秋季推动了第一场重大的宪法讨论的精神状态。然而，在这六年里，为法国起草宪法这个问题的条件已经发生了彻底改变，从某种意义上来讲，这种变化可以用来衡量政治文化和政治思想的演变。

1789年，重点在于彻底拒绝过去；1795年，大革命身后是自己的历史，不可避免也无法抛弃，刚刚过去的恐怖统治的记忆尚挥之不去。宪法讨论中不断出现那种曾经经历过一段充满破坏与侵蚀的时期的感受，大革命和它喜爱的象征物不同，它并非青春之泉。它在衰老同时也让人老去。1789年，与过去彻底决裂的思想和创建前所未有的新事物的决心与国家（nation，全体国民）拥有无限主权的表述保持一致。当国家为自己颁布法律时，它的意志不受任何约束，它可以也应该最大程度地行使制宪权，不受任何牵制。共和三年，国家的最高主权依然被视为共和国的基础，但人们一致承认它必须受到限制。无限的人民主权信条曾经使恐怖统治及其肆虐变得合法化，以"站起来的人民"的名义通过毫无学识的恶棍来实施的暴政却敢声称自己是直接民主。因此，代议制能够限制人民主权，可以保护不可剥夺的个人自由免受所谓普遍意志的侵害，免受通过援引所谓普遍意志来获得无限权力的政府的侵害。代议制要求人们把政策视为一种专业活动，应该将其托付给开明、有能力、有时间和手段来投入其中的人。只有这样，公共利益才能得到保证，只有代表，而非被代表的人，才能明确表达普遍意志。由此就形成了一种法国特色的自由主义观念，即致力于让事实的不平等和法律的平等、国家最高主权和属于开明精英的权力彼此协调一致。这是对恐怖统治的反动，也是热月政变的结论。从宪法角度来看，设立一种"精英民主"或许能够解决两方面的担忧：通过一种阻止大革命再次开始的制度部署来控制政治体制；通过承认公民平等来团结所有公民，但同时保证"国家由最优秀的精英来管理"。

如果不分析共和三年的宪法，我们可以把注意力放在新政治空间的出现所带来的两项承诺或希望之上，即稳定的秩序和教育带来的进步。持续的混乱成为法则的这些年过后，国民公会在最后的日子里设想了一个共和秩序的乌托邦，它能够保证集体生活处于稳定持久的环境中，通过自我保护机制来抵抗骚乱。历史学家常常批评这些制度机制具有导致瘫痪的复杂性，雾月18日政变就是后果之一。尽管如此，最重要的政治现象却存在于其他方面。虽然政治制度和司法体系设计精致，但法国的民主仍处于历史发展的初级阶段。在这一方面，共和三年的宪法恰恰表明了整个革命阶段的政治和社会想象的局限，这正是不断累积的所有忧虑的结果。它最多把政治空间设想为权力的平衡和最高权力的行使。它无法设想，也无法想象这个空间必然会分裂为针锋相对的不同政治倾向，并不可避免地产生冲突和矛盾。从这层含义上看，共和三年宪法仍然局限于统一的民族国家以及表达这种统一的政治生活的革命神话之中。热月党国民公会不承认政治多元化，甚至不认为它是一种必要的恶；因此，它甚至没有试图去构思多元政治的运行机制。公共舆论因一次次选举必然出现变化，它和当权集团之间的关系只能由一次次政变来调整，其结局已众所周知了。

摆脱恐怖统治的决心和新的政策选择必然要求对社会联盟进行重新界定。很自然，热月党转向了"有产者"、更加富裕的社会群体、国家财产的购买者（他们所购买的财产受到宪法的保护）和显贵，这项社会策略与重振被恐怖统治摧毁的制造业和商业的意愿是一致的。但最主要的是他们回归源头，回到启蒙时期的思想和原则上，根据革命经验进行重新思考和调整。由"最优秀的人"、最开明的人、拥有与共和秩序联系在一起的财产的人来管理共和国的模式来自于此。建立在财富和教育这两种财产资格基础上的政体也来自于此。实际上，宪法规定从共和七年开始，"如果年轻人不能证明自己会读会写和从事一项手艺职业"，他们就不能被录入公民簿。这项方案表明了特殊的文化因素对政治和社会选择的影响。一方面，它仍害怕看到"恶棍""破坏者"、不会读也不会写但却想要统治的无知者东山再起：只有教育才能保护人民不受自己和所有可能再次出现的"破坏行为"的侵害，受过最低程度的教育也成为享受公民权的前提条件。另一方面，教育政策诞生于另一个希望，它又让这个希望成为现实：启蒙运动是大革命的一个源头，那么也应该让启蒙运动来结束大革命。国家不会白白地经历那么多的磨难。最终法国会成为一个由思想开明的个体和公民组成的国家，或者一个公民因为有开明思想才被称为公民的国家。因此，国家给自己布置了一个教育任务，一个有效扶持艺术、教育和科技，特别是培养新精英的任务。多弩（Daunou）在《关于公共教育的组织形式的报告》(Rapport sur l'organisation de l'instruction publique)中对热月党的教育梦想和象征的总结比任何人都准确：一个回归本源的开明共和国，用一场胜利的思想启蒙来结束严酷的革命考验。

多弩的报告既是号召也是承诺。大革命和共和国也被同时想象为既互补又对立的两种象征形象。没有根植于公民普遍性的最高权力，就没有合法政权；没有一个为公民提供思想启蒙和政策并且在必要时保护其不受自身黑暗面侵袭的政府，就没有公民。国民公会议员的命运、他们后来的职业或许最能表达热月党人把政治形象当作为政府服务的特殊职业活动的程度。热月党国民公会利用一项著名的法令确保自己三分之二的成员能够入选新的立法机构，然后结束了自己的工作。历史学家常常只把这项措施视为不惜一切要保留权力的"卑鄙意图"，但真实情况更加复杂，80%熬过国民公会时期的议员再没有重操旧业，65%的人跟随了波拿巴。除了这些合理程度不一的机会主义指控以外，还出现了一种新的社会典型人物：经历了政体更迭，通过为政府和官僚服务而做出一番事业的革命分子。

现在我们可以重新考虑热月政变作为"矩阵事件"的重要

性。之所以对于19世纪和20世纪的革命神话而言,热月政变成为了这样一个"矩阵"形象,之所以任何革命都担心可能出现一次热月政变,这并不是因为法国大革命在共和二年热月9日这天遭到背叛、谋杀和破坏。关于究竟谁是大革命"真正的"掘墓人,吉伦特派还是丹东派,雅各宾派还是热月党,腐败的督政官还是第一执政官拿破仑等等,这场争论没完没了,也没有任何结论。和任何神话一样,被谋杀的大革命的神话既背叛又遮掩了它自己的真相。它呈现出的是一个遭到扼杀、背叛、谋杀、还没有来得及履行承诺的年轻的大革命。换句话说,它所给出的是大革命青春永驻的神话版本之一。热月政变打破并摧毁了这种形象。热月党在演讲中不断提到一种比喻:大革命的一年堪比一个世纪,它解释了时间给大革命带来的疲惫和侵蚀。是什么让大革命衰老得更快,让它的神话和幻想消失得更彻底?是恐怖统治的十三个月还是热月党时期的十五个月?亦或是卡里埃审判期间公之于众的南特溺亡事件或者屠杀真相?热月政变暴露了大革命的疲劳和衰老,这值得铭记。对于革命理想和象征而言,这是一个幻想破灭的时刻,大革命被迫接受自身历史的重量,并承认它无法兑现最初所有的承诺。最重要的是,在这一时刻,那些大革命的发起者和参与者宣布他们不想重启它的历史,不想重温他们的经历。

布罗尼斯瓦夫·巴奇科(Bronislaw Baczko)

延伸阅读

BACZKO, Bronislaw. *Comment sortir de la Terreur. Thermidor et la Révolution*, Paris, Gallimard, 1989.

BRUNEL, Françoise. *Thermidor. La chute de Robespierre*, Bruxelles, Editions Complexes, 1989.

COBB, Richard. *La Protestation populaire en France（1789-1820）*, trad. de l'anglais par Marie-France de Paloméra, Paris, Calmann-Lévy, 1975; éd. originale: *The Police and the People : French Popular Protest 1789-1820*, Londres, Oxford et New York, Oxford University Press, 1970.

LEFEBVRE, Georges. *Les Thermidoriens*, 3e éd., Paris, Armand Colin, 1951.

MATHIEZ, Albert. *La Réaction thermidorienne*, Paris, Armand Colin, 1929.

OZOUF, Mona. *L'Ecole de la France*, Paris, Gallimard, 1984: «Thermidor ou le travail de l'oubli».

TONNESSON, Kare D. *La Défaite des sans-culottes. Mouvement populaire et réaction bourgeoise en l'an III*, Oslo, Presses universitaires, et Paris, Clavreuil, 1959.

参见条目

革命议会（Assemblées révolutionnaires）

波拿巴（Bonaparte）

救国委员会（Comité de salut public）

宪法（Constitution）

政变（Coups d'État）

雾月政变（Dix-Huit Brumaire）

吉伦特派（Girondins）

雅各宾主义（Jacobinisme）

革命事件（Journées révolutionnaires）

启蒙（Lumières）

罗伯斯庇尔（Robespierre）

无套裤汉（Sans-culottes）

主权（Souveraineté）

恐怖统治（Terreur）

图书在版编目（CIP）数据

法国大革命批判辞典.2，人物卷／（法）弗朗索瓦·孚雷，（法）莫娜·奥祖夫主编；申华明译.—北京：商务印书馆，2022
ISBN 978-7-100-20393-7

Ⅰ.①法… Ⅱ.①弗… ②莫… ③申… Ⅲ.①法国大革命—研究 Ⅳ.① K565.41

中国版本图书馆 CIP 数据核字（2021）第 190377 号

权利保留，侵权必究。

法国大革命批判辞典
2
人物卷
〔法〕弗朗索瓦·孚雷 主编
　　莫娜·奥祖夫
申华明　译
刘北成　校

商 务 印 书 馆 出 版
（北京王府井大街36号 邮政编码100710）
商 务 印 书 馆 发 行
北京中科印刷有限公司印刷
ISBN 978 - 7 - 100 - 20393 - 7

2022年2月第1版　　开本 880×1230　1/32
2022年2月北京第1次印刷　印张 13⅝
定价：82.00元